稼轩律师
JIAXUAN LAWYER

陕西稼轩律师事务所能源中心
蒋瑞雪　杨丽娜
主编

油气行业纠纷
裁判规则解读与
法律风险防控指引

INTERPRETATION OF JUDGING RULES FOR OIL AND
GAS INDUSTRY DISPUTES AND GUIDELINES FOR
LEGAL RISK PREVENTION

法律出版社 | LAW PRESS

编写组成员

主　编：蒋瑞雪　杨丽娜

成　员：（以姓氏笔画为序）

王　华　王　佳　王　珊　田　地

田　锋　李　静　李怡阳　刘　杨

刘佳莹　宋亚静　尚　聪　陈　霜

杨欣欣　张旖潇　张瀚文　卓　越

郭子溪　墨　龙

前言

能源是国民经济发展的血液。21 世纪以来，以油气资源为代表的中国能源行业在中国特色社会主义市场化改革浪潮中，锐意进取，开拓创新，为中国经济腾飞作出重要贡献。2017 年 5 月，中共中央、国务院印发《关于深化石油天然气体制改革的若干意见》，按下中国油气资源行业新一轮顶层改革的按钮。2019 年 4 月，中共中央办公厅、国务院办公厅印发《关于统筹推进自然资源资产产权制度改革的指导意见》，多项改革措施直接针对油气体制。两个顶层设计文件前后呼应，以市场、政府、企业为主线，对油气勘查开采、进出口管理、管网运营、生产加工、产品定价体制、国有油气企业等行业领域提出全面改革目标。

改革是挑战，更是机遇。对于体量庞大的中国油气市场而言，如何在新一轮的油气体制改革中顺势而为、应势发展，是每一位行业从业人员都需思考的新命题。陕西稼轩律师事务所能源法务中心在国内油气行业法律服务领域深耕十余年，与国内大中型油气企业长期维持稳定良好的合作关系。我们理解，新一轮的油气体制改革跨入了“深水区”，改革旨在构建更公平开放的油气市场、培育更具国际竞争力的油气企业。油气行业的挑战来自生态安全、环境保护、国际市场竞争、国家安全、技术创新等诸多方面。在此背景下，以可持续发展为导向，加强内功，便成为油气行业发展的必然选择，而健全有效的法律风险防控体系与合规管理机制是企业核心竞争力提升的重要保障。

目前，国内法律理论与实务研究发展蓬勃，但鲜有关于油气行业法律服务的专门著述。基于此，我们萌生编撰油气领域法律书籍的想法，并得到律所管委会的鼓励支持，最终得以成型。本书分为两部分：第一部分裁判规则解读，收录了最高人民法院近年来审理完结的十九个裁判案例，案件当事人为油气企业，或诉讼标的为油气、油气基础设施，参照油气资源的上、中、下产业链条，涉及项目启动（资源勘查开发）、项目建设（土地供应、工程建筑、采购）、项目运营（合同、环境污染）和司法诉讼。该部分体例为裁判规则—典型案例—案情简介—规则解读—风险提示—相关法律法规，内在逻辑是最高人民法院审理完结的案件反映了油气行业存在的现象或问题，最高人民法院裁判思路就解决此类问题提供了指引。我们将最高人民法院裁判思路总结为裁判规则，结合相关法学原理、学术观点和法律法规对裁判规则展开分析论证。但在编写过程中，有些案件的案情和有效信息相对较少，所以在裁判规则的总结和解读时，会不拘泥于案件本身，而就案件代表的行业问题进行阐释。第二部分法律风险防控指引，是我们在为多家油气企业做法律风险排查专项法律服务时，总结提炼能源法务中心在油气企业合规管理评估项目中的业务经验，梳理出油气企业在人力资源管理、知识产权、安全环保、诉讼、经济犯罪等十个方面的常见风险，及风险防控建议和相关法律依据，该十个方面的风险也是大多数油气企业普遍存在的。油气企业建设经营过程中的合规风险，既有企业管理普遍面临的共性问题，也有油气企业的特有问题。该部分以油气企业为对象，所揭示的风险在油气企业中带有典型性，可供油气企业管理人员参考使用。

我们于2019年6月从能源法务中心的青年律师中选择组建了编写组。但期间几个重大项目启动，直至2019年10月才正式着手编写工作。从商定结构大纲，到最终定稿付梓，所有的撰写工作都是编写组成员利用休息时间、在繁忙的业务工作之余进行。囿于时间和经验，本书内容难免存在瑕疵，欢迎读者与我们分享您的宝贵意见和建议，批评指正。

编写组

目录

上篇 最高人民法院裁判规则解读

下篇 法律风险防控指引

上篇

最高人民法院裁判规则解读

社会资本与油气矿业权人合作勘查开采协议的法律效力

【裁判规则】

社会资本与油气矿业权人签订的油气勘查合作协议不违反《合同法》第五十二条规定,协议实质性内容不属于转让矿业权的,该合作协议有效;社会资本将其与油气矿业权人合作勘查开采协议约定的本应由其独立完成的勘查开采义务以合作、委托、承包等形式转让第三方的,转让行为未经油气矿业权人同意,对油气矿业权人不发生法律效力。

【典型案例】

北京炅湘钰技术开发有限公司、上海宏博投资管理(集团)有限公司、锡林郭勒盟宏博矿业开发有限公司、延长油矿管理局、陕西延长石油(集团)有限责任公司油气勘探公司探矿权转让合同纠纷案[(2015)民提字第205号]

【案情简介】

再审申请人(一审原告、二审上诉人):北京炅湘钰技术开发有限公司。

被申请人(一审被告、二审上诉人):上海宏博投资管理(集团)有限公司。

被申请人(一审被告、二审被上诉人):锡林郭勒盟宏博矿业开发有限公司。

被申请人(一审被告、二审被上诉人):延长油矿管理局。

被申请人(一审被告、二审被上诉人):陕西延长石油(集团)有限责任公司油气勘探公司。

一审法院查明:2008年5月24日,宁夏天普矿业投资有限公司(以下简称天普公司)与延长油矿签订《转让方煤层气勘查区块矿权转让合同》,约定:(1)天普公司同意将其已登记的内蒙古东乌旗乌兰察布西部地区煤层气勘查区块(面积为212.924平方公里,证号:0200000410164)及内蒙古东乌旗乌尼特西部地区煤层气勘查区块(面积为378.151平方公里,证号:0200000620282)的矿权,无偿转让给延长油矿,并由延长油矿登记为石油天然气勘查区块并办理勘查许可。(2)受让方延长油矿同意天普公司指定的上海宏博投资管理(集团)有限公司(以下简称上海宏博公司)进行以上区块的勘探开发合作。具体合作由延长油矿管理局(以下简称延长油矿)与上海宏博公司另行签订。(3)转让方负责为延长油矿将以上区块登记为石油天然气勘查区块提供所需资源及协调办证有关事宜。本合同一式六份,双方签字盖章后生效。

2008年6月15日,上海宏博公司(甲方)与北京炅湘钰技术开发有限公司(以下简称炅湘钰公司)(乙方)签订《内蒙古乌尼特西部地区、乌兰察布西部地区矿产区块探矿权转让、合作协议》(以下简称《转让合作协议》),协议载明:(1)天普公司合法拥有内蒙古二连浩特市乌尼特西部地区378区块和乌兰察布西部地区212区块的探矿权。(2)天普公司股东会已经一致决定,授权乙方与甲方洽谈签署212区块和378区块探矿权转让、合作开发合同(即本协议)。甲方在签订协议前已经知晓上述委托授权事项的存在,认可乙方身份。(3)甲方有意取得上述区块法定或约定范围内长期的石油勘探投资、收益权利。该协议还载明,第一条:探矿权转让及合作区位置、范围和面积。天普公司拥有内蒙古二连浩特市乌尼特西部地区378区块(面积为378.151平方公里,矿产资源勘查许可证0200000620282号)和乌兰察布西部地区212区块(面积为212.924平方公里、矿产资源勘查许可证0200000830015号)矿产区块的探矿权,上述探矿权地理位置、范围和面积以矿产资源勘查许可证为准(见本合同附件12、13);上述区块探矿权勘查项目名称截至本协议订立时,一直登记为煤层勘查。第二条:矿权转让及合作方式。鉴于甲方希望将本协议第一条涉及的煤层气勘查许可权转化为石油勘探权后,再进行投资开发。而根据我国法律及有关政策规定,中国石油勘探及开发只有国务院批准成立的国有石油公司才有资格,所以需要将煤层气矿权转让给某一家国有石油公司并将其转换为石油勘探及开发权,甲方才能进行合作与开发。故矿权转让及合作方式为:(1)甲方与乙方订立本协议,甲方按照本协议约定的条件向乙方支付相关费用,保证乙方及天普公司的投资权益;(2)本协议生效并适当履行后,乙方协助甲方或甲方指定的公司与延长油矿协商并订立212区块和378区块的合作勘查开发协议(以挂靠形式),确保甲方法定或约定范围内长期的投资收益权;前述合作开发协议中应保留乙方的产品分成收益(详见本协议第三条第3项);(3)乙方与天普公司根据甲方的指令与延长油矿订立212区块和378区块探矿权的转让合同,将上述区块的探矿权转让给延长油矿,并以延长油矿申请变更登记为石油勘探权。第三条:投资收益。(1)甲方按照本协议第四条的约定向乙方支付转让和服务费用;(2)212区块及378区块内未来的勘查及开发所需资金、法定及约定税、费全部由甲方投入、乙方及天普公司不再承担任何费用;(3)甲方承诺,在212区块内给乙方保留贰口成井的收益(指扣除该成井的钻探投入、生产经营管理成本和税费后的收益);甲方第一批出油井八口中按照平均产量适中的保留一口,第九口至第十六口出油井中也按照平均产量适中的保留壹口。保留井在甲方收回成本(指扣除前期勘查、试采、钻探投入和管理成本)后,交乙方进行井场管理,但依然纳入甲方统一管理中。甲方若要将合作区块的合作权益或井位进行转让……第四条:转让费用、服务费用及其他费用与支付。(1)乙方及天普公司在212区块和378区块从事前期论证、资料收集、研究、勘探,进行了大量的工作,且乙方为甲方与延长石油的合作仍需做大量工作,为此甲方应承担乙方及天普公司转让费用、服务费用总计3000万元人民币(大写:叁仟万元人民币)。上述3000万元人民币的支付时间为:①本协议生效后5日内,甲方向乙方指定账户支付300万元人民币(大写:叁佰万元人民币),并且,乙方将212区块和378区块的矿产资源许可证原件移交给甲方;②在甲方与延长油矿签订的合作协议生效5日内,甲方向乙方指定账户支付2000万元人民币(大写:贰仟万元人民币);③在延长油矿完成将212区块矿产资源勘查许可证申请变更登记为石油勘探权证(即完成转让手续)后5日内,支付余款700万元人民币(大写:柒佰万元人民币)。全部费用支付后,乙方向甲方出具正式税务发票。(2)本条第一款中所述乙方指定账户为开户行:中国银行北京青年路支行,账号:81×××01。乙方确认,甲方向上述指定账户支付款项即为履行向乙方以及天普公司支付本协议项下费用的义务,乙方以及天普公司之间的分配与甲方无关。(3)乙方为甲方与延长油矿的合作进行协调产生的工作费用,由甲方承担。上述工作费用包括但不限于交通、食宿、文件整理和复制、通讯等费用。第五条:陈述与保证条款。(1)甲方陈述与保证:……④有义务按照本协议第二条的约定步骤、方式、内容与延长油矿签订相关合作协议;⑤甲方与延长油矿签订相关合作协议后,任何协议变更、解除、终止事项发生,均应在事项发生后2日内书面通知乙方,以便乙方决定维护自己合法权益的方式,若因甲方原因导致乙方权益受损的,甲方承担相应的法律责任。(2)乙方陈述与保证:①本协议项下的探矿权转让、合作事宜已经得到乙方以及天普公司股东会批准;天普公司对该等探矿权的处置权已授权乙方,且是唯一和不可撤销的。乙方保证天普公司将完全接受履行本协议。②乙方行使本协议生效后的所有权利,将按照合同和法律规定主张该区块矿产的投资收益权利……⑦甲方或其指定公司依据本协议取得该区块矿产的投资收益权后,天普公司放弃该区块矿产的投资收益权利。即使该区块的合作开发合同协议发生变更、撤销,或相关法律政策发生变化,天普公司也不再主张该区块矿产的权利……

该合同签订后,2008年6月20日,上海宏博公司按双方约定账号向炅湘钰公司电汇了300万元的预付212区块及378区块转让费。

2008年7月2日,上海宏博公司致函炅湘钰公司、天普公司称:2008年6月15日,炅湘钰公司受天普公司的全权委托,与我公司签订了《转让合作协议》。根据该协议,双方已经适当履行了当前阶段的义务。现根据贵方通报的工作进度,为尽快妥帖地推进与延长油矿的洽谈,具体落实贵我双方在该协议中约定的目标,我公司希望贵方尽快按照该协议的约定与延长油矿协商有关212区块和378区块的探矿权转让事项。

2008年8月5日,上海宏博公司(甲方)与炅湘钰公司(乙方)签订《〈内蒙古乌尼特西部地区、乌兰察布西部地区矿产区块探矿权转让、合作协议〉之补充协议(一)》(以下简称《补充协议(一)》),约定:甲、乙双方于2008年6月15日签署了《转让合作协议》后,甲方已经向乙方支付了首期转让款;乙方亦于2008年7月根据甲方的指令与延长油矿签订了212区块和378区块探矿权转让合同,该合同确认上述区块的石油合作勘查开发权由甲方享有。鉴于合作伙伴延长油矿提出有利于甲、乙方的合理建议,故合作协议第二条第2项工作(甲方与延长油矿签署212区块和378区块合作勘查开发协议)需做适当调整。为顺利履行合作协议,甲、乙双方同意:调整《转让合作协议》的履行步骤并对天普公司的股权进行处置。就上述事项，双方达成补充协议如下：（1）乙方继续协调将212区块、378区块煤层气勘探权证变更为延长油矿名下的石油勘探权证。（2）《转让合作协议》第四条约定的转让和服务费用总额不做调整。（3）为保障甲方的权益，乙方以及秦士伟先生已经获得天普公司全体股东同意和委托，并向甲方转达：①天普公司全体股东同意将天普公司整体股权转让给甲方投资人石建极先生和石为先生，股权转让价格为壹佰万元（1,000,000元）人民币；②授权秦士伟先生代表天普公司全体股东提供或签署与天普公司整体股权转让给甲方投资人石建极和石为先生相关的工商变更登记所需要的文件和手续；③授权秦士伟先生代表天普公司全体股东向甲方投资人石建极和石为先生移交天普公司的全部证照、印鉴、公司行政和财务文件档案资料；④授权秦士伟先生代表天普公司全体股东接受甲方投资人石建极和石为先生支付的股权转让款，并由秦士伟先生提供股权转让款收据。甲方投资人石建极和石为先生同意整体受让天普公司的股权（受让后，石建极先生持有60%的股权，石为先生持有40%的股权），同意将股权转让款直接交付给天普公司全体股东指定的委托代理人秦士伟先生，并由秦士伟先生提供股权转让收据。双方约定：上述事项在2008年8月10日之前完成。上述股权转让不增加甲方履行《转让合作协议》的交易价款和民事责任；天普公司现存的债权债务和实物资产，仍然由原股东或其指定的乙方处置。（4）国土资源部受理212区块、378区块石油勘探权证后，并且乙方协助甲方与延长油矿签署合作勘查开发协议后5个工作日内，甲方向乙方付清合作协议项下的转让和服务费用余款……（6）本协议经双方法定代表人签字并加盖公章后生效，至《转让合作协议》及本协议约定的事项完毕日止。本协议签署后，双方仍需遵守《转让合作协议》的其他生效条款。本协议一式二份，双方各执一份，具有同等效力。

2008年8月5日，天普公司（甲方）与炅湘钰公司（乙方）签订《债权转让协议书》，约定：（1）甲方同意，甲方与延长油矿订立的《转让方煤层气勘查区块矿权转让合同》、甲方与中联煤层气有限责任公司订立的《区块探矿权转让协议》、甲方与中国石油化工有限公司中原油田有限分公司订立的《煤层气区块矿权转让合同》等合同所确定和涉及的全部债权及收益权转让给乙方，由乙方行使相关权利；（2）甲方授权乙方与上海宏博公司订立的《转让合作协议》《补充协议（一）》所确定的全部合同债权（含3000万元合同款及出油成井的收益),转让给乙方,由乙方行使权利;(3)甲方授权乙方与中联煤层气有限公司订立的《区块探矿权转让协议书》所确定的全部合同债权(含50%的投资、投资参股权益),转让给乙方,由乙方行使权利;(4)甲方授权乙方与内蒙古得力贺能源有限公司订立的《矿权转让合同》所确认的全部合同债权(含1000万元合同款),转让给乙方,由乙方行使权利;(5)甲方授权乙方与陕西榆林康隆能源有限公司订立的《煤层气勘查矿权转让及合作合同》所确定的全部合同债权(含800万元合同款及6%的产品分成及4%的投资权益),转让给乙方,由乙方行使权利;(6)甲方与乙方订立的《内蒙古东乌旗乌兰察布西部煤层气勘查股权收购协议》,甲方向乙方出具《宁夏天普矿业投资咨询有限公司关于本公司持有的矿产资源勘查权进行转让、合作开发等有关事宜的委托授权书》及其他所有委托手续,继续有效,由乙方行使相关权利;(7)甲方股权转让给石建极、石为并办理工商变更手续后,甲方现存的其他债权全部转让给乙方;(8)乙方同意受让上述债权。甲方天普公司盖章,法定代表人高允中签字,时间:2008年8月5日。乙方炅湘钰公司盖章,法定代表人秦士伟签字,时间:2008年8月5日。

2008年8月5日,天普公司与炅湘钰公司共同制作《债权转让通知书》,内容为:致延长油矿、上海宏博公司,天普公司与延长油矿订立的《转让方煤层气勘查区块矿权转让合同》,及天普公司委托炅湘钰公司与上海宏博订立的《转让合作协议》《补充协议(一)》确定的全部债权(含3000万元合同款及出油成井的收益)已全部转让给炅湘钰公司,请贵公司依照合同约定,向炅湘钰公司支付上述合同涉及的全部费用及出油井的收益,承担相应的合同义务。

2008年8月26日,上海宏博公司向炅湘钰公司支付转让费200万元。

2008年9月1日,中国银行入账通知书显示:上海宏博公司向炅湘钰公司支付"212及378区块转让费"500万元。

2008年12月8日,上海宏博公司向炅湘钰公司发函称:我公司为具体落实贵我双方签署的《转让合作协议》,已经在当地全资成立了锡林郭勒盟宏博矿业开发有限公司(以下简称锡盟宏博公司),我公司也依约向贵方合计支付了1000万元转让款。现请贵方开具以锡盟宏博公司为付款人转让款(含服务费)发票,以便我方将这些前期费用列入项目开发成本。

2011年6月27日,天普公司制作《告知函》,载明:本公司现股东石建极、石为先生于2008年7月10日受让本公司原股东100%股权并签订了《股权转让协议》,并于2008年7月31日通过了相关的《股东会决议》《章程修正案》,就上述股权转让、法定代表人变更为石建极先生等事项作出决议并进行了相关的工商变更备案手续。有鉴于此,本公司2008年8月8日通知,自2008年8月1日起,所有涉及本公司的书面法律文件,落款均由本公司法定代表人石建极先生亲笔签字并加盖本公司公章(与本告知函落款印鉴一致)方具有法律效力。贵方如发现文件不满足上述形式要件的,均非本公司真实意思表示,请贵方不予理会并立即告知本公司。现本公司特出具本函再次向贵公司重申上述要求,望贵方引起重视。

2011年9月1日,天普公司向延长油矿发出《律师函》。载明:2008年5月24日,我公司与贵局签订了《转让方煤层气勘查区块矿权转让合同》,约定由我公司指定上海宏博公司与贵局合作勘探开发"内蒙古东乌旗乌兰察布西部煤层气勘查区块(面积为212.924平方公里,证号:0200000410164,换证后:0200000830015)"及"内蒙古东乌旗乌尼特西部地区煤层气勘查区块(面积378.151平方公里,证号:0200000620282)",并另行签订合作文件。《转让方煤层气勘查区块矿权转让合同》签订后,上海宏博公司根据上述项目经营主体属地化的要求,投资组建了锡盟宏博公司。2010年7月1日,贵局下属企业陕西延长石油(集团)有限责任公司油气勘探公司(以下简称延长勘探公司)与上海宏博公司指定的锡盟宏博公司分别签订了上述两个区块的《油气资源合作勘查开采协议书》。我公司特此声明,我公司当即确认了上述合同及协议均合法有效,贵局已经完全履行了《转让方煤层气勘查矿权转让合同》所约定的义务。

2011年9月4日,上海宏博公司向延长油矿发出《确认函》,载明:2008年5月24日,天普公司与贵局签订了《转让方煤层气勘查区块矿权转让合同》,约定由天普公司指定我公司与贵局合作勘探开发"内蒙古东乌旗乌兰察布西部煤层气勘查区块(面积为212.924平方公里,证号:0200000410164,换证后:0200000830015)"及"内蒙古东乌旗乌尼特西部地区煤层气勘查区块(面积378.151平方公里,证号:0200000620282)",并另行签订合作文件。《转让方煤层气勘查区块矿权转让合同》签订后,我公司根据上述项目经营主体属地化要求,投资组建了锡盟宏博公司。2010年7月1日,贵局下属企业延长勘探公司与我公司指定的锡盟宏博公司分别签订了上述两个区块的《油气资源合作勘查开采协议书》。我公司特此声明，我公司当时即确认了上述合同及协议均合法有效，贵局已经完全履行了《转让方煤层气勘查区块矿权转让合同》所约定的义务。

2011年9月27日，炅湘钰公司申请北京市方圆公证处对其公司法定代表人秦士伟办公室电脑网页的内容进行证据保全。该证据显示，2010年12月23日上海宏博公司向秦士伟发送其公司起草的《〈内蒙古乌尼特西部地区、乌兰察布西部地区矿产区块探矿权转让、合作协议〉之补充协议（二）》（以下简称《补充协议（二）》）电子邮件。该《补充协议（二）》草稿显示：甲方为上海宏博公司、锡盟宏博公司，乙方为炅湘钰公司。甲方上海宏博公司与乙方于2008年6月15日签署了《转让合作协议》，2010年7月1日甲方指令由延长油矿正式与甲方指定的锡盟宏博公司签署了《油气资源合作勘查开采协议书》，由锡盟宏博公司具体实施区域的油气资源开发。鉴于甲方指定的锡盟宏博公司已成为该项目的具体实施者，甲方建议并征得锡盟宏博公司同意，增加锡盟宏博公司同为本合同的甲方，乙方表示同意。《转让合作协议》第四条转让费用、服务费用及其他费用与支付规定：甲方应分期向乙方支付转让费用、服务费用总计3000万元人民币。甲方现已向乙方指定账户累计支付1000万元人民币，尚有2000万元人民币转让服务费用未付。鉴于延长油矿已正式与甲方的锡盟宏博公司签署了《油气资源合作勘查开采协议书》，上述款项由锡盟宏博公司支付。现经甲、乙双方友好协商，乙方并代表其他权益人同意上述费用由锡盟宏博公司向乙方支付，并进一步同意变更余款2000万元的支付时间并不追究甲方此前逾期付款的责任（若有）。变更后的支付节点如下……双方当事人均未在该协议上盖章、签字。

2011年10月24日，原天普公司法定代表人高允中到宁夏回族自治区银川市国安公证处对2008年8月5日天普公司与炅湘钰公司所签订的《债权转让协议书》及双方在2008年8月5日制作的向延长油矿和上海宏博公司所发的《债权转让通知书》进行了公证。

一审法院认为，炅湘钰公司与上海宏博公司签订的《转让合作协议》及其《补充协议（一）》系双方当事人自愿签订，意思表示真实，内容不违反法律法规的强制性规定，应为有效合同，双方当事人均应按照合同约定履行各自的合同义务。双方当事人在签订该两份合同时，上海宏博公司对炅湘钰公司受天普公司的委托签订合同的身份是明知和认可的,但上海宏博公司仍以炅湘钰公司为相对方签订合同。同时,在双方合同中不但为委托人天普公司设定了相应的权利义务,而且为炅湘钰公司单独设立了相应的权利义务,说明了炅湘钰公司除作为受托人享有在委托人授权范围内的相应权利外,其作为合同的一方当事人独立享有合同约定的权利,相应的条款只约束炅湘钰公司与上海宏博公司。《中华人民共和国合同法》第四百零二条规定:"受托人以自己的名义,在委托人的授权范围内与第三人订立合同,第三人在订立合同时知道受委托人与委托人之间的代理关系的,该合同直接约束委托人和第三人,但有确切证据证明该合同只约束受托人和第三人的除外。"本案上海宏博公司(甲方)与炅湘钰公司(乙方)签订的《转让合作协议》第二条约定:(1)甲方与乙方订立本协议,甲方按照本协议向乙方支付相关费用,保证乙方及天普公司的投资权益。(2)本协议生效后,乙方协助甲方或甲方指定的公司与延长油矿协商并订立212区块和378区块的合作勘查协议,确保甲方法定或约定范围长期的投资收益权;前述合作勘查开发协议中应保留乙方的产品分成收益。合同第三条约定:(1)甲方按照本协议第四条的约定向乙方支付转让和服务费用;(2)212区块及378区块内未来的勘查及开发所需资金、法定及约定税、费全部由甲方投入,乙方及天普公司不再承担任何费用。上述合同条款充分说明了上海宏博公司、炅湘钰公司均将炅湘钰公司与天普公司区别对待,炅湘钰公司具有独立的合同地位,享有独立的合同权利,承担相应合同义务,而不仅仅是天普公司的受托人。从该合同第四条"1. 乙方及天普公司在212区块和378区块从事前期论证、资料收集、研究勘探、进行了大量的工作,且乙方为甲方与延长油矿的合作仍需做大量工作,为此甲方承担乙方及天普公司转让费用、服务费用总计3000万元。全部费用支付后,乙方向甲方出具正式税务发票。乙方确认,甲方向上述指定账户支付款项即为履行向乙方以及天普公司支付本协议下费用的义务,乙方以及天普公司之间的分配与甲方无关。2-1. 本协议项下的探矿权转让、合作事宜已经得到乙方及天普公司的批准;天普公司对该等探矿权的处置权已授权乙方,且是唯一和不可撤销的,乙方保证天普公司将完全能接受并履行本协议。2-2. 乙方行使本协议及相关协议生效后的所有权利,将按照合同和法律规定主张该区块矿产的投资收益权利及该合同第七条违约责任"等的约定,更清晰地证明乙方炅湘钰公司独立承担责任及与天普公司共同承担责任的独立合同地位。所以，炅湘钰公司按照合同约定，要求上海宏博公司承担合同义务，主体适格。况且，在炅湘钰公司与上海宏博公司签订《补充协议(一)》的同日，炅湘钰公司与天普公司签订了《债权转让协议书》，炅湘钰公司受让了天普公司对上海宏博公司的全部债权。上海宏博公司辩称炅湘钰公司不是本案适格主体，理由不能成立。

《中华人民共和国合同法》第六十五条规定："当事人约定由第三人向债权人履行债务的，第三人不履行债务或者履行债务不符合约定的，债务人应当向债权人承担违约责任。"该条款明确合同双方可以约定第三人向合同的当事人履行义务。本案炅湘钰公司已与上海宏博公司约定，由天普公司向延长油矿转让探矿权，进而由延长油矿与上海宏博公司或其指定公司合作勘查开发 212 区块和 378 区块，符合上述法律的规定。延长油矿与天普公司签订了《转让方煤层气勘查区块矿权转让合同》，国土资源部向延长油矿颁发了 212 区块、378 区块的探矿权证，进而延长油矿指定延长勘探公司与上海宏博公司指定的锡盟宏博公司签订了《油气资源合作勘查开采协议书》，上海宏博公司实现了其与炅湘钰公司签订的《补充协议(一)》项下全部权益。上述合同既相互联系、相互补充，又相互独立、相互印证，不可分离，故上海宏博公司、锡盟宏博公司、延长油矿、延长勘探公司辩称上海宏博公司与炅湘钰公司所签订的《转让合作协议》及其《补充协议(一)》无效的理由，不能成立。

锡盟宏博公司与延长勘探公司 2010 年 7 月 1 日签订了《油气资源合作勘查开采协议书》；国土资源部于 2009 年 6 月 3 日向延长油矿颁发了探矿权证。按照上海宏博公司与炅湘钰公司签订的《转让合作协议》及其《补充协议(一)》关于"国土资源部向延长油矿发放 212 区块、378 区块石油勘探权证后，并且乙方协助甲方与延长油矿签署合作协议后 5 个工作日内，甲方向乙方付清合作协议项下的转让费和服务费用余款"的约定，上海宏博公司应在 2010 年 7 月 1 日后的 5 个工作日将余款 2000 万元，向炅湘钰公司支付完毕。上海宏博公司未履行自己合同义务，已构成违约，除应在判决生效之日起 30 日内支付 2000 万元外，应承担违约责任，但鉴于双方违约责任承担的约定不明，且炅湘钰公司亦请求支付利息，但其主张利息为 1,386,666 元，因未提供相应的证据，不予采纳，故应按照中国人民银行同期贷款利率支付自 2010 年 7 月 8 日至其履行之日止的利息。炅湘钰公司要求延长油矿、延长勘探公司、锡盟宏博公司承担给付转让费、服务费和承担连带责任的诉讼请求，无合同和法律依据，不予支持。

对于炅湘钰公司请求支付两口出油油井收益、交付两口出油成井的井场管理权、继续按照两口出油成井的产量和销售额按纳税周期支付收益至出油终止。按照炅湘钰公司与上海宏博公司双方协议约定：在212区块给乙方保留两口成井的收益（指扣除该成井的钻探投入、生产经营管理成本和税费后的利益）；甲方第一批出油井八口中按照平均产量适中保留一口，第九口至第十六口出油井中也按照平均产量保留一口。保留井在甲方收回成本（指扣除前期勘查、试采、钻探和管理成本）后，交乙方进行井场管理，但仍然纳入甲方统一管理中。鉴于双方对“两口成井”的地理坐标并未约定，双方协议约定的“两口成井”不具有唯一性和确定性，且双方在合同履行过程及诉讼中又未作出补充约定和协商一致，作为审判机关的人民法院无法通过自身的审判职能确定，更遑论两口出油成井的收益。《最高人民法院关于民事诉讼证据的若干规定》第二十五条规定：“当事人申请鉴定，应当在举证期限内提出。符合本规定第二十七条规定的情形，当事人申请重新鉴定的除外。对需要鉴定的事项负有举证责任的当事人，在人民法院指定的期间内无正当理由不提出鉴定申请或者不预交鉴定费用或者拒不提供相关材料，致使对案件争议的事实无法通过鉴定结论予以认定的，应当对该事实承担举证不能的法律后果。”只有在确定“两口成井”后才能进一步计算出该两口成井的收益。而达到此目标必须通过鉴定、审计等审判辅助部门的辅助才能完成。审理中，经炅湘钰公司申请，各方当事人同意，一审法院依法委托西安市科技咨询服务中心进行鉴定（审计）。同时，既已委托鉴定，炅湘钰公司申请“调取2009年~2011年，延长油矿、上海宏博公司、锡盟宏博公司从事石油开采、销售的税款及所有纳税材料情况，据以确定所开采、销售的石油产量及申请人的收益”已无必要，不予准许。最终西安市科技咨询服务中心因“提供给我机构的材料无法满足鉴定工作的需要……法院委托鉴定事项中所涉及的问题不能得到确认和认定，致使鉴定工作难以继续开展。故我机构作退案处理”。对此，虽然上海宏博公司提出重新委托其他有关机构“继续鉴定”，但炅湘钰公司表示反对，致使本案对案件争议的事实无法通过鉴定结论予以认定。故对炅湘钰公司的关于两口出油油井收益及继续支付收益至出油终止的诉讼请求，不予支持。至于交付两口出油成井的管理权一节，除上述两口井无法确定及是否“收回成本”无法确定的因素外，212 区块全部油井的管理权经国土资源部确定归延长油矿，而延长油矿明确表示反对，故对炅湘钰公司的该项诉讼请求，亦不予支持。

一审法院判决：(1)一审判决生效之日起 30 日内，上海宏博公司支付炅湘钰公司人民币 2000 万元整，并按中国人民银行同期贷款利率支付自 2010 年 7 月 8 日至支付上述款项之日止利息。(2)驳回炅湘钰公司的其余诉讼请求。

炅湘钰公司、上海宏博公司不服一审判决，提出上诉。

二审法院认定事实：2008 年 8 月 7 日，天普公司法定代表人变更登记为石建极。炅湘钰公司在一审、二审中提交的锡盟宏博公司的企业登记信息表显示，该公司的股东为上海宏博公司和上海立大投资管理有限公司。锡盟宏博公司在二审提交的企业信用信息表显示，锡盟宏博公司的投资人为上海宏博公司、上海立大投资管理有限公司和上海吉盈投资咨询有限公司。二审法院对一审查明的其他案件事实予以认定。

二审法院认为，本案中，天普公司与延长油矿签订的《转让方煤层气勘查区块矿权转让合同》，约定天普公司将登记在其名下的探矿权转让给延长油矿，延长油矿同意天普公司指定的上海宏博公司进行勘探开发合作；上海宏博公司与炅湘钰公司签订的《转让合作协议》和《补充协议(一)》，炅湘钰公司受天普公司的委托与上海宏博公司就探矿权转让、合作、投资和收益进行了约定；天普公司与炅湘钰公司签订的《债权转让协议书》，约定天普公司将上述合同所确定的全部合同债权转让给炅湘钰公司，天普公司和炅湘钰公司将债权转让事宜通知了延长油矿和上海宏博公司；延长勘探公司与锡盟宏博公司签订了《油气资源合作勘查开采协议书》，约定具体合作勘探开发事宜。通过上述一系列相互联系、相互补充、相互印证的合同签订，确定了各方当事人的权利与义务，是各方当事人就油气资源探矿权转让、合作的真实意思表示，合同内容也不违反法律、行政法规的强制性规定，应属有效。由于《债权转让协议书》签订时，高允中是天普公司工商登记的法定代表人，且炅湘钰公司与上海宏博公司签订的补充协议约定天普公司现存的债权债务和实物资产，依然由原股东或其指定的乙方(炅湘钰公司)处置，故高允中依法有权代表天普公司对外签订合同，上海宏博公司主张该协议无效的理由不能成立。炅湘钰公司作为合同当事人及债权受让方，有权提起民事诉讼主张民事权益，其作为本案一审原告的主体资格是适格的。

根据上海宏博公司与炅湘钰公司签订的《转让合作协议》和《补充协议（一）》中“国土资源部向延长油矿发放212区块、378区块石油勘探权证后，并且乙方（炅湘钰公司）协助甲方（上海宏博公司）与延长油矿签署合作协议后5个工作日，甲方向乙方付清合作协议项下的转让费和服务费用余款”的约定，上海宏博公司应在2010年7月1日后的5个工作日内将余款2000万元支付炅湘钰公司。上海宏博公司未按约定履行合同义务，构成违约，应承担违约责任，其应向炅湘钰公司支付余款2000万元及相应利息。一审认定按照中国人民银行同期贷款利率计付利息，符合本案事实，处理适当。

在西安市科技咨询服务中心对一审法院委托鉴定事项作出退案处理后，上海宏博公司提出重新委托其他有关机构继续鉴定，但因炅湘钰公司表示反对，致使对案件争议的事实无法通过鉴定予以认定。一审法院根据举证责任，对炅湘钰公司关于支付两口出油油井收益及继续支付收益至出油终止的诉讼请求，不予支持，该处理并无不当。关于炅湘钰公司主张的交付两口出油成井的管理权问题，因鉴定不能导致两口井无法确定，是否收回成本无法确定，且延长油矿经国土资源部批准依法享有212区块的探矿权，其明确表示反对炅湘钰公司的主张，故一审法院对炅湘钰公司的该项诉讼请求不予支持，亦无不当。

炅湘钰公司要求延长油矿、延长勘探公司对本案债务承担连带责任，缺乏事实和法律依据，其上诉请求不能成立。由于锡盟宏博公司与上海宏博公司均为独立的企业法人，上海宏博公司仅是锡盟宏博公司的股东之一，故炅湘钰公司要求锡盟宏博公司承担连带责任的上诉请求，亦缺乏依据，不能成立。

二审法院判决：驳回上诉，维持原判。炅湘钰公司不服二审判决，向最高人民法院提出再审申请。

再审法院查明：炅湘钰公司提交的再审新证据《关于一审诉状涉及的油井收益的计算方法和依据的说明》原件及所附政府网站公示材料、国家标准、行业标准复印件，因相关数据来源于网页资料且针对的是整个油矿，与案涉两口单井无直接关联，从所附依据中不能得出单井日产8吨、每吨利润3000元、年产300天、每年成本600万元及收益年限20年的结论，本院依法不予采信。上海宏博公司提交的再审新证据一“6口井的《试油地质总结报告》”原件的真实性炅湘钰公司虽不予认可,但并未提交足以反驳的相反证据,本院予以采信;新证据二“专家证人李某、赵某的出庭作证证言”与本案关联性不足,本院依法不予采信。延长油矿、延长勘探公司提交的再审新证据一“2015 年 6 月 23 日延长油矿与锡盟宏博公司签订的《油气资源合作勘查开采协议书》”、新证据二“378 区块探矿权证”、新证据三“212 区块探矿权证”,各方当事人对其真实性均无异议,本院予以采信。

再审法院对一审、二审查明的事实予以确认。

再审另查明:2009 年 6 月 3 日,延长油矿取得案涉 212 区块的探矿权,后经两次延续,目前的探矿权证为 2015 年 2 月 15 日颁发,证号:0200001530103,探矿权人:陕西延长石油(集团)有限责任公司,勘查项目名称:内蒙古东乌旗乌兰察布西部油气勘查,有效期限:2015 年 3 月 6 日至 2017 年 3 月 5 日。2009 年 6 月 3 日,延长油矿取得案涉 378 区块的探矿权,后经两次延续,目前的探矿权证为 2015 年 11 月 4 日颁发,证号:0200001530448,探矿权人:陕西延长石油(集团)有限责任公司,勘查项目名称:内蒙古东乌旗乌尼特西部地区油气勘查,有效期限:2015 年 11 月 10 日至 2017 年 11 月 9 日。案涉油矿属边探边采。

2005 年 12 月 22 日,陕西延长石油(集团)有限责任公司与延长油矿共同向陕西省工商行政管理局出具《证明》,载明陕西延长石油(集团)有限责任公司与延长油矿为同一单位,两块牌子,一套人马,同一法人。延长勘探公司为延长油矿下属分公司。

2015 年 6 月 23 日,延长勘探公司(甲方)与锡盟宏博公司(乙方)续签了《油气资源合作勘查开采协议书》,内容与原协议一致,合作期限从 2014 年 7 月 1 日至 2016 年 6 月 30 日,收益分成比例为:甲方分成 20%,乙方分成 80%,合作区的勘查开采工作由甲方统一管理,乙方须服从管理。双方之间的合作协议两年一签。

再审过程中,经上海宏博公司、锡盟宏博公司申请,本院依法委托恒泰艾普石油天然气技术服务股份有限公司(后更名为恒泰艾普集团股份有限公司,以下简称恒泰艾普公司)、北京天正华会计师事务所(普通合伙)(以下简称天正华会计所)、北京北方亚事资产评估事务所(特殊普通合伙)(以下简称北方亚事评估所)对符合《转让合作协议》约定的两口出油井的井位以及自 2009 年 8 月投产以来至 2016 年 6 月 30 日鉴定基准日已产生的收益情况、2016 年 6 月

30日之后的未来预收益情况进行了鉴定。

恒泰艾普公司于2017年5月5日出具《〈内蒙古乌尼特西部地区、乌兰察布西部地区矿产区块探矿权转让、合作协议〉符合合同约定出油井井位鉴定意见书》，鉴定意见：略。

天正华会计所于2017年5月7日出具《关于对〈内蒙古乌尼特西部地区、乌兰察布西部地区矿产区块探矿权转让、合作协议〉中符合约定的出油井已产生的收益情况的司法会计鉴定意见书》（天正华审鉴字〔2016〕第81号），鉴定意见：略。

北方亚事评估所于2017年5月11日出具《中华人民共和国最高人民法院拟了解锡林郭勒盟宏博矿业开发有限公司经营的三口出油井未来的预收益情况资产评估报告》（北方亚事评报字〔2017〕第01－172号），鉴定意见：略。

再审认为，当事人再审争议的焦点问题有两点：一是上海宏博公司应否向炅湘钰公司支付两口出油井的收益以及收益的金额；二是锡盟宏博公司、延长油矿、延长勘探公司在本案中应否承担连带责任。

一、关于上海宏博公司应否向炅湘钰公司支付两口出油井的收益以及收益的金额问题

上海宏博公司（甲方）与炅湘钰公司（乙方）签订的《转让合作协议》第三条"投资和收益"第三项约定："甲方承诺，在212区块内给乙方保留贰口成井的收益（指扣除该成井的钻探投入、生产经营管理成本和税费后的收益）：甲方第一批出油井八口中按照平均产量适中的保留壹口，第九口至第十六口出油井中也按照平均产量适中的保留壹口。保留井在甲方收回成本（指扣除前期勘查、试采、钻探投入和管理成本）后，交乙方进行井场管理，但依然纳入甲方统一管理中。"上海宏博公司在再审答辩中认可炅湘钰公司对两口油井的收益权，只是认为合同约定难以履行，两口出油井的井位难以确定。本院认为，案涉212区块的探矿权登记在延长油矿名下，上海宏博公司通过其在当地设立的锡盟宏博公司与延长油矿的分公司延长勘探公司之间订立的《油气资源合作勘查开采协议书》，享有该区块80%的收益权。上海宏博公司在《转让合作协议》中自愿将212区块两口出油井的收益保留给炅湘钰公司，属于对自身财产权的处分，意思表示真实，不违反法律法规的强制性规定，合法有效。炅湘钰公司要求上海宏博公司给付两口出油井收益的诉讼请求，具有事实和法律依据，应予支持。《转让合作协议》同时约定上海宏博公司应将两口出油井交炅湘钰公司进行井场管理，但212区块全部油井的管理权人为延长油矿，后者并非《转让合作协议》的合同当事人且对此明确表示反对，故该约定对延长油矿不具有法律约束力。炅湘钰公司要求上海宏博公司、锡盟宏博公司、延长油矿、延长勘探公司交付两口出油成井井场管理权的诉讼请求，依法不能成立。

炅湘钰公司的再审请求为判决延长油矿、上海宏博公司、锡盟宏博公司、延长勘探公司支付已出油油井的收益共计1680万元（暂估自2009年8月至2011年8月）；自2011年8月起，继续按照两口出油成井的产量销售额按纳税周期支付炅湘钰公司收益至油井出油终止。炅湘钰公司在本院2016年6月3日组织的询问中明确表示，一审诉讼请求中关于2009年8月至2011年8月的期间是从出油日计至一审起诉之日，起诉后要按照石油生产年限继续支付至油井出油终止，因现已进入再审阶段，有关收益通过鉴定应计算至再审期间。为确定符合《转让合作协议》约定的两口出油井是否存在收益以及收益的金额，经上海宏博公司、锡盟宏博公司申请，本院依法委托鉴定机构对案涉出油井的井位及收益情况进行了鉴定。经鉴定，符合《转让合作协议》约定的两口出油井为元7井、元19－1井，该两口井自2009年8月至2016年6月30日的利润总额分别为－8,029,007.28元、677,386.04元。上海宏博公司自愿提供作为炅湘钰公司收益出油井的元2－2井自2009年8月至2016年6月30日的利润总额为－1,068,640.78元。对于案涉出油井的历史收益情况，炅湘钰公司在本院2016年6月3日组织各方确定鉴定事宜时提出，已经发生的收益"是石油问题""必须由石油专家和会计共同出具意见""我们需要这些专家提供专业意见"。同时，天正华会计所在鉴定意见中亦表示鉴定组无法区分案涉出油井生产成本、管理费用、财务费用、勘探费用中具体的明细项是否为生产必要的成本费用，所列示的鉴定结果为未经调整的账面收益数据。本院认为，炅湘钰公司的该项主张合理，应予支持。经委托恒泰艾普公司有关石油专家出具成本调整专家意见书并听取各方当事人的意见，本院对不合理、非直接、未发生的生产经营管理成本进行调减，其中对元7井的生产经营管理成本调减2,170,552.36元，调整后元7井的利润为－5,858,454.92元；对元19－1井的生产经营管理成本调减2,379,197.30元，调整后元19－1井的利润为3,056,583.34元；对元2－2井的生产经营管理成本调减2,449,505.96元，调整后元2－2井的利润为1,380,865.18元。鉴于上海宏博公司自愿以元2－2井作为炅湘钰公司的收益出油井，属于对自身权利的处分，且该井的收益高于符合双方合同约定的元7井，故本院认定上海宏博公司应向炅湘钰公司支付元19－1井、元2－2井截至2016年6月30日的收益共计4,437,448.52元（3,056,583.34元＋1,380,865.18元）。根据北方亚事评估所的鉴定意见，元7井、元19－1井、元2－2井2016年6月30日以后的未来预收益均为0元，故对炅湘钰公司关于支付收益至油井出油终止的诉讼请求，本院不予支持。

针对炅湘钰公司对本案鉴定检材、鉴定机构、鉴定程序等问题提出的异议，本院认为均不能成立，理由如下：

1. 关于本案能否在不鉴定的情况下径行判决支持炅湘钰公司诉讼请求的问题。炅湘钰公司作为一审原告及再审申请人，应当依法对自己提出的主张提供证据证明。炅湘钰公司关于支付收益的再审请求涉及石油、会计、评估方面的专业技术问题，需要通过司法鉴定予以确定，并在查清案件事实后依法进行认定。炅湘钰公司关于本案再审无须进行事实查明而应径行判决支持其提出的收益金额的主张，没有法律依据。炅湘钰公司向一审、二审法院提交的数份录音对话整理材料显示，一审鉴定机构提出上海宏博公司主张鉴定检材太多要求进行现场勘验，该机构认为假如上海宏博公司不提交资料，可在现场勘验后作出对其不利的鉴定结论；炅湘钰公司认为没有现场勘验必要，多次致电一审法院及鉴定机构，要求终止鉴定，作退案处理；鉴定机构表示不同意退案，如终止鉴定可能对炅湘钰公司不利；炅湘钰公司则坚持要求退案，认为“对我不利无所谓”。一审鉴定机构退案后，上海宏博公司请求另行委托其他鉴定机构进行鉴定，但炅湘钰公司不同意继续鉴定。再审审理过程中，上海宏博公司、锡盟宏博公司再次提出鉴定申请，炅湘钰公司仍表示不同意鉴定，且拒不参加本院在鉴定过程中组织的两次现场勘验。炅湘钰公司自行根据网页资料等估算的收益高达1.68亿元，与石油行业勘探开采规律、客观市场行情及本案实际情况严重不符，且其提供的证据均不能证明案涉出油井日产8吨、每吨利润3000元、年产300天、每年成本600万元及收益年限20年的事实，依法不能成立。上海宏博公司、锡盟宏博公司作为本案一审被告及再审被申请人，主动申请进行司法鉴定并预缴鉴定费用，配合提供鉴定机构要求的案涉212区块首批投产的47口油井的生产技术资料以及截至2016年6月30日的财务资料

（销售资料、成本资料）等大量鉴定检材原件。炅湘钰公司主张上海宏博公司一审中拒不提供资料进行鉴定，故应丧失申请鉴定的权利，没有事实和法律依据。

2. 关于鉴定检材的真实性问题。案涉油井的电子生产数据由本院依法从锡盟宏博公司的生产系统中调取，三家鉴定机构在鉴定过程中已经对检材数据进行了核实，数据前后一致且能够与纸质材料相互印证，未发现篡改、伪造的痕迹。炅湘钰公司关于上海宏博公司、锡盟宏博公司伪造鉴定检材的主张，无证据支持，依法不能成立。炅湘钰公司要求本院向政府有关部门调查相关网页资料数据的真实性，因网页资料不属于当事人因客观原因不能自行收集的证据，且相关数据针对的是整个油矿，不能反映符合双方合同约定的两口出油井的具体产量和收益情况，不属于《中华人民共和国民事诉讼法》第六十四条第二款规定的人民法院应当调查收集证据的情形，且本院已经通过司法鉴定的方式对案涉出油井的收益情况进行查明，故网页资料与案涉出油井原始生产数据及财务资料不符的，应以原始数据为准。

3. 关于鉴定机构的资质问题。根据《全国人民代表大会常务委员会关于司法鉴定管理问题的决定》第二条的规定，目前仅有法医类、物证类、声像资料和其他四类鉴定需要国务院司法行政部门颁发司法鉴定资质，对于其他类别的鉴定无强制性要求。《人民法院司法鉴定人名册制度实施办法》（法发〔2004〕6号）第十八条规定："司法鉴定所涉及的专业未纳入鉴定人名册时，人民法院司法鉴定机构可以从社会相关专业中，择优选定受委托单位或专业人员进行鉴定。"因石油行业未纳入鉴定人名册管理，本院从社会相关专业中择优选定专业能力较强的上市公司恒泰艾普公司对案涉出油井井位及开采期产量等石油领域专业问题进行鉴定，符合法律规定。炅湘钰公司关于恒泰艾普公司无司法鉴定资质故不能承担本案鉴定工作的主张，无法律依据，且与其在诉讼过程中一直提出的因本案专业性较强必须有石油领域专家参与鉴定的主张相矛盾。石油技术咨询及司法会计鉴定不属于评估业务，无须取得矿业权评估资质。北方亚事评估所具有矿业权评估资质，但其在书面回复中亦说明本案对未来预收益情况的评估属于资产评估范围，不属于矿业权评估。炅湘钰公司关于鉴定机构无矿业权评估资质故不能承担本案鉴定工作的主张，依法不能成立。

4. 关于鉴定程序问题。《最高人民法院对外委托鉴定、评估、拍卖等工作管理规定》(法办发〔2007〕5号)第二十一条规定:"指定选择时,对委托要求超出《名册》范围的,专门人员应根据委托要求从具有相关专业资质的专业机构或专家中选取,并征求当事人意见。"因当事人无法协商确定鉴定机构,2016年6月3日询问时各方明确表示鉴定机构请本院依法指定,本院初步确定鉴定机构后亦于2016年6月21日询问征求了各方的意见。炅湘钰公司主张本院指定鉴定机构未履行法定的征求意见程序,与事实不符。本院在鉴定过程中组织的两次现场勘验,均有审判业务部门工作人员两名及司法辅助工作部门工作人员两名共四人参加,符合法律规定。石油技术咨询及会计行业并无现场勘验要求,恒泰艾普公司及天正华会计所在参加第一次现场勘验后,认为无必要再参加第二次现场勘验,不违反行业规定。本案审理过程中,再审合议庭成员发生了变更并已依法通知各方当事人,炅湘钰公司在2017年5月26日开庭时明确表示"不申请重新开庭,以之前发表过的意见为准,无补充意见",其在庭后提交的补充意见中主张本案鉴定行为在更换合议庭后不能合法成立和存续,没有事实和法律依据。

二、关于锡盟宏博公司、延长油矿、延长勘探公司在本案中应否承担连带责任的问题

本院认为,炅湘钰公司系根据其与上海宏博公司签订的《转让合作协议》及《补充协议(一)》主张转让费用、服务费用以及投资收益。根据合同相对性原则,该协议只约束签约双方,锡盟宏博公司、延长油矿、延长勘探公司不是合同当事人,炅湘钰公司要求三公司承担连带责任,没有合同及法律依据。《补充协议(二)》草稿虽载明由锡盟宏博公司支付2000万元转让余款,但该协议最终未能正式签订,锡盟宏博公司亦未在草稿上签章,该草稿对锡盟宏博公司不具有法律约束力。一审、二审判决驳回炅湘钰公司对锡盟宏博公司、延长油矿、延长勘探公司的诉讼请求,并无不当。

此外,炅湘钰公司在再审申请中要求进行质证的一审鉴定检材,本院再审依法开庭进行了质证。但因炅湘钰公司认为上海宏博公司提交的一审鉴定检材均为复印件故不予认可,且鉴定机构要求上海宏博公司提交检材原件进行鉴定,故一审鉴定检材复印件并未作为本案鉴定检材。炅湘钰公司认为一审、二审法院未依法调取的案涉油井税务凭证,上海宏博公司在再审中已根据本院要求予以提交。炅湘钰公司提出的一审合议庭违反审限规定、拒不调查收集证据等问题不属于法定回避情形，其关于一审审判组织成员未依法进行回避的主张不能成立。

最高人民法院判决：判决生效之日起三十日内，上海宏博投资管理（集团）有限公司支付北京炅湘钰技术开发有限公司人民币 2000 万元整，并按中国人民银行同期贷款利率支付自 2010 年 7 月 8 日至支付上述款项之日止利息；判决生效之日起十日内，上海宏博投资管理（集团）有限公司支付北京炅湘钰技术开发有限公司两口出油井收益人民币 4,437,448.52 元。

【规则解读】

一、因为油气矿业权实行严格资格准入，油气资源合作勘探开采以契约型合作为主

矿业权资格准入限制是我国矿产资源法规定的基本制度，《中华人民共和国矿产资源法》第三条第四款要求，“从事矿产资源勘查和开采的，必须符合规定的资质条件”。相对于一般矿产，因为油气资源的国家战略地位，我国现行矿产资源法律体系对石油、天然气勘探开发提出更加严格的资质限制。如《矿产资源勘查区块登记管理办法》第四条第二款规定：“勘查石油、天然气矿产的，经国务院指定的机关审查同意后，由国务院地质矿产主管部门登记，颁发勘查许可证”，第六条第二款规定：“申请勘查石油、天然气的，还应当提交国务院批准设立石油公司或者同意进行石油、天然气勘查的批准文件以及勘查单位法人资格证明。”1998 年 11 月 11 日发布的《国土资源部关于内蒙古杭锦旗境内天然气开发有关问题的复函》（国土资函 329 号）明确“……未经国务院批准同意进行石油、天然气勘查、开采的单位，视为不具备法律、法规规定的资质条件，登记管理机关不能授予石油、天然气资源的探矿权和采矿权。”

根据自然资源部公布的新设探矿权登记（油气类）、采矿权（油气类）登记服务指南，申请油气矿业权应具备以下基本条件：

（1）申请人具有中华人民共和国法人资格；［依据《矿产资源勘查区块登记管理办法》（国务院令第 653 号）第六条］

（2）申请人具有国务院批准设立石油公司或者同意进行石油天然气勘查的批准文件（申请煤层气、页岩气勘查的除外）；［依据《矿产资源勘查区块登记管理办法》（国务院令第 653 号）第六条］

(3)申请人或其委托的勘查单位具有相应的油气矿产勘查的资质;[依据《矿产资源勘查区块登记管理办法》(国务院令第653号)第六条]

(4)申请范围不超过2500个基本单位区块;[依据《矿产资源勘查区块登记管理办法》(国务院令第653号)第三条]

(5)申请范围不能与已有油气探矿权、采矿权重叠;[依据《矿产资源勘查区块登记管理办法》(国务院令第653号)第九条]

(6)勘查实施方案应符合有关规定,并有实施的资金保障;[依据《矿产资源勘查区块登记管理办法》(国务院令第653号)第六条]

(7)符合油气资源勘查其他有关法律法规规定。[依据《矿产资源勘查区块登记管理办法》(国务院令第653号)第三十七条]

目前,经国务院批准具备油气资源勘查开采资格的企业主要是中国石油天然气集团有限公司、中国石油化工集团有限公司、中国海洋石油集团有限公司和陕西延长石油集团有限公司,也就是业界俗称的"三桶半油"。国务院批复同意特殊历史背景下建立的上海石油天然气总公司、齐齐哈尔油田开发建设总公司和广西壮族自治区田东油矿可以在原批准范围内从事油气开采直至资源枯竭。有统计数据显示,因为油气矿业权严格资质准入限制,普通企业难以进入该领域,截至2018年年底,中石油、中石化、中海油持有约98%的国内油气矿业权。

2019年12月31日,自然资源部发布《关于推进矿产资源管理改革若干事项的意见(试行)》,只要在中华人民共和国境内注册,净资产不低于3亿元人民币的内外资公司,均有资格按照规定取得油气矿业权;企业从事油气勘查开采应符合安全、环保等资质要求和规定,并具有相应的油气勘查开采技术能力。油气矿业权实行探采合一制度。油气探矿权人发现可供开采的油气资源的,在报告有登记权限的自然资源主管部门后即可进行开采。进行开采的油气矿产资源探矿权人应当在5年内签订采矿权出让合同,依法办理采矿权登记。按照该文件内容,油气矿业权准入资质将全面放开。但由于该文件还是试行阶段,法律效力有限。此规定究竟是囿于《外商投资法》生效、外商投资负面清单产生的叠加效应和影响,还是我国主动推进油气产业顶层改革的必然趋势,还有待观察。

通常意义上,矿业权合作有法人型合作、契约型合作两种形式。但受限于油气矿业权准入资质严格限制,新设公司难以取得准入资质,法人型合作难以实施。因此,油气矿业权的勘探开采合作以契约型为主,常见方式包括:

(1)资本合作。合作合同约定矿业权人提供石油天然气矿业权、勘查开采技术等,社会资本提供资金、人员、设备等,同时约定合作期限、资金监管、收益分配比、生产管理等内容的合作形式。

(2)承包合作。油气矿业权人作为发包人向承包人提供石油天然气探矿权证、采矿权证及相关证照,负责提供一切合法采矿手续,收取固定比例利润,由社会资本承包人负责组织生产、销售,对外使用油气矿业权人名义签订合同、收款、纳税的合作形式。

(3)委托合作。油气矿业权人委托人社会资本承担石油天然气勘查、开采活动,约定由社会资本在一定期间内向委托人提供勘查、采矿工作成果,矿业权人根据勘查、采矿成果或工作量向受托人支付费用的合作形式。

二、社会资本与油气矿业权人签订的合作勘查开采协议,自依法成立之日起生效

关于矿业权合作勘查开采协议的法律效力认定,我国司法界曾有争议。第一种观点认为,《中华人民共和国合同法》第四十四条规定:“依法成立的合同,自成立时生效。法律、行政法规规定应当办理批准、登记等手续生效的,依照其规定。”而按照《矿业权出让转让管理暂行规定》第四十四条第二款的规定,“不设立合作、合资法人勘查或开采矿产资源的,在签订合作或合资合同后,应当将相应的合同向登记管理机关备案”。因此,油气矿业权合作协议属于登记备案生效。第二种观点认为,《矿业权出让转让管理暂行规定》的性质是部门规章,并不符合《中华人民共和国合同法》第四十四条规定。且备案和审批登记亦有不同,备案不具有行政许可意义,没有备案不影响合同效力。《最高人民法院关于适用〈中华人民共和国合同法〉若干问题的解释(一)》第九条第一款规定:“依照合同法第四十四条第二款的规定,法律、行政法规规定合同应当办理批准手续,或者办理批准、登记等手续才生效,在一审法庭辩论终结前当事人仍未办理批准手续的,或者仍未办理批准、登记等手续的,人民法院应当认定该合同未生效;法律、行政法规规定合同应当办理登记手续,但未规定登记后生效的,当事人未办理登记手续不影响合同的效力,合同标的物所有权及其他物权不能转移。”因此,合作勘查开采协议应自成立之日起生效。

2017年的《最高人民法院关于审理矿业权纠纷案件适用法律若干问题的解释》(法释〔2017〕12号)第十三条第一款规定:“矿业权人与他人合作进行矿产资源勘查开采所签订的合同,当事人请求确认自依法成立之日起生效的,人民法院应予支持。”该规定不仅在立法层面结束矿产资源勘查开采合作协议生效条件的争论,也为司法审判提供明确指引,形成矿业勘查合作协议效力的统一裁判规则:

(1)契约型合作的核心是矿业权主体没有发生变更。如双方约定设立新企业或设立了新企业但矿业权并不变更到新企业名下,此情况仍属于契约型合作,合作协议自成立之日生效。

(2)社会资本为外商企业,合作协议系中外合资、合作的,《矿产资源开采登记管理办法》第二十九条规定“中外合作开采矿产资源的,中方合作者应当在签订合同后,将合同向原发证机关备案”。虽然该规定性质是行政法规,但没有明确未经备案不得生效,其性质应认定为管理性规则,所以,中外合作、合资勘查开采协议自依法成立之日生效。

三、名为合作实为转让的勘查开采合作协议无效

矿业权是兼具民事物权和行政许可的财产权利,根据其民事物权属性,矿业权可以自由流转;但根据行政许可属性,矿业权流转必须受到严格监管,《中华人民共和国矿产资源法》第六条第三款规定禁止将探矿权、采矿权倒卖牟利;第四十二条规定:“买卖、租赁或者以其他形式转让矿产资源的,没收违法所得,处以罚款。违反第六条规定将探矿权、采矿权倒卖牟利的,吊销勘查许可证、采矿许可证,没收违法所得,处以罚款。”

司法机关在处理矿业权流转纠纷时,如何平衡物权法和行政许可的关系,曾是一大难题。2017年《最高人民法院关于审理矿业权纠纷案件适用法律若干问题的解释》(法释〔2017〕12号)答记者问,提出此类问题的裁判逻辑。对当事人根据实际情况是选择采取直接转让方式抑或租赁、承包等流转方式,人民法院应给予必要的尊重,不宜一律将矿业权租赁、承包直接认定为矿业权转让。但当事人若在选择租赁、承包形式的同时,在租赁、承包合同中约定矿业权人仅收取租金或者承包费,放弃对矿山的管理,不再履行其法定义务,不再承担相应法律责任,则构成变相转让采矿权的行为,具有明显规避国土资源主管部门行政监管和审批许可,逃避国家相关税费缴纳的意图。为体现司法对于国土资源主管部门依法行政的尊重和支持,根据《中华人民共和国合同法》第五十二条第三项“以合法形式掩盖非法目的”以及第五项“损害社会公共利益”的规定,应认定此类合同无效。

根据前述最高人民法院司法解释,社会资本与油气矿业权人采用合作勘查开采形式时,应注意不得名为合作实为转让,否则所签协议无效。关于“名为合作实为转让”的情形,现行法律没有列举,就相关案例和资料显示,下列情形可构成:

1. 油气矿业权人将设备、资料、证照、印章及一切相关票证全部交给社会资本。七台河市双利煤焦有限责任公司与闫新春、七台河市宏伟煤矿等采矿权转让合同纠纷[(2016)最高法民申 1077 号],最高人民法院经审查认为“本案中,闫新春与双利公司签订的煤矿转让协议,违反了法律、行政法规的强制性规定,应当认定无效。涉案煤矿转让协议约定闫新春将其投资的包括资源价款、井巷工程等在内的宏伟煤矿四井全部转让给双利公司,并将证照、印章及一切相关票证全部交给双利公司。由该协议内容可知,该煤矿转让协议实为采矿权的转让”。

2. 油气矿业权人放弃对矿山的管理,仅收取固定收益,不承担任何法律责任。2016 年,最高人民法院发布依法审理矿业权民事纠纷案件典型案例,案例四“宝兴县大坪大理石矿与李竞采矿权承包合同纠纷案”的典型意义为“我国矿产资源相关法律、行政法规禁止以承包形式转让采矿权。实践中,应区分以承包形式转让采矿权和采矿权承包两种流转方式的不同。当事人签订采矿权承包合同,约定发包人放弃对矿山的管理,除收取固定费用或者收益外不再履行作为采矿权人的全部法定义务,亦不再承担任何法律责任的,应认定为以承包形式转让采矿权”。

3. 油气矿业权人只收取收益,不履行矿业权人应承担的安全生产、生态环境修复等法定义务,依照《最高人民法院关于审理矿业权纠纷案件适用法律若干问题的解释》(法释〔2017〕12 号)第十二条第二款规定,构成名为合作实为转让。

四、社会资本因合作勘查开采协议中的义务转让第三方,转让协议的法律效力

本案中的社会资本在与延长石油签署合作协议后,又与第三人签订合作协议，将勘查开采义务及部分收益转给第三方。这种合作模式在油气勘查开采中较为常见。社会资本与第三人的协议是否有效？协议效力是否及于油气矿业权人？本案裁判逻辑可为类似案例提供参考。

社会资本将合作勘探开采协议中的权利义务全部或部分概括转让给第三方，构成合同权利、义务转移。我国关于合同权利义务转让的规定集中于《中华人民共和国合同法》第七十九条至第八十九条，基本法理包括：

1. 转让的权利义务应具有可转让性。若不存在《中华人民共和国合同法》第五十二条情形，且转让的权利义务根据合同性质可以转让，当事人也未曾约定不得转让，则转让合同有效。

2. 转让合同应履行必要的通知义务。《中华人民共和国合同法》第八十条规定："债权人转让权利的，应当通知债务人。未经通知，该转让对债务人不发生效力。债权人转让权利的通知不得撤销，但经受让人同意的除外。"第八十四条规定："债务人将合同的义务全部或者部分转移给第三人的，应当经债权人同意"，第八十八条规定："当事人一方经对方同意，可以将自己在合同中的权利和义务一并转让给第三人。"

由此，社会资本将油气勘查开采合作协议转让第三方，其协议效力可做如下判断：

1. 油气勘查开采义务的性质不属于不得转让债权，社会资本可否转让应视合作协议约定而定。如油气矿业权人在合作协议中约定不得转让，但未对社会资本的转让行为明确反对，转让协议可判定有效。相关案例如内蒙古镶黄旗金丰矿业开发有限公司、北京美中德科房地产开发有限公司合同纠纷[(2017)最高法民终601号]，延长公司与巴音公司签订的《风险勘探合作协议》以及巴音公司与北京美中德科公司签订的《勘探开发协议》中均约定不得将甲方的委托权转移给第三方，但在实际履行过程中，延长公司、巴音公司从未对美中德科公司与金丰公司签订并履行的《合作勘探合同》提出过任何异议，而且巴音公司在《开工报告》的批准、原油的销售过磅、管理费的收取以及对勘探工作日常监管等方面均全程参与，说明巴音公司对美中德科公司与金丰公司的合作勘探开发行为是明确知晓并认可的，同时也可以印证金丰公司对基于延长公司所拥有的合法探矿权以及巴音公司的机构职能和合法授权而形成的合作基础和履约方式亦是明确知晓的，不存在北京美中德科公司故意隐瞒和虚构事实的欺诈情形，因此，该案的社会资本的转让协议有效。

2. 未经油气矿业权人同意，社会资本不得将勘查开采义务转让给第三人。油气矿业权人同意民间投资者转移债务的意思表示，除以函件、邮件、会议纪要、文件等方式明确告知同意外，接受第三人履行义务的事实行为也可构成意思表示。如前述内蒙古镶黄旗金丰矿业开发有限公司、北京美中德科房地产开发有限公司合同纠纷案[（2017）最高法民终 601 号]。

3. 未经矿业权人同意的转让对油气矿业权人不发生效力，矿业权人有权拒绝第三人向其履行，同时有权要求社会资本履行合同义务并承担不履行或迟延履行的违约责任。相关案例如泰来县泰来油田投资发展有限责任公司与哈尔滨京德顺集团股份有限公司合同纠纷再审案[（2009）民提字第 80 号]。本案中，大庆公司与泰来公司签订的《合作开发合同》第十条约定，合作区内采矿权属大庆公司。第十六条约定，泰来公司可以把该合同范围内属于它的部分或全部权利和（或）义务转让给它的任一关联公司，但事先应向大庆公司递交书面报告并经中油股份公司同意后，方可实施转让。此后，泰来公司与京德顺公司签订《委托开发合同》，委托京德顺公司开采平洋油田。关于《委托开发合同》的法律效力，最高人民法院审理认为，“事先未征得大庆公司同意，京德顺公司也未提供充分证据证明大庆公司对此知情并以实际行为对此表示认可。虽然《委托开发合同》明确约定了京德顺公司在油田开发过程中应接受大庆公司的监督和指导，但京德顺公司未提供证据证明在其进行平洋油田开发过程中，大庆公司有实际的监督或指导行为，因此，不能得出大庆公司对《委托开发合同》是知情且同意的结论。事后，大庆公司未对《委托开发合同》予以追认，且在 2004 年 7 月出具书面函件，明确表示《委托开发合同》违反了《合作开发合同》的约定，要求泰来公司立即终止该合同。根据《中华人民共和国合同法》第五十一条规定，泰来公司与京德顺公司签订《委托开发合同》，允许京德顺公司使用大庆公司的采矿权进行油田开采，事先未经大庆公司同意，事后未经大庆公司追认，且大庆公司明确表示不同意泰来公司的委托行为，《委托开发合同》应认定无效”。

【风险提示】

1. 油气资源合作勘探开采协议，应避免将合作模式约定为矿业权人放弃对矿区的管理,除收取固定费用或者收益外不再履行作为矿业权人的全部法定义务,亦不再承担任何法律责任的内容,避免因此约定被法院认定合作合同无效及因此受到主管部门行政处罚。

2. 社会投资者与油气矿业权人签订合作勘探开采协议后,又将其勘探采矿义务全部或部分以合作、委托、承包等形式"转让"给第三方的,应获得矿业权人同意,否则转让行为对矿业权人不发生法律效力。

【相关法律法规】

《中华人民共和国合同法》(1999 年 3 月 15 日)

第五十二条　有下列情形之一的,合同无效:……(五)违反法律、行政法规的强制性规定。

第八十四条　债务人将合同的义务全部或者部分转移给第三人的,应当经债权人同意。

第八十八条　当事人一方经对方同意,可以将自己在合同中的权利和义务一并转让给第三人。

《最高人民法院关于适用〈中华人民共和国合同法〉若干问题的解释(二)》(2009 年 4 月 24 日)

第十四条　合同法第五十二条第(五)项规定的"强制性规定",是指效力性强制性规定。

《最高人民法院关于审理矿业权纠纷案件适用法律若干问题的解释》(2017 年 6 月 24 日)

第十三条第一款　矿业权人与他人合作进行矿产资源勘查开采所签订的合同,当事人请求确认自依法成立之日起生效的,人民法院应予支持。

《矿产资源勘查区块登记管理办法》(2014 年 7 月 29 日修订)

第四条第二款　勘查石油、天然气矿产的,经国务院指定的机关审查同意后,由国务院地质矿产主管部门登记,颁发勘查许可证。

第六条第二款　申请勘查石油、天然气的,还应当提交国务院批准设立石油公司或者同意进行石油、天然气勘查的批准文件以及勘查单位法人资格证明。

《矿产资源开采登记管理办法》(2014年7月29日修订)

第三条第二款　开采石油、天然气矿产的,经国务院指定的机关审查同意后,由国务院地质矿产主管部门登记,颁发采矿许可证。

第五条第三款　申请开采石油、天然气的,还应当提交国务院批准设立石油公司或者同意进行石油、天然气开采的批准文件以及采矿企业法人资格证明。

油气勘查开采合作协议的主要类型

【裁判规则】

社会资本与油气矿业权人签署油气资源勘查开采合作协议后，又与第三方签订合作协议的，社会资本与第三人的合作协议不属于《最高人民法院关于审理矿业权纠纷案件适用法律若干问题的解释》（法释〔2017〕12 号）第五条规定的无证勘查合同。

【典型案例】

内蒙古镶黄旗金丰矿业开发有限公司、北京美中德科房地产开发有限公司合同纠纷案[（2017）最高法民终 601 号]

【案情简介】

上诉人（原审原告、反诉被告）：内蒙古镶黄旗金丰矿业开发有限公司。

上诉人（原审被告、反诉被告）：北京美中德科房地产开发有限公司。

上诉人（原审被告、反诉原告）：内蒙古镶黄旗美中德科矿业开发有限公司。

被上诉人（原审被告）：内蒙古镶黄旗巴音矿业投资开发有限责任公司。

一审法院查明：案外人陕西延长石油（集团）有限责任公司（以下简称延长公司）拥有案涉地处内蒙古自治区锡林郭勒盟镶黄旗境内油气的合法的探矿权，并于 2015 年 10 月 10 日取得该块油气田的《采矿许可证》。镶黄旗政府为发展地方经济，与延长公司达成一致联合勘探开发油气资源，为此镶黄旗政府于 2006 年 8 月 7 日批复成立内蒙古镶黄旗巴音矿业投资开发有限责任公司（以下简称巴音公司）。

2007 年 7 月 9 日，延长油矿管理局石油勘探事业部作为甲方，巴音公司作为乙方，签订一份《内蒙古自治区镶黄旗宝勒根陶海区域石油资源风险勘探合作协议书》（以下简称《风险勘探合作协议》），协议主要约定，延长公司全权委托巴音公司以延长油田股份有限公司的名义，并在授权范围内，对该区进行油气勘探；合作方式采用全权委托，风险独担，利益分成；原油收益以产量为标准计算，延长公司分成 20%，巴音公司分成 80%；不允许巴音公司将延长公司的委托权转移第三方。

在上述《风险勘探合作协议》签订之前 2006 年 8 月 1 日，巴音公司作为甲方，与北京美中德科房地产开发有限公司（以下简称北京美中德科公司）作为乙方签订了《勘探开发协议》，约定：根据巴音公司与延长公司协议内容，巴音公司已取得延长公司全权委托开发镶黄旗境内的油气开发，经镶黄旗政府同意，采取招商引资的方式合作勘探开发；巴音公司负责提供勘探区块，北京美中德科公司自行投资，巴音公司全权委托，北京美中德科公司独担风险，利益双方分成的合作方式；原油收益以产量为标准计算，巴音公司分成 20% 上缴延长公司，北京美中德科公司分成 80%；税费按国家相关规定依法征收，北京美中德科公司向巴音公司缴纳矿产资源费、管理费每年 1000 元每平方公里；北京美中德科公司如需合作或变更法人名称，需告知巴音公司并办理相关手续。不允许北京美中德科公司将巴音公司的委托权转移第三方。

2008 年 6 月 6 日，北京美中德科公司作为甲方，内蒙古镶黄旗金丰矿业开发有限公司（以下简称金丰公司）作为乙方，签订了《合作勘探合同》，约定：合同以北京美中德科公司与巴音公司签订的《勘探开发协议》的相关规定内容为依据；金丰公司通过对巴音塔拉盆地矿区区块内油气资源的考察及对北京美中德科公司与巴音公司合作方式的认可，自愿投资与北京美中德科公司合作，进行油气资源风险勘探开发；北京美中德科公司按合同规定负责提供勘探开发油井井位的《开工报告》，并由巴音公司审核批准；金丰公司若确保双方合作开发，须向甲方交纳 50 口油井井位占位费共计 2000 万元，自合同签订生效后五个工作日内先支付 200 万元作为定金，北京美中德科公司收到定金后，派员协助乙方在十五天内确定首期开发拟定的油井井位坐标（此坐标由金丰公司最终决定）……双方合作勘探开发的原油及天然气，须由北京美中德科公司进行销售和结算（由金丰公司协办）。每一合同为一户，按户结算。所得款项须向延长公司及当地税务机关上缴相关费用（此上缴费用按北京美中德科公司与巴音公司所签订协议的有关条款及当地税务机关应上缴的税款规定，以金丰公司收到北京美中德科公司上缴上述费用的合法凭证为准），待巴音公司扣除应上缴给延长公司的费用及当地税务部门相关税款后，剩余利润北京美中德科公司可待金丰公司收回50口油井井位占位费的投资2000万元后，双方按4∶6比例进行分成……双方在合作过程中，除约定负责的费用外，其他一切未约定的费用由合作体负责支付；金丰公司还须一次性支付给镶黄旗政府草地补偿金、环保费、水费、填坑费，为每口油井4万元……北京美中德科公司承诺双方合作勘探开发油气资源的区块是合法取得的。在双方合作勘探开发的区块范围内……北京美中德科公司负责提供与巴音公司签订勘探该区油气资源的合法开发协议书的原件给金丰公司查阅，并向金丰公司提供其复印件并加盖公章，注明复印件与原件相符；由北京美中德科公司与巴音公司及当地税务机关进行油气产品的销售结算和税款的交纳（金丰公司派员协办）；……在施工作业时，所发生的一切人身伤亡、财产损失及其他事故均由金丰公司承担，北京美中德科公司不负任何责任；……金丰公司的一切行为均应遵守相关法律法规，若有违反而引起的法律诉讼及经济赔偿责任，全部由金丰公司承担；金丰公司要保持良好的井区环境，废弃的井孔和泥浆坑由金丰公司进行复坑工作；本合同任何一方应遵守本合同所做出的各项约定，承诺和保证，若任何一方违反本合同之约定，将按照所造成的直接损失赔偿另外一方；本合同自签订之日起生效，有效期与北京美中德科公司与巴音公司所签订协议的有效期等同。

北京美中德科公司在与金丰公司签约后，内蒙古镶黄旗美中德科矿业开发有限公司（以下简称内蒙美中德科公司，其与北京美中德科公司非特别指明外，统称为美中德科公司，下同）作为与北京美中德科公司同为一个法定代表人的关联公司，代表北京美中德科公司与金丰公司履行《合作勘探合同》的相关义务。

美中德科公司向巴音公司提交了《开工报告》，巴音公司在《开工报告》签字并予以许可。金丰公司开始勘探钻井，于2008年9月钻井出油，并按约定进行了销售。2013年9月，金丰公司关闭了石油气的勘探、开采，原因是与美中德科公司在《合作勘探合同》履行过程中产生纠纷。

一审还查明，巴音公司是镶黄旗政府设立的公司，作为镶黄旗政府与延长公司合作的载体,具有政府石油办公室的职能作用,是"一套人马,两块牌子"。再查明,2005 年 2 月发布的《国务院关于鼓励支持和引导个体私营等非公有制经济发展的若干意见》(国发〔2005〕3 号),要求逐步放开非公有制经济的市场准入,并允许非公有资本进入石油、铁路等垄断行业和领域。2010 年 5 月发布的《国务院关于鼓励和引导民间投资健康发展的若干意见》(国发〔2010〕13 号),支持民间资本进入油气勘探开发领域,与国有石油企业合作开展油气勘探开发。2012 年 6 月 15 日发布的《国土资源部、全国工商联关于进一步鼓励和引导民间资本投资国土资源领域的意见》(国土资发〔2012〕100 号),其中第三部分内容为鼓励和引导民间资本参与油气资源勘查开采,依法保护民间资本参与石油天然气勘查开采的合法权益。

一审法院经审理认为:本案的争议焦点:(1)北京美中德科公司和金丰公司签订的《合作勘探合同》的效力问题。(2)金丰公司的本诉主张能否成立。(3)北京美中德科公司和内蒙美中德科公司的反诉主张能否成立。

一、关于北京美中德科公司和金丰公司签订的《合作勘探合同》的效力问题

首先,延长公司作为案涉油气地块合法的探矿权人与镶黄旗政府成立的巴音公司签订《风险勘探合作协议》,采用的是全权委托、风险独担、利益分成的风险合作勘探模式。镶黄旗政府通过巴音公司获得授权后,为了当地经济的发展,又以招商引资的形式,由巴音公司与北京美中德科公司签订《勘探开发协议》,延用其与延长公司形成的合作模式。在此基础上,北京美中德科公司与金丰公司签订了本案所涉《合作勘探合同》。金丰公司在该油气区块的勘探及开发始终依据的是延长公司在该区块具有的合法探矿权,案涉地块最终亦由延长公司取得《采矿许可证》。其次,《国务院关于鼓励支持和引导个体私营等非公有制经济发展的若干意见》要求逐步放开非公有制经济的市场准入,并允许非公有资本进入石油、铁路等垄断行业和领域。《国务院关于鼓励和引导民间投资健康发展的若干意见》支持民间资本进入油气勘探开发领域,与国有石油企业合作开展油气勘探开发。《国土资源部、全国工商联关于进一步鼓励和引导民间资本投资国土资源领域的意见》依法保护民间资本参与石油天然气勘查开采的合法权益,进一步支持和鼓励国有石油企业与民间资本在石油天然气勘查开采领域的合作。此外,《中华人民共和国矿产资源法》第十条亦有开采矿产资源,应当照顾民族自治地方的利益,有利于民族自治地方经济建设的相关规定。本案中,拥有案涉区域油气探矿权的延长公司与民族自治地方政府企业巴音公司的合作以及民间资本北京美中德科公司、金丰公司参与投资勘探开发的行为和方式均未被法律、行政法规的效力性强制性规定所禁止,亦符合上述国家依法保护民间资本参与石油天然气勘查开采的合法权益,进一步支持和鼓励民间资本进入油气勘探开发领域与国有石油企业合作的相关政策。最后,延长公司与巴音公司的合作、巴音公司与北京美中德科公司的合作,以及北京美中德科公司与金丰公司的合作,均属于在延长公司名义下和范围内开展的勘探开发整体投资合作。同时,北京美中德科公司、巴音公司按延长公司要求,将勘探期间试油试采过程中产生的原油在扣除20%上交延长公司后,其余80%根据国家有关规定,按照"统一管理,统一销售"的原则,纳入国家正规渠道,并全部依法纳税。综上,北京美中德科公司与金丰公司的投资合作勘探工作均是依据国家的法律法规及石油天然气勘探行业标准,在延长公司的统一部署下,按照巴音公司的管理要求进行的。合作区域《采矿许可证》的取得亦是对上述合作勘探工作成果的确认。此外,尽管延长公司与巴音公司签订的《风险勘探合作协议》以及巴音公司与北京美中德科公司签订的《勘探开发协议》中均约定不得将甲方的委托权转移给第三方,但在实际履行过程中,延长公司、巴音公司从未对美中德科公司与金丰公司签订并履行的《合作勘探合同》提出过任何异议,而且巴音公司在《开工报告》的批准、原油的销售过磅、管理费的收取以及对勘探工作日常监管等方面均全程参与,说明巴音公司对美中德科公司与金丰公司的合作勘探开发行为是明确知晓并认可的,同时也可以印证金丰公司对基于延长公司所拥有的合法探矿权以及巴音公司的机构职能和合法授权而形成的合作基础和履约方式亦是明确知晓的,不存在北京美中德科公司故意隐瞒和虚构事实的欺诈情形。此外,北京美中德科公司与金丰公司所签订的《合作勘探合同》系双方自愿签订,应是双方的真实意思表示,且符合国家政策鼓励的合作模式,亦不违反法律、法规的效力性强制性规定,有利于当地经济发展,应为有效合同。金丰公司主张《合作勘探合同》无效,缺乏事实和法律依据,不能成立。

因北京美中德科公司与金丰公司在履行《合作勘探合同》中产生矛盾,引发诉讼,经一审法院多次组织双方调解无果,矛盾不可调和,且金丰公司又于

2013 年 9 月停止了石油气的勘探、开采，致使合同目的不能实现，双方已无继续履行《合作勘探合同》的基础，该合同应予解除。

二、关于金丰公司的本诉主张能否成立的问题

1. 关于北京美中德科公司应否向金丰公司返还已经收取及不当扣取的油气销售分成款 21,349,606.50 元的问题。(1)应否返还 2010 年至 2011 年向金丰公司收取的 40% 油气销售款分成款 14,956,297.90 元。对此，一审法院认为，因《合作勘探合同》有效，且明确约定双方关于油气款的分成比例为金丰公司 60%、北京美中德科公司 40%，40% 油气销售款分成款 14,956,297.90 元是依合同约定应由北京美中德科公司分得的，不存在再向金丰公司返还的问题。金丰公司的该部分主张缺乏法律依据，不应予以支持。(2)应否返还 2012 年 1 月至 2013 年 9 月期间扣取金丰公司 60% 油气销售分成款 4,628,819 元(含 2011 年 12 月差价款 35,964.68 元)。对于未分配油气销售分成款 4,592,854.98元，北京美中德科公司认可该款项因双方产生纠纷未支付，但抗辩其就上述未分配油气款为金丰公司代缴了 1,897,278 元税费，并提交了相应的缴税凭证，故该部分税款应从金丰公司主张的未分配油气销售分成款 4,592,854.98元中予以核减，核减后剩余 2,695,576.98 元，再减去金丰公司认可已支付的 24.12 元，美中德科公司应向金丰公司支付油气分成款 2,695,552.86 元，现已判令合同解除，故金丰公司该项主张部分成立，应予支持。对于 2011 年 12 月未付的销售差价款 35,964.68 元，美中德科公司主张已支付，举出由金丰公司加盖公章确认的《收款收据》，金丰公司认为是先开《收款收据》，但未实际付款。对此，一审法院认为，金丰公司加盖公章的《收款收据》是其收到上述差价款 35,964.68 元的客观依据，在其没有证据能够证明其未收到款即向内蒙美中德科公司出具上述《收款收据》情况下，无法否认内蒙美中德科公司已支付了该款，故金丰公司的该部分主张不能成立，不予支持。(3)应否返还 2008 年 9 月至 2009 年 4 月期间以"代缴所得税"扣取的金丰公司销售收入分成款 1,764,488.91 元。美中德科公司对扣取该款项无异议，但认为依据《合作勘探合同》关于北京美中德科公司与当地税务机关进行税款交纳的约定，已代金丰公司上缴为税款，并提交了该期间相关税务凭证予以证明，因此美中德科公司代缴税款有合同依据及证据支持，金丰公司主张北京美中德科公司返还该款项，缺乏事实依据，不予支持。

2. 关于北京美中德科公司应否返还金丰公司井位占位费2000万元的问题。关于井位占位费,《合作勘探合同》第一条第四项约定,合同生效后,金丰公司已付的井位占位费不再退还。因此,金丰公司的该主张不能成立,不予支持。

3. 关于北京美中德科公司应否赔偿金丰公司的投资损失30,583,284.69元的问题。首先,合同无法继续履行、最终解除的后果是双方的行为所导致;其次,双方所签订的《合作勘探合同》明确约定,勘探开发油井所需钻井费用、采油设备等相关费用全部由金丰公司自行解决。现合同已解除,在北京美中德科公司对此不存在完全过错的情况下,金丰公司基于《合作勘探合同》而产生的投资风险也应由其自行承担。故金丰公司的该主张缺乏事实和法律依据,不予支持。

4. 关于内蒙美中德科公司应否对北京美中德科公司的上述返还责任承担连带清偿责任的问题。内蒙美中德科公司对于其实际同金丰公司履行了《合作勘探合同》并无异议,在合同的具体履行中,行使了北京美中德科公司的相关权利义务,其应当与北京美中德科公司就本案的民事责任承担连带清偿责任。

5. 关于巴音公司应否承担连带清偿责任的问题。巴音公司作为镶黄旗政府设立的公司,同时具有政府石油办公室的职能,其在延长公司具备合法探矿权及采矿权的基础上,以延长公司的名义,在延长公司全权授权下开展合作勘探开发,主要是以招商引资的方式对合作勘探开发企业的勘探开发进行监管、配合和协调工作。且巴音公司与金丰公司不存在合同关系,也无权利义务的约定,对于金丰公司与美中德科公司的合同履行不存在任何过错,无承担连带责任的法律依据。因此,金丰公司主张由巴音公司对美中德科公司财产返还与损失赔偿承担连带清偿责任的主张不能成立,不予支持。

三、关于美中德科公司的反诉主张能否成立的问题

1. 关于美中德科公司主张解除双方签订的《合作勘探合同》的请求,如前所述,予以支持。

2. 关于金丰公司应否赔偿美中德科公司损失及费用49,214,607.06元的问题。(1)金丰公司应否返还未勘探30口井的井位占位费1200万元。《合作勘探合同》第一条第六款约定,"北京美中德科公司和金丰公司合作勘探开发原油及天然气所得款项，须向延长公司及当地税务机关上缴相关费用，剩余利润北京美中德科公司可待金丰公司收回五十口井油井占位费的投资后，双方按比例分成”，现北京美中德科公司通过售油款利润的方式先行向金丰公司支付的2000万元应是按约定返还金丰公司井位占位费的投资，况且双方既未明确50口井何时全部开发完毕，也无若未开发到50口井即应当从已付金丰公司的前期投资利润中返还井位占位费的约定，故美中德科公司该请求无合同依据，不予支持。(2)金丰公司应否赔偿擅自停井给美中德科公司造成的损失10,819,319.33万元。金丰公司主张停井的原因系美中德科公司未按合同约定向其分配售油气款，美中德科公司称未分配售油气款是因为金丰公司起诉美中德科公司，因此，停井的原因不能仅归责于金丰公司，故对该请求不予支持。(3)金丰公司应否赔偿美中德科公司因停井重新恢复运转的相关损失5,388,000元。因停井的责任并不能归责于一方，而是双方的行为所导致。且美中德科公司所举的恢复生产油井修理费明细及恢复探井费用计算表均系单方形成和参考价格，不足以证明重新恢复正常运转所产生的损失，亦不能证明该费用与停井之间存在必然因果关系，无法客观反映实际损失数额，故美中德科公司的该请求亦不能成立，不予支持。(4)金丰公司应否向美中德科公司支付未约定费用69,600元。《合作勘探合同》第一条第八款虽约定双方在合作过程中，除约定负责的费用外，其他一切未约定的费用由合作体负责支付，但美中德科公司主张的未约定费用69,600元未经金丰公司的确认，所举证据明细也与本案双方合作勘探油井无关，故不予支持。(5)金丰公司应否承担政府以及巴音公司收取的相关费用348,954.60元。因《合作勘探合同》第一条第九款明确约定金丰公司还须一次性支付给镶黄旗政府草地补偿金、环保费、水费、填坑费，为每口井40,000元，同时每年另交的草场补偿费及其他政府针对该油井井位收取的有关费用由金丰公司支付，并由美中德科公司办理。美中德科公司所举的证据均为其代交的排污费、草场补偿费、资源管理费及技术服务费，属于合同约定金丰公司支付的范畴，而且上述费用在双方合作期间未解除合同的情况下不因是否实际生产作业而产生，而是基于实际占用草场所形成，故美中德科公司的该请求应当予以支持。(6)金丰公司应否支付美中德科公司垫付的营业费、管理费等2017万元。美中德科公司对此提供的证据均为其公司本身在正常经营当中所产生的费用，不能证明属于合同约定的应由金丰公司支付的内容，该请求无合同和法律依据，不予支持。(7)金丰公司应否返还宝同化工公司、绿能气体公司支付的押金共计10万元。金丰公司对该10万元押金由其收取没有异议，认为应由宝同化工公司和绿能气体公司直接向其主张，而非美中德科公司，但上述押金的形成是基于金丰公司以北京美中德科公司的名义与宝同化工公司和绿能气体公司签订的供销合同，合同的履约主体为北京美中德科公司，现金丰公司与北京美中德科公司之间的《合作勘探合同》已解除，由金丰公司收取的10万元押金应返还于北京美中德科公司，用于北京美中德科公司与宝同化工公司和绿能气体公司进行结算，因此对美中德科公司的该请求予以支持。(8)金丰公司应否赔偿因私自进行天然气交易导致的美中德科公司损失38,995.13元。美中德科公司在庭审中提供了金丰公司与镶黄旗水务局签订的《天然气安全使用协议》及王国珍的《调查笔录》，以此证明金丰公司存在用天然气换取用水事实的存在。而金丰公司提供了镶黄旗水利工程管理站及王国珍的《情况说明》以及金丰公司与李汉东、胡日查签订的《供用水协议》《C2排6井供用水协议》《生活用水供水协议》，上述《情况说明》及供水协议又否定金丰公司存在用天然气换取用水事实的存在，而实际情况是向牧民购买水，因此，美中德科公司提供的证据不能有效证明金丰公司私自进行天然气交易的事实，故对美中德科公司的该项请求不予支持。(9)金丰公司应否赔偿因违规操作导致火灾的损失279,738元。对此美中德科公司庭审中提供一份金丰公司的整改方案、罚款2万元的收据以及现场见证人刘某的证人证言，但该组证据无法证明失火造成160余吨原油被全部烧毁的事实，亦不能证明失火给美中德科公司造成损失279,738元，对该项请求不予支持。

3.关于金丰公司应否配合北京美中德科公司从双方设立的共管账户中提取库存售油分成款808,794.63元的问题。双方签订的《关于美中德科与金丰公司销售库存原油消除安全隐患的协议书》约定，将库存原油销售后的售油款存入双方的共管账户，如提取需双方共同认可，对该售油气款应按双方协议分配比例予以分配，故美中德科公司该主张有合同依据和数额来源，应予支持。

4.关于金丰公司应否将合作区域内地面井口阀门以上的设备设施等地上物予以全部拆除清空、将包括井口阀门及以下所有设备设施完全移交给北京美中德科公司并限期完全退出合作区域的问题。因双方所签订的《合作勘探合同》已经解除,金丰公司应当将其因履行合同而安装搭建的设备设施予以拆除,将合作区域移交于北京美中德科公司,故美中德科公司的该请求应予支持。

5. 关于美中德科公司主张的损失利息问题。关于美中德科公司垫付的政府以及巴音公司收取的相关费用348,954.60元应否支付利息的问题。因双方未就此约定利息承担问题,所以不存在支付利息的问题。关于金丰公司收取的宝同化工公司和绿能气体公司支付的押金共计10万元应否支付利息的问题。一审法院认为该押金是基于双方合同解除,而美中德科公司系与宝同化工公司和绿能气体公司的签约主体,为了便于与宝同化工公司和绿能气体公司进行最终结算才应返还于美中德科公司,并不是金丰公司对美中德科公司应付的欠款,不存在利息的支付问题。关于美中德科公司主张从双方设立的共管账户中提取库存售油分成款808,794.63元应否支付利息的问题。因该款系应分配的库存油款,存于双方共管账户中,美中德科公司主张的是由金丰公司配合支付其应分得部分,故该款项亦不存在金丰公司占用而产生的利息支付问题,应按该款在该账户中的自然孳息计算支付即可。

一审法院判决:(1)解除北京美中德科公司与金丰公司签订的《合作勘探合同》。(2)北京美中德科公司在判决生效之日起十日内支付金丰公司未分配的售油差价款2,695,552.86元。(3)内蒙美中德科公司对北京美中德科公司的上述给付义务承担连带清偿责任。(4)金丰公司在判决生效之日起十日内支付北京美中德科公司348,954.60元;将宝同化工公司与绿能气体公司支付的共计10万元押金返还北京美中德科公司;配合北京美中德科公司从双方设立的共管账户中提取库存售油分成款808,794.63元及该款在该账户内产生的法定孳息。(5)金丰公司在判决生效后三十日内拆除合作区域内所有地面井口阀门以上的设备设施等地上物,并退出合作区域,将合作区域移交给北京美中德科公司。(6)驳回金丰公司的其他诉讼请求。(7)驳回北京美中德科公司、内蒙美中德科公司其他反诉请求。

北京美中德科公司、内蒙美中德科公司和巴音公司不服一审法院判决,向最高人民法院提起上诉。

二审法院对一审法院查明事实予以确认。

二审法院归纳本案争议焦点为:(1)北京美中德科公司和金丰公司签订的《合作勘探合同》效力应如何认定,是否应予解除;(2)除合同效力问题外,金丰公司其他上诉请求是否应予支持；(3)除合同效力及是否应予解除问题外，美中德科公司其他上诉请求是否应予支持。

一、关于《合作勘探合同》效力及是否应予解除的问题

《中华人民共和国合同法》第八条规定："依法成立的合同，对当事人具有法律约束力。当事人应当按照约定履行自己的义务，不得擅自变更或者解除合同。依法成立的合同，受法律保护。"根据上述规定，合同依法成立后，当事人即受合同的约束，应依约履行自己的合同义务。本案中，北京美中德科公司(甲方)与金丰公司(乙方)签订《合作勘探合同》，约定"乙方通过对巴音塔拉盆地甲方矿区区块内油气资源的考察及对甲方与巴音公司合作方式的认可，自愿投资与甲方合作，进行油气资源风险勘探开发"，双方对合作勘探过程中的权利义务内容进行了约定，其后《合作勘探合同》得到了实际履行。故《合作勘探合同》自依法成立之日起即对当事人具有法律约束力，美中德科公司、金丰公司应按照约定享有合同项下各自的权利、履行各自的合同义务。基于案涉油气资源合作勘查开始进行时，延长公司拥有案涉油气资源的勘查许可证、对案涉合作勘查事宜亦未表示异议且一直按照约定收取相应的管理费用，并在2015年基于前期勘查成果办理了案涉油气资源的采矿许可证，另考虑到油气资源与非油气矿产资源勘查开采存在的较大差异以及国家对于油气资源勘探开发的发展政策，金丰公司关于《合作勘探合同》违法无效的主张，不能成立，本院不予支持。

关于《合作勘探合同》是否应予解除的问题。根据本案查明的事实，美中德科公司与金丰公司在履行合同过程中产生矛盾，2013年9月金丰公司关闭了案涉油气资源的勘探开采。一审法院曾就本案多次组织双方调解无果；二审过程中，美中德科公司当庭表示拒绝调解，且金丰公司、美中德科公司上诉均不主张继续履行合同，合同已无继续履行的基础，合同目的已不能实现。一审法院判令合同解除，并据此针对双方诉讼请求作出相应的评判并无不当，应予维持。

至于《合作勘探合同》无法继续履行的原因和责任问题。金丰公司主张北京美中德科公司存在故意重大隐瞒的欺诈行为，隐瞒了案涉合作勘查区块油井间距的限制要求，北京美中德科公司拒绝向金丰公司提供其与巴音公司间合同，金丰公司停止石油气勘探开采是由于美中德科公司拒不结算油气销售收入分成款。而美中德科公司则主张由于金丰公司于2012年6月停井构成根本违约。本院认为:第一,根据《合作勘探合同》约定,双方合作以北京美中德科公司与巴音公司签订的《勘探开发协议》的相关约定为依据;金丰公司基于对案涉油气资源的考察及对北京美中德科公司与巴音公司合作方式的认可,自愿投资与北京美中德科公司合作,进行油气资源风险勘探开发,金丰公司主张北京美中德科公司故意隐瞒、构成欺诈依据不足。第二,美中德科公司主张巴音公司关于井距的新要求形成于合同签订之后,美中德科公司口头通知了金丰公司。巴音公司当庭对美中德科公司这一陈述未予否认。金丰公司未提出相反证据,并且不否认其后得到了通知。故金丰公司关于美中德科公司故意隐瞒井距要求的主张依据不足。第三,金丰公司主张合同履行过程中变更了结算方式,油气销售收入分成款实际按月结算,但其提供的证据不足以证实油气销售收入分成款实际逐月结算,美中德科公司亦予以否认,故金丰公司该主张不能成立。但根据本案查明的事实,2011年年底,美中德科公司停止结算销售收入分成款,直至2013年9月金丰公司最终停井,美中德科公司未向金丰公司分配销售收入分成款,故金丰公司主张美中德科公司亦应对停井结果的产生承担责任部分成立。第四,虽然美中德科公司举证不足以推翻一审判决关于2013年9月金丰公司关闭案涉油气资源勘探开采的认定,但金丰公司停井事实是确实存在的,故金丰公司也应对停井结果最终出现承担责任。综上,金丰公司和美中德科公司对于停井结果的出现均负有责任,一审法院认定系双方行为导致合同无法继续履行并无明显不当,本院予以维持。

二、关于除合同效力问题外,金丰公司其他上诉主张能否成立的问题

1.关于美中德科公司是否应当向金丰公司返还油气销售分成款21,349,606.50元的问题。(1)关于自2010年至2011年美中德科公司向金丰公司收取的40%油气销售分成款14,956,297.90元,系依据《合作勘探合同》的约定分得的利润分成,在不能认定《合作勘探合同》违法无效的情况下,不存在返还问题。即便《合作勘探合同》按无效处理,美中德科公司以及金丰公司所得销售分成款的处置均需结合《合作勘探合同》无效的原因以及相关法律规定予以确定,美中德科公司分得的油气分成款并非必须要返还给金丰公司。一审判决对金丰公司该项诉讼请求不予支持,并无不当。(2)关于2012年1月至2013年9月美中德科公司扣除的金丰公司油气销售收入60%分成款

4,628,819.66元(含2011年12月差价款35,964.68元),美中德科公司亦承认由于双方发生纠纷其未支付上述油气分成款。但在具体数额上,美中德科公司主张应核减为金丰公司代缴的税款1,897,278元、2011年12月差价款35,964.68元。关于代缴税款,美中德科公司主张由油增值税458,972.9元、地税184,399.11元、企业所得税628,860.37元、天然气增值税189,750.57元、地税93,853.55元、企业所得税341,441.55元组成,合计1,897,278.05元。金丰公司对上述数额不予认可,主要理由是金丰公司始终处于亏损状态,不可能产生企业所得税,未对美中德科公司缴税的数额计算方法提出异议。本院认为,根据《合作勘探合同》的约定,所得款项须向延长公司及当地税务机关上缴相关费用(此上缴费用按北京美中德科公司与巴音公司所签订协议的有关条款及当地税务机关应上缴的税款规定,以金丰公司收到北京美中德科公司上缴上述费用的合法凭证为准),由北京美中德科公司与巴音公司及当地税务机关进行油气产品的销售结算和税款的交纳(金丰公司派员协办)。鉴于合同约定由美中德科公司就销售的油气所得向税务机关缴纳税款,且对于缴纳税种合同中没有明确的范围约定,金丰公司亦不否认缴税凭证的真实性。故一审法院采信美中德科公司提交的缴税凭证,并认定美中德科公司为未分配的油气款缴纳了相关税费并无明显不当。关于2011年12月差价款35,964.68元的问题,美中德科公司提交了金丰公司盖章确认的收款收据以证明其已支付该款项。金丰公司主张其虽开具了收款收据,但美中德科公司未实际付款,金丰公司无相反证据否定收款收据,该部分上诉请求不能成立。综上,一审法院认定美中德科公司应向金丰公司支付油气分成款2,695,552.86元并无明显不当,应予维持。(3)金丰公司主张美中德科公司应返还2008年9月至2009年4月期间以"代缴所得税"扣除的金丰公司销售收入分成款1,764,488.91元。本院认为,在《合作勘探合同》并未约定美中德科公司代缴税款范围,且从金丰公司提交的2008年9月至2009年4月售油款结算明细单上已经注明了预收所得税项目,金丰公司也盖章确认,美中德科公司又提交了相应缴税证明,故金丰公司该项上诉请求不能成立。

2.关于北京美中德科公司是否应当返还金丰公司占位费2000万元的问题。基于本案已查明的事实,美中德科公司向巴音公司提交了《开工报告》,巴音公司在《开工报告》签字后并予以许可;金丰公司基于《合作勘探合同》约定开始勘探钻井，于2008年9月钻井出油，并按约定进行了销售；美中德科公司按照约定在取得售油款后先行返还了金丰公司基于50口油井井位占位费2000万元的投资。金丰公司主张收到的该2000万元不是占位费，而是分得的售油款，但提供的证据不足以推翻一审判决认定的事实，也与《合作勘探合同》的约定不符。故金丰公司的该项上诉主张不能成立，本院不予支持。

3. 关于北京美中德科公司是否应赔偿金丰公司投资损失30,583,284.69元的问题。金丰公司为证明该部分损失数额，一审、二审过程中分别提交《金丰公司投资财产损失计算明细表》《内蒙古镶黄旗金丰矿业开发有限公司2008年至2015年投入情况审计报告》等证据，单这些证据材料系其单方计算和委托制作，美中德科公司不予认可。且对于停井结果的出现和合同不能继续履行，是双方原因造成的，对因此造成的损失双方均有责任。故一审判决对金丰公司的该项诉讼请求不予支持并无明显不当。

4. 关于巴音公司是否应与美中德科公司承担连带清偿责任的问题。巴音公司并非《合作勘探合同》当事人，其与金丰公司之间不存在直接合同关系，对于停井结果的出现和《合作勘探合同》不能继续履行，巴音公司不存在过错。金丰公司该主张无事实和法律依据，不能成立，一审判决不予支持并无不当。

5. 关于一审判决金丰公司拆除地上物，并退出合作区域是否适当的问题。由于案涉《合作勘探合同》已无法继续履行，一审判决支持美中德科公司反诉请求判令金丰公司拆除合作区域内所有地面井口阀门以上设备设施等地上物，并退出合作区域，将合作区域移交给北京美中德科公司，并无明显不当，应予维持。但合作区域内的井上井下设备设施属于金丰公司履行合同投入的物化成本，对于不能拆除以及一旦拆除即丧失其使用价值的地上物和井口以下的设备设施等，尤其是后续美中德科公司勘探开发过程中可以继续利用的设备设施的具体情况和价值，在当事人没有约定归属的情况下，金丰公司依然享有相应的财产权益。由于本案中金丰公司对该部分财产权益及数额未作主张，金丰公司可基于相关证据另行解决。

三、除合同效力及是否应予解除问题外，美中德科公司其他上诉主张能否成立的问题

1. 关于金丰公司是否应返还井位占位费1200万元的问题。根据《合作勘探合同》的约定，金丰公司先收回已经支付50口油井井位占位费的2000万元，剩余利润再按照合同约定进行分配。基于本案已经查明的事实,美中德科公司按照约定在取得售油款后先行返还了金丰公司50口油井井位占位费2000万元。现美中德科公司以《合作勘探合同》约定的该2000万元是50口油井占位费,而金丰公司并没有实际钻探50口油井为由,请求金丰公司按比例返还(差额30口)油井占位费1200万元,缺乏合同依据。《合作勘探合同》确实约定金丰公司预先支付50口油井占位费2000万元,但并未约定如金丰公司在履行合同过程中钻探油井数量不足50口,且金丰公司已实际收回该费用时,是否要返还美中德科公司以及如何返还。故美中德科公司的该项诉讼请求不能成立,一审判决未予支持并无不当。

2. 关于金丰公司应否赔偿因停井给美中德科公司造成的损失10,819,319.33元的问题。基于本案已经查明的事实,对于合同不能继续履行和停井结果的出现,是双方原因造成的,金丰公司、美中德科公司对因此造成的损失均有责任。美中德科公司为证明该部分损失数额,一审、二审过程中分别提交了停井损失计算清单、停井期间经济损失价值项目资产评估报告书等证据。但这些证据材料或者系单方形成、金丰公司不予认可,或者不能证实美中德科公司实际停井损失数额。二审过程中,美中德科公司申请专家辅助人出庭,就停井损失计算方法进行了说明,但专家辅助人的陈述只是介绍了损失计算方法和一般原则,并不能证明美中德科公司停井损失的实际数额。综上,美中德科公司提交的证据不足以证实美中德科公司因停井造成的实际损失,其主张的损失数额不能成立,一审判决不予支持并无不当。

3. 关于金丰公司应否赔偿美中德科公司恢复油井正常运转费用5,388,000元的问题。一审过程中,美中德科公司关于该部分诉请提交的证据《恢复生产油井修理费用明细》为其单方制作,濮阳市诚信钻采工程技术有限公司费用计算表、《压裂工程施工合同》等均为参考价格,不足以证明本案中重新恢复油井正常运转产生的费用数额,故美中德科公司该部分上诉请求无证据支持,不能成立。

4. 关于金丰公司应否支付美中德科公司代为支付的勘探开发油井所需的相关费用(营业费用、管理费用等)20,170,000元的问题。根据《合作勘探合同》约定"勘探开发油井所需钻井费用、采油设备等相关费用全部由乙方自行解决,其风险由乙方自行承担"。但美中德科公司就该部分诉讼请求提交的证据明细为差旅费、招待费、机动车费、办公费、福利费、劳保费、通讯费、财务费、工资、燃料费、营业费等。从各项费用的性质看,均属美中德科公司正常经营产生的费用,亦无法证明上述费用与合同履行的关系。故美中德科公司该部分上诉请求无事实依据,不能成立。

5. 关于金丰公司应否赔偿因私自进行天然气交易导致美中德科公司损失天然气分成款 38,995.13 元的问题。美中德科公司提交了《天然气安全使用协议》、调查笔录等证据,拟证明金丰公司未获得美中德科公司同意,用天然气换取用水,损害美中德科公司利益的事实。但金丰公司提供了《情况说明》等相反证据,否定这一事实的存在。综合在案证据,一审认定美中德科公司提供的证据不能有效证明金丰公司私自进行天然气交易的事实,对美中德科公司该部分诉讼请求未予支持并无不当,应予维持。

6. 关于金丰公司应否赔偿因违章操作发生火灾导致美中德科公司直接损失 279,738 元的问题。为证明这一诉请,美中德科公司提交了火灾罚单收据、整改方案及刘某情况说明。该组证据尽管可以证明火灾事实的存在,但不能证明 160 余吨原油被全部烧毁,也不能证明美中德科公司损失的具体数额。故美中德科公司该项上诉请求缺乏证据支持,一审判决未予支持并无不当,应予维持。

7. 关于金丰公司是否应支付美中德科公司政府机关赞助费等费用 69,600 元的问题。《合作勘探合同》虽约定"甲乙双方在合作过程中,除约定负责的费用外,其他一切未约定的费用由合作体负责支付"。但美中德科公司为证明该部分诉请,提交的费用明细为草原文化节捐款等,无法证实上述费用与本案合同履行之间的关系。美中德科公司该项上诉请求缺乏事实依据,不能成立,一审判决未予支持并无不当,应予维持。

二审法院判决:维持原判。

【规则解读】

本案诉争焦点之一是油气勘查开采合作协议的法律效力。金丰公司主张协议因违反法律、行政法规强制性规定而无效的主要依据有两点:一是美中德科公司在未取得勘查许可证、采矿许可证的情况下签订合作协议;二是合作协议的实际内容为案涉区块的油气资源的勘查、开采、销售和分成,协议名为合作实为倒卖探矿权、采矿权牟利。但其主张并未得到支持,两级法院均认为合作协议有效。契约型合作是油气矿业权二级市场流转的主要形式，本案裁判规则为油气勘查开采合作协议效力争议提供解纷借鉴。

一、勘查开采合作协议是油气资源上游产业投资的主要形式

油气资源产业链条通常被分为上、中、下三个环节，上游领域产业形态主要是油气资源勘查、开采，中游包括油气储运，下游产业包括炼化、销售等。按照我国矿产资源管理的一般规范，社会资本要获得油气资源勘查开采权，原则上有两条路径：一是向自然资源部申请探矿权证、采矿权证，二是油气矿业权人将其持有的矿业权转让给社会资本，即油气资源和其他矿产资源一样，可以将油气探矿权、采矿权在二级市场转让。

根据《中华人民共和国矿产资源法》《探矿权采矿权转让管理办法》等相关法律法规，探矿权转让的要求包括：

1. 时间条件。自颁发勘查许可证之日起满 2 年，或者在勘查作业区内发现可供进一步勘查或者开采的矿产资源。《国土资源部关于进一步规范矿产资源勘查审批登记管理的通知》对探矿权转让规定，以申请在先、招标、拍卖、挂牌方式取得的非油气探矿权申请变更主体，应当持有探矿权满 2 年，或者持有探矿权满 1 年且提交经资源储量评审备案的普查及以上地质报告。以协议方式取得的非油气探矿权申请变更主体，应当持有探矿权满 10 年；未满 10 年的，按协议出让探矿权的要件要求及程序办理。

2. 投入条件。完成规定的最低勘查投入（主要指勘查资金的投入）。《矿产资源勘查区块登记管理办法》第十七条第一款规定："探矿权人应当自领取勘查许可证之日起，按照下列规定完成最低勘查投入：（一）第一个勘查年度，每平方公里 2000 元；（二）第二个勘查年度，每平方公里 5000 元；（三）从第三个勘查年度起，每个勘查年度每平方公里 10000 元。"

探矿权人当年度的勘查投入高于最低勘查投入标准的，高于的部分可以计入下一个勘查年度的勘查投入。因自然灾害等不可抗力的原因，致使勘查工作不能正常进行的，探矿权人应当自恢复正常勘查工作之日起 30 日内，向登记管理机关提交申请核减相应的最低勘查投入的报告；登记管理机关应当自收到报告之日起 30 日内予以批复。

3. 权属条件。探矿权权属无争议。

4. 缴费条件。按照国家有关规定已经缴纳探矿权使用费、探矿权价款。

5. 受让人条件。探矿权转让的受让人应当符合《矿产资源勘查区块登记管理办法》所规定的有关探矿权申请人的条件。必须是营利法人或非营利法人中的事业单位法人;其资金能力必须与申请的勘查矿种、勘查面积和勘查工作阶段相适应,以提供的银行资金证明为依据,不得低于申请项目勘查实施方案安排的第一勘查年度资金投入额,同时不得低于申请项目勘查实施方案安排的总资金的1/3;探矿权申请人申请多个勘查项目时,资金能力应累计计算,并提供相应资金证明。

6. 国有企业在申请转让探矿权前,应当征得企业主管部门的同意,并根据《企业国有资产评估管理暂行办法》第六条之规定,对拟转让的矿业权进行评估。矿业权人为国有企业的,矿业权作价金额不得低于评估金额的90%,否则报国有资产管理部门审批。

7. 国土资源行政主管部门规定的其他条件。

转让采矿权应当的条件包括:

1. 矿山企业投入采矿生产满1年;

2. 采矿权属无争议;

3. 按照国家有关规定已经缴纳采矿权使用费、采矿权价款、矿产资源补偿费和资源税;

4. 国有矿山企业在申请转让采矿权前,应当征得矿山企业主管部门的同意并完成评估;

5. 受让人符合《矿产资源勘查区块登记管理办法》或者《矿产资源开采登记管理办法》规定的条件;

6. 国务院地质矿产主管部门规定的其他条件。

从以上规定可以看出,矿业权转让是要式法律行为,无论是探矿权还是采矿权转让,转让行为及受让人都必须满足法定条件。在油气资源领域,由于严格的资质准入限制,社会资本难以具备受让矿业权的资质条件,油气矿业权难以和其他一般矿产资源的矿业权一样,在二级市场自由流转。社会资本投资油气资源勘查开采,只能选择与油气矿业权人合作,以油气矿业权人名义从事勘查活动。

根据现行油气资源的管理政策,社会资本和油气矿业权人签署油气资源勘查开采合同协议时,至少应符合以下条件:

1. 社会资本提供资金、技术、管理等，应以国有石油企业名义开展勘查开采活动，接受油气矿业权人的监督管理；

2. 国有石油企业应将合作区域的勘查开发方案、合作合同报自然资源部备案；

3. 合作区域勘查开发行为所产生的相关法律责任，应由国有石油企业承担；

4. 在合作区域，国有石油企业投入相应的勘查开发资金，不得以收取管理费等形式非法转让或转包油气矿业权区块。

二、油气勘查开发合作协议的主要类型

自 2005 年《国务院关于鼓励支持和引导个体私营等非公有制经济发展的若干意见》（国发〔2005〕3 号）实施以来，我国对社会资本进入油气资源勘探开发一直持积极鼓励态度，先后出台政策性文件包括《国务院关于鼓励和引导民间投资健康发展的若干意见》（国发〔2010〕13 号）、《国土资源部、全国工商联关于进一步鼓励和引导民间资本投资国土资源领域的意见》（国土资发〔2012〕100 号）、《关于深化石油天然气体制改革的若干意见》等。由于油气矿业权主体有严格的准入资质限制，社会资本与国有石油企业合作勘查开采，与非油气矿产资源合作勘查开采存在较大的模式差异：油气矿业权不能变更到社会资本名下，油气资源的勘查合作只能采用契约型合作，即社会资本与油气矿业权人（中石油、中石化、中海油或延长油田）签订勘查开采合作协议。

本案中，延长油田与巴音公司签订《内蒙古自治区镶黄旗宝勒根陶海区域石油资源风险勘探合作协议书》（以下简称《风险勘探合作协议》），延长公司委托巴音公司以延长油田股份有限公司的名义，在授权范围内进行油气勘探；合作方式为全权委托、风险独担、利益分成；原油收益以产量为标准计算，延长公司分成 20%，巴音公司分成 80%，是最为常见的勘查开采合作协议类型。根据合作协议的权利义务边界条件，结合国际能源投资模式，油气资源勘查合作协议主要包括：

1. 产品分成协议。其特点是：社会资本作为投资方先带资从事油气勘探并承担所有勘探风险。如果发现有商业价值油田，油气矿业权人参股社会资本，承担一定比例的开发和生产费用。全部产量分成成本油和利润油，成本油用于补偿投资和回收生产成本，利润油在油气矿业权人和社会资本间按合同约定分配。合作期满后，所有油田设备和设施所有权归油气矿业权人。

2. 非标准的产品分成合同。我国一些国内油气勘查开采合作协议借鉴了国际产品分成协议的部分内容，但与典型的国际产品分成协议又有不同。其特点是：社会资本以国内油气企业名义、先带资从事油气勘探并承担所有勘探风险。发现有商业价值油田后，社会资本自行筹集资金从事开采活动，全部产量以油气企业名义销售，油气产品收入在油气企业与社会资本间按约定比例分配。合作期满后，所有油田设备和设施所有权按"谁投资、谁所有"原则处理。

3. 风险服务合同。其特点是：社会资本提供全部资本并承担全部勘探开发风险。如果发现有商业价值油田，油气矿业权人允许社会资本通过出售油气回收勘探开发成本，并按合同约定或的一定比例的服务报酬。该协议模式下，社会资本不能参与产量分成，产量全部归油气所有权人，社会资本的权利限于要求油气矿业权人在合同约定期限内偿还投资费用并按约定的服务费率支付风险服务费。

4. 无风险服务合同。其特点是：油气矿业权人委托社会资本从事勘探开发工作，油气矿业权人承担全部勘探开采风险，无论是否发现有商业价值的油田，均按合同约定支付服务费。

5. 回购合同。其特点是：合作分为勘探和开采两个阶段。勘探阶段，社会资本带资从事勘探工作，承担全部勘探投资风险，必须完成最低义务工作量和投资要求。勘探协议结束后，如没有发现有商业价值的油田，社会资本承担全部损失；如风险有商业价值油田，油气矿业权人向社会资本支付社会资本的勘探成本及合理报酬，收回作业区全部权益。开采阶段，油气矿业权人重新选择社会资本签订无风险服务协议，勘探阶段的社会资本有同等条件下的优先权。

三、油气勘查开采合作协议与无证勘查开采合同的区别

《最高人民法院关于审理矿业权纠纷案件适用法律若干问题的解释》（以下简称《解释》）第五条规定："未取得矿产资源勘查许可证、采矿许可证，签订合同将矿产资源交由他人勘查开采的，人民法院应依法认定合同无效。"本案中，美中德科公司并不是油气矿业权人，但与金丰公司就油气资源的勘查开采签订合作协议，该情形是否适用《解释》第五条？最高人民法院裁判规则显示，并不适用。

1.《解释》第五条针对的是无证勘查开采行为，主要表现为农村集体经济组织将集体土地上尚未取得许可证的矿产资源交给他人勘查开采并获取利益，以及探矿权人将其勘查许可证项下勘查作业区的矿产资源交给他人开采并获取利益的“以探代采”。[①]

2. 尚未取得矿业权证就授权他人勘查开采，与已经取得矿业权证的矿业权人授权他人后，他人再授权第三人勘查开采的行为有着本质不同。前者违反矿产资源的效力性强制性规定，所签合同无效。后者是处分行为，他人与第三人的合同效力认定须审查是否存在矿业权人事先同意、矿业权人追人或他人事后取得处分权的情形。

不仅油气资源，其他重要的大型矿产资源勘查开采中，为了减少资金压力、分散勘查开采风险，社会资本和矿业权人签订合作协议后，再选择第三方合作的情况也比较常见。关于社会资本与第三人的合作协议的效力认定，按照有权处分、无权处分的思路进行裁判，在最高人民法院类似案件中也有体现。如新疆吉鑫煤化工有限责任公司与新疆洪沙泉矿业有限公司、新疆神华矿业有限责任公司等采矿权转让合同纠纷案[（2015）民一终字第287号]，新疆神华矿业有限责任公司与北京凤鼎投资管理有限公司签订《风险勘查及开采合作合同》，约定新疆神华矿业有限责任公司将其持有的《中华人民共和国矿产资源勘查许可证》（证号：6500000724012）探矿权变更至给新疆洪沙泉矿业有限公司名下。但由于矿权变更一直未能完成履行，新疆洪沙泉矿业有限公司未取得勘查作业区的探矿权证。新疆洪沙泉矿业有限公司又与新疆吉鑫煤化工有限责任公司签订《新疆准东煤田奇台县红沙泉二勘查区土石方剥离及后续采矿权合作协议》（以下简称《合作协议》）。一审法院认为，《合作协议》的行为属于未取得采矿许可证擅自采矿的行为，故《合作协议》无效。最高人民法院认为，新疆洪沙泉矿业有限公司虽然没有取得矿业权证，但依据《风险勘探及开采合作合同》得到新疆神华矿业有限责任公司的授权可对案涉矿区进行勘探，且合理预期将来可取得案涉矿区的采矿权，故认定《合作协议》有效。

---

① 杜万华主编：《最高人民法院审理矿业权纠纷司法解释理解与适用》，中国法制出版社2017年版，第78页。

【风险提示】

2019年年底，自然资源部印发《关于推进矿产资源管理改革若事项的意见（试行）》（以下简称《意见》），内容涉及矿业权出让制度改革、油气勘查开采管理改革、储量管理改革等方面内容，对我国油气勘查开采市场全面开放有极大推动作用。油气资源勘查开采风险巨大，但这一区域的合作往往也会带来可观的经济回报，社会资本在与国有油气企业合作从事油气资源勘查开采的活动中，合作协议是确定双方权利义务的最基础文本。为此，律师建议：

1. 签订石油勘查合作协议前聘请第三方机构进行全面调查，包括合同法律背景调研，法律法规和相关合同范本的采样调研，合同缔约方资信情况考察等，审核缔约资格审核，评估履约情况，提前规避法律风险。

2. 因为社会资本是以油气企业名义从事油气资源勘查开采，油气企业是勘查开采行为的责任承担者，油气企业与社会资本在合作协议中约定的责任分担不能对抗第三人。一旦因社会资本作业不当发生井喷、油气泄漏等环境安全事故，将给油气企业造成重大损失。因此，应在合作之初审慎选择社会资本。除了社会资本的经济能力，还应重点考察社会资本勘探开发和风险控制的能力和水平。

3. 为了防止社会资本再寻求第三方合作，合作合同中应明确表明，禁止合作方再以其他任何方式与其他投资者在合作油气区块开展合作，并将违反该项禁止的后果设定为矿业权人有权单方解除合作合同且无须承担赔偿责任。

4. 合作过程中，做好合同管理工作，避免或减少经济纠纷的发生。

【相关法律法规】

《中华人民共和国矿产资源法》（2009年8月27日修正）

第三条　矿产资源属于国家所有，由国务院行使国家对矿产资源的所有权。地表或者地下的矿产资源的国家所有权，不因其所依附的土地的所有权或者使用权的不同而改变。

国家保障矿产资源的合理开发利用。禁止任何组织或者个人用任何手段侵占或者破坏矿产资源。各级人民政府必须加强矿产资源的保护工作。

勘查、开采矿产资源，必须依法分别申请、经批准取得探矿权、采矿权，并办理登记；但是，已经依法申请取得采矿权的矿山企业在划定的矿区范围内为本企业的生产而进行的勘查除外。国家保护探矿权和采矿权不受侵犯，保障矿区和勘查作业区的生产秩序、工作秩序不受影响和破坏。

从事矿产资源勘查和开采的，必须符合规定的资质条件。

《最高人民法院关于审理矿业权纠纷案件适用法律若干问题的解释》（2017年6月24日）

第三条　受让人请求自矿产资源勘查许可证、采矿许可证载明的有效期起始日确认其探矿权、采矿权的，人民法院应予支持。

矿业权出让合同生效后、矿产资源勘查许可证或者采矿许可证颁发前，第三人越界或者以其他方式非法勘查开采，经出让人同意已实际占有勘查作业区或者矿区的受让人，请求第三人承担停止侵害、排除妨碍、赔偿损失等侵权责任的，人民法院应予支持。

第五条　未取得矿产资源勘查许可证、采矿许可证，签订合同将矿产资源交由他人勘查开采的，人民法院应依法认定合同无效。

《矿产资源开采登记管理办法》（2014年7月29日修订）

第三条第一款、第二款　开采下列矿产资源，由国务院地质矿产主管部门审批登记，颁发采矿许可证：

（一）国家规划矿区和对国民经济具有重要价值的矿区内的矿产资源；

（二）领海及中国管辖的其他海域的矿产资源；

（三）外商投资开采的矿产资源；

（四）本办法附录所列的矿产资源。

开采石油、天然气矿产的，经国务院指定的机关审查同意后，由国务院地质矿产主管部门登记，颁发采矿许可证。

《矿业权出让转让管理暂行规定》（2000年11月1日）

第六条　矿业权人可以依照本办法的规定采取出售、作价出资、合作勘查或开采、上市等方式依法转让矿业权。

转让双方应按规定到原登记发证机关办理矿业权变更登记手续。但是受让方为外商投资矿山企业的，应到具有外商投资矿山企业发证权的登记管理机关办理变更登记手续。

矿业权人可以依照本办法的规定出租、抵押矿业权。

第四十二条　合作勘查或合作开采经营是指矿业权人引进他人资金、技术、管理等，通过签订合作合同约定权利义务，共同勘查、开采矿产资源的行为。

敷设天然气管道压覆矿产资源的补偿问题

【裁判规则】

敷设天然气管道压覆合法取得矿业权证的矿产资源，应与矿业权人签订补偿协议，就压覆造成的损失给予补偿；《国土资源部关于进一步做好建设项目压覆重要矿产资源审批管理工作的通知》（国土资发〔2010〕137号）确定压覆补偿范围是直接损失，但由于该文件的性质是部门规章，司法实践以该文件为参考认定损失范围；建设单位的项目部经授权可以作为补偿协议签约主体，补偿协议效力及于建设单位。

【典型案例】

贵州林东煤业发展有限责任公司、中国石油天然气股份有限公司确认合同效力纠纷案［（2016）最高法民终758号］

【案情简介】

上诉人（原审原告）：贵州林东煤业发展有限责任公司。

被上诉人（原审被告）：中国石油天然气股份有限公司。

被上诉人（原审被告）：中国石油天然气股份有限公司管道建设项目经理部。

被上诉人（原审被告）：贵州林东煤业发展有限责任公司桐梓煤矿。

一审法院查明：贵州林东煤业发展有限责任公司桐梓煤矿（以下简称桐梓煤矿）是贵州林东煤业发展有限责任公司（以下简称林东公司）的分支机构。2013年5月5日，林东公司出具授权委托书给项目部，载明："采矿权人林东公司（法人代表赵兴燕），全权委托旗下桐梓煤矿（负责人邓硕刚）负责处理项目部与委托人采矿权范围内天然气管道压覆补偿的所有事项。”该委托书尾部有赵兴燕的签名。2014 年 5 月 13 日，林东公司出具了林法授字〔2014〕第(03)号法人授权委托书，载明：“受托人：赵福其，身份证号：××××，工作部门：桐梓煤矿，职务：矿长。授权事由：签订中卫—贵阳联络线工程压覆桐梓煤矿矿产补偿协议。授权权限：有权代表林东公司与项目部签订中卫—贵阳联络线工程压覆桐梓煤矿矿产补偿协议。授权期限：2014 年 5 月 13 日至 31 日。”该委托书尾部有林东公司加盖的印章及法定代表人赵兴燕的签名。2014 年 6 月 10 日，甲方为项目部与乙方桐梓煤矿签订中卫—贵阳联络线工程压覆桐梓煤矿矿产补偿协议(以下简称压覆补偿协议)，约定由甲方支付乙方压覆桐梓煤矿矿产补偿款 3690 万元。该协议第 8.1 条约定，“本协议未尽事宜，由双方协商友好解决。在本协议履行过程中发生争议时，甲乙双方应及时协商解决，如协商不成，提交北京仲裁委员会申请仲裁，适用该仲裁机构的仲裁规则，仲裁地点在北京市”。

2015 年 5 月 12 日，林东公司出具授权委托书给中国石油天然气股份有限公司西南管道分公司，载明：“兹委托刘颖同志(身份证号为：××××)全权负责我公司压覆赔偿事宜，请将压覆赔付款转入以下账户为谢。授权期限：2015 年 5 月 12 日至 2015 年 7 月 15 日。收款户名：桐梓煤矿。开户行：中国工商银行桐梓县支行。”后中国石油天然气股份有限公司(以下简称天然气公司)、中国石油天然气股份有限公司管道建设项目经理部(以下简称项目部)已将压覆赔偿款 3690 万元支付的林东公司指定的桐梓煤矿账户上。

审理中，林东公司对 2013 年 5 月 5 日出具的给项目部的授权委托书中赵兴燕的签名持异议，但是未提出反驳证据。林东公司对 2014 年 5 月 13 日出具的林法授字〔2014〕第(03)号法人授权委托书、2015 年 5 月 12 日出具给中国石油天然气股份有限公司西南管道分公司授权委托书这两份委托书的真实性、客观性、关联性均不持异议。但是称，赵福其是超过委托期限且是以桐梓煤矿的名义与项目部签订压覆煤矿补充协议，该协议不能约束林东公司，故应该驳回天然气公司、项目部的请求。

一审法院认为，林东公司对林法授字〔2014〕第(03)号法人授权委托书的真实性、客观性、关联性并不持异议，认可该委托书是其出具。关于赵福其超过授权期限(2014 年 5 月 13 日至 31 日)签订协议，林东公司对此不予认可的抗辩意见。该院认为，赵福其是在林东公司的授权权限范围内完成了林东公司的委托事项，与项目部签订压覆补偿协议，仅仅因为被告方系国有企业，审批合同时间较长，赵福其以桐梓煤矿的名义与项目部才于2014年6月10日正式签订补偿协议。因此，桐梓煤矿作为林东公司的分支机构，赵福其作为桐梓煤矿的矿长，受林东公司的委托，在委托书约定的授权权限内以桐梓煤矿的名义与项目部签订的压覆补充协议符合林东公司的意思表示。此外，林东公司在2015年5月12日出具的委托书中也要求将压覆补偿款支付到桐梓煤矿的账户上。可见，林东公司对于桐梓煤矿与项目部签订压覆补偿协议也持认可的态度，否则不可能在双方签订协议后近一年的时间再次出具委托书要求将压覆补偿款支付到其指定的账户。依据《中华人民共和国公司法》第十三条"公司可以设立分公司，分公司不具有企业法人资格，其民事责任由公司承担"的规定，桐梓煤矿作为林东公司的分支机构，其对外的民事责任应由其设立的公司承担，即由林东公司承担。综上，赵福其以桐梓煤矿（乙方）的名义于2014年6月10日与项目部（甲方）签订的压覆补偿协议的合同效力及于林东公司，该协议对林东公司具有约束力，林东公司即是该协议的一方合同主体。

依据2014年6月10日甲方项目部与乙方桐梓煤矿签订的压覆补偿协议第8.1条"本协议未尽事宜，由双方协商友好解决。在本协议履行过程中发生争议时，甲乙双方应及时协商解决，如协商不成，提交北京仲裁委员会申请仲裁，适用该仲裁机构的仲裁规则，仲裁地点在北京市"的约定，协议约定了如双方发生纠纷适用仲裁解决争议。在该约定中，有明确的仲裁机构，且约定的仲裁事项符合《中华人民共和国仲裁法》的规定，该仲裁条款有效。依据《中华人民共和国仲裁法》第十九条第一款"仲裁协议独立存在，合同的变更、解除、终止或者无效，不影响仲裁协议的效力"的规定，无论该协议是否有效均不影响仲裁条款的效力。依据《中华人民共和国仲裁法》第二十六条"当事人达成仲裁协议，一方向人民法院起诉未声明有仲裁协议，人民法院受理后，另一方在首次开庭前提交仲裁协议的，人民法院应当驳回起诉，但仲裁协议无效的除外"的规定，该院对本案无管辖权。

一审法院裁定：依据《中华人民共和国民事诉讼法》第一百二十四条"人民法院对下列起诉，分别情形，予以处理：……（二）依照法律规定，双方当事人达成书面仲裁协议申请仲裁、不得向人民法院起诉的，告知原告向仲裁机构申请仲裁”的规定，裁定：驳回林东公司的起诉。

二审法院查明：略。

二审法院认为：桐梓煤矿是林东公司的分支机构。一审法院于2016年8月1日、3日、12日多次询问当事人并向林东公司出示相关证据材料。林东公司对落款日期为2013年5月5日的授权委托书中赵兴燕的签名提出了异议，对2014年5月13日出具的林法授字〔2014〕第(03)号法人授权委托书、2015年5月12日出具给中国石油天然气股份有限公司西南管道分公司授权委托书这两份委托书的真实性、客观性、关联性均不持异议。2014年6月10日，项目部与桐梓煤矿签订《中卫—贵阳联络线工程压覆桐梓煤矿矿产补偿协议》中约定了仲裁条款。2015年5月12日，林东公司出具授权委托书给中国石油天然气股份有限公司西南管道分公司，载明：“兹委托刘颖同志（身份证号为：××××）全权负责我公司压覆赔偿事宜，请将压覆赔付款转入以下账户为谢。授权期限：2015年5月12日至2015年7月15日。收款户名：桐梓煤矿。开户行：中国工商银行桐梓县支行。”后天然气公司、项目部已将压覆赔偿款3690万元支付到林东公司指定的桐梓煤矿账户上，林东公司在2016年8月1日一审法院询问时承认“合同上约定的全部收到了”。即林东公司已经依据上述补偿协议实际收取了压覆赔付款，却对协议中仲裁条款提出异议，显系无理，林东公司关于上述补偿协议不能代表其意思表示，桐梓煤矿与项目部之间的仲裁约定对其没有约束力的上诉理由不能成立，本院不予支持。

二审法院裁定：驳回上诉，维持原裁定。

【规则解读】

矿产资源压覆争议是矿业权领域常见纠纷类型之一。由于本案的争议焦点是《中卫—贵阳联络线工程压覆桐梓煤矿矿产补偿协议》的仲裁条款效力，最高人民法院裁判规则没有就矿产资源补偿问题提供更多信息。结合本案一审、二审法院均认可《中卫—贵阳联络线工程压覆桐梓煤矿矿产补偿协议》的法律效力、未否认中国石油天然气股份有限公司管道建设项目经理部的诉讼地位，本案可以对天然气管道压覆纠纷的解决提供以下借鉴。

一、天然气管道建设项目经理部的法律地位

根据《建设项目工程总承包管理规范》(GB/T 50358－2017)第2.0.2条

的规定，项目部是在工程总承包企业法定代表人授权和支持下，为实现项目目标，由项目经理组建并领导的项目管理组织。项目部是项目针对施工管理需要组建的临时组织，在工程项目启动时成立、项目竣工验收后就地解散。项目部显然不属于独立法人，但能否属于“其他组织”？根据《最高人民法院关于适用〈中华人民共和国民事诉讼法〉的解释》（法释〔2015〕5 号）第五十二条的规定，其他组织是指合法成立、有一定的组织机构和财产，但又不具备法人资格的组织，包括：依法登记领取营业执照的个人独资企业；依法登记领取营业执照的合伙企业；依法登记领取我国营业执照的中外合作经营企业、外资企业；依法成立的社会团体的分支机构、代表机构；依法设立并领取营业执照的法人的分支机构；依法设立并领取营业执照的商业银行、政策性银行和非银行金融机构的分支机构；经依法登记领取营业执照的乡镇企业、街道企业；其他符合本条规定条件的组织。项目部不属于第五十二条明确列举的其他组织，但能否归入其他符合条件的组织？目前立法层面没有明确答案，实践中争议较大。总结司法实践关于项目部的法律地位的争论，根据项目部是否拥有独立财产、能否独立承担民事责任，有以下认识：

1. 项目部没有独立财产，建设单位也没有为项目部刻制印章，则项目部是建设单位内设机构，不能以其名义对外签订协议。

2. 项目部没有独立财产，但建设单位为项目部刻制印章，则项目部基于建设单位的授权，对外可代表建设单位签订协议；如项目部超越权限签订协议，除相对人明知或有重大过错外，协议对建设单位有约束力。

3. 项目部有独立财产，且有印章，则可具有独立民事主体地位。阿尔法系统查询显示，2009—2019 年的 11 年间，项目经理部为诉讼当事人的案件，全国法院共审理完结 33 件，包括任丘市第二建筑安装工程有限公司北安市工程经理部与国电北安北能热力有限公司供用热力合同纠纷，北京建工集团有限责任公司第二直属工程经理部申请租赁合同纠纷，王振与咸阳市市政工程公司、咸阳市市政工程公司石门山秦文化建设项目工程经理部承揽合同纠纷等。

二、天然气管道压覆矿产资源的补偿范围

天然气管道所经区域有矿产资源，管道敷设单位原则上应与矿业权人签署矿产资源压覆补偿协议。但在具体实施中，管道敷设单位应注意仔细甄别矿业权人的权利合法性，以及损失范围认定的合理性。

1. 被压覆矿产资源应在管道项目用地之前取得矿业权证。矿产资源压覆补偿协议是要解决建设项目和矿产开发的用地矛盾问题,按照尊重在先权利原则,如果建设单位的土地使用权在矿业权证之前,则建设单位不应给予补偿。

2. 天然气管道敷设确实对矿产资源勘探开采造成影响,如无影响,不构成压覆。

3. 压覆补偿的对象是矿业权人,包括探矿权和采矿权人,但不包括矿业权人的债权人。2017 年最高人民法院审理一起矿产资源压覆争议,原告甲公司是一家民营企业,2005 年 6 月与煤矿探矿权人乙公司签订《探矿权转让合同》,约定乙公司将其煤矿探矿权转让给甲公司。但未办理转让报批手续,乙公司即将勘查范围交给甲公司进场作业。丙公司是一家高速公路公司,2011 年承建某省的 A 段高速公路,因高速公路从乙公司的探矿范围内经过,丙公司在征得乙公司同意压覆后,双方签订了《同意压覆矿产资源意向书》,丙公司据此办理了该省自然资源厅同意压覆矿产资源的审批,取得了压覆的合法手续。2017 年 1 月,甲公司以丙公司高速侵权为由,要求丙公司支付压覆侵权补偿款 3000 余万元及延迟支付期间的资金利息 800 余万元。①

本案中,甲公司虽然不是矿业权人,但是矿业权人的债权人,甲公司主张丙公司侵犯其债权应给予补偿,但其主张最终没有得到最高人民法院支持。我国尚未建立债权侵权制度,因为"债权是最典型的相对权,相对权并不具有绝对权这种公示性与对抗效力,相对权的存在一般难以为第三人知悉。如果相对权不作区分都纳入侵权责任法的保护范围,第三人可能动辄就要承担侵权责任,那么将限制行为的自由",因此,相对权一般不适宜有侵权责任法保护。但是如果加害人明知他人的相对权存在,仍恶意去侵犯他人权利的,应当承认侵权责任的成立。②

4. 压覆评估范围

关于天然气管道压覆评估范围,我国法律有明确规定。根据《中华人民共

---

① 申升:《压覆矿产资源补偿知多少?》,载头条网:https://www.toutiao.com,2019 年 12 月 29 日最后访问。

② 最高人民法院侵权责任法研究小组编著:《〈中华人民共和国侵权责任法〉条文理解与适用》,人民法院出版社 2016 年版,第 22 页。

和国石油天然气管道保护法》第三十二条、第三十三条、第三十五条就天然气管道敷设的安全范围进行了规定，由于安全范围内矿产资源开采受到建设影响，安全区域可视为压覆范围，包括：

(1)穿越河流的管道线路中心线两侧各五百米地域范围，禁止抛锚、拖锚、挖砂、挖泥、采石、水下爆破；

(2)管道专用隧道中心线两侧各一千米地域范围内，禁止采石、采矿、爆破；

(3)管道线路中心线两侧各五米至五十米和管道附属设施周边一百米地域范围内，非经安全评审，不得新建、改建、扩建铁路、公路、河渠，架设电力线路，埋设地下电缆、光缆，设置安全接地体、避雷接地；

(4)在管道线路中心线两侧各二百米和管道附属设施周边五百米地域范围内，非经安全评审，不得进行爆破、地震法勘探或者工程挖掘、工程钻探、采矿。

但实践中并不完全适用上述法律标准，通常由天然气管理建设单位和矿业权人共同委托第三方鉴定机构，通过建设工程(地基)允许和极限变形值、工程所在区域因开采对岩层和地表移动的影响关系，根据相关国家标准、行业标准进行圈定，最终压覆范围以第三方机构出具的评估报告为准。

5. 压覆损失范围

根据《中华人民共和国物权法》《中华人民共和国民法总则》《中华人民共和国侵权责任法》的相关规定及法理原则，天然气管道企业合法压覆矿产资源，性质是经济补偿而非侵权赔偿。《国土资源部关于进一步做好建设项目压覆重要矿产资源审批管理工作的通知》(国土资发〔2010〕137 号)对管道穿(跨)越土地经济补偿作了原则规定，并且确立了"直接损失"的补偿原则，补偿范围不包括企业经营利润等间接损失。但该通知无具体补偿明细，且其性质仅为部委文件，既不是部门规章，也不是法律、行政法规，不能作为法院解决压覆补偿争议的依据。

实践中，经济补偿也好，侵权赔偿也罢，压覆的法律性质争议对天然气管道企业最终支付金额影响不大。司法机关对压覆补偿的损失认定大多超出国土资发〔2010〕137 号的范围。可能获得法院支持的损失包括：

(1)所压覆资源储量在当前市场条件下所应缴的价款(采矿权收益)。

(2)所压覆的矿产资源分担的勘查投资、已建的开采设施投入和搬迁相应设施等直接损失。《国土资源部关于地质矿产勘查投入核算范围的通知》(国土资厅发〔2007〕150号)明确规定了“勘查投资的核算范围”包括地形测绘、地质测量、遥感、物化探、钻探、山地工程、岩矿测试、工地建筑、其他地质工作、综合研究与科学研究。超出上述范围的投入,如办理年检、矿权延期等发生的费用,不属于勘查投入。

(3)已建的开采设施投入包括井巷系统、工业场地、房屋建筑物、公路、电力系统、供水系统、采矿选矿设备等。

(4)因压覆而导致开采方式或位置发生变更,而需重新编制有关报告而产生的报告编制和评审等费用。

(5)因压覆导致的企业停产停业损失。

(6)停产停业期间应支付的员工工资及补偿金等费用。

(7)因压覆导致的闭坑及其治理等需支付的费用。

(8)因压覆导致矿产资源权益丧失的,其合理的可得利益损失(包括矿产品预期销售利润)。

(9)因压覆导致的其他合理损失。

【风险提示】

按照现行法律规定,天然气管道敷设单位若不能与矿业权人签署矿产资源压覆补偿协议,将无法合法取得管道及附属设施的土地使用权。天然气管道建设单位系“三桶半油”下属企业,国有企业的身份往往又会提高被压覆矿业权认对补偿金额的预期,给损失范围、补偿金额的认定造成难度。律师建议:

1. 天然气管道建设单位在管道规划阶段做好项目尽职调查工作,提前了解管道途径区域的土地规划。项目选址前向自然资源主管部门查询拟建项目所在地区的矿产资源规划、矿产资源分布和矿业权设置情况,不压覆重要矿产资源的,申请省级自然资源部门出具未压覆重要矿产资源的证明;确需压覆重要矿产资源的,了解拟压覆矿产资源的矿业权人信息、矿产资源勘查报告等信息,为协商补偿协议做好材料准备。

2. 管道建设单位充分利用政策空间,为项目推进争取时间。可先与矿业权人签订意向性协议，协议应包括建设单位承诺按有关规定给予矿业权人合理补偿、矿业权人同意压覆等内容。意向性协议报自然资源部门申请压矿审批手续，自然资源部门批准后可组卷报批用地。用地报批期间，建设单位与矿业权人具体协商补偿标准并签订协议，按规定办理压覆登记手续。

3. 充分发挥第三方专业机构的作用，参与矿产资源压覆补偿的协商谈判，协助管道敷设单位拟定补偿协议，对补偿范围、损失范围、协议条款的合法合规性进行审核并提供专业意见。

【相关法律法规】

《中华人民共和国矿产资源法》（2009 年 8 月 27 日修正）

第三十三条　在建设铁路、工厂、水库、输油管道、输电线路和各种大型建筑物或者建筑群之前，建设单位必须向所在省、自治区、直辖市地质矿产主管部门了解拟建工程所在地区的矿产资源分布和开采情况。非经国务院授权的部门批准，不得压覆重要矿床。

《国土资源部关于进一步做好建设项目压覆重要矿产资源审批管理工作的通知》（2010 年 9 月 8 日）

二、严格管理范围

凡建设项目实施后，导致其压覆区内已查明的重要矿产资源不能开发利用的，都应按本通知规定报批。未经批准，不得压覆重要矿产资源。

建设项目压覆区与勘查区块范围或矿区范围重叠但不影响矿产资源正常勘查开采的，不作压覆处理。矿山企业在本矿区范围内的建设项目压覆矿产资源不需审批。

三、明确管理分工

建设项目压覆重要矿产资源由省级以上国土资源行政主管部门审批。压覆石油、天然气、放射性矿产，或压覆《矿产资源开采登记管理办法》附录所列矿种（石油、天然气、放射性矿产除外）累计查明资源储量数量达大型矿区规模以上的，或矿区查明资源储量规模达到大型并且压覆占三分之一以上的，由国土资源部负责审批。

五、加强审批管理

各级国土资源行政主管部门要提高工作效率，规范管理，做好服务。

（一）凡符合审批要求的压覆重要矿产资源申请，国土资源部自受理之日起20个工作日内，做出准予压覆或者不准压覆的决定，并通知申请人和省（区、市）国土资源厅（局），由省（区、市）国土资源厅（局）通知相关矿业权人。

（二）省（区、市）国土资源厅（局）办理压覆重要矿产资源储量登记时应通知相应矿业权人在45个工作日内到原发证机关办理相应的勘查区块或矿区范围变更手续。逾期不办理的，由原发证机关直接进行勘查区块或矿区范围调整，并告知矿业权人。

（三）已批准建设项目压覆的矿产资源，各级国土资源行政主管部门不得设立矿业权。

油气企业工程结算时变更工程量的认定

【裁判规则】

工程设计变更等原因导致实际工程量与施工图纸不一致,变更工程量的确定依据如合同有约定从约定;无约定时,可以施工图为依据申请司法鉴定确定,但需证明有鉴定必要且所举示的施工图能达到鉴定目的。

【典型案例】

大庆油田建设集团有限责任公司与松原市江城建筑工程有限责任公司建设工程施工合同纠纷案[(2016)最高法民终132号]

【案情简介】

上诉人(原审被告):大庆油田建设集团有限责任公司。

被上诉人(原审原告):松原市江城建筑工程有限责任公司。

一审法院查明:1. 中国石油天然气股份有限公司管理建设项目经理部(以下简称中石油管道项目部)与总承包方合同约定情况。2009年11月18日,中石油管道项目部作为发包方与大庆油田建设集团有限责任公司(以下简称油建公司)作为PC总承包商,签订《中俄原油管道漠河—大庆段工程采办和施工(PC)总承包合同》。该合同第一章合同协议书:“第1.1条约定工程概况:工程地点:黑龙江、内蒙古;工程工期为2009年5月25日开工,2010年10月30日达到投产条件。”第1.6条合同价格约定:“该合同总价为237469.6249万元,此合同总价不包括甲供设备、材料费用,但竣工结算时甲供设备、材料费用由PC总包商计入竣工结算总价。”第五章合同价格与付款第5.4条约定:“进度款的支付:承包商应当采用中石油管道项目部规定的工程支付管理系统编制并向监理工程师报送期中支付申请,该申请表应写明截止该月已完成的全部工程的估算价值和单元完成的工程量的价值,并提供本次支付月计量申报表、工程量签证报审表。每一次支付申请应注明甲供材料数量及金额,监理工程师核查承包商的支付申请表后报中石油管道项目部复审,对应支付给承包商的金额开具支付证书。"第八章进度管理第 8.1.1 条项目里程碑计划:"五、项目验收 2010-10-1 至 2011-9-30;竣工结算 2011-2-1 至 2011-4-3。"第九章费用控制及变更管理第 9.2 条变更的确认:"监理工程师只对初设范围外变更、新增工程量和伴行路确认价格,初设范围内不再确认;如果中石油管道项目部及承包商在合同开始时候有必要对工程或其中任何部分的形式、质量或数量作出任何变更,为此目的或出于其他理由,监理工程师认为上述变更适当时,有权指示承包商进行而承包商也应进行变更工作。变更审批权限范围及批准程序,按照中石油管道项目部颁布的《项目变更管理办法》执行。"第十六章合同、信息及文档管理:第 16.1 条合同管理　16.1.1 合同管理的主要内容有:"合同执行管理,合同执行界面衔接管理、设计变更。表 16-3 文档管理工作界面一览表工程重大变更,承包商项目部上报,监理审查,项目部审查,项目经理部审批。"

2013 年 11 月 18 日,中石油管道项目部作为发包方与油建公司作为 PC 总承包商,签订《中俄原油管道漠河—大庆段工程采办和施工(PC)总承包合同补充协议(一)》约定:根据中俄原油管道漠河—大庆段工程的建设需要和目前已经完成工程结算审核情况,双方经友好协商,订立本变更补充协议:(1)变更事由:承包商完成的实际工程量与合同工程量清单价格表所标工程量有变化。(2)变更依据:《中俄原油管道漠河—大庆段工程采办和施工(PC)总承包合同》通用条款"9.6 价格调整(1)水土保持工程、绿化工程、粗颗粒土的取土场地变化、国家政策(中石油结算政策)变化、地质情况变化等情况,待明确工作任务及相关费用确定后另行签订补充协议或结算时统一调整;"(3)变更事项:合同价款:根据以上结算审核结果,应在原合同价格基础上调增合同金额人民币(大写)陆亿壹仟叁佰伍拾贰万贰仟柒佰伍拾柒元整(613,522,757 元),并据此签订本补充合同。

2. 施工及完工后签订合同情况。2009 年,山东菏建建筑集团有限公司(以下简称菏建公司)分包了部分管线的施工。该工程于 2010 年 9 月 27 日竣工并投入使用后,菏建公司与油建公司(管道公司中俄管道项目部)于2011年1月19日分别签订了编号为2010GDX11045[第1、2、3标段(土石方工程第三标段)]、2010GDX11046号[第1、2、3标段(土石方工程第七、九标段)]两份《建设工程施工合同书》。菏建公司与油建公司(安装公司第十四工程处)签订了编号为2009AZX12227《建设工程施工劳务分包合同》。2011年1月19日,菏建公司与油建公司在227号合同基础上又签订《劳务合同变更协议》。

3. 045号合同内容。(略)

4. 046号合同内容。(略)

5. 227号合同内容。(略)

6. 045号合同所涉标段工程,油建公司与管道公司的内部协议与其所举示的施工图纸体现的工程量及价款对比。(略)

7. 046号合同所涉工程,油建公司与管道公司的内部协议与其所举示的施工图纸体现的工程量及价款对比。(略)

8. 其他事实

(1)双方合同签订后,菏建公司两次向油建公司提交结算书,油建公司对菏建公司主张的结算金额不予认可。

(2)经双方确认诉争的三项工程,045号合同已付款额为467万元,046号合同已付款额为383万元,227号合同及变更协议已付款额为760万元,合计油建公司已经支付工程款数额为1610万元。本案双方当事人虽在合同中约定以最终验收签认的工程量确认单为依据,但双方认可诉争工程并无工程量确认单及竣工验收单。审理过程中,油建公司申请依据施工图及竣工图对诉争工程量进行鉴定,但其提供的施工图松原市江城建筑工程有限责任公司(以下简称松原公司)不认可其真实性,且与合同约定内容相矛盾。竣工图中没有工程量,因该工程为国家原油管线工程,施工现场不可能开挖,并且时间已经过去几年,部分地段存在下沉现象,界限也无法分清,现场勘验亦不具有可行性。

(3)2013年12月,松原公司与菏建公司签订《债权转让协议》,菏建公司将以上工程未结算工程款债权转让给了松原公司。协议签订后,菏建公司将债权转让情况告知了油建公司。

(4)2013年10月29日,中石油管道项目部与油建公司签订《建设项目审计情况报告表》,诉争工程的合同价款存在变更,从签订时的2,374,696,249

元,增加到2,988,219,006元;其中合同变更主要原因为:增加冬季施工费(冻土开挖、破碎回填、细土运距增加)等,审计净审减额为1,396,708元。

(5)中石油管道项目部于2015年1月13日签署合同支付审批单,截至当日累计支付达98.91%,金额为2,937,702,645元。

因油建公司不肯对上述工程进行结算,松原公司向原审法院提起本案诉讼。原审审理中,松原公司明确按照045号合同、046号合同和227号合同及变更协议中价款1300万元、1700万元和1300万元作为依据主张债权。

一审法院认为:松原公司与油建公司签订的中俄原油管道漠河—大庆段工程045号合同、046号合同以及227号合同及变更协议系双方真实意思表示,不违反法律、行政法规的效力性强制性规定,为有效合同。油建公司虽主张签订以上合同书的签订目的是使松原公司提前获得工程进度款,故意夸大工程量而签订,意思表示不真实,但未举示相应证据证实,故不足以否定上述合同效力。经归纳双方的诉讼请求及抗辩理由,本案有以下焦点问题。

一、关于双方合同能否作为诉争工程款的确定依据问题

045号合同及046号合同、227号合同及变更协议签订于2011年1月19日至20日,系在中石油管道项目部与油建公司总承包协议约定的2010年10月30日的投产时间,以及有权威主流报纸证实的2010年9月27日竣工验收交付时间,即使用近四个月之后。依据中石油管道项目部与油建公司总承包协议第八章进度管理第8.1.1条项目里程碑计划条款约定,2011年2月1日至4月3日为诉争工程的竣工结算时间节点。则按照整个工程的进度计划和结算步骤,上述合同恰好签订在竣工结算期内。此外,045号合同及046号合同均系九项施工内容,其中均有七项工程内容,在合同中明确了工程量及单价,能够直接得出工程款额。该事实结合中石油管道项目部与油建公司总承包协议第五章合同价格与付款第5.4条有关申报进度款程序及方法的约定,以及进度款额为"截至当月已经完成的全部工程的估算价值和单位完成的工程量价值"的约定。表明诉争工程中石油管道项目部与总承包方进度款申报制度完善,与实际施工量紧密相关。本案双方合同签订时,诉争工程已经交付使用,实际工程量已经发生,按照总承包协议约定严格的工程款拨付进度要求,依据每月的工程进度表,双方应能够总体上确定工程量范围,故本案双方合同中确定的工程量有依据和出处,具有可信性,松原公司主张上述合同具有结算性质,作为双方结算依据应予支持。油建公司对双方合同中确定的工程量全盘否定,并主张诉争合同签订的目的,是使松原公司提前获得工程进度款,故而夸大工程量而签订,意思表示不真实,但该理由证据不充分,且与当时工程已经完工进入结算阶段,无须申报进度款的事实不符,无法否定合同及其所确定工程量的真实性。依据《中华人民共和国合同法》第八条第一款"依法成立的合同,对当事人具有法律约束力"之规定,油建公司否定双方签订的合同及其中明确认定的工程量的效力不应支持。此外,虽然合同约定为暂定价,以双方工程量确认单为结算依据,而从实际履行情况看,双方均认可该工程未签署工程量确认单,则该条款为履行不能条款,不能以此作为结算依据。

二、关于油建公司申请鉴定及能否以其举示的施工图作为鉴定依据的问题

本案双方当事人对双方合同中确定的工程单价均无异议,仅是对工程量各执一词。油建公司否定合同中已确定的工程量,主张应通过鉴定全部重新确定,但其亦认可鉴定所要依据的竣工图纸内未体现工程量,诉争工程的国家工程性质及竣工使用多年,基础下沉,界限无法分清的情况也使通过现场勘察进行鉴定不具可能性。作为油建公司申请鉴定所能使用的资料仅为施工图,但松原公司对油建公司举示的施工图为实际使用施工图不认可,而该图纸无出图时间及双方确认签字,亦无相应的图纸会审及技术交底的书面资料佐证。同时,合同中明确载明施工图无工程量的项目,油建公司举示的施工图中均载有工程量,在合同真实性及效力无法否定的情况下,该施工图与其明显矛盾。此外,中石油管道项目部与油建公司总承包协议补充协议,以及原审法院调取的部分项目增量结算书、油建公司举示的《建设项目审计情况报告表》均签订于工程结束后的2013年,工程款额从原合同约定的价款23亿余元增加到29亿余元,整个工程减量仅为130余万元。这表明从最初合同签订到完工工程量呈总体增加的趋势,诉争工程完工时工程量发生了巨大的增涨。通过将油建公司举示的其与管道公司内部合同中约定工程量同其举示的施工图体现的工程量对比,亦证实诉争工程工程量发生了变更,表明施工图内容曾发生变化,不排除多套图纸的可能,现油建公司无法证实其举示的图纸为施工中最终使用的图纸,故不能以其为鉴定依据。同时,诉争工程发生了巨大增量的事实亦表明,逻辑上施工图中的工程量和价款作为油建公司主张的最终结算价款,应当比签订在先的油建公司与管道公司的内部协议体现的工程量和价款要多,而经实际对比,施工图体现的工程量和价款不但比双方当事人所签合同体现的少,而且比油建公司和管道公司内部合同亦减少。例如,在045号合同所涉标段工程中,施工图相比于内部合同体现工程量在总体降低的情况下,工程价款从35,353,478元,降低到4,005,205元,减少金额多达九倍;在046号合同所涉标段工程中,施工图相比于内部合同体现工程量在总体降低的情况下,工程价款从20,381,631元,降低到4,500,091元,减少金额亦多达五倍。综上,油建公司主张该工程无设计变更、工程量变更、实际工程量与施工图纸一致不能成立。该施工图不能作为定案依据,其要求以此为依据进行工程量鉴定的请求不能支持。

三、关于诉争工程工程款的给付数额问题

前述事实证实,双方合同确定的工程量应作为结算依据,松原公司对其主张已经完成了举证责任。而案外人发包方中石油管道项目部与油建公司总承包协议第十六章合同、信息及文档管理:第16.1条合同管理 16.1.1合同管理体现:诉争工程的重大变更,需要严格的内部审查、审批程序。该约定表明无论发生增量还是减量,均应签有内部审批手续。油建公司作为优势证据持有方,主张相比较于合同确定的工程量发生巨大减量则应举示相应证据证实。目前其并未举示减量的有效证据,通过鉴定确定工程量的目的亦无法实现,则油建公司应承担举证不能的法律后果。故应以合同约定价款及工程量确定工程款额。则045号合同、046号合同工程合同总价款为3000万元,诉争工程已经于2010年9月27日竣工投入使用,至今已经超过质保期,故不应扣除质保金。应付该两项工程款为3000万元,扣除已付款850万元,油建公司欠付工程款为2150万元。

227号合同及变更协议。分包合同中虽有暂定价款的字样,但变更协议已经明确变更为固定总价合同,工程合同总价款为1300万元,诉争工程已经于2010年9月27日竣工投入使用,至今已经超过质保期,故不应扣除质保金。双方无审计、效能监督款的相关约定,油建公司给付工程款额中不应扣除该项费用。综上,扣除油建公司已付款760万元,油建公司欠付工程款为540万元。

四、关于工程款利息的给付时间问题

227号合同及变更协议并未明确约定工程款给付时间。但045号合同、046号合同第十二条约定:“当工程竣工、经甲方、中石油管道项目部、监理、地方政府监督部门验收合格后，依据各方签字的竣工验收单、工程量确认单、合同及有关证明材料，在中石油管道项目部已将此笔工程款拨付时，双方办理工程结算拨付手续，乙方按甲方要求提交合格的工程竣工资料，甲方在扣留乙方保修款（工程款5%）及大庆石油管理局审计、效能监察款（工程款5%）后将余款一次性付给乙方。”依据该条款中诉争工程工程款给付时间为中石油管道项目部拨付工程款后。经查中石油管道项目部拨付工程款时间为2015年1月13日，故自2015年1月14日起油建公司应当支付诉争工程工程款，该日应作为工程款利息的起算点。

五、关于油建公司申请调取证据问题

油建公司申请到设计单位调取施工图及竣工图，目的是鉴定使用。然而，油建公司向原审法院举示的施工图，设计单位已经出具证明，目的是证实系本案的施工图，故无再次调取的必要。本案双方争议的焦点在于目前油建公司所举示的该份施工图能否作为鉴定依据，而非能否调取。对该焦点问题前文已经认定，不再赘述。对于油建公司申请调取的竣工图，油建公司承认竣工图中无工作量，鉴定不能以此为依据，故调取该证据对本案争议的解决无实际意义。综上，对于油建公司调取该证据的主张原审法院不予支持。

一审法院判决：（1）2010GDX11045号、2010GDX11046号《建设工程施工合同书》内工程，大庆油田建设集团有限责任公司自判决生效之日起15日内给付松原市江城建筑工程有限责任公司工程款人民币2150万元，自2015年1月14日起至判决生效之日止按中国人民银行同期同类贷款利率支付利息；（2）2009AZX12227号《建设工程施工劳务分包合同》及《劳务合同变更协议》内工程，大庆油田建设集团有限责任公司自判决生效之日起15日内给付松原市江城建筑工程有限责任公司工程款人民币540万元，自2015年1月14日起至判决生效之日止按中国人民银行同期同类贷款利率支付利息；（3）驳回松原市江城建筑工程有限责任公司其他诉讼请求。

油建公司不服一审判决，向二审法院提起上诉。

二审法院查明：原审法院查明的事实除下列事实明显有误外，其余事实基本属实，本院予以确认。

1. 045号合同第八条合同价款暂定为“人民币壹仟叁佰万元”，不是“人民币贰仟叁万元”，046号合同第八条合同价款暂定为“人民币壹仟柒佰万元”，不是“人民币贰仟柒佰万元”；

2. 045 号合同及 046 号合同两份合同第八条(8)地貌恢复中“此单价应视为包含采筛，场内运输、松填或夯填等该工程全部工作内容及已扣除上缴甲方的各项费用及税金”均应为“此单价应视为包含相应地段作业带地貌原状恢复，耕土分层恢复及相关手续完成(不包括作业带内道路、沟渠、池塘、河流、桥涵等水利设施等的恢复和赔偿)等该工程全部工作内容及已扣除上缴甲方的各项费用及税金”；

3. 046 号合同第八条(4)管沟季节性冻土开挖及回填中 3 标段工程量为 200,000 立方米，不是 20,000 立方米。

二审法院认为：本案二审争议的焦点问题是：(1)案涉 045 号合同、046 号合同、227 号合同及变更协议能否作为确定本案工程价款的依据；(2)案涉工程价款能否通过鉴定工程量予以确定，油建公司举示的施工图能否作为鉴定依据；(3)油建公司是否应该支付工程款利息，应如何计算利息。

1. 关于案涉 045 号合同、046 号合同、227 号合同及变更协议能否作为确定本案工程价款的依据问题。

油建公司与菏建公司签订的 045 号合同、046 号合同、227 号合同及变更协议系双方当事人的真实意思表示，其内容不违反法律、行政法规的效力性强制性规定，原审判决认定上述合同合法有效正确。本案松原公司的债权系 2013 年 12 月通过与菏建公司签订《债权转让协议》受让而来，原审法院直接认定上述合同主体为松原公司与油建公司错误，本院予以纠正。

案涉 045 号合同、046 号合同、227 号合同及变更协议签订于 2011 年 1 月 19 日至 20 日，其签订时间晚于中石油管道项目部与油建公司总承包协议约定的 2010 年 10 月 30 日的投产时间，以及权威主流报纸记载的 2010 年 9 月 27 日的竣工验收交付时间。根据中石油管道项目部与油建公司总承包协议第八章进度管理第 8.1.1 条项目里程碑计划条款的约定，诉争工程的竣工结算时间节点为 2011 年 2 月 1 日至 4 月 3 日，按照整个工程的进度计划和结算步骤，案涉 045 号合同、046 号合同、227 号合同及变更协议签订在竣工结算期内。

案涉 045 号合同及 046 号合同均约定了九项施工内容，其中有七项工程内容均明确约定了工程量及单价，能够直接计算出工程款数额。同时，结合中石油管道项目部与油建公司总承包协议第五章合同价格与付款第5.4条有关申报进度款程序及方法的约定，以及进度款额为“截至当月已经完成的全部工程的估算价值和单位完成的工程量价值”的约定，足以说明诉争工程中石油管道项目部与总承包方进度款申报制度完善，与实际施工量紧密相关。

案涉045号合同、046号合同、227号合同及变更协议签订时，诉争工程已经完工进入结算阶段，且工程已经交付使用，实际工程量已经发生，按照总承包协议约定严格的工程款拨付进度要求，依据每月的工程进度表，双方应能够总体上确定工程量范围，故案涉045号合同、046号合同、227号合同及变更协议中确定的工程量有依据和出处，具有可信性。松原公司提出的案涉045号合同、046号合同、227号合同及变更协议具有结算性质，应作为双方结算依据的主张能够成立，应予支持。至于案涉045号合同、046号合同、227号合同及变更协议约定的以双方工程量确认单为结算依据的问题，由于双方合同主体均确认在合同实际履行中该工程未签署工程量确认单，因此该条款无法履行，不能以工程量确认单作为结算的依据。

因案涉045号合同、046号合同、227号合同及变更协议签订时已无须申报进度款，油建公司提出的签订上述合同是为了使松原公司提前获得工程进度款而故意夸大工程量，意思表示不真实的主张，与客观事实不符，其亦未能提供充分证据予以证明，不能否定上述合同及其所确定工程量的真实性，油建公司的该主张不能成立。

2. 关于案涉工程价款能否通过鉴定工程量予以确定，油建公司举示的施工图能否作为鉴定依据的问题。

前已述及，案涉045号合同、046号合同、227号合同及变更协议确定的工程量应作为结算依据，松原公司对其工程款主张已经完成了举证责任。根据中石油管道项目部与油建公司总承包协议第十六章合同、信息及文档管理：16.1.1合同管理的约定，诉争工程的重大变更，需要严格的内部审查、审批程序，即无论诉争工程发生增量还是减量，均应签有内部审批手续。油建公司作为上述总承包协议的一方合同主体，如果在履行总承包协议过程中诉争工程发生增量或者减量，其应能够及时知晓。因此，油建公司在主张实际工程量比案涉045号合同、046号合同、227号合同及变更协议确定的工程量发生巨大减量时，属于优势证据持有方，其应提供相应证据予以证明。由于油建公司未能提供工程发生减量的有效证据,其应承担举证不能的法律后果。

油建公司通过鉴定确定工程量的目的亦无法实现。首先,本案双方当事人对案涉045号合同、046号合同、227号合同及变更协议确定的工程单价均无异议,仅是对工程量不能达成一致。油建公司否定上述合同中已确定的工程量,主张应通过鉴定全部重新确定,但鉴定所要依据的竣工图纸内未体现工程量,诉争工程的国家工程性质及竣工使用多年,基础下沉,界限无法分清的客观情况也使通过现场勘察进行鉴定不具可能性,油建公司对此均予以认可。其次,油建公司申请鉴定所能使用的资料仅为施工图,但松原公司不认可油建公司举示的施工图为实际使用施工图,该图纸亦无出图时间及双方确认签字,亦无相应的图纸会审及技术交底的书面资料佐证。而且案涉045号合同、046号合同、227号合同及变更协议中明确载明施工图无工程量的项目,在油建公司举示的施工图中均载有工程量,该施工图与上述内容真实且合法有效的合同约定相矛盾。再次,中石油管道项目部与油建公司总承包协议补充协议、原审法院调取的部分项目增量结算书以及油建公司举示的《建设项目审计情况报告表》,均在工程结束后的2013年签订,其体现的总工程款数额从原合同约定的价款23亿余元增加到29亿余元,而整个工程减量仅为130余万元,即从最初合同签订到完工工程量呈总体增加的趋势,诉争工程完工时工程量发生了巨大的增涨。通过将油建公司举示的其与管道公司内部合同中约定的工程量与其举示的施工图体现的工程量对比,也能说明诉争工程的工程量发生了变更,施工图内容曾发生变化,故不排除存在多套图纸的可能,油建公司无法证实其举示的图纸为施工中最终使用的图纸。最后,诉争工程发生巨大增量的事实亦表明,在逻辑上施工图中的工程量和价款作为油建公司主张的最终结算价款,应当比签订在先的油建公司与管道公司的内部协议体现的工程量和价款要多,而经原审法院实际对比,施工图体现的工程量和价款不但比双方当事人所签合同体现的少,而且比油建公司和管道公司内部合同亦减少。因此,油建公司提出的该工程无设计变更、工程量变更、实际工程量与施工图纸一致的主张不能成立。油建公司举示的施工图不能作为定案依据,原审法院对于其要求以此为依据进行工程量鉴定的请求不予支持,并无不当。此外,油建公司申请到设计单位调取施工图及竣工图的目的是鉴定使用,然而其向原审法院举示的施工图,已由设计单位出具证明系本案的施工图,故无再次调取的必要。

案涉工程价款以045号合同、046号合同、227号合同及变更协议约定价款及工程量确定。案涉045号合同、046号合同约定总价款为3000万元，由于诉争工程于2010年9月27日竣工投入使用，已经超过质保期，不应再扣除质保金。油建公司应付该两项工程款为3000万元，扣除已付款850万元，油建公司欠付工程款为2150万元。案涉227号合同中虽然约定有暂定价款的字样，但变更协议已经明确变更为固定总价，约定总价款为1300万元，对此同样不应扣除质保金。扣除油建公司已付款760万元，油建公司欠付工程款为540万元。本案中油建公司欠付工程款合计2690万元。

3. 关于油建公司是否应该支付工程款利息，应如何计算利息的问题。

案涉227号合同及变更协议没有明确约定工程款给付时间。但案涉045号合同、046号合同第十二条约定："当工程竣工、经甲方、中石油管道项目部、监理、地方政府监督部门验收合格后，依据各方签字的竣工验收单、工程量确认单、合同及有关证明材料，在中石油管道项目部已将此笔工程款拨付时，双方办理工程结算拨付手续，乙方按甲方要求提交合格的工程竣工资料，甲方在扣留乙方保修款（工程款5%）及大庆石油管理局审计、效能监察款（工程款5%）后将余款一次性付给乙方。"依据该条款中诉争工程的工程款给付时间为中石油管道项目部拨付工程款后。因中石油管道项目部拨付工程款时间为2015年1月13日，故自2015年1月14日起油建公司应当支付诉争工程工程款，该日应作为工程款利息的起算点，按中国人民银行同期同类贷款利率计算利息。原审法院判决油建公司自2015年1月14日起至判决生效之日止按中国人民银行同期同类贷款利率支付利息，符合《最高人民法院关于审理建设工程施工合同纠纷案件适用法律问题的解释》第十七条、第十九条的规定，具有事实和法律依据。

二审法院判决：一审判决认定事实清楚，适用法律正确，应予维持。

【规则解读】

建设工程施工过程中可能存在因工程设计变更、工程量变更、实际工程量与施工图纸不一致而导致工程量无法达成一致引发结算纠纷的情形。《最高人民法院关于审理建设工程施工合同纠纷案件适用法律问题的解释》（法释

〔2004〕14号)第十九条规定:“当事人对工程量有争议的,按照施工过程中形成的签证等书面文件确认。承包人能够证明发包人同意其施工,但未能提供签证文件证明工程量发生的,可以按照当事人提供的其他证据确认实际发生的工程量。”该规则确定人民法院在当事人对工程量发生争议时,应以书面文件或其他能证明实际工程量的证据作为确定依据。本案中,双方争议焦点在实际工程量的确定依据是合同约定还是施工图。本案裁判规则就类似争议给出指引。

一、反映工程量变更的载体除了签证,还有会议纪要等文件

建筑工程施工过程中,工程量变更是十分常见的情形。通常情况下,工程量变更的法定原因有四种:(1)发包人对工程的功能使用、规模标准等方面提出新的调整要求;(2)设计人基于设计文件的修改、以设计变更文件的形式提出变更要求;(3)监理人提出调整建议;(4)承包人提出合理化建议,合理化建议得到监理人和发包人的同意后可以变更。① 无论是哪种情形,变更工程量是对工程施工合同核心权利义务的修改,工程量变更权的主体只能是发包人。因此,只有经发包人同意的工程量变更才可产生法律效果。关于发包人同意的证明材料,常见的证明文件包括:

1. 工程签证单。

2. 会议纪要、会谈纪要、协商纪要等,记载了发包方、承包方、施工方商量工程量变更内容且经参与各方签字确认的文字材料。

3. 工程检验记录,如建筑定位放线验收单、轴线检查记录、水电消防实验等。

4. 就工程量变更的邮件、微信、短信等往来信息。在《最高人民法院关于修改〈关于民事诉讼证据的若干规定〉的决定》中,将可作为民事证据的电子数据界定为网页、博客、微博客等网络平台发布的信息;手机短信、电子邮件、即时通信、通讯群组等网络应用服务的通信信息;用户注册信息、身份认证信息、电子交易记录、通信记录、登录日志等信息;文档、图片、音频、视频、数字证书、计算机程序等电子文件;其他以数字化形式存储、处理、传输的能够证明案件

① 《建设工程施工合同(示范文本)GF-2017-0201使用指南》,中国建筑工业出版社2018年版,第171页。

事实的信息。因此,工程施工中的协商信息也能作为工程量变更的证明材料。但应注意的是,电子数据作为证据的,应当提供原件。电子数据的制作者制作的与原件一致的副本,或者直接来源于电子数据的打印件或其他可以显示、识别的输出介质,视为电子数据的原件。

5. 工程量变更通知单、通知书。发包方主动向承包方、施工方提出的工程变更指令,经发包方、承包方、施工方各方签字确认后可发挥证明功能。

6. 没有签证等书面文件,在承包人能够证明发包人同意其施工时,其他非书面的试图证明工程量的证据,在经过举证、质证等程序后足以证明证据所证明的实际工程量的真实性、合法性和关联性的情况下,在一定条件下也可以作为计算工程量的依据。①

二、施工图为依据申请工程量鉴定的要求

本案中,发包人和承包人没有在工程施工中就工程量变更形成签证等书面文件,承包人主张施工合同载明的工程量就是实际发生的变更工程量,发包人否认并主张根据鉴定结论确定变更工程量。法院根据举证质证结果,判定合同签订时案涉工程已经交付使用,实际工程量已经发生,并有每月工程进度表,总体能够确定工程量范围,且与合同中的工程量基本一致,因此,施工合同确定的工程量有依据和出处、具有可信性,最终以施工协议约定的工程量作为结算依据。

根据《中华人民共和国民事诉讼法》第六十三条的规定,鉴定意见可以作为认定事实的根据。当承包人无书面文件能证明工程量变动情况时,当事人原则上可申请对施工图进行司法鉴定。本案中,法院没有支持司法鉴定申请,理由:根据施工合同约定及工程进度表等书面文件能确定了工程量结算依据,无进行鉴定的必要。案涉项目进行多次变更,不能排除有多套图纸的可能,油建公司作为鉴定依据的施工图纸并不唯一,且其所举示的图纸与实际施工内容不一致,不能证明为最终使用能反映实际工程量的图纸,故不能作为鉴定依据。案涉工程竣工使用多年,基础下沉,界限无法分清的客观情况也使通过现场勘查进行鉴定不具有可能性,鉴定目的不能达到。

---

① 最高人民法院民事审判一庭编著:《最高人民法院建设工程施工合同司法解释的理解与适用》,人民法院出版社2015年版,第138页。

由此可见，相对有效的工程量鉴定申请至少应满足以下条件：

1. 和案件有很强的关联度。以施工图为依据的工程量鉴定申请，法院将就申请鉴定的必要性、鉴定依据以及能否达到鉴定目的审查，决定是否进行鉴定。

2. 施工图真实齐全。《建设工程司法鉴定程序规范》（SF/Z JD 0500001－2014）要求，司法鉴定申请人应向鉴定机构提供真实充分的鉴定材料，并对鉴定材料的真实性、合法性负责。申请人提供鉴定材料不真实、不齐全的，鉴定机构可以要求补充，若补充不齐全的，鉴定机构可以拒绝受理。

3. 建设工程能满足现场勘验要求。现场勘验是建设工程司法鉴定的常用方法。鉴定人需会同各方当事人共同到达现场对受鉴项目的具体部位进行现场实际勘查、测验，并进行必要的检验、查询、查档，掌握第一手资料。所形成的现场勘验记录对鉴定意见有重要价值。

三、欠付工程款利息的计算

发包人欠付工程款的，承包人应当支付工程款及欠付工程款利息。关于欠付工程款的利息计算，《最高人民法院关于审理建设工程施工合同纠纷案件适用法律问题的解释》第十七条规定，当事人对欠付工程价款利息计付标准有约定的，按照约定处理；没有约定的，按照中国人民银行发布的同期同类贷款利率计息。欠付利息从应付未付之日起起算计息。施工合同中，双方一般约定了付款条件，依据合同认定应付工程款给付时间。本案中当事人约定工程款给付时间为中石油管道项目部拨付工程款后，故该日应作为工程款利息的起算点，双方没有约定计息标准，按中国人民银行同期同类贷款利率计算利息［2019 年 8 月 17 日中国人民银行发布正式公告，人民银行将不再公布贷款基准利率，中国人民银行同期同类贷款利率以贷款市场报价利率（简称 LPR）为准］。

【风险提示】

工程量的认定直接影响着工程价款的结算，工程施工合同签订时以及施工过程中关于工程量的变更需要注意哪些问题？事前法律风险防范可以减免损失的发生，综合本案情况，律师建议：

第一，建设工程合同签订时对于工程量的变更及审批事项应约定清楚。建设工程施工较为复杂、涉及问题广，为了防止合同在履行过程中存在争议，合同原则上约定按照工程量进行施工，对施工企业在施工图纸、设计变更所确定的工程内容以外的施工内容，施工图预算或预算定额取费中未含有而施工中又实际发生费用的施工内容，以及由于施工条件的变化或无法遇见的情况所引起工程量的变化发生变更时，承包人应如何办理相应变更程序及工程签证事项进行明确约定。

第二，工程量变更的书面文件为双方结算和司法认定时的重要依据，施工过程中工程量发生变更时，承包人应取得发包人的同意并及时签订书面文件加以确定，再进行相应工程的施工，未经发包人认可承包人擅自增加施工量时，承包人对此部分不承担付款责任。承包人应注意留存施工过程中的工程资料、补充协议、变更签证、结算文件、材料采购等一切与施工相关的书面文件，以便双方结算或者发生争议时能尽力举证，保护自身合法权益。发包人对于工程款的支付双方可以约定达到验收条件后一次性支付或者随进度支付，在达到工程款支付条件时，应积极履行合同义务支付工程款，以免造成不必要的违约损失。

【相关法律法规】

《中华人民共和国民法通则》(2009 年 8 月 27 日修正)

第四条　民事活动应当遵循自愿、公平、等价有偿、诚实信用的原则。

《中华人民共和国合同法》(1999 年 3 月 15 日)

第八条　依法成立的合同，对当事人具有法律约束力。当事人应当按照约定履行自己的义务，不得擅自变更或者解除合同。

依法成立的合同，受法律保护。

第二百七十九条　建设工程竣工后，发包人应当根据施工图纸及说明书、国家颁发的施工验收规范和质量检验标准及时进行验收。验收合格的，发包人应当按照约定支付价款，并接收该建设工程。

建设工程竣工经验收合格后，方可交付使用；未经验收或者验收不合格的，不得交付使用。

《最高人民法院关于审理建设工程施工合同纠纷案件适用法律问题的解释》(2004 年 10 月 25 日)

第十七条　当事人对欠付工程价款利息计付标准有约定的，按照约定处理;没有约定的,按照中国人民银行发布的同期同类贷款利率计息。

第十九条　当事人对工程量有争议的,按照施工过程中形成的签证等书面文件确认。承包人能够证明发包人同意其施工,但未能提供签证文件证明工程量发生的,可以按照当事人提供的其他证据确认实际发生的工程量。

使用自有资金建设油气基础设施的发包方式

【裁判规则】

关系社会公共利益、公众安全的工程项目是否强制招标，应结合资金来源、项目范围、合同估算值三方面予以确定；油气企业使用自有资金投资建设油气基础设施属于强制招标范围，且应优先采用公开招标方式；发包人违反《中华人民共和国招标投标法》的强制性规定，未经招标而直接发包的，其与承包人签订的建设工程合同无效。

【典型案例】

新疆金晖兆丰能源股份有限公司、河北省第四建筑工程有限公司建设工程施工合同纠纷案[(2018)最高法民终342号]

【案情简介】

上诉人(原审被告):新疆金晖兆丰能源股份有限公司。

被上诉人(原审原告):河北省第四建筑工程有限公司。

一审法院查明:1. 2011年2月21日，新疆兆丰能源股份有限公司(发包人，以下简称兆丰公司)与河北四建(承包人)签订130万吨焦化及洗煤项目《建设施工合同》(以下简称《焦化及洗煤合同》)，合同编号2011-ht-3①，约定由河北省第四建筑工程有限公司(以下简称河北四建)承建兆丰公司位于新疆阿克苏拜城县重化工工业园区内的130万吨焦化项目及洗煤项目。承包范围为发包人提供图纸所含土建、给排水、采暖、照明、钢结构等全部工作内容；承包方式为包工包料；开工日期暂定为2011年4月11日(以开工报告为准)；竣工日期暂定为2011年11月30日；工程质量标准合格；合同价款暂定为3亿元，以最终结算造价为准。双方在合同专用条款部分约定，本合同价款采用可调价格，工程款支付方式为银行转账支付，支付时间为工程进度款按月结算，每月10日前发包人按经认可的上月完成工作量的80%支付，工程投产时付至工程总价的90%，其余款项结算审计后14日内除留5%保修金外一次付清（终审结算完成时间为收到初审资料2个月内，终审结算以有资质的第三方审定为准；税金发包人代扣代缴）。本工程所用的材料除钢材、水泥外，其余材料均由承包人采购，发包人认质认价，差价按认价调差，能执行造价信息的执行工程所在地同期造价信息。补充条款"发包方提供的水电费用结算方法"部分约定，由承包方负责安装计量表，每月抄表一次，经双方签字认可，水电费用单价按当地市场价结算，差价据实调整。合同附件3《房屋建筑工程质量保修书》约定，工程质量保修范围和内容为承包人施工的土建、给排水、采暖、照明等。本工程质量保修金为施工合同结算价款的5%，工程投产满1年后14日内发包人将保修金一次支付给承包人。双方还对其他事项进行了约定。

2011年2月21日，新疆金晖兆丰能源股份有限公司（以下简称金晖兆丰公司）（发包人）与河北四建（承包人）签订100万吨水泥项目《建设施工合同》（以下简称《水泥合同》），合同编号2011－ht－2①，约定由河北四建承建兆丰公司位于新疆阿克苏拜城县重化工工业园区内的100万吨水泥项目。承包范围为发包人提供图纸所含土建、给排水、采暖、照明、钢结构等全部工作内容；承包方式为包工包料；开工日期暂定为2011年4月1日（以开工报告为准）；竣工日期暂定为2011年8月30日；工程质量标准合格；合同价款暂定为1亿元，以最终结算造价为准。双方在《水泥合同》"专用条款"部分以及合同附件3《房屋建筑工程质量保修书》约定内容与《焦化及洗煤合同》"专用条款"及附件3基本相同。双方还对其他事项进行了约定。

2011年12月30日，金晖兆丰公司（发包人）与河北四建（承包人）签订LNG土建工程《建设施工合同》（以下简称《LNG合同》），合同编号2012－ht－2①，约定由河北四建承建金晖兆丰公司位于新疆阿克苏拜城县重化工工业园区内的LNG土建工程。承包范围为发包人提供图纸所含土建、给排水、采暖、照明等全部工作内容；承包方式为包工包料；开工日期暂定为2012年3月1日（以开工报告为准）；竣工日期暂定为2012年5月29日；工程质量标准合格；合同价款暂定为8000万元，以最终结算为准。双方在《LNG合同》"专用条款"部分以及合同附件3《房屋建筑工程质量保修书》约定内容与《焦化及洗煤合同》"专用条款"及附件3基本相同,其中对质量保修金银行利率约定为"无"。双方还对其他事项进行了约定。上述合同签订后,河北四建依约进行了施工,合同所涉工程已于2012年年底全部交付使用但未经竣工验收。以上工程项目业经新疆维吾尔自治区阿克苏地区发展和改革委员会登记备案,项目投资均由企业自筹,已分别取得建设用地规划许可证和建设工程规划许可证。

2. 2013年5月16日,金晖兆丰公司(委托人)、河北四建(施工人)与孝义中信工程造价咨询有限公司(咨询人,以下简称孝义中信公司)签订《建设工程造价咨询合同》,约定由委托人金晖兆丰公司、施工人河北四建共同委托咨询人孝义中信公司为焦化项目土建工程提供建设工程造价结算审计。同日,金晖兆丰公司(委托人)、河北四建(施工人)与山西天信工程造价咨询有限公司(咨询人,以下简称山西天信公司)签订《建设工程造价咨询合同》,约定由金晖兆丰公司、河北四建共同委托山西天信公司为水泥项目土建工程、洗煤项目土建工程提供建设工程造价结算审计。山西天信公司与孝义中信公司接受委托,分别对河北四建承建的上述工程造价进行了结算审核。2014年4月20日,山西天信公司分别出具晋天造审字(2014)第118号、晋天造审字(2014)第120号《工程结算审核报告》,审核结果为:略。

3. 2014年8月20日,金晖兆丰公司向河北四建出具四份询证函(后附对账记录表),分别载明:略。

4. 工程建设期的水电费、材料费对账情况。(略)

5. 一审审理期间,经一审法院组织双方当事人对账,双方确认,截至2017年3月7日,金晖兆丰公司向河北四建支付工程款无争议部分共计639,095,871.60元(不包含以房抵款部分5,454,324元),其中焦化项目付款384,901,570.50元、煤业土建项目付款21,014,698.85元、水泥土建项目付款199,712,912元、LNG项目付款33,466,690.25元。同时,双方再次确认,2012年4月22日之前(其中水泥项目为2012年4月26日之前),金晖兆丰公司为案涉工程项目代垫水电费共计1,233,385.19元,该费用已计入双方无争议已付款总额639,095,871.60元中。

6. 2016年3月31日,河北四建向金晖兆丰公司出具债权转让通知书,载明:“根据我公司与贵公司最终决算额,现将贵公司欠我公司的部分工程款20.80万元,于2016年3月31日起转让给花雪飞。请贵公司将该款直接支付给花雪飞。”一审审理中,河北四建明确表示金晖兆丰公司应将该款直接支付给河北四建。

7. 截至2017年7月,河北四建向金晖兆丰公司开具发票总金额为193,000,000元。

8. 2011年2月15日,“新疆兆丰能源股份有限公司”变更公司名称为“新疆金晖兆丰能源股份有限公司”。

一审争议焦点:(1)本案建设工程施工合同是否有效;(2)金晖兆丰公司是否拖欠工程款;(3)欠付工程款的具体数额;(4)欠付工程款是否应当计算利息及计算方式。

一审法院认为:《中华人民共和国招标投标法》第三条,《工程建设项目招标范围和规模标准规定》第二条、第七条,根据上述法律、行政法规的规定,本案双方当事人订立的建设工程施工合同所涉工程涉及煤炭、天然气等能源项目,且建设资金过亿,涉及社会公共利益和公众安全,属必须进行招标投标的大型基础设施建设项目。依据《最高人民法院关于审理建设工程施工合同纠纷案件适用法律问题的解释》第一条、《中华人民共和国合同法》第五十二条第五项案涉三份建设工程施工合同的签订均未经过招标程序,违反法律、行政法规的强制性规定,应属无效合同。

关于金晖兆丰公司是否拖欠工程款。根据《最高人民法院关于审理建设工程施工合同纠纷案件适用法律问题的解释》第二条的规定,“建设工程施工合同无效,但建设工程经竣工验收合格,承包人请求参照合同约定支付工程价款的,应予支持”,故虽然双方建设工程施工合同无效,但案涉工程价款的结算和支付仍应参照双方建设工程施工合同的约定进行。《焦化及洗煤合同》、《水泥合同》及《LNG合同》签订后,河北四建依约完成各项目工程的施工,虽至今未经竣工验收,但双方认可工程已于2012年年底全部交付使用。金晖兆丰公司与河北四建以双方认可的“工程终审结算以有资质的第三方审定为准”的合同约定作为依据,共同委托第三方山西天信公司和孝义中信公司对案涉工程造价进行审计,审定结果为:100万吨水泥项目工程造价236,480,148.66元,180万吨洗煤项目工程造价84,482,803.04元,130万吨焦化项目工程造价

423,884,080.35 元,LNG 项目工程造价 47,293,559.92 元。以上审定结果,已经审核方、建设方、施工方三方于 2015 年 10 月 30 日在工程结算审定签署表上共同签章确认。因此,一审确认金晖兆丰公司与河北四建签订的《焦化及洗煤合同》、《水泥合同》及《LNG 合同》所涉工程造价结算总金额为 792,140,591.97 元。

一审法院判决:(1)金晖兆丰公司于判决生效之日起 15 日内向河北四建支付工程款 140,742,519.01 元;(2)金晖兆丰公司于判决生效之日起 15 日内向河北四建支付上述第一项工程款自 2015 年 10 月 31 日至 2016 年 10 月 11 日期间的利息 6,209,872.70 元以及 2016 年 10 月 12 日之后的利息(按中国人民银行发布的同期同类贷款基准利率计算至款项给付之日);(3)驳回河北四建的其他诉讼请求。

金晖兆丰公司向最高人民法院提出上诉。

二审法院查明:2016 年 8 月 1 日,甲方金晖兆丰公司水泥分公司与乙方河北四建及丙方河北卓立建筑劳务分包有限公司(以下简称卓立公司)签订《协议》(赵永江部分)一份。该协议约定,乙方将对甲方的债权 1,471,697.12 元转让给丙方,并以此等额消减甲方欠付乙方的工程款,同时以此等额消减乙方欠付丙方的劳务工程款;丙方获得对甲方的上述债权。丙方获得上述转让的债权后,甲方同意以价值 1,471,697.12 元的房屋或水泥折抵给丙方(另签房屋抵账协议或水泥供需合同),以消减丙方获得的对甲方的上述债权。另外,甲方金晖兆丰公司水泥分公司与乙方河北四建及丙方卓立公司签订《协议》(李长珍部分)一份。该协议约定,乙方将对甲方的债权 257,997 元转让给丙方,并以此等额消减甲方欠付乙方的工程款,同时以此等额消减乙方欠付丙方的劳务工程款;丙方获得对甲方的上述债权。丙方获得上述转让的债权后,甲方同意以价值 257,997 元的房屋或水泥折抵给丙方(另签房屋抵账协议或水泥供需合同),以消减丙方获得的对甲方的上述债权。

二审查明的其他事实与一审一致。

二审法院认为:

1. 关于本案建设工程施工合同的效力问题

《中华人民共和国招标投标法》第三条第一款第一项规定,在中华人民共和国境内进行的大型基础设施、公用事业等关系社会公共利益、公众安全的项目的勘察、设计、施工、监理以及与工程建设有关的重要设备、材料的采购,必须进行招投标。上述关系社会公共利益、公众安全的基础设施的项目范围,根据国家发展计划委员会颁布实施的《工程建设项目招标范围和规模标准规定》(国家计委令第3号),包括煤炭、石油、天然气、电力、新能源等能源项目,且包括项目的勘查、设计、施工、监理以及与工程建设有关的重要设备、材料等的采购等,也即凡关系社会公共利益、公众安全的大型基础设施、公用事业依法均需招标。根据国家发展改革委员会2018年3月27日印发的《必须招标的工程项目规定》(国家发展改革委令第16号)第四条规定,除全部或部分使用国有资金投资或者国家融资的项目以及使用国际组织或者外国政府贷款、援助资金的项目外,关系社会公共利益、公众安全的大型基础设施、公用事业项目,其招标范围由国务院发展改革部门会同国务院有关部门按照确有必要、严格限定的原则制定并报国务院批准。也即使用自有资金进行的有关大型基础设施等项目是否招标、招标的范围目前确实尚待确定。本案施工作为大型能源项目,其发生时间是该规定颁布实施之前且目前是否属于非必须招标范围不清,原审据此认定双方所签订的建设施工合同无效,有法律依据;金晖兆丰公司认为双方所签订的建设施工合同有效,没有法律依据。对此,本院予以维持。

2. 关于本案有关事实的认定问题

根据金晖兆丰公司的上述请求,本案有争议的事实包括以房抵账的数额认定、相关维修费的抵款及金晖兆丰公司支付剩余工程款与工程验收和开具发票的关系等。本院具体认定如下:

(1)以房抵账的数额问题。金晖兆丰公司认为根据2016年8月1日各方所签的两份以房抵账协议,应分别抵顶施工款1,471,697.12元和257,997元,共计1,729,694.12元,一审未予认定错误。对此,河北四建认为上述协议并未实际履行,故不应抵顶。本院认为,金晖兆丰公司、河北四建及卓立公司所签协议为债权转让合同,即河北四建将自己对金晖兆丰公司享有的施工款债权转让给卓立公司,卓立公司也同意接收上述债权。该协议是三方签订,属各方真实意思表示,债权一经转让即发生法律效力,是否实际以房抵账即实际履行并不影响债权转让的法律效果。河北四建对其已经转让的债权再次予以主张,没有权利根据和法律依据。据此,金晖兆丰公司有关上述1,729,694.12元款项应从工程款中予以扣减的上诉请求成立,本院予以支持。

(2)相关维修费的抵款问题。金晖兆丰公司认为河北四建的施工质量达不到约定的质量标准，构成违约请求赔偿或扣除相应的维修费用。一审中，金晖兆丰公司虽提供了部分维修合同及相应的发票，但就上述证据与本案的关联性，其并未提供证据予以证实；且金晖兆丰公司并未就工程质量赔偿提出反诉，其请求抵扣部分工程款，证据不足，本院不予支持。

(3)工程未经验收、河北四建未足额开具发票，是否影响金晖兆丰公司支付剩余工程款的问题。关于工程验收。根据一审查明的事实，案涉工程于2012年年底已经交付并由金晖兆丰公司使用。根据双方所签订施工合同约定，工程进度款按月结算，每月10日前按经认可的上月完成工作量的80%支付，工程投产时付至工程总价的90%，其余款项结算审计后14日内除留5%保修金外一次付清，并约定工程质量保修金为施工合同结算价款的5%，工程投产满1年后14日内将保修金一次支付给承包人。据此，双方并未约定竣工验收是工程付款的前提和条件；且根据《最高人民法院关于审理建设工程施工合同纠纷案件适用法律问题的解释》有关建设工程虽未经竣工验收，但发包人擅自使用的应自转移占有作为竣工日期的规定，本案工程应视为已经竣工。据此，金晖兆丰公司以工程未竣工不结算剩余工程款，依法无据。关于开具发票。本院认为，开具发票虽属河北四建的合同附随义务，应予履行，但本案并未约定足额开具发票属金晖兆丰公司履行付款义务的条件。据此，金晖兆丰公司以河北四建未开具发票为由不予付款，没有合同和法律根据。对付款后未足额开具发票问题，双方可另寻途径解决。

二审判决：新疆金晖兆丰能源股份有限公司于本判决生效之日起15日内向河北省第四建筑工程有限公司支付工程款139,012,824.89元；新疆金晖兆丰能源股份有限公司于本判决生效之日起15日内向河北省第四建筑工程有限公司支付利息5,959,306.04元及2016年10月12日起至款项实际付清之日的利息(按中国人民银行同期同类贷款利率计算)。

【规则解读】

建设工程的发包方式包括直接发包和招标投标两种。按照《最高人民法院关于审理建设工程施工合同纠纷案件适用法律问题的解释》(法释〔2004〕14号)第一条第三项规定，建设工程必须进行招标而未招标或者中标无效的，建设工程施工合同应认定无效。关于必须招标的工程范围，2000年颁布施行的

《工程建设项目招标范围和规模标准规定》(国家发展计划委员会令第 3 号,已失效)明确了必须招标的工程项目的具体范围和规模标准。此后,我国以第 3 号令为基础形成了较为完善的强制招标制度。

本案的争议焦点在于使用自有资金建设的能源项目,是否也必须强制招标。本案的特殊性在于,该案审判时,国家发展计划委员会第 3 号令已失效。虽然替代国家发展计划委员会第 3 号令的《必须招标的工程项目规定》(国家发展和改革委员会令第 16 号)规定使用财政资金的建设项目强制招标,关系社会公共利益、公众安全的大型基础设施、公用事业项目,其招标范围由国务院发展改革部门会同国务院有关部门按照确有必要、严格限定的原则制定并报国务院批准。但本案判决时,国务院尚未批准《必须招标的基础设施和公用事业项目范围规定》(发改法规〔2018〕843 号),自有资金建设的关系社会公共利益、公众安全的大型基础设施、公用事业项目是否强制招标,当时处于法律适用空白。本案根据"法不溯及既往原则",即使新政策对自有资金建设能源项目的规定有所不同,也不得溯及已经发生的行为,依据发改委第 3 号令判定招标程序违规合同无效,合法合理。《必须招标的基础设施和公用事业项目范围规定》(发改法规〔2018〕843 号)于 2018 年 6 月 6 日起施行,明确规定石油、天然气等能源基础设施项目无论建设资金来源均属于强制招标范围。

一、能源基础设施项目不论资金来源,只要合同金额达到招标标准,发包必须采用招标方式

结合《必须招标的工程项目规定》(国家发展和改革委员会令第 16 号)和《必须招标的基础设施和公用事业项目范围规定》(发改法规〔2018〕843 号)文件规定,必须采用招标方式发包的建设工程合同,需同时满足项目类型和合同金额两项标准。

(一)强制招标的必备条件之一:属于必须招标的工程项目

1. 全部或者部分使用国有资金投资或者国家融资的项目:(1)使用预算资金 200 万元人民币以上,并且该资金占投资额 10% 以上的项目;(2)使用国有企业事业单位资金,并且该资金占控股或者主导地位的项目。

2. 使用国际组织或者外国政府贷款、援助资金的项目:(1)使用世界银行、亚洲开发银行等国际组织贷款、援助资金的项目;(2)使用外国政府及其机构贷款、援助资金的项目。

3. 大型基础设施、公用事业等关系社会公共利益、公众安全的项目：(1)煤炭、石油、天然气、电力、新能源等能源基础设施项目；(2)铁路、公路、管道、水运，以及公共航空和A1级通用机场等交通运输基础设施项目；(3)电信枢纽、通信信息网络等通信基础设施项目；(4)防洪、灌溉、排涝、引(供)水等水利基础设施项目；(5)城市轨道交通等城建项目。

表1　关系社会公共安全公共利益的项目范围对比

	基础设施项目	公用事业项目
发改委第3号令(失效)	1. 煤炭、石油、天然气、电力、新能源等能源项目； 2. 铁路、公路、管道、水运、航空以及其他交通运输业等交通运输项目； 3. 邮政、电信枢纽、通信、信息网络等邮电通讯项目； 4. 防洪、灌溉、排涝、引(供)水、滩涂治理、水土保持、水利枢纽等水利项目； 5. 道路、桥梁、地铁和轻轨交通、污水排放及处理、垃圾处理、地下管道、公共停车场等城市设施项目； 6. 生态环境保护项目； 7. 其他基础设施项目。	1. 供水、供电、供气、供热等市政工程项目； 2. 科技、教育、文化等项目； 3. 体育、旅游等项目； 4. 卫生、社会福利等项目； 5. 商品住宅，包括经济适用住房； 6. 其他公用事业项目。
发改法规〔2018〕843号	1. 煤炭、石油、天然气、电力、新能源等能源基础设施项目； 2. 铁路、公路、管道、水运，以及公共航空和A1级通用机场等交通运输基础设施项目； 3. 电信枢纽、通信信息网络等通信基础设施项目； 4. 防洪、灌溉、排涝、引(供)水等水利基础设施项目； 5. 城市轨道交通等城建项目。	

(二)强制招标的必备条件之二：合同金额达到规定规模

勘察、设计、施工、监理以及与工程建设有关的重要设备、材料等的采购达到下列标准之一的，必须招标：

1. 施工单项合同估算价在400万元人民币以上；

2. 重要设备、材料等货物的采购，单项合同估算价在200万元人民币以上；

3. 勘察、设计、监理等服务的采购，单项合同估算价在 100 万元人民币以上；

4. 同一项目中可以合并进行的勘察、设计、施工、监理以及与工程建设有关的重要设备、材料等的采购，合同估算价合计达到前款规定标准的，必须招标。

表 2　必须招标的合同金额对比

类别	法规	
	发改委第 3 号令	发改委第 16 号令
施工单项合同估算价	400 万元人民币以上	400 万元人民币以上
重要设备、材料等货物的采购	200 万元人民币以上	200 万元人民币以上
勘察、设计、监理等服务的采购	50 万元人民币以上	100 万元人民币以上
其他	单项合同估算价低于规定标准，但项目总投资额在 3000 万元人民币以上	上述合同合并进行的，合并后估算价达到规定标准

对比发改委第 3 号令、发改委第 16 号令及发改法规规〔2018〕843 号文，2018 年 6 月 6 日以后，应当招标的工程合同范围有所缩小：(1)从项目范围来看，民营企业使用自有资金投资建设污水排放及处理、垃圾处理、地下管道、公共停车场、园林绿化、生态环境保护、供水、供电、供气、供热、科技、教育、文化、体育、旅游、卫生、社会福利、商品住宅等项目，不再属于应当招标的项目范围；(2)从合同金额来看，第 16 号令将勘察、设计、施工、监理以及与工程建设有关的重要设备、材料等的采购合同估算值的标准提高了一倍。这些改变，在一定程度上，反映了国家对民营企业使用自有资金投资建设上述项目的监督、管理、履约及偿付能力的认可，对于鼓励民营企业投资、维护合同关系、加快建设效率有巨大推动作用。

二、应当招标而未招标的合同认定有效的可能性

根据《中华人民共和国合同法》第五十二条第五项，第五十六条、第五十七条、第五十八条及《最高人民法院关于审理建设工程施工合同纠纷案件适用法律问题的解释》(法释〔2004〕14 号)第一条第三项的规定，应当招标的项目未经招标，发包人与承包人签订的工程合同自始无效，对双方均没有法律约束力，因无效合同取得的财产应当予以返还，不能返还或者没有必要返还的，应当折价补偿。有过错的一方应当赔偿对方因此所受到的损失，双方都有过错的，应当各自承担相应的责任。

按照该规定，违反强制招标规定的合同绝对无效。但最高人民法院在中建三局第一建设工程有限责任公司、中建三局第一建设工程有限责任公司广西分公司建设工程施工合同纠纷再审案［最高人民法院（2018）最高法民再163号］中，针对双方争议焦点之一涉案《建设工程施工合同》是否有效这一问题，最高人民法院基于发包方和中标人无主观过错，认可了施工合同效力。"因南宁市发改委在《关于'龙胤·凤凰城二期'房地产项目核准的批复》中明确：'由项目法人自主决定项目工程是否招投标以及选择何种招标方式'，且南宁市建设工程招标投标监督管理办公室已对案涉发承包关系进行审核，并在《发承包审核通知书》备案单位处加盖'南宁市建设工程招标投标监督管理办公室建设工程备案专用章'，体现了当地行政主管部门对案涉发承包关系的认许，故金胤公司邀请中建三局等公司参与项目投标，系依据行政主管部门的行政批复实施，案涉《建设工程施工合同》未经公开招投标程序而签订，不可简单归责于金胤公司……从保护市场交易的安全稳定和诚实信用原则考虑，案涉《建设工程施工合同》现应认定有效。"

根据该案例的裁判思路，若发包人和中标人都没有主观过错，且发包行为得到当地行政主管部门认可，应当招标而未招标的合同存在有效可能。

三、油气基础设施项目应优先采用公开招标方式

我国法律意义上的招标包括公开招标和邀请招标两种形式。《中华人民共和国招标投标法》第十条第二款、第三款规定，公开招标，是指招标人以招标公告的方式邀请不特定的法人或者其他组织投标；邀请招标，是指招标人以招标邀请书的方式邀请特定的法人或者其他组织投标。《必须招标的工程项目规定》（国家发展和改革委员会令第16号）和《必须招标的基础设施和公用事业项目范围规定》（发改法规〔2018〕843号）仅仅规定能源基础设施项目必须招标，但必须是公开招标，还是也可以邀请招标，并没有明确说明。

《中华人民共和国招标投标法》第十一条规定："国务院发展计划部门确定的国家重点项目和省、自治区、直辖市人民政府确定的地方重点项目不适宜公开招标的，经国务院发展计划部门或者省、自治区、直辖市人民政府批准，可以进行邀请招标”,《中华人民共和国政府采购法》第二十六条规定:“政府采购采用以下方式:(一)公开招标;(二)邀请招标;(三)竞争性谈判;……公开招标应作为政府采购的主要采购方式。”由此可见,公开招标是《中华人民共和国招标投标法》《中华人民共和国政府采购法》的法定首选方式。

除公开招标是法定优先采用的招标方式外,司法实践也倾向于公开招标:

1. 邀请招标存在招标程序不合规导致合同无效的风险。在肖春佑、临泉县人民政府建设工程施工合同纠纷案[最高人民法院(2019)最高法民申1218号]中,最高人民法院判决认为,“依据《中华人民共和国招标投标法》及《中华人民共和国招标投标法实施条例》的规定,涉案工程作为使用国有资金、关系社会公共利益的大型基础设施项目,应当公开招标,而临泉县教育局却采用邀请招标的形式确定盐城二建公司为涉案工程的中标单位,且对肖春佑实际施工的三号宿舍楼未依法进行招标,原判认定盐城二建公司与临泉县教育局签订的《建设工程施工合同》无效,并无不当”。

2. 竞争性谈判不是招标方式,采用竞争性谈判程序签订的工程合同无效。在重庆市智翔铺道技术工程有限公司与重庆市沙坪坝区市政园林管理局建设工程施工合同纠纷案[最高人民法院(2014)民一终字第302号]中,重庆市沙坪坝区园林局委托西恒招标公司于2011年3月17日至23日在重庆市建设工程信息网上发布的是竞争性谈判公告,智翔公司亦是在西恒招标公司组织的竞争性谈判中,经过两轮报价(谈判)被有关专家推荐为候选人,尔后沙区园林局向智翔公司发出《重庆市建设工程中标通知书》,双方签订了《2标段工程合同》及《2标段融资建设协议书》。最高人民法院认为,政府采购工程建设项目,尤其是大型基础设施、公用事业等关系社会公共利益、公众安全的项目,必须采取公开招标的方式。沙区园林局系采取竞争性谈判而非公开招标方式确定智翔公司为施工人。对此,依照《最高人民法院关于审理建设工程施工合同纠纷案件适用法律问题的解释》第一条关于“建设工程施工合同具有下列情形之一的,应当根据合同法第五十二条第(五)项的规定,认定无效:……;(三)建设工程必须进行招标而未招标或者中标无效的”之规定,一审法院判决《2标段工程合同》及《2标段融资建设协议书》无效并无不当。

【风险提示】

1. 虽然民营能源类企业使用自有资金投资建设商品住宅、市政工程、科教文卫体、旅游、生态环保、园林绿化项目，不必须招标。但若上述项目资金来源并非全部使用民营企业自有资金，或存在部分使用国有资金投资、国家融资、国际组织贷款援助资金的项目（如PPP模式建设项目），且该项目范围、合同预估金额达到了发改委令第16号、发改法规规〔2018〕843号的要求标准，应当采用公开招标方式签订工程合同。

2. 能源企业，特别是民营能源类企业使用非财政性自有资金投资建设的有关煤炭、石油、天然气、电力、新能源等属于发改委令第16号、发改法规规〔2018〕843号中关系社会公共利益、公众安全的基础设施的项目，且项目的勘察、设计、施工、监理以及与工程建设有关的重要设备、材料等采购合同估算值达到规范标准的，应当招标。

3. 若投资人综合项目资金来源、项目范围、合同预估金额等因素，仍无法判断是否属于应当招标的工程项目，应向当地建设工程主管部门或招投标主管部门请示，并获得书面批复予以明确。

【相关法律法规】

《中华人民共和国招标投标法》（2017年12月27日修正）

第三条第一款　在中华人民共和国境内进行下列工程建设项目包括项目的勘察、设计、施工、监理以及与工程建设有关的重要设备、材料等的采购，必须进行招标：

（一）大型基础设施、公用事业等关系社会公共利益、公众安全的项目；

……

《最高人民法院关于审理建设工程施工合同纠纷案件适用法律问题的解释》（2004年10月25日）

第一条　建设工程施工合同具有下列情形之一的，应当根据合同法第五十二条第（五）项的规定，认定无效：

（一）承包人未取得建筑施工企业资质或者超越资质等级的；

（二）没有资质的实际施工人借用有资质的建筑施工企业名义的；

（三）建设工程必须进行招标而未招标或者中标无效的。

《中华人民共和国合同法》（1999年3月15日）

第五十二条　有下列情形之一的，合同无效：

（一）一方以欺诈、胁迫的手段订立合同，损害国家利益；

（二）恶意串通，损害国家、集体或者第三人利益；

（三）以合法形式掩盖非法目的；

（四）损害社会公共利益；

（五）违反法律、行政法规的强制性规定。

油气企业采购中招标程序瑕疵的法律后果

【裁判规则】

必须以招投标方式订立合同的工程项目,招投标过程中存在不规范行为并不必然导致中标无效;《中标通知书》到达投标人生效后,招投标双方的合同权利义务关系已经明确,合同关系成立。

【典型案例】

新疆中新资源有限公司与大庆油田工程有限公司委托创作合同纠纷案[(2016)最高法民再11号]

【案情简介】

再审申请人(一审被告、二审上诉人):新疆中新资源有限公司。

被申请人(一审原告、二审被上诉人):大庆油田工程有限公司。

一审法院查明:2008年3月2日,新疆中新资源有限公司(以下简称中新资源公司)下属的新疆中新资源有限公司北京商贸分公司(以下简称中新资源公司北京分公司)向大庆油田工程有限公司(以下简称大庆油田公司)发出了《投标邀请函》及《中新资源EM油田50万吨产能建设地面建设工程设计标书》,就哈萨克斯坦国阿克纠宾地区中心资源EM油田50万吨产能建设地面建设工程设计项目进行招标邀请,招标时间为2008年3月6日下午16时,2008年3月13日上午11时开标,在设计标书中对于项目概况、设计依据、设计要求、设计费的计算及支付方式等均有明确约定,设计费计算公式:设计费=工程直接费×中标后的设计费取费费率。大庆油田公司应邀参加了该项目的投标。2008年3月17日,中新资源公司北京分公司向大庆油田公司发出了中标通知书,该中标通知书确定的设计费用标准为直接工程费的10%。在收到该项目中标通知书后,大庆油田公司实施了该项目的初设工作,完成了两个初步设计方案,并在2008年4月14日中新资源公司北京分公司召开的审查会上接受了审查,会议决定大庆油田公司应在业主提供全部参数后,18天内完成方案修改工作。在此之后,由于中新资源公司一直未提供技术参数,导致大庆油田公司的设计工作无法继续进行,大庆油田公司多次与中新资源公司进行联系,但均未获得答复。另查明,在本案涉及项目的招投标过程中只有大庆油田公司和中国石油工程设计有限公司北京分公司参与了投标过程。

一审法院认为:关于中新资源公司主张的中新资源公司北京分公司的行为并未获得中新资源公司的授权,中新资源公司对其行为不承担法律责任的问题。根据《中华人民共和国公司法》第十四条第一款的规定,分公司不具有法人资格,其民事责任由公司承担。由于中新资源公司承认中新资源公司北京分公司是其成立的分公司,同时并未向法庭提交证据证明中新资源公司北京分公司具有法人资格,因此对于中新资源公司北京分公司的行为应由中新资源公司承担责任。

关于大庆油田公司与中新资源公司的委托设计合同是否成立及内容如何确定的问题。中新资源公司主张本案所涉及项目必须经法定招投标程序,同时主张因本案的招投标程序中存在诸多违反《中华人民共和国招标投标法》相关规定的情节,因此招投标行为无效,进而大庆油田公司与中新资源公司之间的委托设计合同不成立。对此一审法院认为,并无相关法律规定本案涉及的项目必须经招标投标程序,由于整个招标过程是由中新资源公司负责,虽然在招标过程中存在瑕疵,但导致上述问题产生的原因在于中新资源公司的招标行为不规范,中新资源公司主张大庆油田公司对此招标过程中存在的违规行为是明知的,并无证据支持。大庆油田公司依照中新资源公司的邀请参与投标,其在投标过程中并无违规行为,因此中新资源公司应对此承担不利后果,中新资源公司不能依据此理由对抗大庆油田公司的主张。一审法院认为,大庆油田公司与中新资源公司之间的委托设计合同成立,大庆油田公司向中新资源公司发出的投标文件应视为合同的要约行为,中新资源公司向大庆油田公司发出的中标通知书应视为对大庆油田公司要约的承诺。由于中新资源公司发出的中标通知书并未对大庆油田公司的投标文件进行实质内容的改动,因此大庆油田公司与中新资源公司之间的合同应依照大庆油田公司的投标文件及中新资源公司的中标通知书来确定。

关于大庆油田公司与中新资源公司责任承担问题。大庆油田公司依照双方成立的事实合同约定及时完成了涉诉项目的初步设计方案,并且此方案受到了中新资源公司组织的审查,审查结论为"一是业主应根据上述要求,尽快提供满足设计要求的各种技术参数;二是设计单位要按上述要求和业主提供的技术参数,对初步设计方案进行完善;三是对涉及须由业主决定的不同方案,设计方案中应进行对照比较,以便业主向董事会汇报后作最后确定"。因此,中新资源公司关于大庆油田公司并未完成初步设计方案的主张,一审法院不予支持。现由于中新资源公司未能继续提供设计所需技术参数,导致大庆油田公司的设计无法完成,因此中新资源公司构成违约。对于大庆油田公司主张中新资源公司应付的设计费用的计算方法为:工程建设直接费×10%(双方约定的设计取费)×35%(初步设计占35%、施工图占65%)×25%(初步设计方案阶段,收取方案费按初步设计费的25%),此方法是基于双方事实合同的约定及中国石油天然气勘探开发公司关于《油气田建设工程设计概预算费用编制规定》得出的,对此一审法院予以支持。由于大庆油田公司提供的中新资源公司2008年3月17日作出的中新资源字〔2008〕3号文件上表明EM油田地面配套工程总投资5641万美元,对于大庆油田公司主张工程建设直接费为5987.25万美元,一审法院不予支持。因此,中新资源公司应付设计费数额为:5641万美元×10%×35%×25%=49.35875万美元(折合人民币为3,800,623.75元)。对于大庆油田公司主张因中新资源公司违约行为给其造成2008年4月15日起至2008年12月14日止的窝工损失719.66万元的主张,一审法院认为,由于中新资源公司未按双方约定及时提供设计所需的各种技术参数,大庆油田公司应及时向中新资源公司了解是否继续完成设计,在得到中新资源公司明确答复后或在合理期限内未得到中新资源公司答复的情况下,大庆油田公司应及时解散项目组,以避免损失的扩大,现由于大庆油田公司未尽到上述义务,导致损失的发生,其责任应由大庆油田公司承担。中新资源公司应支付给大庆油田公司设计费的时间应为中新资源公司审查完大庆油田公司完成的初步设计方案之日,对于逾期支付而产生的利息损失,中新资源公司应承担给付责任。

一审法院判决:(1)中新资源公司于判决生效之日起5日内给付大庆油田公司设计费3,800,623.75元,并从2008年4月14日起至给付之日止按中国人民银行同期贷款利率支付利息;(2)驳回大庆油田公司的其他诉讼请求。案件受理费89,219.60元,由大庆油田公司负担59,042.31元,中新资源公司负担30,177.29元;邮寄费84元,由中新资源公司负担。

中新资源公司不服一审判决,提起上诉。

二审法院查明:2008年3月2日,中新资源公司北京分公司向投标单位发出EM油田《投标邀请函》中体现,建设单位为中新资源公司,工程名称为哈萨克斯坦国EM油田工程设计,招标内容为《初步设计》及《施工图设计》,投标人资格为国内油田地面建设甲级设计资质,并在哈萨克斯坦国拥有合法注册的设计单位。2008年3月11日,大庆油田公司向中新资源公司北京分公司提交的《投标文件第一卷商务标书》中体现,该公司已取得《甲级工程设计证书》《甲级工程勘察证书》及《经营资格证书》。设计、勘察及经营范围中包括境内外石油行业勘测、设计。该投标文件中还体现,大庆油田公司在哈萨克斯坦国设立的DPS克孜勒尔达公司的《营业执照》及《设计许可证》。2008年3月17日,大庆油田公司收到中新资源公司的《中标通知书》,通知书中除记载一审认定的内容外,还记载:大庆油田公司应于2008年3月22日与中新资源公司签订合同。但双方没有签订书面合同。

2008年4月13日,中新资源公司北京分公司下发《审查程序通知》,主要内容:对《EM油田地面工程方案设计》进行审查。审查委员会主任为中新资源公司总经理。

2008年4月14日,中新资源公司北京分公司召开"EM油田地面建设工程初步设计方案审查会"。主持人为中新资源公司总经理。初步设计方案审查会议纪要记载:大庆油田公司完成的初步设计方案整体布局合理,基本反映了业主单位的设计要求,但对该初步设计方案提出了进一步完善相关技术参数的要求。嗣后,大庆油田公司对初步设计方案进行了完善。一审法院于2011年1月12日首次开庭审理时,大庆油田公司举示了初步设计方案PPT多媒体演示复印件,没有举示书面的初步设计方案。其称初步设计方案没有整理完,无法向法庭提交。中新资源公司称,大庆油田公司在该审查会上并未出示书面的初步设计方案,仅是以PPT多媒体形式演示了初步方案的形式框图,没有实质性完成初步设计方案。一审法院于 2011 年 5 月 5 日第二次开庭时,大庆油田公司向一审法院提交由其完成的《中新资源 EM 油田 50 万吨产能建设地面建设工程设计初步设计方案》一册,共 109 页。中新资源公司发表质证意见称,首次开庭时大庆油田公司没有举示该初步方案。此次开庭大庆油田公司举示所谓2008 年4 月完成的初步设计方案共109 页,与诉讼前大庆油田公司向中新资源公司北京分公司去函时提到的初步设计方案共400 余页不符,对此不予认可。

二审法院审理期间,中新资源公司要求对大庆油田公司举示初步设计方案所对应的设计费或诉争工程的直接费进行司法鉴定。二审法院向多个司法鉴定机构咨询,均答复为目前无设计费鉴定标准;诉争工程未实际施工,亦无法推算出诉争工程的直接费。有鉴于此,二审法院建议双方当事人分别举示无争议的同类工程造价结算书,或经鉴定机构作出的鉴定意见。利用同类工程的结算书或鉴定意见中体现直接费占工程总造价的比率,推算出双方当事人约定设计费计算公式中的基础数据——直接费数额。同时,二审法院依职权委托黑龙江省建审司法鉴定所,请该鉴定机构书面答复上述问题。双方当事人均同意以此方式确认本案诉争工程直接费占工程总造价的比率。中新资源公司举示与本案类似工程的间接证据体现直接费占工程总造价的比率为31% ~40%;大庆油田公司举示与本案类似工程的间接证据体现直接费占工程总造价的比率为70% ~80%。双方当事人彼此均不认可对方举示的证据,但均认为各自举示的证据并非与本案类似工程结算的直接证据。黑龙江省建审司法鉴定所对上述问题的书面答复:"经组织相关人员,搜集类似工程相关资料,并咨询有关方面的专家,按常规理解对该项目工程费用(包括建筑安装工程费、设备及工器具购置费)测算,一般工程直接费用约占建设总投资70% ~80%。"中新资源公司对该答复意见有异议,认为答复中工程直接费占建设总投资的比率过高,不应采信。大庆油田公司认可该答复意见。

需要说明的问题:二审审理中因双方当事人均同意自行调解,并称本案涉及的 EM 油田工程项目已移交给案外人,案外人与大庆油田公司共同隶属同一主管部门,有利于本案的调解。双方当事人同时向二审法院提出延期审理此案,但双方当事人自行调解未果,二审法院继续审理。

二审法院审理查明的其他事实与一审判决认定的事实一致。

二审法院认为:虽然本案诉争工程在哈萨克斯坦国,但诉争工程的设计行为发生在中华人民共和国境内,故应适用中华人民共和国的法律。本案诉争工程系石油工程项目,总投资额约定为 5641 万美元。根据《中华人民共和国招标投标法》第三条第一款"在中华人民共和国境内进行下列工程建设项目包括项目的勘察、设计、施工、监理以及与工程建设有关的重要设备、材料等的采购,必须进行招标"、国家发展计划委员会《工程建设项目招标范围和规模标准规定》第二条"关系社会公共利益、公众安全的基础设施项目的范围包括:(一)煤炭、石油、天然气、电力、新能源等能源项目"和第七条"本规定第二条至第六条规定范围内的各类工程建设项目,包括项目的勘察、设计、施工、监理以及与工程建设有关的重要设备、材料等的采购,达到下列标准之一的,必须进行招标:……(四)单项合同估算价低于第(一)、(二)、(三)项规定的标准,但项目总投资额在 3000 万元人民币以上的"之规定,本案诉争工程的石油设计项目必须进行招投标。一审法院认定本案诉争工程的石油设计项目不属于必须进行招标投标的项目,系适用法律有误。

关于中新资源公司北京分公司未向大庆油田公司出示授权委托手续的行为能否导致对外招标行为无效的问题。中新资源公司北京分公司系中新资源公司的分支机构,不具有法人资格,其对外经营活动的法律后果,应由具备企业法人资格的中新资源公司承担。法律并未规定分支机构对外经营活动必须持有企业法人的授权委托书,否则其行为无效。中新资源公司北京分公司对外发出的 EM 油田《投标邀请函》等招标文件中,均明确建设单位或招标单位为中新资源公司,中新资源公司总经理亦参加并主持了大庆油田公司完成的 EM 油田初步设计方案项目审查会议。现中新资源公司以其北京分公司未向大庆油田公司出示该公司的授权委托书为由,否认中新资源公司北京分公司对外行为效力,与事实不符,亦无法律依据,不予支持。

关于招标人与投标人是否具有招投标主体资格的问题。根据《中华人民共和国招标投标法》第八条"招标人是依照本法规定提出招标项目、进行招标的法人或者其他组织"之规定,位于哈萨克斯坦国阿克纠宾地区 50 万吨 EM 油田系中新资源公司的境外工程项目。中新资源公司对该工程进行招标,具有招标人主体资格。中新资源公司上诉主张其不具有招标人主体资格,二审法院不予支持。在中新资源公司北京分公司发出的《投标邀请函》中,要求投标人在国内拥有油田地面建设甲级设计资质,且在哈萨克斯坦国拥有合法注册的设计单位。本案中,大庆油田公司向中新资源公司北京分公司提交了国内《工程设计甲级资质证书》及其在哈萨克斯坦国成立的DPS克孜勒尔达公司的《营业执照》及《设计许可证》,中新资源公司北京分公司向大庆油田公司发出《中标通知书》,故大庆油田公司具有中新资源公司认可的投标人主体资格。中新资源公司上诉主张大庆油田公司不具有投标主体资格,不予支持。

关于本案招投标过程中存在的不规范行为是否导致招投标行为无效的问题。虽然在招投标过程中,存在投标人少于三人、出售招标文件日期至投标截止日期不足20日、未记录开标过程等不规范行为,但并不属于《中华人民共和国招标投标法》第五十条、第五十二条至第五十五条、第五十七条规定无效的情形。中新资源公司以此为由主张招标行为无效,无法律依据,不予支持。

关于大庆油田公司是否完成EM油田初步设计方案的问题。根据2008年4月13日中新资源公司下发的《审查程序通知》及2008年4月14日召集大庆油田公司进行的"EM油田地面建设工程初步设计方案审查会"纪要内容,大庆油田公司于2008年4月14日已完成了EM油田初步设计方案的部分内容。嗣后,根据中新资源公司提出的意见,大庆油田公司对该方案进行了陆续完善。在中新资源公司于2008年3月17日通知大庆油田公司中标本案诉争工程设计情形下,大庆油田公司主张其于2008年4月14日审查会上就全部完成初步设计方案,与该审查会上要求其进一步完善的内容不符,一审法院认定大庆油田公司于2008年4月14日全部完成初步设计方案,证据不足。但中新资源公司主张大庆油田公司未完成EM油田初步设计方案,亦与事实不符,不予支持。

关于委托设计费的计算依据问题。如上所述,中新资源公司与大庆油田公司委托设计合同依法成立,双方应按照招投标文件的内容履行各自的义务,中新资源公司主张其与大庆油田公司未形成委托设计合同法律关系,不予支持。中新资源公司向大庆油田公司发出的《中标通知书》中体现,设计费为工程建设直接费的10%(指工程全部工程设计费,而本案仅涉及初步设计中的初步设计方案设计费)。本案诉争工程未实际施工,鉴定机构亦不能直接计算出诉争工程的直接费。经二审法院建议,双方当事人同意以类似工程项目直接费占工程总投资比率推定直接费。因双方当事人举示案外类似工程两者费用所占比率的相关证据均不足以证明其主张成立，二审法院均不予采信。对于鉴定机构答复上述两种费用所占比率的取值范围，中新资源公司虽对此提出异议，但未举示其他相反证据，且答复中的两种费用所占比率的取值范围符合通常建设工程施工结算时两种费用所占比率的行业惯例范围，因此，二审法院对鉴定机构的答复意见予以采信。该答复意见中两种费用所占比率的取值范围为70% ~80%，二审法院取其平均值75%作为本案两种费用的比率值，以此推定本案诉争工程直接费用为4230.75万美元（75% ×工程总投资5641万美元）。据此，中新资源公司应向大庆油田公司支付设计费为37.0190625万美元[工程直接费4230.75万美元×10%（全部工程设计费占工程总造价的比率）×35%（初步设计占工程全部设计费的比率，而施工图设计费占工程全部设计的比率为65%）×25%（初步设计方案占初步设计的比率）]。按大庆油田公司于2009年11月提起本案诉讼时人民币兑换美元汇率0.14646（中国外汇局官方网站查询：2009年11月，1元人民币 =0.14646美元，或1美元 =1 ÷0.14646 =6.83元人民币）计算，大庆油田公司支付设计费37.0190625万美元，折算人民币为2,527,588.59元（37.0190625万美元÷0.14646）。

关于一审判令中新资源公司支付设计费利息是否超出诉讼请求范围及利息起算时间的问题。利息属法定孳息。虽然大庆油田公司诉讼请求中无主张设计费利息的内容，但自大庆油田公司主张设计费之日起，如果其主张设计费的请求成立，中新资源公司应承担设计费利息。中新资源公司主张其不应承担逾期支付设计费的利息，二审法院不予支持。因2008年4月14日并非大庆油田公司全部完成初步设计方案的时间，故一审判决将此时间作为利息起算时间不当。本案诉讼期间，大庆油田公司没有举示其按2008年4月14日审查会上要求对初步设计方案陆续完善的截止时间及向中新资源公司主张设计费时间的相关证据。因此，设计费利息起算时间应为大庆油田公司于2009年11月27日提起本案诉讼之次日。

二审法院判决：中新资源公司自判决送达之日起十五日内给付大庆油田公司设计费2,527,588.59元，并自2009年11月28日起至判决确定的给付之日止，按中国人民银行同期贷款利率支付利息。

中新资源公司不服二审判决，向最高人民法院申请再审。

再审法院认为，本案的争议焦点为：（1）中新资源公司与大庆油田公司之间的委托设计合同是否成立并生效；（2）大庆油田公司是否依约完成初步设计任务，设计费应如何计算；（3）一审、二审判决是否超出大庆油田公司的诉讼请求。

1. 关于中新资源公司与大庆油田公司之间的委托设计合同是否成立并生效的问题。根据《中华人民共和国合同法》的规定，当事人订立合同，采取要约、承诺方式，承诺生效时合同成立。因此，判断合同是否成立的标准取决于双方当事人对合同的主要条款是否经过要约和承诺两个阶段并最终达成合意，双方当事人对合同的主要条款达成合意，意思表示一致时，合同即告成立。同时，案涉建设工程设计合同是以招投标方式订立的合同，尚应受《中华人民共和国招标投标法》的调整，根据《中华人民共和国招标投标法》的规定，公开招标的，应当发布招标公告；邀请招标的，应当发出投标邀请函。因此，作为公开招标的“招标公告”与作为邀请招标的“投标邀请函”具有相同的法律性质，其目的都是希望他人向自己发出要约的意思表示，在性质上为要约邀请。《中华人民共和国合同法》第十五条第一款亦明确了招标公告为要约邀请。按照《中华人民共和国招标投标法》第十九条、第二十七条、第四十六条的规定，招标文件中应当包括拟签订合同的主要条款，投标文件应当对招标文件提出的实质性要求和条件作出响应。双方应当按照招标文件和中标人的投标文件订立书面合同。从上述法律规定可以看出，经过招投标的合同，中标通知书生效后，双方的合同权利义务关系已经明确，合同的主要条款已经确定。

本案中，案涉 EM 油田 50 万吨产能建设地面工程设计项目系中新资源公司依照《中华人民共和国招标投标法》的规定，以邀请招标的方式与大庆油田公司订立的。中新资源公司于 2008 年 3 月 2 日向大庆油田公司发出的《投标邀请函》系中新资源公司向潜在投标人发出的要约邀请。大庆油田公司收到《投标邀请函》后，按照中新资源公司的招标文件的要求，编制投标文件，对中新资源公司招标文件的实质性要求和条件作出响应，提出了设计项目的报价，参加了项目投标，递交了投标文件。大庆油田公司的投标文件内容具体确定，表明经中新资源公司接受，即受该意思表示约束，故大庆油田公司投标行为的性质应为要约；中新资源公司经过开标与评标程序，于 2008 年 3 月 17 日向大庆油田公司发出中新建 2008 －001 号《中标通知书》，同意大庆油田公司的要约行为，中新资源公司发出的《中标通知书》性质应为承诺，该《中标通知书》到达大庆油田公司时起承诺即生效。依照《中华人民共和国合同法》第二十五条的规定，承诺生效时合同成立。故双方当事人之间的建设工程设计合同已经成立。中新资源公司认为，此时“双方作为合同主体的地位固定下来，但是合同内容有待双方进一步商榷”，双方当事人之间成立的是预约合同，不能认定中新资源公司与大庆油田公司之间存在或者成立委托设计合同关系，既无事实依据，又与《中华人民共和国招标投标法》的规定相悖，不能成立，法院不予支持。

根据《中华人民共和国合同法》的规定，依法成立的合同，自成立时生效。当事人应当按照合同约定全面履行自己的义务。至于中新资源公司在申请再审时提到的招投标人主体资格问题及招投标过程中存在程序上的瑕疵问题。法院认为，根据《中华人民共和国招标投标法》第八条的规定，“招标人是依照本法规定提出招标项目、进行招标的法人或者其他组织”，位于哈萨克斯坦国阿克纠宾地区 50 万吨 EM 油田产能建设地面工程设计项目系中新资源公司的境外工程项目，中新资源公司对该工程设计项目进行招标，具有招标人主体资格。中新资源公司主张其不具有招标人主体资格，缺乏事实依据，不能成立。在中新资源公司北京分公司发出的《投标邀请函》中，要求投标人在国内拥有油田地面建设甲级设计资质，且在哈萨克斯坦国拥有合法注册的设计单位。本案中，大庆油田公司向中新资源公司北京分公司提交了国内《工程设计甲级资质证书》及其在哈萨克斯坦国成立的 DPS 克孜勒尔达公司的《营业执照》及《设计许可证》，因此大庆油田公司具有中新资源公司认可的投标人主体资格。中新资源公司认为大庆油田公司不具有投标人主体资格，也缺乏相应的事实依据，不能成立。此外，虽然案涉项目在招投标过程中，存在投标人少于三人、出售招标文件日期至投标截止日期不足 20 日、未记录开标过程等不规范行为，但并不属于《中华人民共和国招标投标法》第五十条、第五十二条至第五十五条、第五十七条规定无效的情形。中新资源公司以此为由主张双方的招标行为无效，并进而导致双方之间的委托设计合同无效，缺乏事实和法律依据，不能成立，法院不予支持。

2. 关于大庆油田公司是否依约完成初步设计任务，设计费应如何计算的问题。根据 2008 年 4 月 13 日中新资源公司下发《审查程序通知》及 2008 年 4 月 14 日召集大庆油田公司进行的“EM 油田地面建设工程初步设计方案审查会"纪要的内容,可以认定,大庆油田公司于2008年4月14日已完成了EM油田初步设计方案的部分内容。嗣后,根据中新资源公司提出的意见,大庆油田公司对该方案进行了陆续完善。中新资源公司主张大庆油田公司未完成EM油田初步设计方案,与事实不符,法院不予支持。

关于委托设计费的计算依据问题。中新资源公司向大庆油田公司发出的《中标通知书》中体现,设计费为工程建设直接费的10%。本案诉争工程未实际施工,鉴定机构亦不能直接计算出诉争工程的直接费。经二审法院建议,双方当事人同意以类似工程项目直接费占工程总投资比率推定直接费。因双方当事人举示案外类似工程两者费用所占比率的相关证据均不足以证明其主张成立,二审法院均不予采信。对于鉴定机构黑龙江省建审司法鉴定所对上述两种费用所占比率的取值范围的答复意见,中新资源公司虽对此提出异议,但未举示其他相反证据,二审法院对鉴定机构的答复意见予以采信。该答复意见中两种费用所占比率的取值范围为70%~80%,二审法院取其平均值75%作为本案两种费用的比率值,以此推定本案诉争工程直接费用为4230.75万美元(75%×工程总投资5641万美元)。据此,根据合同约定,中新资源公司应向大庆油田公司支付设计费为37.0190625万美元[工程直接费4230.75万美元×10%(全部工程设计费占工程总造价的比率)×35%(初步设计占工程全部设计费的比率,而施工图设计费占工程全部设计的比率为65%)×25%(初步设计方案占初步设计的比率)]。按大庆油田公司于2009年11月提起本案诉讼时人民币兑换美元汇率0.14646计算,中新资源公司应支付大庆油田公司初步设计费37.0190625万美元,折算人民币为2,527,588.59元。法院认为,由于案涉委托设计合同并未依约全面履行完毕,鉴定机构答复中的两种费用所占比率的取值范围符合通常建设工程施工结算时两种费用所占比率的行业惯例范围,二审法院对鉴定机构的答复意见予以采信,并依据该标准计算出初步设计费数额,较为公平合理,并无不当。

3. 关于一审、二审判决是否超出大庆油田公司的诉讼请求的问题。经审查,大庆油田公司在本案一审中的诉讼请求为:(1)要求中新资源公司支付设计费52.39万美元(折合404万元人民币);(2)要求中新资源公司赔偿经济损失719.66万元(自2008年4月15日至2008年11月29日共计176天的窝工费);(3)要求中新资源公司承担诉讼费用。大庆油田公司并未向中新资源公司主张拖欠设计费的利息。根据《中华人民共和国民事诉讼法》第十三条第二款的规定,当事人有权在法律规定的范围内处分自己的民事权利和诉讼权利。本案中,大庆油田公司并未向中新资源公司主张利息,应当认定其依法处分了自身权利,视为其放弃了对设计费利息部分的主张,该行为符合民法的处分原则,合法有效,对大庆油田公司的该处分行为法院应依法予以确认。一审法院判决中新资源公司支付设计费利息,显然已经超出了大庆油田公司诉讼请求的范围,中新资源公司就此问题提起上诉后,二审法院以利息为法定孳息为由,驳回了中新资源公司的该项上诉请求,明显不当,予以纠正。

再审法院判决：变更黑龙江省高级人民法院(2012)黑民终字第52号民事判决第二项为:新疆中新资源有限公司自本判决生效之日起15日内给付大庆油田工程有限公司设计费2,527,588.59元。

【规则解读】

招标投标是工程领域最主要的采购方式之一。根据《必须招标的工程项目规定》(国家发展和改革委员会令第16号)规定,关系社会公共利益、公众安全的基础设施项目、公用事业项目、使用国有资金投资项目、国家融资项目、使用国际组织或外国政府资金的项目,包括项目的勘察、设计、施工、监理以及与工程建设有关的重要设备、材料等的采购,达到下列标准之一的,必须进行招标:(一)施工单项合同估算价在200万元人民币以上的;(二)重要设备、材料等货物的采购,单项合同估算价在100万元人民币以上的;(三)勘察、设计、监理等服务的采购,单项合同估算价在50万元人民币以上的;(四)单项合同估算价低于第(一)、(二)、(三)项规定的标准,但项目总投资额在3000万元人民币以上的。

因为招标投标涉及的行业和专业非常广泛,同时调整招标投标活动的部门规章和地方性规范数量较大,且招标投标活动在性质上兼有民事和行政双重色彩,实践中引发争议问题较多。招标投标程序瑕疵属于常见问题之一,存在瑕疵的招标投标程序签订的合同是否无效?招投标过程中存在不规范行为是否必然导致中标无效?中标通知书的法律性质如何,产生怎样的法律效果?本案裁判规则为以上问题提供指引。

一、招投标过程中存在不规范行为不必然导中标无效

关于招标投标行为的法律规范，我国有《中华人民共和国政府采购法》《中华人民共和国招标投标法》《中华人民共和国招标投标法实施条例》等文件。其中，《中华人民共和国招标投标法实施条例》第八十一条规定："依法必须进行招标的项目的招标投标活动违反招标投标法和本条例的规定，对中标结果造成实质性影响，且不能采取补救措施予以纠正的，招标、投标、中标无效，应当依法重新招标或者评标。"该规定就招标投标行为的程序合规性设定了效力性强制性规范。按此规定，程序瑕疵导致中标无效情形需同时满足三个要件：(1)违反招标投标法、招标投标法实施条例的规定；(2)对中标结果造成实质性影响；(3)不能采取补救措施予以纠正。

因此，招标投标行为即使存在不规范现象，也并不必然导致中标无效。本案中，案涉项目在招投标过程中确实存在违规情形，包括投标人少于三人、出售招标文件日期至投标截止日期不足 20 日、未记录开标过程等，但法院认为上述违规行为不足以实质性影响中标结果，因此不能产生中标无效法律效果。

浙江环宇建设集团有限公司与唐山市南北房地产开发有限公司建设工程施工合同纠纷案[最高人民法院(2015)民一终字第 9 号]中，最高人民法院体现了同样的审判逻辑。本案中，南北公司通过招投标程序确定环宇公司为涉案工程的中标人，后双方依据招标文件和投标文件签订了《建设工程施工合同》，并按要求进行了备案。但正式招标前，环宇公司与南北公司签订了《工程补充合同书》，且《工程补充合同书》约定的工程价款及其支付方式、开工和竣工的时间等内容与《建设工程施工合同》中的约定明显不同。就此违规行为的法律效果，法院认为："双方投标前的谈判行为对中标结果未产生实质性影响，因此《建设工程施工合同》不违反《中华人民共和国招标投标法》的相关规定，且合同内容也体现了双方的真实意思，故该合同有效。而《工程补充合同书》系双方在招标投标前签订的，违反了《中华人民共和国招标投标法》的规定，该补充合同无效。"

总体而言，根本违反招投标的诚信和规则，对中标结果产生实质性影响，属于无效中标的情形主要有：

1. 招标代理机构违反规定，泄露应当保密的与招标投标活动有关的情况和资料的，或者与招标人、投标人串通损害国家利益、社会公共利益或者他人

合法权益的；

2. 招标人向他人透露已获取招标文件的潜在投标人的名称、数量或者可能影响公平竞争的有关招标投标的其他情况的；

3. 投标人相互串通投标或者与招标人串通投标的，投标人以向招标人或者评标委员会成员行贿的手段谋取中标的；

4. 投标人以他人名义投标或者以其他方式弄虚作假，骗取中标的；

5. 招标人违反规定，与投标人就投标价格、投标方案等实质性内容进行谈判的；

6. 招标人在评标委员会依法推荐的中标候选人以外确定中标人的，依法必须进行招标的项目在所有投标被评标委员会否决后自行确定中标人的。

二、中标通知书到达后产生缔约法律效果

本案中，中新资源公司向大庆油田公司发出《中标通知书》后，并没有和大庆油田公司签署委托合同。中新资源公司和大庆油田公司的合同关系是否成立，涉及《中标通知书》的缔约效果争议问题。

按照我国招标投标流程的相关规定，招标人发出《中标通知书》后，招标人和中标人还需签订书面合同。如《中华人民共和国招标投标法》第四十六条第一款规定："招标人和中标人应当自中标通知书发出之日起三十日内，按照招标文件与中标人的投标文件订立书面合同"，《中华人民共和国招标投标法实施条例》第五十七条第一款规定："招标人和中标人应当依照招标投标法和本条例的规定签订书面合同，合同的标的、价款、质量、履行期限等主要条款应当与招标文件和中标人的投标文件的内容一致。招标人和中标人不得再行订立背离合同实质性内容的其他协议。"由此看来，《中标通知书》不能替代正式书面合同。《中标通知书》能否产生缔约效果，实践中争议较大。

司法判例中有两种主要观点：一种观点是中标通知书生效后仅产生预约成立的法律效果，双方签订书面合同后本约才成立；另一种观点是中标通知书生效后即产生本约成立的效果，双方当事人之间的合同关系已经成立。本案中最高人民法院持第二种观点，认为中标通知书到达投标人时合同关系已经成立，大庆油田公司收到中新资源公司中标通知书后实施了案涉项目的初设工作，完成了两个初步设计方案并接受通过了中新资源公司的审查，由于中新资源公司未提供基础参数导致大庆油田公司的设计工作无法继续进行，中新资源公司应就此给大庆油田公司造成的损失给予赔偿。

本案中最高人民法院认为，经过招投标的合同，中标通知书生效后，双方的合同权利义务关系已经明确，合同的主要条款已经确定，《中标通知书》性质应为承诺，该《中标通知书》到达大庆油田公司时起承诺即生效。本案裁判规则的合理性在于：

1. 招投标文件需要确定记载全部双方合作主要权利义务，且需要经过招标办的严格审批和管理监控。招投标过程中，首先由招标方发出招标文件及公告，招标文件及公告不具有随意性，而应按《中华人民共和国招标投标法》第十九条①的规定，明确载明招标项目的具体情况、建设要求以及对投标人资质相关要求等拟签订合同的主要条款内容。招标文件是具有法律效力的，视为合同的要约行为。《中华人民共和国招标投标法》第四十五条②规定，中标人确定后，招标人应当向中标人发出中标通知书，中标通知书对招标人和中标人具有法律效力，中标通知书发出后，招标人改变中标结果，或者中标人放弃中标项目的应当依法承担法律责任。

2. 按照法律规定，中标通知书到达中标方后即生效，双方的合同权利义务关系已明确，再无其他需要协商的空间，招标人须和中标人在一定时间内，按照招标文件和中标人的投标文件订立书面合同，不得再行订立背离合同实质性内容的其他协议。

3. 中标通知书生效实际在双方间产生信赖利益，若按照预约成立认定对双方违约行为的惩罚力度小，守约方仅能向违约方主张缔约过失责任。按照本约成立，守约方可以向违约方主张违约责任和可得利益损失，更符合交易习惯以及维护交易秩序。故招投标双方的合同关系从中标通知书生效时期已确立，双方应按照招标文件和投标文件中记载的权利义务予以履行，不履行即应

---

① 《中华人民共和国招标投标法》第十九条　招标人应当根据招标项目的特点和需要编制招标文件。招标文件应当包括招标项目的技术要求、对投标人资格审查的标准、投标报价要求和评标标准等所有实质性要求和条件以及拟签订合同的主要条款。国家对招标项目的技术、标准有规定的，招标人应当按照其规定在招标文件中提出相应要求。招标项目需要划分标段、确定工期的，招标人应当合理划分标段、确定工期，并在招标文件中载明。

② 《中华人民共和国招标投标法》第四十五条　中标人确定后，招标人应当向中标人发出中标通知书，并同时将中标结果通知所有未中标的投标人。中标通知书对招标人和中标人具有法律效力。中标通知书发出后，招标人改变中标结果的，或者中标人放弃中标项目的，应当依法承担法律责任。

承担相应法律后果。

【风险提示】

事前法律风险防范可以减免损失的发生,招投标过程中存在哪些风险需要提前避免?委托设计合同的签订和履行中应注意哪些问题?综合本案情况,律师建议:

第一,招投标双方应严格依据相关法律法规的规定开展招投标活动,避免产生不必要的损失。招标方需要具备相应资质、招标项目材料以及完备的招标文件,向招标管理部门交纳招标保证金,才可以完成招标的第一步工作并开始招标,寻找投标方。投标方交纳工程保证金和投标文件,经过评标选定中标方。若投标方对于招标文件有何疑问或不清楚的内容,可致函要求招标方解答明示,以确保对招标文件的充分理解。招投标双方应重视招投标文件内容,若日后中标,该内容即为双方合同中权利义务主要条款,签订的书面合同不能偏离招投标文件内容,否则以招投标文件为准。在招投标过程中,招投标双方应严格按照《中华人民共和国招标投标法》的规定开展招投标活动,避免因发生违法违规行为实质影响中标结果,导致中标无效,行为人还须承担相应法律责任并赔偿损失。若有投标方中标,中标通知书到达中标方双方合同关系即成立,双方应积极履行合同义务,若因为某些情形,不再愿意与对方合作,应及时依据相关法律规定协商解除合同,而非被动拖延拒不履行,避免承担更多违约责任,导致损失的扩大。

第二,委托设计项目中,双方签订委托设计合同时应注意将设计要求、设计内容、设计进度、成果交付方式及验收条件、设计费用计算、是否准许分包转包、违约责任等事项约定清楚,以便合同履行过程中双方争议的解决,避免无法认定上述情况,损失不能完全赔偿的问题。在合同履行过程中,委托方注意将设计要求和修改意见与委托方沟通,督促受托方完成受托事项,达到合同目的。受委托设计方注意将设计成果和进度按合同约定及时书面告知委托方,固定并留存工作成果的证据。积极就涉及事项与委托方取得沟通,需要委托方配合提供数据资料的,书面发函致委托方,留存证据材料。若因委托方的原因导致设计事项不能继续进行的,及时告知委托方催促其履行合同义务对提供材料事项予以配合,否则因此造成的进度拖延或其他不利后果不由其承担等。合同双方应当在签订合同时对易产生争议事项约定清楚，在合同履行过程中按照法律规定和合同约定履行合同义务，以促成合同目的的实现，维护双方合法权益。

【相关法律法规】

《中华人民共和国公司法》（2018 年 10 月 26 日修正）

第十四条　公司可以设立分公司。设立分公司，应当向公司登记机关申请登记，领取营业执照。分公司不具有法人资格，其民事责任由公司承担。

公司可以设立子公司，子公司具有法人资格，依法独立承担民事责任。

《中华人民共和国合同法》（1999 年 3 月 15 日）

第十四条　要约是希望和他人订立合同的意思表示，该意思表示应当符合下列规定：

（一）内容具体确定；

（二）表明经受要约人承诺，要约人即受该意思表示约束。

第二十一条　承诺是受要约人同意要约的意思表示。

第六十条　当事人应当按照约定全面履行自己的义务。

当事人应当遵循诚实信用原则，根据合同的性质、目的和交易习惯履行通知、协助、保密等义务。

第六十二条　当事人就有关合同内容约定不明确，依照本法第六十一条的规定仍不能确定的，适用下列规定：

（一）质量要求不明确的，按照国家标准、行业标准履行；没有国家标准、行业标准的，按照通常标准或者符合合同目的的特定标准履行。

（二）价款或者报酬不明确的，按照订立合同时履行地的市场价格履行；依法应当执行政府定价或者政府指导价的，按照规定履行。

（三）履行地点不明确，给付货币的，在接受货币一方所在地履行；交付不动产的，在不动产所在地履行；其他标的，在履行义务一方所在地履行。

（四）履行期限不明确的，债务人可以随时履行，债权人也可以随时要求履行，但应当给对方必要的准备时间。

（五）履行方式不明确的，按照有利于实现合同目的的方式履行。

（六）履行费用的负担不明确的，由履行义务一方负担。

第一百零七条　当事人一方不履行合同义务或者履行合同义务不符合约定的，应当承担继续履行、采取补救措施或者赔偿损失等违约责任。

第一百一十九条　当事人一方违约后，对方应当采取适当措施防止损失的扩大；没有采取适当措施致使损失扩大的，不得就扩大的损失要求赔偿。

当事人因防止损失扩大而支出的合理费用，由违约方承担。

油气企业投标文件中的标底降幅符合标准时属于商业秘密

【裁判规则】

公司投标文件中标底降幅属于商业秘密中的经营信息；在公司员工知晓本公司投标书标底降幅的内容情况下，该员工股权出资的第三方公司与本公司共同投标并中标，即使无直接证据证明该员工透露标底降幅，仍可判定该员工与第三方公司构成不正当竞争。

【典型案例】

克拉玛依金驼运输服务有限公司、克拉玛依市凯隆油田技术服务有限公司不正当竞争纠纷再审案［（2018）最高法民再389号］

【案情简介】

再审申请人（一审原告，二审上诉人）：克拉玛依金驼运输服务有限公司。

被申请人（一审被告、二审上诉人）：克拉玛依市凯隆油田技术服务有限公司。

被申请人（一审被告、二审上诉人）：谭勇。

一审法院查明：克拉玛依金驼运输服务有限公司（以下简称金驼公司）成立于2014年1月2日，经营范围为道路普通货物运输、汽车租赁等。谭勇于2014年1月15日至2015年3月26日任金驼公司执行董事兼经理、法定代表人，陈亮任该公司车辆调度。谭勇、陈亮2014年11月26日与尚优杰、刘婷共同发起成立了克拉玛依市凯隆油田技术服务有限公司（以下简称凯隆公司），陈亮担任凯隆公司监事；经营范围亦为普通货物运输、汽车租赁等。谭勇、陈亮2015年7月不再担任金驼公司职务,离开金驼公司。2015年八九月,二人先后返回金驼公司工作。2015年10月金驼公司经理解旻安排谭勇、陈亮办理本公司在新疆石油工程建设监理有限公司(以下简称石油建设监理公司)的投标工作,三人在投标前商定标底下浮8%的幅度。凯隆公司亦派法定代表人廖万朋参加了此次招投标,并以标底下浮10%取得石油建设监理公司越野车服务合同评标审查第一名。

2016年5月,金驼公司向新疆维吾尔自治区克拉玛依市中级人民法院提起诉讼,金驼公司认为凯隆公司能够在石油建设监理公司招标中标获得第一名,是因为作为金驼公司经理并同为凯隆公司股东的谭某、陈某将其投标书标底降幅的内容泄露给了凯隆公司,金驼供暖公司以凯隆公司、谭某、陈某侵犯了金驼公司的商业秘密,要求判令凯隆公司、谭某、陈某赔偿经济损失1,539,500元。

一审法院归纳本案争议焦点:第一,金驼公司的投标文件、金驼公司经理与谭勇、陈亮商议的标底降幅是不是商业秘密。第二,金驼公司是否有经济损失,凯隆公司、谭勇及陈亮如何赔偿原告的经济损失。

一审法院经审理认为:关于金驼公司的标底降幅是否属于商业秘密,金驼公司的投标文件中标底降幅符合商业秘密应有的实用性、秘密性和保密性,属于商业秘密。谭勇、陈亮作为金驼公司经理,通过正当手段获得金驼公司标书中标底降幅为8%的商业秘密,应按照单位的保密要求或行业惯例在开标前保守金驼公司的经营秘密,但二被告为了投资的凯隆公司能够顺利中标,获取较大的利益,将凯隆公司投标标底降幅确定为10%,使凯隆公司获得招标单位新疆石油工程建设监理有限公司评标第一名、中标第一标段。凯隆公司、谭勇及陈亮的行为共同侵犯了金驼公司的商业秘密、应当赔偿金驼公司的经济损失。关于金驼公司是否有经济损失,经济损失计算问题,应结合本案其他投标公司给招标单位的报价及同类服务市场平均盈利水平,计算金驼公司损失。

一审法院判决:凯隆公司、谭勇、陈亮连带赔偿因其侵犯金驼公司商业秘密给金驼公司造成的经济损失396,000元。

金驼公司、凯隆公司、谭勇、陈亮均不服一审判决,向新疆维吾尔自治区高级人民法院提起上诉。(二审理期间,陈亮因突发心脏病死亡,金驼公司向二审法院提交书面申请,表示撤回对陈亮的起诉,凯隆公司和谭勇亦同意金驼公司的申请。二审法院依法核实陈亮法定继承人的范围,并征求其法定继承人意见,均表示不继续参加本案诉讼)。

二审法院归纳本案争议焦点:第一,凯隆公司、谭勇的行为是否侵犯金驼公司的商业秘密。第二,凯隆公司、谭勇的行为是否构成不正当竞争,其行为是否造成金驼公司的经济损失。

二审法院审理认为:关于本案标底降幅是否属于商业秘密,凯隆公司、谭勇的行为是否侵犯金驼公司的商业秘密。根据招标文件所列评分标准,投标人的商务报价仅占总评审分值的30%,由此可确定商务报价分数高低,非决定投标单位能否中标的决定性因素,标底降幅在最终的评审结果中不一定会为投标单位带来竞争优势,标底降幅不具有法律规定意义上的实用性。金驼公司提供的视听资料等证据仅能证明谭某、陈某知晓金驼公司的标底降幅比例,不能证明其参与了金驼公司的全部投标文件制作工作、知晓投标书的全部内容。金驼公司亦未提供相关证据证明其与谭勇签署了相关的保密协议或在单位内部对该标底降幅采取足以防止信息泄露的防范措施等。鉴于金驼公司现有证据不能证明其主张的涉案投标文件和标底降幅符合商业秘密的法定构成要件。故,金驼公司主张的凯隆公司、谭勇侵犯其商业秘密不成立。关于凯隆公司、谭勇的行为是否构成不正当竞争,其行为是否造成金驼公司的经济损失。由于金驼公司要求赔偿损失的诉求,其诉请的基础系侵害商业秘密的不正当竞争行为,其主张的凯隆公司、谭勇侵犯其商业秘密不成立,赔偿损失的诉求亦不成立。

二审法院判决:撤销一审法院克拉玛依市中级人民法院(2016)新02民初87号民事判决。

金驼公司不服新疆维吾尔自治区高级人民法院二审判决,向最高人民法院申请再审,最高人民法院对本案进行了提审。

最高人民法院再审对原审查明的事实予以确认。另查明:涉案招标文件的评审标准分为技术部分和商务部分两部分,共包含九项评审项目。商务部分中的商务报价作为九项中的其中一项,占总评审分值构成的30%。报价420元/天的得基本分10分,每下浮1%,加2分,直至满分。《综合评估比较表》显示:凯隆公司报价结算时下浮10%,获得综合评分86.43分评标第一名、中标第一标段。克拉玛依友联实业有限责任公司报价结算时下浮5%,获得综合评分85.71分评标第二名,中标第二标段。金驼公司报价结算时下浮8%,获得综合评分82分评标第三名、中标第三标段。

最高人民法院院归纳本案争议焦点:第一,凯隆公司、谭勇是否侵害了金驼公司的商业秘密。第二,法律责任的承担。

最高人民法院审理认为:1. 凯隆公司、谭勇是否侵害了金驼公司的商业秘密。

《中华人民共和国反不正当竞争法》第十条第三款规定:"本条所称的商业秘密,是指不为公众所知悉、能为权利人带来经济利益、具有实用性并经权利人采取保密措施的技术信息和经营信息。"商业秘密应当具有实用性、秘密性和保密性。实用性是指能为权利人带来经济利益,它能使商业秘密的所有人因掌握商业秘密而获得竞争上的优势。秘密性是指不为公众所知悉,即不为社会公众包括通常处理所涉信息范围的人普遍知道或者容易获得。保密性是指采取保密措施,即所有人主观上将该信息视为秘密,并且采取适当的保密措施以维持信息的保密性。

投标文件由投标人自行制作,在开标之前必然采取密封措施,这是招投标活动的应有之义。涉案标书内容中的标底降幅不为公众和其他投标单位所知晓,因此具有秘密性。《最高人民法院关于审理不正当竞争民事案件应用法律若干问题的解释》(以下简称《不正当竞争若干问题解释》)第十一条第一款、第二款规定:"权利人为防止信息泄漏所采取的与其商业价值等具体情况相适应的合理保护措施,应当认定为反不正当竞争法第十条第三款规定的'保密措施'。人民法院应当根据所涉信息载体的特性、权利人保密的意愿、保密措施的可识别程度、他人通过正当方式获得的难易程度等因素,认定权利人是否采取了保密措施。"本案中金驼公司主张的经营信息载体为投标标书,金驼公司标书的制作限于参与投标活动的人员范围,并且标书的天然秘密属性要求任何知道标书内容的人都应负有保密的义务,标书所有人对标书进行封存即可看作对标书采取了保密措施,而且这种保密措施也达到了法律要求的标准,因此具有保密性。《不正当竞争若干问题解释》第十条规定:"有关信息具有现实的或者潜在的商业价值,能为权利人带来竞争优势的,应当认定为反不正当竞争法第十条第三款规定的'能为权利人带来经济利益、具有实用性'。"结合涉案的招标文件中评标办法的内容,商务报价占总评分分值的30%,并且每下浮

1%，加 2 分。在百分制的评分中，标底降幅的作用是显而易见的。因此，在标书开封之前，竞标者的标底降幅能使其保有一定的竞争优势，一旦中标就能给所有人带来经济利益。因此，虽然能否最终中标取决于竞标者的技术部分及商务部分的综合得分，但是不能据此否认标底降幅在竞标能力中的贡献。尤其在标底降幅为其他竞标者获悉的情况下，不仅将使该竞标人丧失竞争优势，更使其处于不利境地。因此，金驼公司主张的标底降幅符合商业秘密的构成要件，属于商业秘密中的经营信息，应当予以保护。二审判决认定涉案标底降幅不符合商业秘密的法定条件存在认定错误，本院予以纠正。

《中华人民共和国反不正当竞争法》第十条规定，经营者不得采用下列手段侵犯商业秘密：……（三）违反约定或者违反权利人有关保守商业秘密的要求，披露、使用或者允许他人使用其所掌握的商业秘密。第三人明知或者应知前款所列违法行为，获取、使用或者披露他人的商业秘密，视为侵犯商业秘密。本案中，金驼公司的标书中列明的联系人为谭勇，在案证据能够证明谭勇代表金驼公司参与了涉案招投标活动。谭勇作为金驼公司参与投标的直接经办人员，理应尽到忠诚和保密义务，其作为凯隆公司的发起人，在明知金驼公司参与了此次招投标活动还让凯隆公司参与竞标，难谓善意。金驼公司 10% 的标底降幅为谭勇知悉，考虑到谭勇的双重身份，凯隆公司设定 8% 标底降幅，难谓巧合。凯隆公司在标底降幅上获得了较大的竞争优势，最终以 86.43 分获得评标第一名，中标第一标段。金驼公司获取评标 82 分第三名，中标第三标段。本院认为，凯隆公司对金驼公司的得分领先优势几乎是在标底降幅上产生的 4 分差距。谭勇在金驼公司举报后不久即迅速转让了其在凯隆公司的股权。结合本案的案情，可以认定谭勇存在违反保密义务向凯隆公司泄露标底的行为，凯隆公司亦存在明知谭勇违法披露仍然获取并使用金驼公司商业秘密的行为。二审法院认定谭勇、凯隆公司的被控侵权行为未侵害金驼公司的商业秘密，不构成不正当竞争，认定事实和适用法律均有错误，本院予以纠正。

2. 法律责任的承担。

《中华人民共和国反不正当竞争法》第二十条规定，经营者违反本法规定，给被侵害的经营者造成损害的，应当承担赔偿责任，被侵害的经营者的损失难以计算的，赔偿额为侵权人在侵权期间因侵权所获得的利润；并应当承担被侵害的经营者因调查该经营者侵害其合法权利的不正当竞争行为所支付的合理费用。

谭勇与凯隆公司共同侵害了金驼公司的商业秘密,应当就金驼公司的经济损失承担赔偿责任。本案中,金驼公司仅获取招标单位评标第三名、中标第三标段的成绩,虽后来凯隆公司由于违规被招标单位解除了车辆服务合同,但仍少于评标第二名、中标第二标段的克拉玛依友联实业公司 5 辆服务车辆。金驼公司再审申请主张一审法院仅支持了一年的经济损失 396,000 元,而未考虑两年合同期的问题。本院认为,根据本院查明的事实,无论是由于金驼公司并没有足够运力原因还是招标单位整体调低了全部已中标签约单位的实际用车数量指标,可以确定的是金驼公司涉案值班车服务合同客观上并未全部履行。此外,由于凯隆公司被取消中标资格,亦无违法获利,有鉴于此,本院综合考虑友联公司、金驼公司、凯隆公司给招标单位的报价底价、标底降幅以及克拉玛依市 2.5 ~3.0 升四驱越野车服务市场平均盈利水平,同时综合考虑金驼公司涉案值班车服务合同客观上并未全部履行、凯隆公司亦无违法获利等因素,本案酌情确定 300,000 元已经足以覆盖金驼公司的实际损失,对于金驼公司主张的经济损失赔偿数额超出部分不予支持。

金驼公司支付谭勇的工资及社保系基于双方的劳动雇佣关系,谭勇同时还从事金驼公司安排的其他工作,故金驼公司关于谭勇应当赔偿已支付的工资及社保缺乏依据,本院不予支持。

最高人民法院再审判决:(1)撤销二审法院新疆维吾尔自治区高级人民法院(2017)新民终 53 号民事判决;(2)变更一审新疆维吾尔自治区克拉玛依市中级人民法院(2016)新 02 民初 87 号民事判决第一项为"克拉玛依市凯隆油田技术服务有限公司、谭勇在本判决生效后十日内连带赔偿克拉玛依金驼运输服务有限公司造成的经济损失及合理开支 300,000 元"。

【规则解读】

一、商业秘密"三性"的裁判逻辑

商业秘密是一种技术信息或经营信息,其具有不为公众所知悉、能为权利人带来经济效益、具有实用性并经权利人采取保密措施等特性。在司法实践中,判断一项技术信息或经营信息是否属于商业秘密,需要认定其是否同时具有秘密性、保密性及实用性。

（一）秘密性

商业秘密的秘密性是一种客观标准，旨在衡量特定信息所处的实际状态，即“不为公众所知悉”。对于如何认定“不为公众所知悉”，《最高人民法院关于审理不正当竞争民事案件应用法律若干问题的解释》（法释〔2007〕2号）第九条第一款规定，有关信息不为其所属领域的相关人员普遍知悉和容易获得应当认定为不为公众所知悉。第二款列明不符合秘密性的情形包括：（1）该信息为其所属技术或者经济领域的人的一般常识或者行业惯例；（2）该信息仅涉及产品的尺寸、结构、材料、部件的简单组合等内容，进入市场后相关公众通过观察产品即可直接获得；（3）该信息已经在公开出版物或者其他媒体上公开披露；（4）该信息已通过公开的报告会、展览等方式公开；（5）该信息从其他公开渠道可以获得；（6）该信息无须付出一定的代价而容易获得。

我国部分地方法院对秘密性的裁判逻辑也有思考。如《江苏省高级人民法院关于审理商业秘密案件有关问题的意见》规定：“公众所知悉一般包括：已由国内外公开媒体所公开；已为国内所公开使用；已为相关领域技术人员所普遍掌握。通过对公开产品进行直观或简单的测绘、拆卸等方法即可获得的技术信息，视为公众所知悉”，“权利人导致商业秘密公开的方式为：（一）自愿公之于众；（二）申请专利并经公告；（三）公开销售含有商业秘密，且他人可以通过观察等手段轻易获取该商业秘密的产品；（四）保密措施明显不当。第三人导致商业秘密公开的方式为：（一）侵权公开；（二）通过独立开发、反向工程等合法手段获得后公开”。

《河南省高级人民法院商业秘密纠纷案件审理的若干指导意见（试行）》规定：“商业秘密应是处于秘密状态的技术信息和经营信息。即信息未被任何人向社会公开，不为公众所知悉，未向不特定的人员透露。审查商业秘密的秘密性应考虑以下几点：（1）审查确定技术、经营信息的公开程度。对于完全未公开过的信息，应认定其具有秘密性，一项完整的信息，如仅被部分公开，则未公开的部分仍应为处于秘密状态的信息。（2）审查确定技术、经营信息的公开范围。信息仅在特定范围内公开，不特定其他人没有得知，可根据具体情况确定该信息未丧失秘密性。单位职工因业务需要掌握了该信息，不能认定向社会公开，仍认定其秘密性。（3）他人窃取权利人的技术、经营信息，但尚未向外扩散的，仍认定该信息的秘密性，侵权人公开披露该信息后. 其秘密性丧失。(4)权利人使用其技术、经营信息制造的产品公开出售，不能因此认为该信息已被公开，信息的秘密性仍然存在。”

（二）保密性

商业秘密的保密性包括主观、客观两方面的内容，主观方面表现为当事人有保护商业秘密的意愿；客观方面表现为当事人已采取了合理的保密措施。关于采取合理保密措施，《最高人民法院关于审理不正当竞争民事案件应用法律若干问题的解释》（法释〔2007〕2 号）第十一条进行了集中规定：

1. 权利人为防止信息泄露所采取的措施与商业价值等具体情况相适应，可认定为采取了合理措施。

2. 权利人为防止信息泄露所采取的措施在正常情况下足以防止涉密信息泄露，才可认定为采取了保密措施。

3. 权利人为防止信息泄露所采取的下列措施，可认定为保密措施：(1)限定涉密信息的知悉范围，只对必须知悉的相关人员告知其内容；(2)对于涉密信息载体采取加锁等防范措施；(3)在涉密信息的载体上标有保密标志；(4)对于涉密信息采用密码或者代码等；(5)签订保密协议；(6)对于涉密的机器、厂房、车间等场所限制来访者或者提出保密要求；(7)确保信息秘密的其他合理措施。

（三）实用性

实用性是商业秘密的重要特性，是指具有现实的或者潜在的商业价值，能为权利人带来竞争优势的信息。

在司法实践中，实用性认定主要围绕是否能应用于生产实践及经营管理，以及是否能为权利人带来现实的或潜在的经济利益或市场竞争的优势。具体主要有以下几点：(1)具有确定的可应用性，能够被投入使用，是商业信息的价值所在；(2)能为权利人带来经济利益，包括现实的，也包括潜在的经济利益；(3)能为权利人带来竞争优势，即失去该商业秘密价值将会给权利人带来丧失竞争优势的后果。

二、标底降幅符合“三性”标准，属于商业秘密

标底是招标人依据特定方法计算出的一个项目合理的基本价格，是招标人的期望价格并以此作为招标人衡量投标人的投标价尺度。标底降幅是指投标人在采购文件中投保的标底下降比例。本案裁判过程中，就金驼公司投标文件中的标底降幅是否属于商业秘密，一审、二审、再审法院围绕商业秘密三性标准进行审查。

（一）标的降幅的秘密性

一审、二审及再审最高人民法院均认为驼公司投标文件中的标底降幅在开标之前不为公众所知晓，具有商业秘密应具有的秘密性的特征。

（二）标的降幅的实用性

一审法院认为金驼公司标书在拆封之前就具有一定的竞争优势，一旦中标就能给投标人带来经济利益，具有实用性；二审法院认为标书降幅属于的商务部分中的商务报价，该部分分值尽管占据较大的比例，但仍非决定投标单位是否中标的决定性因素，因此标底降幅在最终的评审结果中不一定会为投标单位带来竞争优势，不具有实用性。最高人民法院认为尽管中标取决于竞标者综合得分，但是不能据此否认标底降幅在竞标能力中的贡献，竞标者的标底降幅能使其保有一定的竞争优势，一旦中标就能给所有人带来经济利益，标底降幅具有实用性。可见，最高人民法院对标底降幅是否存在实用性的判断，强调标底降幅是否会带来竞争优势。如果信息能带来竞争优势就具备实用性，至于信息给竞争优势的贡献值，是量的判断，不影响质的认定。

（三）标的降幅的保密性

一审法院认为标书天然属性就具有秘密性，参与制作的人员当然地具有保密义务，金驼公司对标书进行了封存即对标书采取了保密措施，具有保密性。而二审法院认为金驼公司为与员工签订保密协议，没有明确的证据证明其采取了保密措施，案涉标底降幅不具有保密性。最高人民法院的审判意见是，标书的天然秘密属性要求任何知道标书内容的人都应负有保密的义务，标书所有人对标书进行封存即可看作对标书采取了保密措施，而且这种保密措施也达到了法律要求的标准，标底降幅具有保密性。

可见，最高人民法院在标底降幅保密性的判断上，是根据标底载体的特性、权利人保密的意愿、保密措施的可识别程度等因素，如权利人为防止信息泄露采取与其商业价值等具体情况相适应的合理保护措施，即认定权利人是采取了保密措施，具有保密性。判断标底降幅是否法律法规规定的保密措施时，关键是要判断保密措施是否达到以下要求：

第一，该措施表明了权利人保密的主观愿望，并明确了作为商业秘密保护的信息的范围，使义务人能够知悉权利人的保密愿望及保密客体。需要明确的是，这并非要求商业秘密权利人与参与制作每份投标文件的人员订立一份保密协议，只要保密措施针对的保密客体是具体、明确的即可。

第二，保密措施在正常情况下足以防止涉密信息泄漏。如果单纯在标书标明“保密”字样，而不做其他合理措施不得认定为采取了合理的保密措施。

三、商业秘密侵权的举证责任分配规则

商业秘密侵权举证责任分配适用民事诉讼中“谁主张，谁举证”的一般规则。根据《最高人民法院关于审理不正当竞争民事案件应用法律若干问题的解释》第十四条规定，当事人指称他人侵犯了其商业秘密的，应当对其拥有的商业秘密符合法定条件；对方当事人的信息与其商业秘密相同或者实质相同；对方当事人采取不正当手段的事实负举证责任。

本案中，金驼公司应对谭勇泄露标底降幅给凯隆公司的事实承担举证责任，但其提供证据材料仅能证明谭勇系凯隆公司的发起人、金驼公司投标经办人。在缺少直接证据的情况下，最高人民法院裁判认为，“作为金驼公司参与投标的直接经办人员，理应尽到忠诚和保密义务，其作为凯隆公司的发起人，在明知金驼公司参与了此次招投标活动还让凯隆公司参与竞标，难谓善意。金驼公司10%的标底降幅为谭勇知悉，考虑到谭勇的双重身份，凯隆公司设定8%标底降幅，难谓巧合”。

该裁判逻辑系民事诉讼高度盖然性证明标准。《最高人民法院关于适用〈中华人民共和国民事诉讼法〉的解释》（法释〔2015〕5号）第一百零八条第一款规定：“对负有举证证明责任的当事人提供的证据，人民法院经审查并结合相关事实，确信待证事实的存在具有高度可能性的，应当认定该事实存在。”在基于直接证据不能就案件客观真实形成唯一性、必然性的判断下，法官根据证据取得的方式、证据形成的原因、证据的形式以及证据提供者的情况及其与本案的关系，综合全案情况对证据的证明力进行审查判断，权衡双方当事人提供的证据的证明力大小，作出最接近客观真实的法律真实判断。

高度盖然性是我国民事诉讼从客观真实证明标准向法律真实证明标准的转变。本案裁判规则表明，掌握公司商业秘密的公司员工需恪尽保密义务；若公司员工股权出资的其他公司与本公司存在商业竞争，公司员工应主动回避竞争项目，否则，若其股权出资的其他公司知悉本公司商业秘密，即使无直接证据证明公司员工泄密，根据高度盖然性证明标准，仍可判定构成侵犯商业秘密的不正当竞争。

【风险提示】

企业要生存和发展就必须有自己的核心竞争力，核心竞争力除了资金实力、人员团队、专利技术外，也可以工业配方、工艺方法、机械设计等专有技术，或客户情报、采购计划、定价策略等经营信息。专有技术和经营信息都能给企业带来竞争优势，但因为信息的无形性、易扩散性，信息的商业价值维护只能通过保密来实现。律师建议：

一、完善企业的组织架，建立有效的商业秘密管理制度

企业可以通过构建一定的组织架构，建立有效的商业秘密管理制度，对商业秘密保护有较高需求的企业，可以考虑设立知识产权部门或专门负责管理商业秘密的部门；对商业秘密保护没有特别需求的企业，可以委任相关负责人管理商业秘密。

建议企业从以下方面构建商业秘密管理制度：

1. 泄密风险管理制度。明确规定针对商业秘密的泄密风险评估和针对企业的泄密风险测评的程序和要求。[①]

2. 建立商业秘密载体保密管理制度。其中主要规定商业秘密密级划分标准、商业秘密标识方法、密级和保密期限确定的职责部门；商业秘密资料制作、发放、使用、保管、存档和销毁的要求等。

3. 建立人员保密方面的管理制度。提出岗前、在职、离职时的保密管理要求。例如，规定聘用前人员涉密背景的审查、在职时保密协议的签订、保密意识的培训、应遵守的保密行为准则、离职时保密资料的收回、保密的承诺要求和竞业禁止协议的签订等内容。

---

① 商业秘密泄密风险评估，是指针对商业秘密资产进行的泄密风险分析和评价。商业秘密风险评估是确定保密控制措施的基础，通过对商业秘密信息和资产的泄密风险评估，针对评估的泄密风险采取适宜的保密控制措施，以达到“预防为主”的商业秘密保护目的。商业秘密泄密风险测评是指针对企业商业秘密保护管理机制的测评。商业秘密泄密风险测评结果是对企业商业秘密保护体系运行的基本测量，通过进行泄密风险测评，了解企业商业秘密保护工作中存在的问题和面临的泄密风险，对商业秘密泄密风险实施监控，针对识别的泄密风险进行风险处置，采取、完善保密措施，保证泄密风险等级处于可接受水平。

4. 建立涉密会议、涉密活动管理规定。提出涉密会议的地点、环境要求、参加涉密会议、活动人员的资格审查和所携带物品的要求、相关资料的发放、使用和回收要求、活动后清理会场的要求等。

5. 建立商业秘密保护管理核查制度。明确规定对商业秘密保护管理工作进行核查的职责、方法以及时间、保密核查内容，规定保密核查数据分析汇总和保密核查记录报告以及规定保密核查结果进行通报并采取的改进措施以及验证要求。

二、提高侵犯企业商业秘密维权有效性

企业需要证明涉嫌侵权方获取商业秘密手段的非法性，但由于商业秘密本身的隐蔽性，该条证明条件企业往往最难达成，企业可以证明对方接触的可能性，使举证责任发生转移，此时涉嫌侵权方需要证明其所使用的信息并非使用该企业的商业秘密。

三、防止维权时商业秘密的二次泄露

仲裁在解决商业秘密纠纷中具备的保密性、专家断案、灵活高效以及域外执行力等方面优势，特别是仲裁的保密性，因此，企业在侵犯商业秘密的维权中建议优先采用仲裁方式，减少商业秘密被二次泄露的风险。

【相关法律法规】

《中华人民共和国反不正当竞争法》(2019 年 4 月 23 日修正)

第九条　经营者不得实施下列侵犯商业秘密的行为：

(一)以盗窃、贿赂、欺诈、胁迫、电子侵入或者其他不正当手段获取权利人的商业秘密；

(二)披露、使用或者允许他人使用以前项手段获取的权利人的商业秘密；

(三)违反保密义务或者违反权利人有关保守商业秘密的要求，披露、使用或者允许他人使用其所掌握的商业秘密；

(四)教唆、引诱、帮助他人违反保密义务或者违反权利人有关保守商业秘密的要求，获取、披露、使用或者允许他人使用权利人的商业秘密。

经营者以外的其他自然人、法人和非法人组织实施前款所列违法行为的，视为侵犯商业秘密。

第三人明知或者应知商业秘密权利人的员工、前员工或者其他单位、个人实施本条第一款所列违法行为，仍获取、披露、使用或者允许他人使用该商业秘密的，视为侵犯商业秘密。

本法所称的商业秘密，是指不为公众所知悉、具有商业价值并经权利人采取相应保密措施的技术信息、经营信息等商业信息。

《最高人民法院关于审理不正当竞争民事案件应用法律若干问题的解释》（2007年1月12日）

第九条　有关信息不为其所属领域的相关人员普遍知悉和容易获得，应当认定为反不正当竞争法第十条第三款规定的“不为公众所知悉”。

具有下列情形之一的，可以认定有关信息不构成不为公众所知悉：

（一）该信息为其所属技术或者经济领域的人的一般常识或者行业惯例；

（二）该信息仅涉及产品的尺寸、结构、材料、部件的简单组合等内容，进入市场后相关公众通过观察产品即可直接获得；

（三）该信息已经在公开出版物或者其他媒体上公开披露；

（四）该信息已通过公开的报告会、展览等方式公开；

（五）该信息从其他公开渠道可以获得；

（六）该信息无需付出一定的代价而容易获得。

第十条　有关信息具有现实的或者潜在的商业价值，能为权利人带来竞争优势的，应当认定为反不正当竞争法第十条第三款规定的“能为权利人带来经济利益、具有实用性”。

第十一条　权利人为防止信息泄漏所采取的与其商业价值等具体情况相适应的合理保护措施，应当认定为反不正当竞争法第十条第三款规定的“保密措施”。

人民法院应当根据所涉信息载体的特性、权利人保密的意愿、保密措施的可识别程度、他人通过正当方式获得的难易程度等因素，认定权利人是否采取了保密措施。

具有下列情形之一，在正常情况下足以防止涉密信息泄漏的，应当认定权利人采取了保密措施：

（一）限定涉密信息的知悉范围，只对必须知悉的相关人员告知其内容；

（二）对于涉密信息载体采取加锁等防范措施；

（三）在涉密信息的载体上标有保密标志；

（四）对于涉密信息采用密码或者代码等；

（五）签订保密协议；

（六）对于涉密的机器、厂房、车间等场所限制来访者或者提出保密要求；

（七）确保信息秘密的其他合理措施。

第十四条　当事人指称他人侵犯其商业秘密的，应当对其拥有的商业秘密符合法定条件、对方当事人的信息与其商业秘密相同或者实质相同以及对方当事人采取不正当手段的事实负举证责任。其中，商业秘密符合法定条件的证据，包括商业秘密的载体、具体内容、商业价值和对该项商业秘密所采取的具体保密措施等。

第十七条　确定反不正当竞争法第十条规定的侵犯商业秘密行为的损害赔偿额，可以参照确定侵犯专利权的损害赔偿额的方法进行；确定反不正当竞争法第五条、第九条、第十四条规定的不正当竞争行为的损害赔偿额，可以参照确定侵犯注册商标专用权的损害赔偿额的方法进行。

因侵权行为导致商业秘密已为公众所知悉的，应当根据该项商业秘密的商业价值确定损害赔偿额。商业秘密的商业价值，根据其研究开发成本、实施该项商业秘密的收益、可得利益、可保持竞争优势的时间等因素确定。

《国家工商行政管理局关于禁止侵犯商业秘密行为的若干规定》（1998年12月3日修订）

第二条　本规定所称商业秘密，是指不为公众所知悉、能为权利人带来经济利益、具有实用性并经权利人采取保密措施的技术信息和经营信息。

本规定所称不为公众所知悉，是指该信息是不能从公开渠道直接获取的。

本规定所称能为权利人带来经济利益、具有实用性，是指该信息具有确定的可应用性，能为权利人带来现实的或者潜在的经济利益或者竞争优势。

本规定所称权利人采取保密措施，包括订立保密协议，建立保密制度及采取其他合理的保密措施。

本规定所称技术信息和经营信息，包括设计、程序、产品配方、制作工艺、制作方法、管理诀窍、客户名单、货源情报、产销策略、招投标中的标底及标书内容等信息。

本规定所称权利人，是指依法对商业秘密享有所有权或者使用权的公民、法人或者其他组织。

保底条款对油气企业联营合同的效力影响

【裁判规则】

联营合同具有联营各方共同出资、共同经营、共同管理、共负盈亏、共担风险的典型特征；联营合同约定一方只分享利润、不承担亏损责任，或者无论盈亏按期收回本息或固定利润，该约定属于“保底条款”，因违反了联营共担风险原则而无效；保底条款无效后，联营合同并不必然无效。

【典型案例】

王永利、长庆石油勘探局机械制造总厂合同纠纷案[(2017)最高法民终989号]

【案情简介】

上诉人(原审原告)：王永利。

被上诉人(原审被告)：长庆石油勘探局机械制造总厂。

被上诉人(原审被告)：宁县新庄镇人民政府。

被上诉人(原审被告)：西安长庆油气建设实业有限责任公司。

一审法院认定事实：1992年8月25日，宁县新华乡人民政府(以下简称新华乡政府)为甲方，长庆石油勘探局机械制造总厂(以下简称机械厂)(当时名称为长庆石油勘探局机械厂)为乙方，协商签订了联营合同，约定：甲方无偿提供农用耕地500亩，提供雇佣劳动力10名；机械厂提供管理、技术、资金，联营建设新华园艺场，经营期限30年。建场后实行自主经营、独立核算、自负盈亏。纯利润按乡政府40%，机械厂60%分成。还约定：机械厂依据联营合同对新华园艺场所占土地享有30年使用权。1993年2月22日，双方的法定代表人杜文明和王传良分别代表新华乡政府和机械厂，在宁县公证处办理了对该联营合同的公证。1993 年 3 月，新华乡政府给机械厂提供该乡郧家村 95 户农民的 334.6 亩承包地，由机械厂在其中通电、打机井、筑围墙及建场房、栽植果树 25,000多棵，建成了新华园艺场。

1993 年 6 月 14 日，新华乡政府作为甲方，机械厂劳动服务公司作为乙方，又签订了第二份联营合同，对原合同内容进行了补充修订。约定："乡政府提供耕地 334.6 亩，机械厂投资 80 万元。未挂果前四年，机械厂拆借给投地户每亩地每年 100 元，解决投地户的生活，挂果后在乡政府利润分成中四年内扣还。"同年 6 月 15 日宁县县委所派联合工作组还责成和监督乡与村、村与组、组与投地户之间也分别签订了联营合同。同年 6 月 18 日，新华乡政府与机械厂双方在宁县公证处对联营合同进行了公证。

1997 年 1 月 30 日，新华乡政府、机械厂、郧家村委会、村民小组干部以及部分村民五方召开了座谈会，形成了《新华联营园艺场企业管理座谈会议纪要》，成立了企业管理委员会，并对新华园艺场占地面积重新进行了核实，对第二次联营合同确认的 95 户 334.6 亩土地，核实为 114 户 338.5 亩。

1999 年 6 月，王永利得知新华园艺场转让消息前往考察时，机械厂向其出示了宁县乡镇企业管理局给新华园艺场颁发的《乡镇企业登记证书》、宁县统计局颁发的集体企业《统计登记证书》，以及宁县公证处对新华乡政府与机械厂所签联营合同的《公证书》等相关资料，王永利实地考察后表示愿意受让。经新华乡政府同意，并经新华乡政府于 1999 年 7 月 31 日、8 月 2 日、8 月 3 日、9 月 12 日四次与部分涉地村民协商签订《同意(转让协议)的协议书》后，1999 年 9 月 14 日，新华乡政府作为原联营甲方、机械厂劳动服务公司作为转让方、王永利作为受让方，三方签订了转让协议，并进行了公证。转让协议内容为：

依据《中华人民共和国合同法》的规定，经机械厂提出转让意愿，新华乡政府同意，三方就新华园艺场联营合同转让变更事项协商一致，自愿订立本协议书。(1)新华园艺场概况：略。(2)联营合同转让、变更。①本协议达成后，联营合同中机械厂承担的权利义务，转让给受让人王永利，受让人依法享有合同有效权利，具有法人资格，实行自主管理，自主签订经营管理人员，同时自觉承担和履行有效义务。转让人退出合同，终止履行 1992 年 8 月 25 日签订的联营合同、1993 年 6 月 14 日签订的联营合同、1997 年 1 月 30 日形成的《座谈会纪要》。②因合同主体转让，原合同内容也相应予以修改，增加如下内容：受让方应自觉接受合同甲方监督，维护投地户的合法权益不受损害，并承担继续办好园艺场的义务。原合同规定的利润分成方式予以作废，变更为：受让方每年一次性按338.5亩，每亩地500斤中等小麦支付或以当年粮库定购小麦三等价折算现金支付甲方红利。支付期限为每年的9月1日至10日。③园艺场现有资产受让方在使用收益的同时，应妥善进行管理和维护。所有财产未经新华乡政府同意，受让方不得随意转让和变卖，更不得随意处置。④原合同执行中发生的拆借款共21万元，由机械厂劳动服务公司承担。原合同第十条规定的修路义务由此抵销，今后无效。⑤现园艺场非耕地占用税由受让方负担。⑥契税按成交额的3.5%由转让方承担。⑦受让方在经营期间新添置的财产，一切所有权都归受让方所有。(3)投资补偿费金额及支付时间及方式。①由受让方一次性支付投资补偿费42.5万元。支付时间同签订本协议同时。否则协议无效。支付方式：银行汇票方式。②1999年所产果品由转让方收入。园艺场1999年采果前的一切费用由转让方承担。1999年新华乡政府收入分成由转让方以每亩地产500斤计算，按今年小麦粮库定购小麦三等价每市斤0.63元折算现金，于财产移交之日一次性付清。(4)移交时间及方式……(6)违约责任。①转让方在1999年收果前应对果园内果树严格进行常规管理。受让方从财产移交之日起进入果园从事管理，但不得影响转让方收售果品，如由此造成纠纷，造成转让方经济损失，由受让方承担全部责任。②联营合同甲方负责协调处理各部门之间关系和村民纠纷，如发生村民无理哄抢果园等事件造成损失，由甲方承担违约责任和赔偿损失。③受让方除不可抗力因素外，若逾期不能支付甲方红利时，甲方可通知投地户有权处置果实及场内所有财产，由此造成的经济损失和其他后果，由受让方承担全部责任。④受让方在执行原合同约定的期限内，不得私自转让。如受让方再行转让，须经新华乡政府同意。如私自转让，由此造成的经济损失和其他后果，由受让方承担全部责任。⑤如违反本协议第二条、第三条规定，由违反协议方承担违约责任，并赔偿对方经济损失。⑥如违反第六条第一款或第二款，转让方有权单方终止本协议。⑦如违反第二条第二款、第三款、第五款、第六款和第三条第二款其中一款，原联营合同甲方有权单方终止本协议。(7)如本协议在履行过程中发生争议，可提起合同仲裁。宁县公证处于三方签约当日对该转让协议进行了公证，作出(99)宁证字第 0494 号《公证书》。

王永利在转让协议签订前，曾于 1999 年 7 月 8 日向机械厂劳动服务公司预付转让费 50 万元。转让协议签订后，机械厂于 1999 年 9 月 24 日给王永利退回 7.5 万元，实际收取转让费 42.5 万元。王永利受让联营合同权利后，在新华园艺场建有砖混结构楼房两层 10 间，厕所、简易煤房、水房、看护房各一间，围墙 62.94 米，购置铁大门三合。2001 年甘肃省宁县人民法院审理三方联营合同纠纷案件期间，委托原庆阳地区房地产估价事务所对以上房产进行评估并作出（2001）第 604 号评估报告，评估价值为 128,518 元。另外，王永利还购置了小汽车（已报废）、办公桌、农器具等财产。王永利还于 2001 年 1 月分两次预付给新华乡政府红利款 34,000 元。

宁县人民法院在原联营合同纠纷案件审理期间，于 2001 年 11 月 8 日作出（2001）宁经初字第 43 号民事裁定：在诉讼期间果园的一切经营活动正常进行，并由王永利负责。2002 年 7 月 24 日宁县人民法院依据庆阳市中级人民法院（2002）庆经终字第 5 号民事判决，将新华园艺场执行给新华乡政府经营管理（当年果品亦被新华乡政府收获）至今。

2000 年 11 月 30 日，长庆石油勘探局（2000）第 224 号文关于长庆石油勘探局关于机械厂、第二机械厂整合重组的通知：决定将机械厂、第二机械厂整合重组为“长庆石油勘探局机械制造总厂”。根据宁县县委发（2004）76 号《关于乡镇行政区划调整的实施意见》，新华乡政府于 2004 年撤销并入新庄镇政府。

经调阅甘肃省高级人民法院（2009）甘民提字第 003 号案，查明与本案纠纷相关的诉讼情况如下：略。

一审法院经审理认为：1. 关于新庄镇政府的土地瑕疵担保责任问题。

新华乡政府在 1992 年与机械厂签订联营合同时，提供用于经营果园的土地未经全部涉案土地承包户同意，土地使用权确实存在瑕疵。“六七”涉农事件后，双方于 1993 年再次签订了联营合同，对原合同内容进行了修订并补充了相关手续。1997 年又对新华园艺场占地面积重新进行了核实，对第二次联营合同确认的 95 户 334.6 亩土地，核实为 114 户 338.5 亩。至 1999 年转让变更时，新华乡政府与部分涉地农民签订了同意转让的协议书。综上，虽然新华乡政府提供用于联营的土地使用权不属于乡政府，但经过相关事件后与涉地村民补签了协议,涉地村民可依约定获取收益,同意自己的承包地用于经营新华园艺场。在此情况下,如果王永利按照协议约定支付费用,农民利益得到保障后不会干涉经营活动。事实上,1993 年至 1999 年转让协议签订前,并无农民干涉果园经营的事件发生,土地使用瑕疵在该阶段对果园经营并未发生障碍。王永利经营管理果园后,再次发生农民干涉果园经营的事件,但起因并非农民始终反对自己的承包地用于果园经营,而是由于土地收益未得到实现。转让协议第六条第二项约定"甲方负责协调处理各部门之间关系和村民纠纷,如发生村民无理哄抢果园等事件造成损失,由甲方承担违约责任和赔偿损失",依据该约定,合同签订后协调村民的责任属新华乡政府,村民哄抢的情况出现后,新华乡政府也仅是按照合同约定承担违约责任,而不是承担缔约时以土地作为出资的瑕疵担保责任。同时,根据第二条第二项约定"受让方应自觉接受原合同甲方监督,维护投地户的合法权益不受损害,并承担继续办好园艺场的义务"、第六条第二项约定"甲方负责协调处理各部门之间关系和村民纠纷,如发生村民无理哄抢果园等事件造成损失,由甲方承担违约责任和赔偿损失",以及王永利属新华乡村民并实地考察的事实,王永利在签约时显然知道新华园艺场所使用的土地并非联营对方拥有使用权,也知道可能会发生村民纠纷,其主张新华乡政府和机械厂隐瞒土地瑕疵,自己受欺骗签订转让协议的理由明显与客观事实不符。王永利以果园经营亏损为由拖欠转让协议约定的利润分成,本属于与新华乡政府之间的合同纠纷,但由于前述土地系农民承包后由新华乡政府组织作为投入用于果园经营,故而王永利拒付红利的行为引发了后续连锁反应。现王永利将引发纠纷的责任全部归于新华乡政府土地出资存在瑕疵,回避了自身拖欠约定的利润分成导致农民干涉经营,最终处理不善形成纠纷的事实。

2. 关于机械厂是否应当与新庄镇政府共同承担责任的问题。

根据最高人民法院(2011)民二终字第 70 号民事判决认定事实及一审法院查明事实,因新华乡政府以土地使用权出资并非将土地使用权转让给机械厂,而是组织村民集中用地,与机械厂联合进行果园经营,机械厂并不能依据联营合同取得物权性土地使用权,当然无权对其进行处分。虽然 1992 年签订的联营合同中约定了机械厂对新华园艺场所占土地享有 30 年使用权,但根据体系解释原则,该项约定的真正含义应是机械厂依据联营合同在 30 年联营期内对新华园艺场所占土地享有使用的权利。因转让协议中明确约定机械厂向王永利转让的标的是其在联营合同中的权利义务，即对联营合同相对方新华乡政府的权利义务，而不是土地使用权，故机械厂不存在因转让的标的物土地使用权存在瑕疵而承担瑕疵担保责任的前提，也不存在因未移交所转让的土地使用权凭证而承担违约责任的法律基础。另案诉讼中最高人民法院基于机械厂在转让其在联营合同中的权利义务时，违反了如实告知义务，已酌情判决机械厂承担了王永利果品损失 76 万元，对王永利主张由机械厂承担其他责任的诉讼请求予以驳回。王永利主张由机械厂与新庄镇政府共同承担土地瑕疵担保责任缺乏事实和法律依据，不予支持。

3. 关于西安长庆油气建设实业有限责任公司（以下简称油气公司）是否应当与机械厂承担连带责任的问题。

因王永利主张由机械厂与新庄镇政府共同承担土地瑕疵担保责任的诉讼请求不能得到支持，其基于机械厂责任而主张连带的责任主体油气公司则失去了承担责任的前提。王永利该项诉讼请求一审法院亦不予支持。

一审法院判决：驳回王永利的诉讼请求。

王永利不服甘肃省高级人民法院的一审判决，向最高人民法院提起上诉。

二审法院另查明，两份联营合同均在第九条中约定：联营期满后，乙方（机械厂）投资修建的各种房屋、水井等基础设施，购置的设备、车辆以及栽种的各种果树等固定资产一律议定价格，移交甲方（新华乡政府）管理使用，但甲方必须付给乙方 40% 的固定资产费用；现金积累部分，仍按合同第八条利润分成办法执行。第十条约定：甲方负责协调处理地方各部门之间的关系和村民纠纷，如发生村民哄抢果园等事件，造成重大经济损失，由甲方向乙方负责赔偿。第十一条约定：甲乙双方应严格执行本合同规定的各项条款，由于一方不履行合同规定的义务或者严重违反合同，造成园艺场亏损或无法经营，对方除有权向违约方索赔外，并有权终止联营合同；如甲乙双方同意继续联营，违约方应赔偿联营企业的经济损失。转让协议第六条第三项约定：受让方（王永利）除不可抗力因素（战争、地震）外，若逾期不能支付甲方（新华乡政府）红利时，甲方可通知投地户有权处置果实及场内所有财产，由此造成的经济损失和其他后果，由受让方承担全部责任。在王永利诉机械厂债权债务概括转移纠纷案中，本院于 2011 年 12 月 9 日作出（2011）民二终字第 70 号民事判决，已经发生法律效力。该判决认为：王永利诉请的因土地使用权瑕疵而产生的固定资产投资损失12.8万元、长期性果树成本投资损失204.6万元等，应按联营合同纠纷另案向新庄镇政府主张。此后，王永利分别于2012年、2013年、2014年和2015年向法院起诉新庄镇政府和机械厂，请求判令其承担赔偿责任，直至本案立案审理。

二审法院归纳本案争议焦点：(1)1992年8月25日和1993年6月14日联营合同与1999年9月14日转让协议确定的机械厂、新庄镇政府、王永利之间法律关系的性质、效力和履行情况；(2)是否应当支持王永利对机械厂、新庄镇政府、油气公司提出的要求其就八项成本投资损失和15年净利润分成损失承担共同赔偿责任的诉讼请求。

二审法院审理认为：

1. 关于1992年8月25日和1993年6月14日联营合同与1999年9月14日转让协议确定的机械厂、新庄镇政府、王永利之间法律关系的性质、效力和履行情况。

联营合同系新华乡政府与机械厂签订，对于各自的权利义务约定的主要内容为：新华乡政府提供耕地334.6亩，机械厂提供管理、技术、资金，联营建立新华园艺场，经营期限30年；建场后实行自主经营、独立核算、自负盈亏；纯利润按新华乡政府40%，机械厂60%分成；机械厂依据联营合同对新华园艺场所占土地享有30年使用权；未挂果前4年，机械厂拆借给投地户每亩地每年100元，解决投地户的生活，挂果后在新华乡政府利润分成中4年内扣还；联营期满后，乙方(机械厂)投资修建的各种房屋、水井等基础设施，购置的设备、车辆以及栽种的各种果树等固定资产一律议定价格，移交甲方(新华乡政府)管理使用，但甲方必须付给乙方40%的固定资产费用。虽然联营合同中对于新华乡政府出资方式的表述为机械厂对新华园艺场所占土地享有30年使用权，但综合合同全部内容和实际履行情况，此项约定的真实意思，是机械厂在30年联营期内对新华园艺场所占土地享有平等使用的权利，并非机械厂取得物权性质的30年土地使用权。对利润分配的约定属于按比例分配。因此，机械厂与新华乡政府之间依据联营合同建立的法律关系性质是联营合同关系。

转让协议第二项约定的内容为：因合同主体转让，原合同内容也相应予以修改，增加如下内容，受让方(王永利)应自觉接受合同甲方(新华乡政府)监督,维护投地户的合法权益不受损害,并承担继续办好园艺场的义务;原合同约定的利润分成方式变更为,受让方每年一次性按338.5亩,每亩地500斤中等小麦支付或以当年粮库定购小麦三等价折算现金支付甲方红利,支付期限为每年的9月1日至10日。上述约定将联营合同中的联营方式由按照比例分配利润变更为按照固定数额支付红利,虽然表述为"红利",但根据转让协议第六条第三项"受让方除不可抗力(战争、地震)因素外,若逾期不能支付甲方红利时,甲方可通知投地户有权处置果实及场内所有财产,由此造成的经济损失和其他后果,由受让方承担全部责任"的约定,变更后的联营方式,具有王永利承包经营新华乡政府代表农户提供土地种植果树的性质,除不可抗力因素发生外,无论盈亏,均应向新华乡政府支付固定数额的费用,否则构成违约。该约定内容并非《最高人民法院关于审理联营合同纠纷案件若干问题的解答》第四条"关于联营合同中的保底条款问题""(一)联营合同中的保底条款,通常是指联营一方虽向联营体投资,并参与共同经营,分享联营的盈利,但不承担联营的亏损责任,在联营体亏损时,仍要收回其出资和收取固定利润的条款。保底条款违背了联营活动中应当遵循的共负盈亏、共担风险的原则,损害了其他联营方和联营体的债权人的合法权益,因此,应当确认无效"中的保底条款。依照转让协议的约定,只有在发生不可抗力(战争、地震)因素时,王永利才有权免除交纳承包费(红利)的义务。

王永利通过与机械厂和新华乡政府签订并履行转让协议,受让了机械厂在联营合同中享有的债权债务;而机械厂则将其在联营合同中对新华乡政府的债权债务概括转让给了王永利。联营合同与转让协议约定的内容,系各方真实意思表示,不违反法律、行政法规的强制性规定,是有效的。王永利在履行合同的过程中只支付了34,000元,并未按照转让协议的约定向新华乡政府支付承包费(红利),已经构成根本违约。虽然转让协议第六条第三项约定,如王永利逾期不能支付新华乡政府红利时,新华乡政府可通知投地户有权处置果实及场内所有财产,但新华乡政府并未采取完全正确的方式,而是动员涉地农民围堵果园、阻碍采摘出售,也构成违约。新华乡政府于2001年起诉王永利,2002年7月24日甘肃省宁县人民法院依据庆阳市中级人民法院(2002)庆经终字第5号民事判决,将新华园艺场执行给新华乡政府经营管理(当年果品亦被新华乡政府收获)至今。联营合同和转让协议中涉及新华乡政府与王永利的部分，当时已经在事实上解除了，而转让协议中涉及机械厂与王永利的部分已经履行完毕，合同目的已经实现，不存在解除问题。

2. 是否应当支持王永利对机械厂、新庄镇政府、油气公司提出的要求其就八项成本投资损失和15年净利润分成损失承担共同赔偿责任的诉讼请求。

2010年9月8日，王永利基于转让协议与联营合同，以机械厂为被告向甘肃高院提起了债权债务概括转移纠纷诉讼，诉讼请求：略。现王永利基于相同的事实，再次对机械厂提出项目内容和性质相同的诉讼请求，即使某些项目数额因时间延续而有所增加，亦符合《最高人民法院关于适用〈中华人民共和国民事诉讼法〉的解释》第二百四十七条第一款"当事人就已经提起诉讼的事项在诉讼过程中或者裁判生效后再次起诉，同时符合下列条件的，构成重复起诉：（一）后诉与前诉的当事人相同；（二）后诉与前诉的诉讼标的相同；（三）后诉与前诉的诉讼请求相同，或者后诉的诉讼请求实质上否定前诉裁判结果"的规定，构成重复起诉。因王永利主张由机械厂基于本案事实应当承担民事责任的诉讼请求已经经过另案审理和判决，故一审判决驳回王永利对于机械厂提出的诉讼请求，是正确的。王永利主张油气公司承担连带责任的基础是机械厂应当在本案中承担民事责任，而机械厂在本案中不应承担民事责任，故油气公司亦不应承担民事责任。因此，王永利请求判令机械厂和油气公司向其承担赔偿责任的诉讼请求，不应予以支持，一审判决对此认定是正确的，应予维持。

在王永利提出的8项成本投资损失中，第一项转让费42.5万元，是王永利在履行转让协议时支付给机械厂的，王永利也因此获得了机械厂的债权债务，转让协议已经履行完毕，该笔费用的支付与新庄镇政府无关，王永利在本案中要求新庄镇政府承担赔偿责任，没有事实和法律依据。第四项短期净投资损失89万元，此项内容实际是王永利在另案中对机械厂提出的前期亏损损失89万元（包括人为果品损失76万元），在该案中，本院（2011）民二终字第70号民事判决中根据证人证言和宁某，认定了损失为76万元，其余损失证据不足。在本案中，王永利主张由新庄镇政府再次向其支付经营期间的此笔亏损，缺乏事实和法律依据。一审判决不支持其此项请求，理由成立。第五项2001年10月至2002年5月诉讼期间果园维护损失18.9万元，该笔款项实际系维护果园的投入，是形成果园价值的必要因素之一，王永利在本案中实质上也主张了果园价值,但此两者不能重复主张,所以,一审判决对此项诉讼请求不予支持也是正确的。第六项金融借款利息损失和第七项民间借贷损失,以上借款王永利是否实际投入新华园艺场并无充分证据证实,与王永利2001年诉讼中主张的投入也不相同,且并不存在该借款利息由联营另一方承担的约定或法定依据,故不应支持。第八项园艺场房屋、机井等固定设施看护费用8万元,王永利所举证据既不能证明看护费的必须产生,也不能证明费用已经实际发生,不应由新庄镇政府承担。因此,王永利提出以上款项的诉讼请求,一审判决不予支持,都是正确的,本院予以维持。

第二项12.8万元,该笔款项系王永利成为联营者之后投入新华园艺场的投资款,投入之后形成了王永利与新庄镇政府的共有财产的一部分,虽然王永利将其作为固定资产投资损失起诉,但因在本案中王永利实质上还主张了其与新庄镇政府的共有财产,故此部分诉讼请求,可以作为共有财产按照合同约定比例进行分割。

第三项204.6万元,虽然名为新增果树成本投资,但王永利的实际计算方式为:王永利申诉期间,甘肃省庆阳市人民检察院于2003年9月委托庆阳市诚信房地产估价有限公司对机械厂投资修建的房产、机井等设施及其和王永利先后进行共同投资管理的果树价值进行了评估;结论为机械厂投资建造的平顶房、安架房1999年9月14日这一时点的成本价值为53,858元,机井及灌溉设施1999年9月14日这一时点的成本价值为143,000元,2002年5月31日这一时点的果树成本价值为2,274,751元,其中包括1999年9月14日转让前机械厂的投资22.8万元(42.5万元-5.3858万元-14.3万元≈22.8万元)和转让后王永利新增加的果树成本投资204.6万元(227.4751万元-22.8万元≈204.6万元)。可见,该204.6万元实质上是新华园艺场财产的价值,实际是果树价值的一部分。根据联营合同的约定,机械厂与新华乡政府联营后,除了分取利润的权利之外,还有联营到期后分取联营财产的权利,即联营形成的新华园艺场财产,按照约定由新华乡政府和机械厂共有,联营到期后,虽然财产要归新华乡政府所有,但要付给机械厂40%的固定资产费用,其中包括果树价值。王永利以42.5万元取得机械厂在联营合同中的权利义务之后,也对新华园艺场的财产享有共有权。合同虽然主要因王永利违约而解除,但不影响其财产共有权的行使。鉴于本案中新华园艺场已不存在,无法委托有资质单位对其价值重新鉴定，故应参照该鉴定结论，对王永利提出的204.6万元和前述12.8万元共有财产组成部分（共计217.4万元），按照联营合同约定的“甲方必须付给乙方40%的固定资产费用”，按40%的比例，新庄镇政府应向王永利支付869,600元（2,174,000元×40%＝869,600元）。

关于王永利提出的15年净利润分成损失3213万元诉讼请求。2001年诉讼时，因双方均主张解除转让协议，在宁县人民法院（2001）宁经初字第42号和庆阳市中级人民法院（2002）庆经终字第5号民事判决确认该协议终止履行后，新华园艺场已于2002年执行给新华乡政府管理，该合同在事实上已经解除，王永利在不继续经营果园的情况下主张的预期收益损失，缺乏事实基础。同时，王永利提供了大量证据和资料欲证明法律保护预期利益以及可得收益，但由于联营合同不能继续履行的原因在于王永利拖欠约定费用，且该诉讼请求完全排除了果园存在的经营风险，王永利主张的每年200余万元纯利润数额明显超出了《中华人民共和国合同法》第一百一十三条第一款规定的对方当事人订立合同时预见到或者应当预见到的范围。故一审判决考虑到以上因素，认为王永利该项诉讼请求缺乏事实和法律依据，不予支持是正确的，亦应予以维持。

二审法院判决：宁县新庄镇人民政府自本判决生效之日起10日内向王永利支付869,600元。

【规则解读】

阿尔法系统查询数据显示，2015—2019年的5年时间里，全国法院共审理的联营合同纠纷超过6万件，约占同时期合同纠纷的0.2%，纠纷比例并不高。随着我国市场经济的日渐成熟完善与国际化，联营合同的交易形式可能还会进一步减少。本案是典型的联营合同纠纷，经历了漫长复杂的诉讼过程，我们能源法务中心团队曾为本案诉讼提供代理服务，对联营合同争议有直观认识。最高人民法院的裁判规则可就联营合同的纠纷处理提供参考。

一、联营合同需要满足共同出资、共同经营的特征

联营合同并不属于《中华人民共和国合同法》中规定的15种有名合同，对

于联营合同的规定见于《中华人民共和国民法通则》第五十一条至第五十三条,[①]以及《最高人民法院关于审理联营合同纠纷案件若干问题的解答》[法(经)发〔1990〕27号,以下简称《解答》],《解答》对实践中联营纠纷的若干重大问题作出了集中而又较为详尽的规定,为联营纠纷的认定和解决提供了充分的根据,弥补了《民法通则》对联营规定的不足,是解决联营纠纷的重要法律文件。根据《民法通则》和《解答》的规定,联营合同可分为法人型联营合同、合伙型联营合同、协作型联营合同。其必备要素是联营各方共同出资、共同经营、共负盈亏、共担风险。[②]

1.联营各方必须有出资。联营合同的出资形式,我国现行法律没有明确规定。鉴于联营合同有多种类型,出资方式应就情形而定。法人型联营参考《中华人民共和国公司法》第二十七条第一款之规定,可以是货币出资,也可以用实物、知识产权、土地使用权等可以用货币估价并可以依法转让的非货币财产作价出资;但是,法律、行政法规规定不得作为出资的财产除外。采用合伙型联营,根据《中华人民共和国合伙企业法》第十六条第一款规定,"合伙人可以用货币、实物、知识产权、土地使用权或者其他财产权利出资,也可以用劳务出资",除货币或非货币财产外,合伙人可以劳务向合伙企业出资。

协作型联营的出资方式,货币或非货币财产出资没有争议,可否劳务出资尚无相关规定。从最高人民法院相关裁判规则可以得出,协议型联营允许劳务出资。如甘肃北神铁路物资有限公司、甘肃仲恺商贸有限公司合同纠纷案[(2017)最高法民再111号]中,甘肃北神铁路物资有限公司与张其泰、杜鹏玲签订《合作协议》约定,双方同意在国电兰州发电有限公司(以下简称国电公司)、甘肃中材水泥有限公司(以下简称中材公司)煤炭采购销售项目上进行合作。北神公司负责国电公司、中材水泥采购煤炭的资金注入。张其泰、杜鹏玲

---

① 《中华人民共和国民法通则》第五十一条 企业之间或者企业、事业单位之间联营,组成新的经济实体,独立承担民事责任、具备法人条件的,经主管机关核准登记,取得法人资格。

第五十二条 企业之间或者企业、事业单位之间联营,共同经营、不具备法人条件的,由联营各方按照出资比例或者协议的约定,以各自所有的或者经营管理的财产承担民事责任。依照法律的规定或者协议的约定负连带责任的,承担连带责任。

第五十三条 企业之间或者企业、事业单位之间联营,按照合同的约定各自独立经营的,它的权利和义务由合同约定,各自承担民事责任。

② 参见刘景礼、遵化市盛达物资有限责任公司企业借贷纠纷再审审查与审判监督案民事裁定书[(2017)最高法民申2024号]。

负责煤炭采购销售。判决认为“本案涉及的《合作协议》是北神公司与张其泰、杜鹏玲基于共同经营国电公司、中材水泥煤炭采购销售项目，通过协议方式进行联合，并实施项目合作的合同，《合作协议》的性质应为联营合同”，最高人民法院认可了张其泰、杜鹏玲劳务出资的合规性。

2. 联营各方需共同参与经营，若联营合同将经营权利义务分配给一方，则不构成联营关系。宁夏绿岛物业有限公司与中国石油宁夏化工厂联营合同纠纷上诉案[(2001)民二终字第18号]中，双方在合同中约定：“房产由宁夏化工厂所有，物业公司负责该饭店的经营并定期向宁夏化工厂交纳固定费用，到期将使用的房产交还宁夏化工厂。物业公司在使用该房产期间所发生的费用均由其自己承担，对房产如需改造或更新，必须征得宁夏化工厂的同意”，该合同的经营义务完全交给物业公司，最高人民法院认为“双方之间的法律关系不具备联营法律关系的基本特征，物业公司关于本案合同属联营合同的上诉理由，不能成立”。

胜利油田龙玺石油工程服务有限责任公司、烟台国风风力发电有限公司与胜利油田龙玺石油工程服务有限责任公司、烟台国风风力发电有限公司合同纠纷案[(2014)民申字第1673号]判决认为，“龙玺公司(甲方)与国风公司(乙方)签订《合作开发风力发电机组塔架合同》，龙玺公司提供场所、设备、原材料；国风公司协助龙玺公司人员学习和掌握制造技术，并为其培训相关生产技术、技术人员；另外双方还对合作项目的财务管理，项目小组组成人员、职责、议事规则，利润分配等均作出了约定。该约定内容符合联营的法律特征，构成合伙型联营”。

3. 合同实际履行情况应符合联营特征。社会经济生活中存在大量名为“合作经营合同”“联合经营协议”“联营合同”的协议文本。司法实践中，判断协议是否属于联营合同，除了根据合同文本约定的权利义务，还应结合实际履行情况综合判断。

刘景礼、遵化市盛达物资有限责任公司企业借贷纠纷再审审查与审判监督案[(2017)最高法民申2024号]中，判决认为，“成立联营合同要素为合同各方共同出资、共同经营、共享利润、共担风险。案涉合同约定，农副产品公司出资后，只享有固定收益，不承担合同风险；且在合同实际履行中，农副产品公司也未参与经营，故二审法院根据《联营合同解答》第四条第二项的规定，认定案涉合同名为联营实为借贷，理据充分，定性准确”。

4. 联营各方需要共担风险、共负盈亏，不承担亏损只享受固定收益的条款构成保底条款。经营风险分担结果直接影响盈亏分配。典型的联营合同应将经营风险分担给联营各方。如合同约定联营一方虽向联营体投资，并参与共同经营，分享联营的盈利，但不承担联营的亏损责任，或者在联营体亏损时，仍要收回其出资和收取固定利润，该条款便构成《解答》第四条所规定的保底条款。保底条款违反了联营基本要求，损害了其他联营方和联营体的债权人的合法权益，应当确认无效。

本案的联营合同约定“受让方除不可抗力（战争、地震）因素外，若逾期不能支付甲方红利时，甲方可通知投地户有权处置果实及场内所有财产，由此造成的经济损失和其他后果，由受让方承担全部责任”，最高人民法院认为该约定不构成保底条款，但没有释明。判决书指出，依照转让协议约定，在发生不可抗力（战争、地震）因素时，王永利有权免除交纳承包费（红利）的义务。据此，最高人民法院的裁判逻辑可能是：如因不可抗力造成联营亏损，甲方无权要求乙方支付固定收益，甲方承担了部分经营风险。而《解答》第四条的保底条款是指联营一方无条件的收取固定利润，完全与企业经营风险隔绝的情形。因此，本案约定不属于保底条款。

二、保底条款无效的法律后果

保底条款确定无效后，联营合同的法律效力该如何处理？保底条款是否会导致联营合同无效？《中华人民共和国合同法》第五十六条规定，合同部分无效，不影响其他部分效力的，其他部分仍然有效。《中华人民共和国民法通则》第六十条规定，民事行为部分无效的，不影响其他部分的效力的，其他部分仍然有效。因此，保底条款无效对联营合同的效力影响，关键在于保底条款与合同其他内容的紧密度与关联度。

1. 保底条款无效后，合同仍有效，按照合同约定或实际履行的权利义务关系认定合同性质。如山东临沂盛能集团股份有限公司与临沂市罗庄区盛庄街道后盛庄社区居民委员会土地租赁合同纠纷案[（2015）民申字第 2063 号]判决认为：“《合同书》虽载有‘乙方（原临沂市盛庄镇后盛庄村民委员会）已投土地与甲方（原临沂市白庄发电厂）合办企业’‘合营后土地所有权归合营企业’等内容，但合同中亦约定了‘乙方不参与企业经营管理’‘无论企业经营如何，每年由甲方付给乙方100万元人民币’等内容，实际上更符合土地租赁合同的特征；……综上，根据上述查明事实认定《合同书》性质为土地租赁合同。”

保底条款确定无效后，联营企业发生亏损的，联营一方依保底条款收取的固定利润，应当如数退出，用于补偿联营的亏损，如无亏损，或补偿后仍有剩余的，剩余部分可作为联营的盈余，由双方重新商定合理分配或按联营各方的投资比例重新分配。

2. 保底条款无效后，合同无效。《最高人民法院关于审理联营合同纠纷案件若干问题的解答》[法（经）发〔1990〕27号]第四条第二款明确规定，企业法人、事业法人作为联营一方向联营体投资，但不参加共同经营，也不承担联营的风险责任，无论盈亏均按期收回本息，或者按期收取固定利润的，是明为联营，实为借贷，违反了有关金融法规，应当确认合同无效。除本金可以返还外，对出资方已经取得或者约定取得的利息应予收缴，对另一方则应处以相当于银行利息的罚款。

【风险提示】

联营合同不属于我国市场经济发展引导的合作模式，油气企业应尽量选择规范程度更高的公司、合伙等确定合作关系。如果合作双方确实要签订联营合同，为避免相关的法律风险，律师建议：

一、签订实质有效的联营合同

油气企业在签订联营合同时应注意，联营合同具有联营各方共同出资、共同经营、共同管理、共负盈亏、共担风险的典型特征，在联营合同中进行权利义务的约定时，应对双方共同出资、共同经营进行约定，避免一方不参与经营而被法院认为不符合联营合同的法律特征，而被定性为其他合同，达不到联营合作的目的。

二、避免约定不承担合作风险、只享有固定收益的条款

油气企业在签订联营合同时，要避免约定联营一方虽向联营体投资，并参与共同经营，分享联营的盈利，但不承担联营的亏损责任，在联营体亏损时，仍要收回其出资和收取固定利润。该约定条款属于联营合同中的“保底条款”，该条款会被法院认为无效。

为使矿业相关单位企业更好地进行经济往来并进行联营合同管理，避免或减少经济纠纷的发生，签订联营合同前可以聘请专业律师进行合同法律背

景调研,对法律法规和相关合同范本进行法律风险控制。

【相关法律法规】

《最高人民法院关于审理联营合同纠纷案件若干问题的解答》(1990年11月12日)

四、关于联营合同中的保底条款问题

(一)联营合同中的保底条款,通常是指联营一方虽向联营体投资,并参与共同经营,分享联营的盈利,但不承担联营的亏损责任,在联营体亏损时,仍要收回其出资和收取固定利润的条款。保底条款违背了联营活动中应当遵循的共负盈亏、共担风险的原则,损害了其他联营方和联营体的债权人的合法权益,因此,应当确认无效。联营企业发生亏损的,联营一方依保底条款收取的固定利润,应当如数退出,用于补偿联营的亏损,如无亏损,或补偿后仍有剩余的,剩余部分可作为联营的盈余,由双方重新商定合理分配或按联营各方的投资比例重新分配。

(二)企业法人、事业法人作为联营一方向联营体投资,但不参加共同经营,也不承担联营的风险责任,不论盈亏均按期收回本息,或者按期收取固定利润的,是明为联营,实为借贷,违反了有关金融法规,应当确认合同无效。除本金可以返还外,对出资方已经取得或者约定取得的利息应予收缴,对另一方则应处以相当于银行利息的罚款。

(三)金融信托投资机构作为联营一方依法向联营体投资的,可以按照合同约定分享固定利润,但亦应承担联营的亏损责任。

《最高人民法院关于经济合同的名称与内容不一致时如何确定管辖权问题的批复》(1996年11月13日)

二、合同的名称与合同约定的权利义务内容不一致,而且根据该合同约定的权利义务内容难以区分合同性质的,以及合同的名称与该合同约定的部分权利义务内容相符的,则以合同的名称确定合同的履行地和法院的管辖权。

油气污染侵权的免责事由

【裁判规则】

排放污染物行为不仅限于积极地投放或导入污染物质的行为，还包括伴随企业生产活动的消极污染行为；废弃油井所有者怠于管理废弃油井引发污染的，其行为属于消极污染，应对损害后果承担损害赔偿责任。

【典型案例】

韩国春、中国石油天然气股份有限公司吉林油田分公司水污染责任纠纷再审案[(2018)最高法民再415号]

【案情简介】

再审申请人(一审原告、二审上诉人)：韩国春。

再审申请人(一审被告、二审被上诉人)：中国石油天然气股份有限公司吉林油田分公司。

一审法院查明：1997年2月1日，韩国春与宝石村委会签订《承包草沟子合同书》。合同签订后，韩国春取得案涉鱼塘的承包经营权，并实际从事渔业养殖。2009年12月30日，大安市人民政府下发《关于加强嫩江洮儿河滩地管理有关事宜的通知》(以下简称《通知》)，明确嫩江、洮儿河滩涂的管理、开发及利用的权利由水利局行使。2009年，韩国春获得渔业捕捞许可证和船舶登记。2011年，韩国春取得大安市人民政府颁发的养殖许可证。2010年9月9日，中石油吉林分公司位于韩国春鱼塘附近的大-119号油井发生泄漏，泄漏的原油流进韩国春的鱼塘。韩国春要求中国石油天然气股份有限公司吉林油田分公司(以下简称中石油吉林分公司)赔偿遭拒后，遂成诉。

一审法院认为:本案在审理过程中,韩国春自认鱼塘内鱼的流失系因排水并决堤造成,在其没有充分证据证明系中石油吉林分公司造成水污染导致其鱼的死亡或相应损失的情况下,本案并不适用特殊侵权归责原则,应适用一般侵权归责原则,而一般侵权事实的成立须由原告方举证证明,并且要进一步证明所受损害的具体数额。一般侵权构成具有四个要件即损害事实、加害行为、加害行为与损害事实之间具有因果关系、主观过错。具体到本案,关于损害事实方面,韩国春主张鱼塘被污染,并采取挖开鱼塘围堤排污放水而导致鱼的流失,但该事实并没有充分证据加以证实,具体鱼的流失量也没有相关证据支持。虽然韩国春提供了白城市价格认证中心接受一审法院委托出具的价格鉴定结论书,用以证明韩国春因鱼塘被中石油吉林分公司污染造成2010年投入鱼苗养鱼、2011年未养鱼、围坝修复及注水排污等损失共计3,015,040.36元。但该数额只是对韩国春鱼塘的投入、维护及收益所做的价值评估。关于中石油吉林分公司的加害行为,中石油吉林分公司对其大-119号油井发生原油泄漏并随江水进入韩国春鱼塘的事实无异议,可认定存在加害行为,但韩国春所做的价值评估与中石油吉林分公司的加害行为不具有必然的因果关系。韩国春提供了水质监测报告及鱼塘出现死鱼的照片,但仅凭照片及水质监测报告不能证明鱼死亡事实、原因、损失量,与中石油吉林分公司的加害行为亦不能确定具有因果关系。韩国春提供的所有证据均不能证实因中石油吉林分公司油井泄漏造成其实际损失的存在及具体数额。《最高人民法院关于民事诉讼证据的若干规定》第二条规定,当事人对自己提出的诉讼请求所依据的事实或者反驳对方诉讼请求所依据的事实有责任提供证据加以证明。没有证据或者证据不足以证明当事人的事实主张的,由负有举证责任的当事人承担不利后果。韩国春主张中石油吉林分公司存在侵权行为,因不能证明损害事实的存在,亦不能证明其所主张的损失数额与中石油吉林分公司的加害行为之间具有因果关系,应承担举证不能的后果。

一审法院判决:驳回韩国春的诉讼请求。案件受理费30,920元,由韩国春负担。

韩国春不服一审判决,提起上诉。

二审法院查明的事实与一审法院查明的事实一致。

二审法院认为:本案系因污染环境发生的纠纷,依据《中华人民共和国侵权责任法》第六十六条“因污染环境发生纠纷,污染者应当就法律规定的不承担责任或者减轻责任的情形及其行为与损害之间不存在因果关系承担举证责任”之规定,韩国春无须承担因果关系的举证责任,但仍然需要证明有损害事实。韩国春主张的损失 3,015,040.36 元中包括鱼塘围坝修复及注水排污费用、2010 年养鱼损失、2011 年未养鱼损失。

鱼塘围坝修复费用与中石油吉林分公司水污染侵权行为没有直接因果关系。韩国春承认围坝损毁的原因是其为了清理油污挖坝放水,水流过大冲毁了围坝。虽其主张是中石油吉林分公司要求其挖坝放水,但没有充分证据证明;即便可以证明是中石油吉林分公司要求其挖坝放水的,也无法证明该要求与围坝损毁的因果关系,亦无法证明该要求的目的是损毁围坝,不能适用《中华人民共和国侵权责任法》第九条第一款“教唆、帮助他人实施侵权行为的,应当与行为人承担连带责任”之规定。故二审法院对其要求中石油吉林分公司支付其围坝修复费用的主张不予支持。

关于三次注水排污事实的发生,韩国春只有证人证言予以证明。因该证人证言系孤证,且证人不能对注水排污事实的细节进行说明,其所述开始时间与韩国春所述不一致,依据《最高人民法院关于适用〈中华人民共和国民事诉讼法〉的解释》第一百零八条第一款“对负有举证证明责任的当事人提供的证据,人民法院经审查并结合相关事实,确信待证事实的存在具有高度可能性的,应当认定该事实存在”之规定,二审法院认为韩国春所提供的证据不足以证明三次注水排污事实的发生,对其该项主张不予支持。

关于 2011 年未养鱼的原因,韩国春主张系需要修复鱼塘围坝和注水排污,渔政部门因水质不合格不允许其养鱼。如前所述,修复鱼塘围坝和注水排污皆不能径直成为其要求中石油吉林分公司赔偿损失的原因。韩国春未能提供渔政部门出具的任何公文,且其用于证明 2011 年鱼塘污染的(2011－62)号监测报告系韩国春单方委托,水质样品为韩国春单方提供。故二审法院对韩国春要求中石油吉林分公司赔偿其 2011 年未养鱼损失的主张不予支持。

关于 2010 年养鱼损失问题。根据捞油清单、鱼塘照片、(2010－177)号监测报告、回收原油记录等证据,可以认定鱼塘被原油污染的事实。中石油吉林分公司认为韩国春的损失不是原油泄漏所造成,而是由于嫩江涨水冲毁堤坝导致鱼流失,但对于该主张没有提供充分证据予以证明。依据《最高人民法院关于民事诉讼证据的若干规定》第二条“当事人对自己提出的诉讼请求所依据的事实或者反驳对方诉讼请求所依据的事实有责任提供证据加以证明。没有证据或者证据不足以证明当事人的事实主张的，由负有举证责任的当事人承担不利后果”及《中华人民共和国侵权责任法》第六十五条“因污染环境造成损害的，污染者应当承担侵权责任”之规定，中石油吉林分公司应当对韩国春2010年养鱼损失予以赔偿。韩国春2010年养鱼损失经法院委托的白城市价格认证中心鉴定为1,058,796.25元。中石油吉林分公司对此损失数额并不认可，认为韩国春提交的购买鱼苗收据虚假，但未提供证据予以证明；认为鉴定人员现场踏查时中石油吉林分公司人员并不在场，鱼塘实际面积10公顷，但中石油吉林分公司在一审庭审时承认其收到了鉴定部门的通知并到达现场，且中石油吉林分公司用于证明鱼塘面积10公顷的《示意图》系其单方委托。故二审法院对中石油吉林分公司的该项抗辩不予支持。虽然中石油吉林分公司主张韩国春在国家河道管理范围内筑坝养鱼行为违法，但韩国春该行为应由相关部门判断和规制，该行为是否违法并不是中石油吉林分公司侵权的免责事由。

二审法院判决：中石油吉林分公司于判决生效之日起赔偿韩国春经济损失共计人民币1,058,796.25元。

韩国春认为有新的证据足以证明2011年鱼塘水面和鱼池内土质仍存在污染，2011年中石油吉林分公司仍在打捞清理原油，韩国春2011年未养鱼与中石油吉林分公司的油井泄漏之间存在因果关系，鱼塘围坝修复及注水排污均系清理油污而实施的必要行为，相关费用系因鱼塘受污染而产生的合理费用，二审判决没有支持这两部分损失属于认定事实错误。向最高人民法院申请再审请。

再审法院查明，对一审、二审查明的其他事实予以确认。另查明，中石油吉林分公司大-119号油井距离韩国春鱼塘约一公里。大-119号油井泄漏的部分原油在嫩江涨水下泄时被洪水带入韩国春鱼塘。中石油吉林分公司于2010年9月10日在巡查中发现原油泄漏污染，于9月14日至9月19日在污染现场进行了清理油污作业。

再审法院认为，本案的争议焦点：第一，本案是否构成环境污染侵权责任纠纷；第二，2010年养鱼损失责任承担及数额认定问题；第三，2011年未养鱼损失责任承担及数额认定问题;第四,是否产生了鱼塘围坝修复、注水排污费用及责任承担问题。

1. 关于本案是否构成环境污染侵权责任纠纷的问题

《中华人民共和国侵权责任法》第六十五条规定,因污染环境造成损害的,污染者应当承担侵权责任。第六十六条规定,污染环境发生纠纷,污染者应当就其行为与损害之间不存在因果关系承担举证责任。《最高人民法院关于审理环境侵权责任纠纷案件适用法律若干问题的解释》(以下简称《环境侵权司法解释》)第六条规定,被侵权人根据侵权责任法第六十五条规定请求赔偿的,应当提供证明以下事实的证据材料:(一)污染者排放了污染物;(二)被侵权人的损害;(三)污染者排放的污染物或者其次生污染物与损害之间具有关联性。依据上述规定,韩国春主张环境侵权污染责任纠纷,应就中石油吉林分公司存在污染行为、自己遭受了损害承担举证责任,此外,还应举出初步证据证明污染物或者其次生污染物与损害之间具有关联性。中石油吉林分公司应就其行为与损害之间不存在因果关系承担举证责任。

第一,根据韩国春提供的证据及相关事实,足以认定中石油吉林分公司存在污染行为。根据查明的事实,中石油吉林分公司认可其大-119号油井发生原油泄漏,泄漏的部分原油随嫩江洪水下泄流进韩国春的鱼塘,即中石油吉林分公司对于存在污染行为并无异议。中石油吉林分公司抗辩大-119号油井系在嫩江涨水后被人为破坏从而发生原油泄漏,其本身没有实施污染和破坏环境的行为,不符合环境污染侵权构成要件。《中华人民共和国侵权责任法》第六十八条规定,因第三人的过错污染环境造成损害的,被侵权人可以向污染者请求赔偿,也可以向第三人请求赔偿。同时,排放污染物行为,不限于积极地投放或导入污染物质的行为,还包括伴随企业生产活动的消极污染行为。废弃油井是油气勘探开发作业中的必然产物,由于技术、自然风险或者人为因素,废弃油井可能发生井喷、溢油、爆炸燃烧以及缓慢外泄、污染地下水层等情形,可能造成他人的人身损害、财产损失、环境损害风险或实质损害。根据预防优先及污染者负担原则,废弃油井的所有者或控制者应当按照法律的规定,采取措施对污染源进行有效的控制和风险防范,对因污染行为造成他人的人身损害、财产损失及环境损害,应当予以赔偿,进行环境治理。中石油吉林分公司是废弃油井的所有者,无论是否因其过错导致废弃油井原油泄漏流入韩国春的鱼塘,其均应对污染行为造成的损失承担侵权损害赔偿责任。

第二,根据韩国春提供的证据,查明其鱼塘因原油污染而遭受损害。综合韩国春提交的松原环境监测站 2010 年 9 月 21 日出具的(2010 - 177)号水质监测报告、捞油清单、鱼塘照片、证人证言等证据,可以认定鱼塘被原油污染、鱼塘中的鱼大量死亡的事实。韩国春的鱼塘因原油污染遭受损害的事实客观存在。

第三,根据韩国春提供的证据及相关事实,足以认定原油泄漏造成的污染与韩国春鱼塘遭受损害之间具有关联性。(2010 - 177)号水质监测报告表明,鱼塘石油含量严重超标,水质环境不适合渔业养殖。综合韩国春提交的证人证言等证据,可以认定原油泄漏与其鱼塘中的鱼死亡之间具有一定关联性。中石油吉林分公司主张(2010 - 177)号水质监测报告不具有证据效力,理由有两点:一是水质样品并非取自污染发生时的现场,二是中石油吉林分公司并未参与监测。关于水质样品一致性问题,根据中石油吉林分公司一审提供的回收原油记录、法院询问时中石油吉林分公司安全科长刘福山的证人证言等,中石油吉林分公司曾于 2010 年 9 月 14 日至 9 月 19 日在污染现场乘船打捞清理油污。2010 年 9 月 19 日,大安市渔政渔港监督管理站送样至松原环境监测站检测。依常理推断,即使 9 月 19 日送检水质样品与 9 月 9 日刚泄漏时的样品不一致,在不存在新增污染的前提下,清理后的水质也应优于原油泄漏发生时的水质。中石油吉林分公司主张不排除同时期有其他污染发生,但是中石油吉林分公司每日乘船打捞清理,其间若有其他污染,中石油吉林分公司应了解情况,却未提供任何证据予以证明。关于监测程序问题,大安市渔政渔港监督管理站送样检测,系其依法履行渔政管理工作职责的行为,并非受一方当事人委托的行为。依据《渔业水域污染事故调查处理程序规定》第十五条第一款“渔业环境监测站出具的监测数据、鉴定结论或其它具备资格的有关单位出具的鉴定证明是主管机构处理污染事故的依据”之规定,松原环境监测站出具的水质监测报告,可以作为渔政监督管理部门处理污染事故的依据。中石油吉林分公司主张因其未参与监测故而水质监测报告无效,缺乏法律依据。

第四,中石油吉林分公司未能证明其排污行为与韩国春所受损害之间不存在因果关系。依据《环境侵权司法解释》第七条的规定,污染者举证证明下列情形之一的,人民法院应当认定其污染行为与损害之间不存在因果关系:

（一）排放的污染物没有造成该损害可能的；（二）排放的可造成该损害的污染物未到达该损害发生地的；（三）该损害于排放污染物之前已发生的；（四）其他可以认定污染行为与损害之间不存在因果关系的情形。石油漂浮在水面上会隔绝氧气导致水体缺氧，且石油中所含有毒物质亦会对水中生物造成影响，导致鱼类死亡。由于嫩江洪水下泄，将泄漏原油带至韩国春鱼塘，鱼塘中的鱼死亡亦发生于原油泄漏之后，这是双方当事人均认可的事实，故本案损害与污染行为之间存在明显的空间、时间关联性。中石油吉林分公司主张韩国春2010年养鱼损失并非原油泄漏造成，而是由于嫩江涨水超过堤坝导致全部鱼流失。但中石油吉林分公司对其主张仅提供了由大安市长江石油技术有限责任公司出具的一份《证明》，主要内容为"我公司于2010年9月……在河道管理区域内打捞漂浮在水面的泄漏原油……由于嫩江洪水上涨，当时在区域的河道管理范围内已全部被洪水淹没，嫩江江道已和全部河道管理区域的洪水连成一片，在水面上已看不到在河道管理区域内的鱼塘及鱼塘堤坝……公司捞油人员是乘船进入到河道管理区域内实施的捞油作业"。从《证明》内容来看，并不能充分证明鱼塘中的鱼系全部被嫩江洪水冲走这一主张，亦无法排除所泄漏的原油造成鱼塘中的鱼死亡的可能性，也无法排除韩国春为清理油污挖坝注水导致鱼塘中的鱼被冲走的可能性。因此，中石油吉林分公司并未完成法定的举证责任，其应承担相应的不利后果。

综上，法院认为，韩国春完成了举证责任，举证证明了中石油吉林分公司存在污染行为，鱼塘因污染而遭受损害的事实及原油污染与损害之间具有关联性。中石油吉林分公司未能证明其排污行为与韩国春所受损害之间不存在因果关系。因此，本案系因原油泄漏使鱼塘遭受污染引发的环境污染侵权责任纠纷。中石油吉林分公司大－119号油井泄漏原油造成韩国春财产损失，应承担相应的损害赔偿责任。

2. 关于2010年养鱼损失责任承担及数额认定问题

《中华人民共和国侵权责任法》第六十六条规定，因污染环境发生纠纷，污染者应当就法律规定的不承担责任或者减轻责任的情形承担举证责任。对于韩国春主张的2010年养鱼损失，中石油吉林分公司提出若干抗辩事由，但这些理由不能成为其免责事由，仅洪水的作用力可作为减轻其责任的考量因素。具体分析如下：

第一，中石油吉林分公司主张大－119号油井系在嫩江涨水后被人为破坏从而发生原油泄漏，其不应承担责任。对此，法院认为，中石油吉林分公司并未提供充分证据证明其所有的大－119号油井系被人为破坏，且即使确系因第三人破坏而发生井喷，依据《环境侵权司法解释》第五条第三款“污染者以第三人的过错污染环境造成损害为由主张不承担责任或者减轻责任的，人民法院不予支持”之规定，即使污染系因第三人过错导致，污染者亦应承担责任。泄漏原油随洪水下泄流进韩国春鱼塘造成环境污染损害，中石油吉林分公司亦应依法承担损害赔偿责任。

第二，中石油吉林分公司一审提供的《D119井基本情况说明》中自述“2010年6月13日准备迎接汛期前检查发现井口被破坏”，但中石油吉林分公司并未提供充分证据证明其采取了应对自然灾害的合理措施，故不适用不可抗力的免责规定。

第三，中石油吉林分公司主张韩国春在泄洪区内筑坝养鱼属于违法行为，其养鱼损失不应得到保护。韩国春与宝石村委会于1997年签订承包合同，韩国春取得案涉鱼塘的承包经营权，并实际经营养鱼。2009年7月7日，韩国春获得渔业捕捞许可证和船舶登记。2009年12月30日，大安市人民政府下发《通知》，明确嫩江、洮儿河滩涂的管理、开发及利用的权利由水利局行使。2011年8月1日，大安市人民政府为韩国春颁发《水域滩涂养殖证》。颁证行为和《通知》均由大安市人民政府作出，《水域滩涂养殖证》是大安市人民政府对韩国春具备养殖资格的确认，与《通知》内容并无冲突和矛盾。《水域滩涂养殖证》上亦明确备注“该养殖水面属于养殖者在嫩江滩涂开发水面，养殖者建设的生产设施不能影响嫩江防洪泄洪，因嫩江防洪泄洪需要养殖者应无条件拆除养殖设施”。结合宝石村东嫩江水域滩涂界至图、渔业捕捞许可证及船舶登记等证据，可以认定韩国春具备渔业养殖资格。退一步而言，韩国春的养鱼行为是否违法，并非中石油吉林分公司免除侵权责任的法定事由。

第四，经现场勘查，大－119号油井距离韩国春鱼塘近一公里，如果没有洪水的作用力，所泄漏原油短期内不会流入韩国春的鱼塘。韩国春提供的鱼塘照片等证据亦能证明当时存在洪水。法院询问时，韩国春亦认可一部分鱼塘中的鱼系被洪水冲走。综合本案事实，可以认定造成韩国春2010年养鱼损失的原因除中石油吉林分公司大－119号油井泄漏原油污染鱼塘外，客观上还与洪水漫进韩国春鱼塘冲走部分鱼等因素有关。因此,洪水系本案污染事件发生的重要媒介以及造成韩国春2010年养鱼损失的重要原因,可以作为中石油吉林分公司减轻责任的考虑因素。综合考虑上述多种因素和本案具体情况,中石油吉林分公司应承担部分赔偿责任。

关于2010年养鱼损失数额认定问题。中石油吉林分公司主张二审判决根据价格鉴定结论书确定赔偿数额错误。法院认为,价格鉴定结论书可以作为确定赔偿数额的参考依据。第一,诉讼中,依据韩国春的申请,一审法院委托白城市价格认证中心对韩国春位于大安市太山镇宝石村的鱼塘围坝修复及注水费用、2010年养鱼损失、2011年未养鱼损失进行价格鉴定。韩国春2010年养鱼损失经鉴定为1,058,796.25元。经审查,白城市价格认证中心具备鉴定资质。价格鉴定结论书作出后,中石油吉林分公司提出异议,白城市价格认证中心出庭接受了质询。中石油吉林分公司虽要求重新鉴定,但未能提供证据证明价格鉴定结论书具有重新鉴定的法定情形或其他鉴定程序不合法的情形。第二,中石油吉林分公司提出韩国春提交的购买鱼苗的收据虚假,但未提供证据予以证明,法院不予支持。第三,中石油吉林分公司主张韩国春鱼塘的实际面积应为10公顷,二审法院以中石油吉林分公司提交的《示意图》系单方委托为由不予认定存在错误,价格鉴定结论书未以《示意图》作为计算基础错误。经查,《示意图》系于2012年2月出具,未能完全反映2010年9月事发时状况,且国家机关依职权制作的公文书证的证明力一般大于其他书证。因韩国春提供的《水域滩涂养殖证》核准水域、滩涂面积明确记载为100.358公顷,且经由渔业行政主管部门审核,加盖政府公章,故以《水域滩涂养殖证》上载明的鱼塘面积作为计算损失的基础,并无不当。故法院认为,价格鉴定结论书可以作为确定赔偿数额的参考依据。

另外,如前所述,韩国春2010年养鱼损失,并非单纯因中石油吉林分公司原油泄漏的原因所致。综合本案情况,韩国春2010年养鱼损失由中石油吉林分公司赔偿50%较为妥当。即韩国春2010年养鱼损失由中石油吉林分公司承担529,400元。

3.关于2011年未养鱼损失责任承担及数额认定问题

关于2011年未养鱼的原因,韩国春主张系渔政监督管理部门因鱼塘水质不合格不允许其养鱼。中石油吉林分公司称油污已经清理完毕,但并未提交充分证据证明。法院询问时,中石油吉林分公司工作人员陈述系乘船打捞漂浮泄漏原油,对沉底石油类物质基本没有进行清理,且其清理完毕的标准是“肉眼基本看不到(油污)”。大安市渔政渔港监督管理站执法检查员闫喜东出庭作证证实,其与时任站长纪维波于2011年4月到现场调查时发现韩国春的鱼塘依然不具备养殖条件。结合一审期间郑洪生、高利强、吴志军、于立春等证人证言,可以确认2011年4月韩国春鱼塘水面和池内水质仍有污染。中石油吉林分公司一审提供的松原鼎信石油技术有限公司于2010年10月9日出具的沾油杂草等混合物311袋、处理后的净化油约102公斤的回收原油记录等证据,仅能证明其曾进行过油污清理工作,不能证明其已将所泄漏原油彻底清理干净,也不能证明清理后的鱼塘水质符合养鱼条件。退一步而言,即使漂浮水面或者附着植物上的油污已经清理干净,但沉降至塘底的油污是否已经清理干净,以及鱼塘水质是否达到适宜养殖的标准,中石油吉林分公司均未提供证据证明。因此,中石油吉林分公司关于油污已全部清理完毕的主张难以令人信服,法院不予支持。

法院认为,2011年虽无新的原油泄漏,但考虑到原油不易被降解、油污影响时间长等特点,结合双方当事人所认可的当地江河封冻期自当年10月下旬至次年4月中旬的水文特征,依常理可以推断2011年韩国春鱼塘污染处于持续状态,客观上导致韩国春2011年无法正常养鱼。

综上,韩国春2011年未养鱼损失的原因力明确,中石油吉林分公司未能就韩国春2011年未养鱼损失与其污染行为不存在因果关系提供充分证据证明,亦未举证证明法律规定的不承担责任或者减轻责任的情形,中石油吉林分公司应承担韩国春2011年未养鱼损失。

关于2011年未养鱼损失数额认定问题。经审查,价格鉴定结论书对于韩国春2010年投入鱼苗养鱼损失系按接近于稀养的标准算得1,058,796.25元;对于2011年不能养鱼损失系在除承包费外没有任何投入的情况下,按中等放养密度的标准算得1,866,049.11元,远高于2010年投入鱼苗正常养鱼年度的损失,不尽合理。且从韩国春在变更一审诉讼请求前所主张的全部损失为50万元来看,价格鉴定结论书的结论不宜直接采用。因此,法院酌情判令中石油吉林分公司参照2010年养鱼损失,赔偿韩国春2011年未养鱼损失1,058,796.25元。

4. 关于是否产生了鱼塘围坝修复、注水排污费用及责任承担问题

关于是否产生了鱼塘围坝修复及注水排污费用的问题。中石油吉林分公司主张其已清理完毕所有流进韩国春鱼塘的原油,没有进一步挖坝注水清理油污的必要,其不应承担相应费用。但如前所述,中石油吉林分公司未能提供充分证据证明其已将油污全部清理完毕,渔政监督管理部门亦认为 2011 年尚不具备养鱼条件。在法院询问时,中石油吉林分公司工作人员对于为何分别在 2010 年、2011 年向韩国春支付清理油污费用未能给出合理解释,结合其他相关证据,足以推定韩国春在 2011 年为清理鱼塘油污,挖坝注水清理油污事实的存在。韩国春一审期间提交了 4 份证人证言及宝石村委会出具的证明材料,其中李峰、王金辉、任国发以及宝石村委会委员吴志军出庭作证。结合大安市渔政渔港监督管理站渔政执法检查员闫喜东的证言,可以认定韩国春挖坝注水清理油污系消除污染、排除妨害、修复鱼塘生态环境的必要措施,依据《环境侵权司法解释》第十五条规定,由此产生的合理费用应予支持。价格鉴定结论书测算鱼塘围坝修复费用为 33,135 元,注水排污费用为 57,060 元,法院予以支持。

再审法院判决:中国石油天然气股份有限公司吉林油田分公司于本判决生效之日 10 日内起赔偿韩国春经济损失共计 1,678,391.25 元;驳回韩国春的其他诉讼请求。

【规则解读】

近年来,中国油气企业不断加大环境安全管理力度,油气领域的生态环境保护取得不少可喜成绩。但是,因为油气勘查、开采、运输、加工、炼化的技术原因,油气行业对环境安全的威胁仍然较高。实践中,有些污染不是油气企业造成,而是第三人过错、不可抗力事件导致。本案中,中国石油天然气股份有限公司吉林油田分公司以第三人原因、不可抗力进行抗辩,但没有得到法院支持。本案裁判规则对油气污染纠纷提供指引。

一、主张法定免责情形的注意事项

《中华人民共和国侵权责任法》规定的环境污染责任是无过错责任,只要满足损害行为、损害事实和因果关系三个构成要件,侵权责任即可成立。在举证责任分配上,被侵权人只需证明污染者排放了污染物;有损害后果;污染者

排放的污染物或者其次生污染物与损害之间具有关联性，即可完成举证责任。污染者应就法律规定的免责事由及其行为与损害结果之间不存在因果关系承担举证责任。《中华人民共和国民法典》第一千二百三十条规定：因污染环境、破坏生态发生纠纷，行为人应当就法律规定的不承担责任或者减轻责任的情形及其行为与损害之间不存在因果关系承担举证责任。因此，若油气企业主张减轻或免除责任，可能的途径：(1)举证证明存在法律规定的不承担责任或者减轻责任的情形；(2)其行为与损害之间不存在因果关系。《中华人民共和国侵权责任法》规定的污染者减轻或免责的情形主要是不可抗力、受害人以及第三人过错。结合相关法律法规、司法判例，油气企业据此主张免责时，需注意：

1. 不可抗力引发的环境污染不足以构成免责事由

油气领域的环境侵权案件中，有些污染事件起因是暴雨洪灾等不可抗力事件油气企业没有主动实施污染行为。不可抗力虽然是普遍认可的免责事由，但污染者不能仅仅根据不可抗力主张免责，还需就已经采取措施且所采措施具有合理性进行举证。

本案中，污染者中石油吉林分公司虽然主张不可抗力免责，但没有获得最高人民法院支持，原因是“废弃油井是油气勘探开发作业中的必然产物，由于技术、自然风险或者人为因素，可能发生井喷、溢油、爆炸燃烧以及缓慢外泄、污染地下水层等情形，可能造成他人的人身损害、财产损失、环境损害风险或实质损害。中石油吉林分公司是污染源废弃油井的所有者，虽然污染确因自然灾害引起，但中石油吉林分公司不能举证证明已经采取措施对污染源进行有效的控制和风险防范，因此，对因污染行为造成他人的人身损害、财产损失及环境损害，应当予以赔偿”。

由于环境保护法律体系就污染人“及时采取合理措施”的证明标准给予明确解释，污染者是否采取应对措施，采取措施是否满足及时、合理的标准，有赖于法官自由裁量。

2. 因第三人过错造成损害，油气企业仍应承担赔偿责任

实践中，有些污染环境行为是由于污染者与被侵权人之外的第三人的过错导致的。如果按照一般侵权的过错责任原则，被侵权人需自行确定第三人并举证证明第三人行为和污染损害的因果关系，由于环境侵权事故的复杂性，

此种设计不利于被侵权人维权，无助于环境生态公平。因此，《中华人民共和国侵权责任法》第六十八条规定，被侵权人可以选择请求污染者或者第三人赔偿。但《中华人民共和国侵权责任法》并未明确污染者与第三人的诉讼地位，污染者对污染环境行为也有过错时第三人如何承担责任，以及污染者能否以第三人过错为由主张减免责任等问题。

《最高人民法院关于审理环境侵权责任纠纷案件适用法律若干问题的解释》（法释〔2015〕12号）第五条规定："被侵权人根据侵权责任法第六十八条规定分别或者同时起诉污染者、第三人的，人民法院应予受理。被侵权人请求第三人承担赔偿责任的，人民法院应当根据第三人的过错程度确定其相应赔偿责任。污染者以第三人的过错污染环境造成损害为由主张不承担责任或者减轻责任的，人民法院不予支持。"

根据上述规定，因第三人过错造成环境污染，被侵权人可以选择起诉油气企业，油气企业不得以第三人过错主张免责。但油气企业在承担赔偿责任后，可以向第三人追偿。

3. 油气企业合法排污行为不足以构成免责事由

《最高人民法院关于审理环境侵权责任纠纷案件适用法律若干问题的解释》（法释〔2015〕12号）第一条第一款明确规定："因污染环境造成损害，不论污染者有无过错，污染者应当承担侵权责任。污染者以排污符合国家或者地方污染物排放标准为由主张不承担责任的，人民法院不予支持。"相关案例如最高人民法院民事审判参考性案例之邓仕迎诉广西永凯糖纸有限责任公司等六企业通海水域污染损害责任纠纷案[（2016）桂民终193号]，被告以合规排放污水为由进行抗辩，法院对其抗辩主张不予采纳。

4. 排放未纳入环境标准的物质致污染，污染者不能因排放物不在环境标准内主张免责

最高人民法院民事审判参考性案例之吕金奎等79人诉山海关船舶重工有限责任公司海上污染损害责任纠纷案[（2014）津高民四终字第22号]中，法院审理查明：山海关老龙头海域污染系山船重工公司在修造大型船舶过程中泄漏含铁量较高的刨锈污水导致，山船重工公司实施了向海水中泄漏含铁量较高污水的污染行为。山船重工公司提出抗辩理由：铁物质不属于评价海水水质的标准，其行为不属于环境污染侵权行为。本案的审理难点在于在未被

纳入环境标准的情况下，致害物质是否属于环境污染责任中的“污染物”以及是否构成环境污染侵权。本案判决山船重工公司侵权成立，确立了环境污染责任中“污染物”应界定为一切能够造成环境损害的物质，排放未纳入环境标准物质致损亦构成环境污染侵权的裁判规则。

5. 损害后果已减弱或消失，污染者不能因此主张免责

泰州市环保联合会与泰兴锦汇化工有限公司等环境污染侵权赔偿纠纷案［（2015）民申字第1366号］中，确定不能以部分水域的水质得到恢复为由免除污染者应当承担的环境修复责任额裁判规则。法院认为，“环境污染案件中，危险化学品和化工产品生产企业对其主营产品及副产品必须具有较高的注意义务，必须全面了解其主营产品和主营产品生产过程中产生的副产品是否具有高度危险性，是否会造成环境污染；必须使其主营产品的生产、出售、运输、储存和处置符合相关法律规定，并使其副产品的生产、出售、运输、储存和处置符合相关法律规定，避免对生态环境造成损害或者产生造成生态环境损害的重大风险。虽然河流具有一定的自净能力，但是环境容量是有限的。向河流中大量倾倒副产酸，必然对河流的水质、水体动植物、河床、河岸以及河流下游的生态环境造成严重破坏，如不及时修复，污染的累积必然会超出环境承载能力，最终造成不可逆转的环境损害。因此，不能以部分水域的水质得到恢复为由免除污染者应当承担的环境修复责任”。

二、油气企业能举证证明污染者行为与损害后果不存在因果关系，可以免责

污染行为和损害后果间存在因果关系是侵权责任构成要件之一，如果油气企业能完成不存在因果关系的举证责任，则可以免责。根据《最高人民法院关于审理环境侵权责任纠纷案件适用法律若干问题的解释》（法释〔2015〕12号）第七条的规定，污染者能举证证明下列情形之一的，人民法院应当认定其污染行为与损害之间不存在因果关系：（1）排放的污染物没有造成该损害可能的；（2）排放的可造成该损害的污染物未到达该损害发生地的；（3）该损害于排放污染物之前已发生的；（4）其他可以认定污染行为与损害之间不存在因果关系的情形。

值得注意的是，尽管我国立法有不存在因果关系证明责任的明确规定，但在司法实践中，因果关系的认定主要依赖于专业鉴定意见，而非法官裁量。从理论上讲，鉴定结论认定因果关系有合理性，鉴定结论不外乎“存在因果关系”

和“不存在因果关系”两种情形，但实际上，因为在科学上有一个定理：任何时候说“没有”比“有”存在更大风险，少有鉴定机构愿意接受“不存在因果关系”的鉴定。根据相关研究结论，即使鉴定机构出具“不存在因果关系”的鉴定意见，人民法院仍可能基于其他考量判决污染者承担赔偿责任。[①] 所以，基于因果关系的免责在司法实践中还存在一定难度。

【风险提示】

石油、天然气为代表的能源化工工业作为国民经济血液和命脉的特种行业，由于涉及油气及危险化学品，易燃易爆、有毒有害和高污染，易发生安全环保事故，属于高危险、高污染行业。一旦发生污染事件，容易造成污染总量大、污染环节多、污染类型复杂、污染影响严重的后果。环境污染行为不仅包括积极污染行为，还包括怠于管理而造成污染的消极污染行为。油气企业疏于管理废弃油气井，一旦废弃油气井引发环境损害，油气企业将面临重大法律风险。本着保护优先、预防为主、综合治理的原则，油气企业应采取多种措施，有效降低发生此类事件风险。油气企业还应明确环境污染侵权的举证责任，及时有效地留存相关证据，避免因举证不能产生加重责任的情况。综合本案情况，律师建议：

第一，油气企业应对可能造成环境污染的情况进行全面的摸底排查，明确本企业环境污染的风险点，防治环境污染问题。做到及时发现、及时控制、及时补救。油气企业应当联合当地政府环保部门定期巡查，及时发现可疑安全隐患并采取措施。制作环境保护污染事件处理预案，并加强与当地政府沟通协作，在处理突发污染事件之外，共同打击盗窃、破坏废弃油气井封堵设施和部件、非法开采废弃井等违法犯罪行为，加强监管责任，降低环境污染风险。

第二，对废弃油气井的管理引起高度重视，彻底摸清废弃井的分布和封堵情况，对废弃井定期要进行必要的验漏测试，彻底查找可能的安全隐患并及时治理。明确废弃油气井潜在的巨大环境危害，按照国家和行业对废弃油气井的废弃条件、封堵技术要求，根据不同的报废或废弃情况科学分析，及时进行有效的封堵施工和隐患治理，确保安全。注意废弃油气井周边及地下的生态

---

① 胡学军：《环境侵权中的因果关系及其证明问题评析》，载《中国法学》2013 年第 5 期。

环境保护,对企业自身负责,担负企业社会责任。

第三,了解《中华人民共和国环境保护法》等相关法律法规及行业规范,明确环境污染侵权构成及责任承担的法律规定,建立健全定期普查制度和资料保管制度,对可能存在的环境污染事情在做好完全封堵措施的同时,完善后期标识和资料保管。注意留存潜在或已经发生污染的污染源的监管、治理资料,若发生环境侵权纠纷诉讼案件能有效举证,避免因证据未留存承担举证不利的责任后果。

【相关法律法规】

《最高人民法院关于民事诉讼证据的若干规定》(2019 年 12 月 25 日修正)

第二条　当事人对自己提出的诉讼请求所依据的事实或者反驳对方诉讼请求所依据的事实有责任提供证据加以证明。没有证据或者证据不足以证明当事人的事实主张的,由负有举证责任的当事人承担不利后果。

《最高人民法院关于适用〈中华人民共和国民事诉讼法〉的解释》(2015 年 1 月 30 日)

第一百零八条第一款　对负有举证证明责任的当事人提供的证据,人民法院经审查并结合相关事实,确信待证事实的存在具有高度可能性的,应当认定该事实存在。

《中华人民共和国侵权责任法》(2009 年 12 月 26 日)

第六十五条　因污染环境造成损害的,污染者应当承担侵权责任。

第六十六条　因污染环境发生纠纷,污染者应当就法律规定的不承担责任或者减轻责任的情形及其行为与损害之间不存在因果关系承担举证责任。

第六十八条　因第三人的过错污染环境造成损害的,被侵权人可以向污染者请求赔偿,也可以向第三人请求赔偿。污染者赔偿后,有权向第三人追偿。

《最高人民法院关于审理环境侵权责任纠纷案件适用法律若干问题的解释》(2015 年 6 月 1 日)

第五条　被侵权人根据侵权责任法第六十八条规定分别或者同时起诉污染者、第三人的,人民法院应予受理。

被侵权人请求第三人承担赔偿责任的,人民法院应当根据第三人的过错程度确定其相应赔偿责任。

污染者以第三人的过错污染环境造成损害为由主张不承担责任或者减轻责任的，人民法院不予支持。

第十五条　被侵权人起诉请求污染者赔偿因污染造成的财产损失、人身损害以及为防止污染扩大、消除污染而采取必要措施所支出的合理费用的，人民法院应予支持。

滚动支付的油气买卖合同确定诉讼时效起算点方法

【裁判规则】

滚动支付买卖合同不属于严格意义上的同一债务分期履行合同；由于滚动支付形成的债务具有整体性和难以分割性，司法实践适用长期持续性合同相关规定，出卖人向买受人索要欠款的诉讼时效从合同约定的最后一笔欠付货款履行期限届满之日起算。

【典型案例】

中国石油天然气股份有限公司兰州润滑油厂与中国石油化工股份有限公司河南郑州石油分公司一般买卖合同纠纷案［（2013）民提字第183号］

【案情简介】

再审申请人（一审被告、二审上诉人）：中国石油化工股份有限公司河南郑州石油分公司。

被申请人（一审原告、二审被上诉人）：中国石油天然气股份有限公司兰州润滑油厂。

一审法院查明：1999年期间，随着国家政策的调整进行企业改制重组。原兰州炼油化工总厂（以下简称兰炼总厂）历经重组，兰炼总厂在石化产品销售方面形成的全部债权债务均由中国石油天然气股份有限公司兰州炼化分公司承继，后在进一步重组中，组建了中国石油天然气股份有限公司兰州润滑油厂（以下简称兰州润滑油厂），将中国石油天然气股份有限公司兰州炼化分公司在润滑油产品销售方面的全部债权债务由兰州润滑油厂承继。原河南省石油总公司润滑油分公司（以下简称河南润滑油公司）历经重组之后，被中国石油化工股份有限公司河南石油分公司（以下简称河南石油分公司）撤销，原河南润滑油公司人、财、物均并入中国石油化工股份有限公司河南郑州石油分公司（以下简称郑州石油分公司）。

在审理中，兰州润滑油厂提出申请，要求对双方往来账进行司法审计。甘肃省兰州市中级人民法院委托陕西先锋会计师事务所有限责任公司（以下简称先锋会计所）对双方有关往来账务进行审计。审计经过两次复议，2011年3月15日，先锋会计所作出陕先审字（2010）139号审计报告，审计结果为：兰州润滑油厂应收河南石油分公司票据金额25,772,332.72元，河南石油分公司应付兰州润滑油厂票据金额22,747,453.45元，两项相减河南石油分公司未入账票据金额3,024,879.27元；兰州润滑油厂应收河南石油分公司票据金额25,772,332.72元，减兰州润滑油厂已收河南石油分公司票据金额18,712,651.09元，减河南石油分公司未入账票据金额3,024,879.27元，河南石油分公司欠兰州润滑油厂货款4,034,802.37元，其中拒付1,295,930.42元，欠款2,738,871.95元。庭审中，郑州石油分公司和河南石油分公司对2,738,871.95元欠款没有异议，对未入账票据金额3,024,879.27元提出，既没收到货也没有收到相关票证，对拒付1,295,930.42元的部分认为，因货物质量问题以及无合同发货而拒付。对此，兰州润滑油厂提供了河南石油分公司未入账的相关铁路货票16张、发票以及运杂费、保险费、拒付理由书等票证（该部分凭证兰州润滑油厂已提供审计），以证明河南石油分公司未入账的部分，兰州润滑油厂实际已经向河南石油分公司提供了货物，并出具了发票和办理了托收承付。郑州石油分公司和河南石油分公司质证认为，铁路货票只有4个车皮货票载明收货人是河南润滑油公司，其余收货人与其无关，对拒付理由书的真实性没有异议，虽然有拒付理由书，但是没有收到货物。

一审法院审理认为，原兰炼总厂与原河南润滑油公司之间油品买卖合同，系双方当事人真实意思表示，内容不违反我国法律和行政法规强制性规定，应当确认有效。本案当事人争议的焦点问题：本案是否超过法定诉讼时效期间和双方往来账务的结算以及违约金问题。

关于本案诉讼时效期间问题。本案双方当事人之间买卖油品法律关系中采用的是累计发货、累计付款、滚动结算的方式，双方终止买卖油品的业务之后,又进行机构的几经重组,往来账务未能核对,致使债权数额不能确定。双方当事人对付款期限也没有合同明确约定。根据《中华人民共和国合同法》的相关规定以及《中华人民共和国民法通则》有关民事诉讼时效法律制度的相关规定,履行期限不明确的,债务人可以随时履行,债权人也可以随时要求履行,但应当给对方必要的准备时间;诉讼时效期间在知道或者应当知道权利被侵害时起计算。本案双方当事人之间在买卖油品中对付款期限没有明确约定,实际交易中,供货、付款采取累计滚动结算的方式,原告在要求核对往来账务过程中得知双方挂账数额存有较大差异,认为其权益受到侵害,遂提起本案诉讼。据此,应当认定本案诉讼是在法定诉讼时效期间。被告提出本案已超过诉讼时效期间的抗辩理由不能成立。

关于往来账务的结算问题。被告对其尚欠货款 2,738,871.95 元没有异议,一审法院予以确认。被告对其拒付 1,295,930.42 元以及未入账票据金额 3,024,879.27 元提出异议。根据原告兰州润滑油厂提供的该部分供货的铁路货票、发票以及运杂费、保险费、托收承付凭证、拒绝付款理由书等证据材料,被告拒绝付款理由书载明拒付的主要理由为"产品质量经检验不合格故拒付,无合同、无计划发货故拒付"。上述证据材料显示,被告拒付货款的理由并非没有收到货物或是错发收货人,而是认为质量存在问题和无计划、无合同发货等原因拒绝支付货款,且其没有提供相应证据证明产品存在质量问题,也没有提供足以支持其反驳理由的相反证据。一审法院委托鉴定机构对双方当事人的往来账务以及原告提供的上述财务凭证进行了审计审核,审计报告以及相关证据已经开庭质证认证。根据审计报告以及原告提供的各证据与案件事实的关联程度、各证据之间的联系等方面综合审查判断,上述证据对本案事实具有证明力。据此,原告兰州润滑油厂主张被告拒付的货款以及被告未入账的拒付货款部分的供货事实,可以采信,被告应当向原告支付其拒付的全部货款。

关于原告主张的违约金问题。《中华人民共和国合同法》规定,当事人可以约定一方违约时应当根据违约情况向对方支付一定数额的违约金,也可以约定因违约产生的损失赔偿额的计算方法。根据该条款对违约金制度的规定当事人约定违约金的权利是我国法律所确定的合同自由原则的具体体现,违约金是由当事人通过协商预先确定的作为违约后生效的补救方式。本案中,原告主张的违约金,被告对此予以否认。原告没有提供以证明双方当事人有约定一方违约时应当向对方支付一定数额的违约金以及因违约产生的损失赔偿额的计算方法等相关证据。据此,原告兰州润滑油厂在本案中主张的违约金部分,该院不予采信。

一审法院依照《中华人民共和国合同法》第六十条第一款、第一百五十九条、第五十八条,《中华人民共和国民法通则》第四十四条第二款、第一百三十七条之规定,判决:(1)被告郑州石油分公司给付兰州润滑油厂货款7,059,681.64元,限自判决生效之日起十五日内履行完毕;(2)被告河南石油分公司对上述债务不能履行的部分承担补充清偿责任;(3)驳回兰州润滑油厂其他诉讼请求。如果未按该判决指定的期限履行给付金钱义务,应当依照《中华人民共和国民事诉讼法》第二百二十九条的规定,加倍支付迟延履行期间的债务利息。

上诉人郑州石油分公司不服一审判决结果,向甘肃省高级人民法院提起上诉。

二审法院查明:2001 年至 2008 年兰州润滑油厂向郑州石油分公司清欠、催款、主张对账的行为,兰州润滑油厂在一审期间提供 2001 年至 2008 年工作人员报销出差目的地为河南郑州、出差目的为清欠、催款的差旅费凭证 8 组,出差报告 2 份,2007 年 10 月 15 日、2008 年 9 月 25 日、2009 年 3 月 11 日兰州润滑油厂向河南石油分公司和郑州石油分公司寄发的《催款函》,主要内容为要求对账还款。兰州润滑油厂还提供了河南石油分公司企管处处长 2008 年 3 月 21 日书写的一张便条,内容为“根据郑州公司反映的情况,欠兰炼的款项的处置都是我单位单方行为,双方没有对清账,差异数额较大,目前付款数额无法确定,还不能进入法律程序,为此建议,仍按叶书记的意见,先对账,对清账之后,再考虑款项结付或进入法律程序。请于助理批示郑州公司执行”。

1996 年 6 月 15 日兰州润滑油厂在兰州铁路局颖川堡车站托运 1 车50.752 吨 -25#变压器油,到站新沟(郑),收货人武汉市润滑油实业有限公司,车号 81613,领货凭证收货人名称武汉市润佳润滑油实业有限公司(以下简称武汉润佳公司)。1996 年 6 月 26 日兰州炼油化工总厂开具甘肃省增值税专用发票 1 张,票号 00034692,客户名称河南润滑油公司,品名 -25#变,数量 101.679 吨(包括 1 车发给收货人石油专转恒运集团新乡分公司的 50.927 吨 -25#变压器油,车号81748)。1999年1月15日河南润滑油公司开具河南省增值税专用发票1张,票号00474402,名称武汉润佳公司,品名-25#变压器油,数量25.752吨,直运车号81613;同日河南润滑油公司开具河南省增值税专用发票1张,票号00474403,名称武汉润佳公司,品名-25#变压器油,数量25吨,直运车号81613,两票合计数量50.752吨。兰州润滑油厂提供的河南润滑油公司出具的拒付理由书均由河南润滑油公司签章。

二审法院审理认为,原兰炼总厂与原河南润滑油公司之间油品买卖合同,系双方当事人真实意思的表示,内容不违反我国法律和行政法规强制性规定,应当确认有效。

二审认定本案争议焦点是:(1)兰州润滑油厂的起诉是否超过诉讼时效;(2)上诉人实际欠款金额。

关于诉讼时效,双方终止买卖油品的业务之后,又进行机构的几经重组,往来账务未能核对,致使债权数额不能确定。本案双方当事人之间在买卖油品中对付款期限没有明确约定,应视为对履行期限约定不明,债权人兰州润滑油厂可随时要求债务人郑州石油分公司履行支付欠付货款的义务。实际交易中,供货、付款采取累计滚动结算的方式,被上诉人兰州润滑油厂在要求核对往来账务过程中得知双方挂账数额存有较大差异,认为其权益受到侵害,遂提起本案诉讼。据此,应当认定本案诉讼是在法定诉讼时效期间。上诉人提出本案已超过诉讼时效期间的上诉理由不能成立。

关于上诉人郑州石油分公司实际欠款金额,二审审理中,郑州石油分公司对审计报告审计结果河南石油分公司欠兰州润滑油厂货款4,034,802.37元予以承认,二审法院予以确认。未入账票据金额3,024,879.27元部分,兰州润滑油厂提供了该部分供货的铁路货票、发票以及运杂费、保险费、领货凭证、托收承付凭证、拒绝付款理由书等证据材料。上诉人在审计时提供的部分记账材料与被上诉人提供的前述部分材料可以相互印证。上诉人拒绝付款理由书载明拒付的主要理由为“产品质量经检验不合格故拒付,无合同、无计划发货故拒付”。上述证据材料显示,上诉人拒付货款的理由并非没有收到货物或是错发收货人,而是认为质量存有问题和无计划、无合同发货等原因拒绝支付贷款,且上诉人没有提供相应证据证明产品存在质量问题,也没有提供足以支持其反驳理由的相反证据。上诉人主张未入账3,024,879.27元不应作为债权金额认定的上诉理由不能成立，其应当向被上诉人支付其欠付的未入账3,024,879.27元货款。一审法院对此认定正确。

二审法院认为一审判决认定事实清楚，适用法律正确，应予维持。上诉人郑州石油分公司的上诉理由不能成立，其上诉请求该院不予支持。

郑州石油分公司不服甘肃省高级人民法院终审判决，向最高人民法院提出再审申请。

最高人民法院经再审审查，除对本案一审、二审查明的事实予以确认外，另查明：根据本案一审时先锋会计所审计结果确认，当时河南润滑油公司未入账的3,024,879.27元货款由10笔款项组成。

最高人民法院还查明：1992年2月27日，河南省石油总公司下发豫石企管发〔1992〕4号《关于石化特油公司更名的通知》，其载明：为了加强润滑油销售工作，省公司决定并经省商委批准，将河南省石油总公司石化特油公司更名为河南润滑油公司；润滑油公司对内为省公司润滑油处，对外为润滑油公司；负责全省润滑油的经营和管理。

2002年6月6日，河南省石油分公司致函河南省工商局企业处《关于我公司工商年检有关情况的说明》，其载明：该公司2000年5月31日在河南省工商局注册成立，是中石化在河南省设立的省级分公司，其行政职责是负责对全省市县级分支机构进行系统管理，其业务管理职能是根据中石化年度和月度油品配置计划，负责对全省各市县分公司进行油品调拨和结算，并由各炼油厂直运各市县分公司，省分公司不存在储存和运输环节及经营场所，省分公司只是租用中国石化集团河南石油总公司的办公大楼进行办公，因此不存在直接经营易燃易爆品的问题。

最高人民法院经再审审理认为，本案再审的争议焦点：(1)郑州石油分公司主张本案债权已经超过了诉讼时效期间是否具有事实和法律依据；(2)郑州石油分公司应否给付1,295,930.42元货款；(3)郑州石油分公司关于其没有收到3,024,879.27元的货物，不应给付该货款的再审诉讼请求的理由是否成立。

1. 关于本案债权是否已超过诉讼时效期间的问题

本案当事人间的债权债务关系，源于兰炼总厂与河南润滑油公司在1994年至1999年间发生的油品购销关系。双方当时均为中国石油化工集团总公司的下属企业。双方在年度计划指导下,采用即时交易的方式,兰炼总厂在收到河南润滑油公司的要货通知后组织发货,再以托收承付方式进行滚动结算。双方并未采用针对每一笔订货均签订一份购销合同的交易方式。因此,双方对每一笔货款的付款期限没有明确的约定,应按照双方之间认可的交易惯例,在定期核清往来账款的基础上,结付所欠货款。

在双方分属中国石油天然气集团公司和中国石油化工集团公司后,又几经重组,致使本案争议的债权、债务也多次被划转和承继。同时,国家相关主管部门及集团公司亦明确要求其下属企业应即时清理遗留的债权债务。为此,债权人兰炼总厂就本案债权的清收问题多次派人到债务人处催收。2008年3月21日河南石油分公司企管处处长孙学文书写了一份便条,其内容证明:兰炼总厂向郑州石油分公司主张债权的事实存在,同时也表明,债务人认可其与兰炼总厂之间存在欠付货款的问题,只是具体欠款数额因未对账而无法确定。根据《中华人民共和国民法通则》第一百四十条的规定,本案诉讼时效应自此中断,二年诉讼时效期间重新计算。因此,在2009年5月兰州润滑油厂向一审法院提起本案民事诉讼时,没有超过法定的二年诉讼时效。对债权人主张的债权,人民法院应予依法保护。申请人郑州石油分公司关于本案债权已经超过诉讼时效的再审请求,没有事实和法律依据,不予采纳。

2. 关于申请人郑州石油分公司应否给付1,295,930.42元货款的问题

本案一审时,经先锋会计所对双方当事人往来账款进行审计,根据双方挂账的应收款、应付款核对,申请人欠付货款4,034,802.37元,其中办理托收拒付的1,295,930.42元,拒付理由是“质量不合格或无合同”。二审判决认定,郑州石油分公司对审计结果确认的4,034,802.37元货款予以了认可,二审法院予以确认。本院再审认为,该部分货款在购销双方的会计账册中均有反映,收货方河南润滑油公司核验后办理了拒付手续,但其拒付理由并非是“未收到货”,且其也没有提出质量存在问题或将货物退给供货方的证据,故应认定其实际收取了该货物,郑州石油分公司应给付该笔货款。原一审、二审判决对该笔争议货款判决正确,本院予以维持。

3. 关于郑州石油分公司主张没有收到3,024,879.27元的货物、不应给付该货款的请求是否成立的问题

本案争议的3,024,879.27元货款由10笔托收金额组成,一审审计结果显

示,该部分货款在兰州润滑油厂财务账上有记载,而在原河南润滑油公司账上没有反映。经再审核查,在该 10 笔托收货款中,除第 1 笔、第 8 笔、第 10 笔外,其余 7 笔均附有铁路货票、增值税发票、运杂费收据、保险凭证、租车费收据、银行托收承付凭证、拒付理由书等证据,其货款及费用发生数额的合计金额与托收承付凭证、转账凭证的记载一致。一审中,兰州润滑油厂提交了 16 张铁路货票,用以证明已发货的事实。郑州石油分公司提出货票上的收货人是第三方,其未收到该货物,对铁路货票的真实性未提出异议。基于一审中对上述相关原始货票进行的审计审核及法庭进行开庭质证、认证的结果,本院认为,该 16 车油品由原兰炼总厂以铁路运输方式发给收货人的事实,证据充实,本院予以确认。

关于原河南润滑油公司是否收到货物的问题。据本案再审查明,河南润滑油公司作为原河南省石油总公司的内设机构,负责全省润滑油的经营和管理,并按照上级公司指定的年度和月度油品配置计划,负责对省内各市县分公司进行油品调拨和结算,由各炼油厂直运各市县分公司。据此表明,河南省润滑油公司根据计划及市场需求,即时购入油品货物并批发给各市县分公司,并指示(包括以电话通知方式)炼油厂将油品直接运抵各市县分公司处(直至油库),其验货后与炼油厂进行货款结算,这是当时油品买卖通行的直运方式及交易惯例,其有利于减少中间环节、降低费用及运输安全。事实上,在双方当事人同一时期发生且已结算完毕的买卖交易中,其铁路运输货票中"收货人"为第三方的情形较为普遍。因此,本案中再审申请人以铁路货票所载明的收货人为第三方为据,证明其未收到相关油品货物,其理由并不充分。

经本院再审核查,争议的 10 笔托收承付货款所对应的相关证据显示:略

最高人民法院判决:本案一审、二审判决认定的事实基本清楚,证据较为充分,但关于本案争议的 3,024,879.27 元货款中第 1 笔和第 10 笔共计 64,477.74元债权的认定,证据不足,显属不妥,本院予以纠正。除此之外,对于申请人郑州石油分公司的其他再审诉讼请求,因缺乏证据支持,不予采纳。本院根据《中华人民共和国民事诉讼法》第一百七十条第一款第二项之规定,判决如下:(1)撤销甘肃省高级人民法院(2011)甘民二终字第 146 号民事判决;(2)变更甘肃省兰州市中级人民法院(2009)兰法民二初字第 00034 号民事判决第一项为:被告中国石油化工股份有限公司河南郑州石油分公司给付原告

中国石油天然气股份有限公司兰州润滑油厂货款 6,995,203.90 元,限自判决生效之日起十五日内履行完毕;(3)维持甘肃省兰州市中级人民法院(2009)兰法民二初字第 00034 号民事判决第二项、第三项。

【规则解读】

滚动支付合同并不是一个法律上的概念,而是实务中约定俗成的称谓,是指当事人只约定总的履行期限、债务总额抑或总的履行期限或者总的债务数额,而未对分期履行的期限或数额进行明确规定,在总的履行期限内随时供货、随时结账的一种合同法律关系。① 实务中,典型合同形式为货物年度框架采购协议,该类协议中,买受人及出卖人对供货期限、货款总额均予以约定或只约定总的采购期限或者只约定总的采购数额,而未对分期履行的期限及数额进行明确规定,出卖人根据买受人向其不定期下达的订单发货,双方未约定按月结算货款或虽约定结算未按期结算的,买受人支付的每一笔货款并不明确注明是哪一笔或哪几笔货物订单付款。

《江苏省高级人民法院买卖合同纠纷案件审理指南》第五条第一款第四项长期边续性买卖合同涉及诉讼时效争议,认为"当事人之间存在长期连续性买卖合同的,往往采用滚动付款的方式结算货款,甚至买方长期拖欠货款,此时卖方或者碍于合作关系怠于向买方提出支付货款的主张,或者双方之间长期合同关系的存在使卖方认为买方货款的给付并无异议,只是在付款时间上有迟延。而在卖方提出货款主张之后,买方往往以连续性合同并非同一合同,卖方就连续性合同提出的货款主张中的部分已超过诉讼时效。此时,如何认定长期连续性买卖合同的诉讼时效在审判实践中存在较大争议"。

滚动支付买卖合同争议的原因在于合同性质,滚动支付交易中,每一笔交易货款承载的债权债务,是独立合同关系还是同一合同关系。如果认为每一笔交易货款构成独立合同,则应从该笔货款应付之日起算诉讼时效;若认为各笔交易其实是同一合同的分期履行,并不构成独立债务关系,则应从交易彻底终止、合同履行期限届满之日起算。对此争议,《最高人民法院关于审理民事

① 最高人民法院民事审判第二庭编著:《最高人民法院关于民事案件诉讼时效司法解释理解与适用》,人民法院出版社 2008 年版,第 170 页。

案件适用诉讼时效制度若干问题的规定》(法释〔2008〕11号)认为,滚动支付不是严格意义上的同一债务分期履行,形成的债务具有双务性,但是由于当事人双方并未约定分期履行的期限和数额,而只约定了总的履行期限或者数额,该债务具有整体性和难以分割性的特点,在实务中不易判定某一笔款项究系支付何期货物的价金,故从最后履行期限届满之日起算诉讼时效期间较为适宜。由于滚动支付合同形成债务同时兼有相对独立性和整体融合性的特征,在处理滚动支付合同之债诉讼时效问题上,我国司法实践经验包括:

1. 原则上,应从最后履行期限届满之日起算诉讼时效期间。

2. 持续给付货款的行为构成诉讼时效中断。如《江苏省高级人民法院买卖合同纠纷案件审理指南》第五条第三款第四项买卖双方之间长期存在连续性买卖合同关系,货款滚动计算且买方支付货款未指明针对特定货物的,买方持续给货款的行为应认定为对全部合同中所结欠货款的承认行为,此后,如买方就卖方主张货款提出诉讼时效抗辩,而卖方主张由此导致其请求给付货款的诉讼时效期间中断的,应予支持。

3. 每一次支付货款行为构成诉讼时效中断,从最后一次支付货款之日起算诉讼时效。如《北京市高级人民法院审理买卖合同纠纷案件若干问题的指导意见(试行)》第九条规定:"(价款的滚动结算)当事人之间存在长期持续的买卖关系,但没有书面合同或者一个框架性协议下存在多个合同或有多次履约行为的,除非有证据证明价款的支付有明确指向,买受人支付的价款应按照履行期限的先后顺序冲抵欠款。买受人还应支付利息和费用的,冲抵欠款应当按照费用、利息、标的物价款(本金)的顺序进行。出卖人主张其中一笔或者数笔欠款,买受人对履行情况有异议的,法院应对长期持续的买卖关系的履行情况进行全面审理。符合第一款规定情形,诉讼时效期间从买受人最后一次支付欠款的次日起重新计算。"

【风险提示】

1. 原油、成品油、煤炭、焦炭、化工原材料、建材等货物买卖合同,买受人采取滚动支付方式与出卖人结算并支付货款的,出卖人在买受人未按期足额支付货款时,应采取发函确认欠款数额、邮件催款、诉讼等方式主张债权或核对欠款账目。若应收账款账龄较长,应避免账龄超过三年,即出卖人于最后一笔欠款履行期限届满之日起三年内,未向买受人索要欠款。买受人应避免因此超过诉讼时效,导致被法院驳回诉讼请求,遭受损失。

2. 出卖人与买受人采取滚动支付方式与结算货款,出卖人除应及时向买受人索要欠款外,还应保存增值税专用发票、发货单、物流运输托运单、出库单、提货通知单、提货确认函、收货证明、入库单等单据,以证明出卖人已经履行发货义务。

3. 买受人若未依照合同约定收到出卖人的货物,在滚动支付结算中,因货物供应持续时间长、数量巨大,买受人应当加强对收货、储存、盘点、出库的管理工作,避免在未收到货物前向出卖方出具收货单、结算单、入库单等表明自己已经收货的单据,根据交易习惯确实需要未收货前出具的,也应当注明"未收货,为方便结算提前出具"等字样。同时,根据合同约定逾期未收到货物的,应及时向出卖人发函确认,催要货物或拒收等以表明未收货,根据交易习惯,制作未收货清单要求出卖方对接人员予以签字确认等,避免买受人为方便交易提前出具收货凭证或留存证据不足导致买受人未收货却仍需付款的损失。

【相关法律法规】

《中华人民共和国民法通则》(2009 年 8 月 27 日修正)

第一百三十七条　诉讼时效期间从知道或者应当知道权利被侵害时起计算。但是,从权利被侵害之日起超过二十年的,人民法院不予保护。有特殊情况的,人民法院可以延长诉讼时效期间。

《中华人民共和国民法总则》(2017 年 3 月 15 日)

第一百八十八条　向人民法院请求保护民事权利的诉讼时效期间为三年。法律另有规定的,依照其规定。

诉讼时效期间自权利人知道或者应当知道权利受到损害以及义务人之日起计算。法律另有规定的,依照其规定。但是自权利受到损害之日起超过二十年的,人民法院不予保护;有特殊情况的,人民法院可以根据权利人的申请决定延长。

第一百八十九条　当事人约定同一债务分期履行的,诉讼时效期间自最后一期履行期限届满之日起计算。

《最高人民法院关于适用〈中华人民共和国民事诉讼法〉的解释》(2015年1月30日)

第九十条　当事人对自己提出的诉讼请求所依据的事实或者反驳对方诉讼请求所依据的事实,应当提供证据加以证明,但法律另有规定的除外。

在作出判决前,当事人未能提供证据或者证据不足以证明其事实主张的,由负有举证证明责任的当事人承担不利的后果。

第一百零八条　对负有举证证明责任的当事人提供的证据,人民法院经审查并结合相关事实,确信待证事实的存在具有高度可能性的,应当认定该事实存在。

对一方当事人为反驳负有举证证明责任的当事人所主张事实而提供的证据,人民法院经审查并结合相关事实,认为待证事实真伪不明的,应当认定该事实不存在。

法律对于待证事实所应达到的证明标准另有规定的,从其规定。

《最高人民法院关于审理买卖合同纠纷案件适用法律问题的解释》(2012年5月10日)

第八条　出卖人仅以增值税专用发票及税款抵扣资料证明其已履行交付标的物义务,买受人不认可的,出卖人应当提供其他证据证明交付标的物的事实。

合同约定或者当事人之间习惯以普通发票作为付款凭证,买受人以普通发票证明已经履行付款义务的,人民法院应予支持,但有相反证据足以推翻的除外。

油气企业代替债务人偿债的行为性质

【裁判规则】

油气企业作为第三人代债务人偿还债务行为可能构成债务转移、第三人履行或债务加入；油气企业作为第三人与债务人达成的债务加入协议应通知债权人并经债权人同意；油气企业作为第三人与债权人达成的双方协议可形成有效的债务加入合意；油气企业作为第三人在债务加入时提出偿债前提的，属于附条件的债务加入，在所附条件未成就时，油气企业不应向债权人承担还款责任。

【典型案例】

延边利安石化有限公司与大庆油田有限责任公司、吉林省利安石油化工有限公司合同纠纷案[（2016）最高法民再368号]

【案情简介】

再审申请人（一审原告、二审上诉人）：延边利安石化有限公司。

被申请人（一审被告、二审被上诉人）：大庆油田有限责任公司。

被申请人（一审被告、二审被上诉人）：吉林省利安石油化工有限公司。

一审法院经审理查明：2009年10月，延边利安石化有限公司（以下简称延边利安公司）与大庆油田有限责任公司（以下简称大庆油田公司）签订《还款协议》，约定：（1）根据2009年7月30日吉林省工业和信息化厅《关于商请中国石油天然气股份有限公司变更企业名称及变更原油指标的函》，延边利安公司重组了延边炼油厂、图们江石化公司、延边龙铁石化有限责任公司（以下简称延边炼油厂等原企业）的全部资产。（2）延边利安公司出具《承诺函》替延边炼油厂等原企业偿还所欠大庆油田公司、中国石油吉林油田分公司原油款。(3)经确认延边炼油厂等原企业共欠大庆油田公司6941.740476万元,延边利安公司同意按协议约定代为清偿。(4)还款方式为从2009年11月1日起,大庆油田公司采用“先款后货”的形式向延边利安公司供油,即大庆油田公司收到延边利安公司预付的当期全额原油款后,根据协议中有关还款进度及期限条款的约定发放当期油品,油价执行国家规定价格。(5)还款进度及期限为:自协议签订之日起至2010年3月31日,大庆油田公司向延边利安公司供给原油时,需先从预付的原油款中,每吨扣减50元,用于清偿延边炼油厂等原企业的陈欠款,剩余款用于发放当期油品;2010年4月1日至2011年3月31日,每吨扣减200元;2011年4月1日至2012年3月31日,每吨扣减220元;2012年4月1日至2013年3月31日,每吨扣减240元;2013年4月1日至2014年3月31日,每吨扣减250元;2014年3月31日前,延边利安公司应将延边炼油厂等原企业所欠大庆油田公司的全部原油陈欠款全部偿还完毕。(6)若延边利安公司不能提前预付原油款或未能按协议约定期限履行还款义务,大庆油田公司有权停止供应原油,不承担任何责任。2011年8月起,大庆油田公司停止向延边利安公司供油。经双方核对账目,截至2011年11月30日,延边炼油厂等原企业尚欠大庆油田公司5441.016925万元,延边利安公司在大庆油田公司的原油预付款为290.620286万元。

2012年7月4日,吉林省利安石油化工有限公司(以下简称吉林利安公司)与大庆油田公司签订一份《还款协议》,约定:(1)2012年5月吉林省工信厅向中国石油天然气股份有限公司出具《关于申请解决吉林利安公司原油指标变更的函》(吉工信办函〔2012〕105号),函告吉林利安公司重组了延边炼油厂等原企业及延边利安公司的全部资产,并全面接管。(2)吉林利安公司与大庆油田公司确认上述企业共欠大庆油田公司5441.016925万元。(3)大庆油田公司按照“先款后货”的方式向吉林利安公司供应原油,每吨原油款扣除陈欠款310元,用于清偿上述企业的欠款,2014年12月31日偿还完毕。另查明:延边利安公司与吉林利安公司是独立企业法人,未对涉案债务承接达成任何协议。

一审法院认为:延边利安公司与大庆油田公司达成的《还款协议》是双方当事人的真实意思表示,不违反法律规定,合法有效,双方均应按协议内容履行各自义务。协议内容中有买卖原油的条款,同时也约定了债务承担条款。根据《还款协议》约定,延边利安公司承诺替延边炼油厂等原企业向大庆油田公司偿还欠款6941.740476万元,并应于2014年3月31日前全部偿还完毕,2011年8月,大庆油田公司停止向延边利安公司供油,经双方对账,大庆油田公司欠预付款290.620286万元。现还款协议已到期,但延边利安公司未按约定还清全部债务。在庭审中,大庆油田公司自认延边利安公司已经就本案协议偿还债务1500余万元,截至2011年8月尚欠大庆油田公司5441.016925万元,延边利安公司对此未提出异议,在吉林利安公司未与大庆油田公司签订协议前,延边利安公司仍有偿还欠款的义务,故延边利安公司要求大庆油田公司返还预付款及利息,无法律与事实依据,其该项请求不予支持。关于延边利安公司请求吉林利安公司承担连带责任的问题,吉林利安公司重组了延边炼油厂等原企业,并承继了延边炼油厂等原企业的欠款,吉林利安公司虽与大庆油田公司就延边利安公司未能清偿的债务签订了《还款协议》,但原油预付款系该协议签订前给付大庆油田公司,且无证据证明延边利安公司与吉林利安公司有合同关系或者法律上的权利义务承继关系以及债权债务转让关系,吉林利安公司并没有替延边利安公司向大庆油田公司偿债的义务,延边利安公司请求吉林利安公司承担连带给付责任无事实与法律依据,该院不予支持。

一审法院判决,驳回延边利安公司的诉讼请求。

延边利安公司不服上述判决,向黑龙江省高级人民法院上诉。

二审法院经审理查明:2009年9月23日,延边利安公司向中国石油天然气股份有限公司出具一份《承诺书》,内容为:延边利安公司同意在大庆油田公司、吉林油田公司签订的替原延边炼油厂及图们江石化公司所欠12,550万元还款基础上,从2010年4月1日起加大力度替原企业还陈欠款,具体方案为:2010年4月1日至2011年4月1日,每吨还发原油数额150元;2011年4月1日至2012年4月1日止,每吨还发原油数额160元,2012年4月1日起至2013年4月1日止,每吨还发原油数额170元;2013年4月1日起至2014年4月1日止,每吨还发原油数额200元。延边炼油厂等原企业欠大庆油田公司、吉林油田公司的欠款由延边利安公司负担并全部还清。

二审还查明:2012年4月26日,延边州政府致函吉林省工信厅,请求协调中石油天然气股份有限公司将延边利安公司在大庆油田公司的原油指标转至吉林利安公司。涉案290.620286万元原油预付款，并非延边利安公司向大庆油田公司支付的当期全额原油款，而是延边利安公司多次购买原油后，在大庆油田公司尚存的余款。

二审法院认为：延边利安公司、吉林利安公司与大庆油田公司签订的《还款协议》，系当事人真实意思表示，不违反法律、行政法规效力性强制性规定，又无导致合同无效的法定情形，应认定合法有效。

二审法院认定本案争议焦点问题在于：

1. 延边利安公司与大庆油田公司之间的法律关系性质如何确定。

延边利安公司在2009年9月23日向中国石油天然气股份有限公司出具《承诺书》，承诺将原延边炼油厂及图们江石化公司陈欠大庆油田公司的欠款由延边利安公司负担并全部还清，其后延边利安公司在2009年10月与大庆油田公司签订涉案《还款协议》，双方在协议中对承诺函予以确认的同时，还确认延边炼油厂等原企业对大庆油田公司欠款数额为6941.740476万元，延边利安公司同意按协议约定代为清偿，并于2014年3月31日前全部清偿完毕。前述事实表明，延边利安公司已经作出代延边炼油厂等原企业偿还全部债务的意思表示，大庆油田公司予以接受。根据该协议，大庆油田公司在接受延边利安公司代为偿债之时，并未免除延边炼油厂等原企业的还款义务，故延边利安公司的该代为清偿行为属债务加入。根据《还款协议》约定，延边利安公司在加入延边炼油厂等原企业债务后的还款方式是其从大庆油田公司购买原油同时偿还欠款，双方既存在债务加入法律关系，也存在买卖法律关系。《还款协议》约定延边利安公司应在2014年3月31日前偿还完毕，否则大庆油田公司有权停止供应原油而不承担责任。上述约定表明，延边利安公司与大庆油田公司之间在履行买卖合同过程中，清偿延边炼油厂等原企业债务应系延边利安公司债务加入后的一种偿债方式，并不因此方式免除延边利安公司应在约定期限内清偿全部欠款的义务。现延边利安公司主张仅存在买卖关系，否认债务加入关系，缺乏事实与法律依据，该院对该主张不予支持。虽然大庆油田公司在《还款协议》之后与吉林利安公司签订了《还款协议》，吉林利安公司在该协议中承诺代延边炼油厂等原企业及延边利安公司向大庆油田公司清偿全部债务，但是，依据该协议内容，大庆油田公司并未免除延边利安公司的还款义务，吉林利安公司《还款协议》的签订并未改变延边利安公司债务加入的法律关系及其作为债务人的法律地位，故一审认定债务加入法律关系并无不当。

2. 大庆油田公司应否向延边利安公司返还涉案原油预付款。

根据《还款协议》约定，延边利安公司应先向大庆油田公司预付当期全额原油款，然后大庆油田公司根据协议约定额度发放当期原油。而涉案原油预付款是双方多笔交易的剩余款项，并非延边利安公司为购买当期原油所预付的全额原油款，且延边利安公司未举证证实其已向大庆油田公司提出以该余款购买原油的申请，故大庆油田公司未继续向延边利安公司发放原油并未违反约定，延边利安公司主张由于大庆油田公司的原因造成停发原油，导致无法继续偿还债务无事实依据，其主张不能成立。鉴于前文所述延边利安公司应系对大庆油田公司债务的加入人，且延边炼油厂等原企业的债务尚未清偿完毕，故大庆油田公司主张以涉案原油预付款抵销尚欠债务，符合《中华人民共和国合同法》第九十九条的规定，一审判决未支持延边利安公司返还预付款的请求亦无不当。

3. 吉林利安公司应否向延边利安公司给付原油预付款。本案中，延边利安公司因加入延边炼油厂等原企业的债务成为大庆油田公司的债务人，吉林利安公司因加入延边利安公司及延边炼油厂等原企业债务成为债务人，均负有向大庆油田公司偿还债务的义务，故延边利安公司以吉林利安公司存在不当得利为由，主张由其承担给付预付款缺乏事实与法律依据。至于延边利安公司与吉林利安公司因大庆油田公司清偿债务后产生的纠纷与本案不属于同一法律关系，不予审理。

二审法院认为，本案一审判决认定事实基本清楚，适用法律虽有瑕疵，但判决结果正确。延边利安公司上诉理由不能成立，其上诉主张不予支持。

延边利安公司不服原审判决，向最高人民法院申请再审。

本院再审认为，本案争议的焦点问题：第一，在大庆油田公司停止供油的情况下，延边利安公司是否还应代延边炼油厂等原企业偿还欠款；第二，大庆油田公司是否应当向延边利安公司返还购买原油预付款290.620286万元及利息。根据案情及法律规定，延边利安公司申请再审事由成立，理由如下：

1. 在大庆油田公司停止供油的情况下，延边利安公司没有代延边炼油厂等原企业偿还欠款的义务。

第一，从涉案《还款协议》签订背景看，延边利安公司并非无条件代延边炼油厂等原企业偿还欠款。延边利安公司与大庆油田公司于2009年10月签订的《还款协议》明确载明，根据2009年7月30日《吉林省工业和信息化厅关于商请中国石油天然气股份有限公司变更企业名称及变更原油指标的函》（吉工信办函〔2009〕135号），延边利安公司重组了延边炼油厂、延边图们江石化有限责任公司、延边龙铁石化有限责任公司的全部资产，延边利安公司向中国石油天然气股份有限公司出具《承诺书》，承诺代延边炼油厂等原企业偿还欠大庆油田公司的原油款。由此可知，延边利安公司是在取得延边炼油厂等原企业原油计划配置指标，重组延边炼油厂、延边图们江石化有限责任公司、延边龙铁石化有限责任公司的全部资产的情况下才出具《承诺书》，并与大庆油田公司签订《还款协议》的，并非无任何条件、无任何对价地代延边炼油厂等原企业偿还欠款。而且，大庆油田公司已将延边利安公司从延边炼油厂等原企业取得的原油计划配置指标在2012年4月变更至吉林利安公司名下，延边炼油厂等原企业的全部资产也由吉林利安公司取得，大庆油田公司于2012年7月4日又与吉林利安公司签订《还款协议》，由吉林利安公司以同样的方式代延边炼油厂等原企业偿还欠款。上述事实与《还款协议》签订背景相互印证，充分证明"谁购油，谁还款"，延边炼油厂并非无条件地代延边炼油厂等原企业偿还欠款。

第二，从涉案《还款协议》履行内容看，延边利安公司并非无条件地代延边炼油厂等原企业偿还欠款。涉案《还款协议》约定延边利安公司承诺替延边炼油厂等原企业偿还大庆油田公司欠款6941.740476万元，具体还款方式为大庆油田公司向延边利安公司供应原油时，可以从延边利安公司预付的原油款中每吨扣减50元至250元金额不等的款项，用于清偿延边炼油厂等原企业欠款，剩余款项用于发放当期油品。从该约定内容看，延边利安公司与大庆油田公司形成的合意并非单纯由延边利安公司无条件地承担涉案债务，而是大庆油田公司需向延边利安公司供应原油，延边利安公司向大庆油田公司预付原油款，同时大庆油田公司再从延边利安公司预付原油款中逐吨扣减相应款项用于偿还延边炼油厂等原企业欠款。该约定实质在于只有大庆油田公司供油，延边利安公司才有还款义务，如果大庆油田公司单方违约不予供油，延边利安公司不再支付原油款，那么大庆油田公司也不可能在预付原油款中再扣款用于偿还延边炼油厂等原企业债务。因此，是否还款问题与是否供油，是否在供油的基础上预付原油款是一个整体，而不是可以只还款，不供油。原审判决将《还款协议》约定认定为单纯由延边利安公司代延边炼油厂等原企业偿还欠款明显不当，应当予以纠正。

第三，在大庆油田公司停止供油时，延边利安公司有权拒绝代延边炼油厂等原企业偿还欠款。《中华人民共和国合同法》第六十六条规定，当事人互负债务，没有先后履行顺序的，应当同时履行。一方在对方履行之前有权拒绝其履行要求。一方在对方履行债务不符合约定时，有权拒绝其相应的履行要求。本案中，涉案《还款协议》明确约定，延边利安公司代延边炼油厂等原企业偿还大庆油田公司欠款的具体还款方式为大庆油田公司向延边利安公司供应原油时，可以从延边利安公司预付的原油款中每吨扣减 50 元至 250 元金额不等的款项，用于清偿延边炼油厂等原企业欠款。因此，延边利安公司与大庆油田公司是互负债务，大庆油田公司应按照约定向延边利安公司供油，同时方可从延边利安公司原油预付款中扣除相应款项用于偿还原企业欠款。在 2011 年 8 月大庆油田公司停止向延边利安公司供油后，延边利安公司有权依法拒绝其从原油预付款中扣款用于偿还延边炼油厂等原企业欠款。在已经停止供油的情况下，大庆油田公司仍主张从延边利安公司原油预付款中扣除款项用于偿还延边炼油厂等原企业欠款没有法律依据。原审判决延边利安公司在大庆油田公司停止供油后仍有代延边炼油厂等原企业偿还欠款的义务，于法无据，应予纠正。

2. 大庆油田公司应当返还延边利安公司 290.620686 万元原油预付款及利息。

第一，大庆油田公司应当返还延边利安公司 290.620686 万元原油预付款。《中华人民共和国合同法》第九十九条规定，当事人互负到期债务，该债务的标的物种类、品质相同的，任何一方可以将自己的债务与对方的债务抵销，但依照法律规定或者按照合同性质不得抵销的除外。当事人主张抵销的，应当通知对方。通知自到达对方时生效。抵销不得附条件或者附期限。本案中，大庆油田公司停止供油后，延边利安公司没有代延边炼油厂等原企业偿还欠款的义务，延边利安公司与大庆油田公司不存在互负债务，大庆油田公司对延边利安公司原油预付款 290.620686 万元也不享有抵销权。因此，大庆油田公司以涉案原油预付款抵销延边利安公司债务的抗辩理由，没有法律依据，其应当返还延边利安公司原油预付款290.620686万元。

第二,大庆油田公司未及时返还延边利安公司原油预付款,应当赔偿延边利安公司原油预付款利息损失。《中华人民共和国合同法》第一百零七条规定,当事人一方不履行合同义务或者履行合同义务不符合约定的,应当承担继续履行、采取补救措施或者赔偿损失等违约责任。大庆油田公司未按《还款协议》约定向延边利安公司供油,构成违约,应当赔偿延边利安公司损失。因涉案《还款协议》对原油预付款未及时返还的损失计算没有作出约定,大庆油田公司应当自2014年8月4日即延边利安公司提起本案诉讼之日起,至大庆油田公司实际支付之日止,按照中国人民银行同期贷款利率支付延边利安公司原油预付款利息较为适当。虽中国人民银行同期存款利率标准低于同期贷款利率标准,但因延边利安公司主张按照同期存款利率标准支付利息,是对自己权利的处分,不损害他人合法权益,应当予以认可。

综上,最高人民法院再审认为,原审判决认定事实错误,适用法律错误。延边利安公司要求大庆油田公司返还原油预付款290.620686万元,于法有据,应予支持。大庆油田公司关于以延边利安公司原油预付款抵销其债务的理由不能成立,不予支持。另外,吉林利安公司既不是涉案《还款协议》的当事人,也不是延边利安公司原油预付款的收款人,延边利安公司要求吉林利安公司承担连带责任,没有合同及法律依据,不予支持。

【规则解读】

本案历经一审、二审、再审,法律事实比较清晰,分歧点在于法律关系定性。一审、二审法院认为双方约定了油品买卖和债务加入两个独立关系,买卖关系终止效力不及于债务加入;最高人民法院根据当事人债务加入目的、协议履行行为表达出的真实意思表示,认定油品买卖是债务代偿的履约前提,本案事实应准确定性为附条件的债务加入,买卖关系终止效力及于债务加入。本案裁判逻辑表明,当第三人和债务人在债务加入协议中没有明确界定履约前提时,应结合当事人真实意思表示、债务加入目的,审慎甄别当事人构成债务加入还是附条件债务加入的法律关系。

一、债务加入关系的认定

2005年,《江苏省高级人民法院关于适用〈中华人民共和国合同法〉若干问题的讨论纪要(一)》首次提出债务加入概念,“债务加入是指第三人与债权人、债务人达成三方协议或第三人与债权人达成双方协议或第三人向债权人单方承诺由第三人履行债务人的债务,但同时不免除债务人履行义务的债务承担方式”。目前,尽管我国立法尚未有债务加入的明确规定,但司法实务部门广泛接受债务加入概念。阿尔法系统检索显示,2015 年至 2019 年的五年间,人民法院生效判决文书有超过 4 万件纠纷的争议焦点之一是债务加入。

关于债务加入的认定标准,结合司法审判实务,有以下要点:

1. 原债务人并不退出债务关系,仍对债务负有偿还责任

债务加入不同于债务转移。债务转移中,债务人将合同债务全部或部分移转给第三人,由第三人代替债务人承担履行责任的债务承担方式。债务加入中,原债务人并不脱离债的关系,而由第三人加入债的关系中与原债务人一起承担债务。[①]

债务加入不同于由第三人履行。由第三人履行关系中,第三人并不是原合同当事人,原合同效力不及于第三人,《中华人民共和国合同法》第六十五条规定:“当事人约定由第三人向债权人履行债务的,第三人不履行债务或者履行债务不符合约定,债务人应当向债权人承担违约责任。”债务加入关系中,第三人成为原合同的当事人之一,其不履行或不完全履行时,第三人应向债权人承担违约责任。中实投资有限责任公司、杭州欣融金属材料有限公司与北京隆瑞投资发展有限公司、北京京华都房地产开发有限公司、嘉成企业发展有限公司股权转让纠纷申请再审案中,最高人民法院认为,京华都公司承诺代替中实公司、欣融公司清偿 1120 万元的款项构成并存的债务承担(债的加入),而不是第三人代为履行。因为在第三人代为履行的场合,债权人对第三人没有直接的请求权,债权人只能被动地对该第三人的履行表示接受或拒绝,不能主动地要求第三人向自己履行。债权人此时虽有意思表示,但该意思不是行使权利的意思。这是第三人代为履行与并存债务承担的重大区别。并存的债务承担中,债权人向原债务人和第三人均存在请求权,其可以要求任一债务人进行履行。

① 青岛新华友建工集团股份有限公司、青岛新华友建工集团股份有限公司新泰分公司诉王汉峰民间借贷纠纷再审案[(2016)最高法民再 322 号]。

与债务加入在法律性质上最为接近并且有明确法律规定的应为连带责任保证法律关系。连带责任保证是第三人为了确保债权人之债权的实现而为债务人履行债务所提供人的担保,和债务加入一样,具有为债权人实现债权提供保障的性质和功能,但连带责任保证债务与主债务具有主从关系,而第三人加入债务与原债务并无主从关系。所以,司法裁判只可参照适用而不能直接适用担保法的相关规定。

2. 债务加入合意已经达成

按照苏高发审委〔2005〕16 号的指导意见,假定在无其他因素影响下,仅就共同意思表示而言,第三人、债权人、债务人三方当事人共同合意,第三人与债权人双方合意,第三人向债权人作出的单方承诺都可形成有效的债务加入合意。司法实务中,需要注意:

(1)第三人单方承诺是否足以形成有效债务加入,仍存在争议。最高人民法院 2012 年第 5 期公报案例之广东达宝物业管理有限公司与广东中岱企业集团有限公司、广东中岱电讯产业有限公司、广州市中珊实业有限公司股权转让合作纠纷案[(2010)民提字第 153 号]中,法院指出,“合同外的第三人向合同中的债权人承诺承担债务人义务的,如果没有充分的证据证明债权人同意债务转移给该第三人或者债务人退出合同关系,不宜轻易认定构成债务转移,一般应认定为债务加入。第三人向债权人表明债务加入的意思后,即使债权人未明确表示同意,但只要其未明确表示反对或未以行为表示反对,仍应当认定为债务加入成立,债权人可以依照债务加入关系向该第三人主张权利”。按照此案裁判规则,第三方向债权人承诺债务加入,债权人没有明确表示反对或以行为表示反对,视为债权人默认,形成债务加入关系。

(2)债务人与第三人的合意能否形成债务加入关系,取决于债权人意思表示。《中华人民共和国民法通则》第九十一条规定:“合同一方将合同的权利、义务全部或者部分转让给第三人的,应当取得合同另外一方的同意,并不得牟利。依照法律规定应当由国家批准的合同,需经原批准机关批准。但是,法律另有规定或者原合同另有约定的除外。”《中华人民共和国合同法》第八十四条规定:“债务人将合同的义务全部或者部分转移给第三人的,应当经债权人同意。”虽然债务加入和债务转移有本质区别,但基于合同诚信、契约自由原则,从保护债权人利益出发,我国司法实务仍倾向于认为,债务人与第三人的双方合意应经债权人明确表示接受后，才可产生债务加入关系，但债权人意思表示，不影响债务人和第三人协议的法律效力。

（3）存在多名债务人的情况中，部分债务人不同意第三人债务加入，不影响债权人、债务人与第三人达成的合意。陈先进与林一丹、干才鸿民间借贷纠纷案[（2013）民申字第 2070 号]中，债务人陈先进未在债务加入协议签字，最高人民法院审理认为，本案事实为债务加入，“合同三、合同四中陈先进未签名不影响始峰公司的债务加入，因债务加入行为并未给原债务人增加负担，无需经其同意”。

二、附条件债务加入关系的认定

1. 将附条件债务加入认定为债务加入，属于事实认定有误

经裁判文书网查询，债务加入纠纷中，准确区分债务加入关系和附条件债务加入关系是裁判焦点之一。根据《中华人民共和国民法总则》《中华人民共和国合同法》的规定，当事人可以对合同生效、解除约定条件，附生效条件的合同，自条件成就时生效。附解除条件的合同，自条件成就时失效。因此，附条件债务加入和一般债务加入，合同效力、违约行为的认定规则有所不同。本案一审、二审法院对本案事实的认定，均止步于债务加入，没有进一步甄别债务履行是否附带条件，由此作出延边利安公司违约的判决，按最高人民法院判决书，构成了事实认定错误。

最高人民法院在其他类似案件的审理中，也有本案相同的裁判逻辑。林向民、福建天纶集团有限公司等与庄虹虹民间借贷纠纷再审审查与审判监督案[（2018）最高法民申 4078 号]中，林向民与洪祖育等人签订《股权转让协议》，约定由林向民通过受让苏州信泰 40% 股权以及香港信泰 70% 股权，进而获得信泰（巢湖）房地产开发有限公司（以下简称巢湖信泰公司）93.2735% 股权。《股权转让协议》第二条第六款约定：“鉴于甲、乙双方办理苏州信泰及香港信泰的股权变更登记手续，故股权受让方应在双方共同办理股权变更登记完毕后的一个月内，向转让方支付巢湖信泰拖欠股权转让方借款利息 1500 万元，并保证其受让股权变更登记之日起六个月内负责将巢湖信泰拖欠股权转让方借款清偿完毕。”最高人民法院认为，“由于林向民在受让股权同时，承诺承担转让方出具的《股东借款明细表》中所列债务，因此，林向民在庄虹虹持有的《借条》上签名，表示知道庄虹虹的该笔债权。林向民的真实意思表示为在

股权受让并完成变更登记的六个月内，自愿承担转让方的部分经确认债务，该行为实际构成附条件的债务加入行为，在所附条件成就后，林向民才负有还款义务。现所附条件未成就，林向民无需承担还款责任”。

信泰（巢湖）房地产开发有限公司、吴志坤民间借贷纠纷再审审查与审判监督案［（2018）最高法民申4252号］中，最高人民法院认为“由于《股权转让协议》中约定办理苏州信泰公司和香港信泰公司的股权变更登记后，林向民应向吴志坤等转让人偿还其对信泰巢湖公司出借的借款本息，故原审判决认定林向民的行为属附条件的债务加入，符合本案的实际情况”。

2. 所附条件应以当事人意思表示范围为准

某些附条件债务加入纠纷中，当事人没有明确约定加入方偿还债务前提，因所附条件约定不明晰引发争执。对此，最高人民法院在“常州工业技术玻璃有限公司与常州市鸿协安全玻璃有限公司其他买卖合同纠纷抗诉案”中确定以下裁判规则：对于附条件合同，应以当事人的意思表示范围作为认定条件事实是否出现的标准，不能漫无边际没有时空限制。合同履行中出现的事实只要符合当事人意思表示约定的事实范围，且不违反法律规定的，应当认定条件事实出现，人民法院可以据此确定合同的履行。[①]

信泰（巢湖）房地产开发有限公司、吴志坤民间借贷纠纷再审审查与审判监督案［（2018）最高法民申4252号］中，申请人信泰巢湖公司与债务加入方林向民在承担债务条件上产生争议，最高人民法院根据《股权转让协议》的签署情况推定当事人真实意思表示，判决认为“吴志坤既是《股权转让协议》的转让方，又是借款关系的债权人，对林向民承担还款责任存在前提条件应属明知。虽然协议中有关于林向民独自承担信泰巢湖公司转让前的所有债权债务的约定，但基于《股权转让协议》是由转让方与林向民所签，此处的独自承担应理解为林向民独自于转让方承担公司债务，而非独自于信泰巢湖公司承担债务，且林向民在借条上签名时也未对借条中信泰巢湖公司的印章予以涂销。申请人信泰巢湖公司主张林向民的行为属于免责的债务承担、其不应再承担还款责任的申请理由，与本案事实不符，本院不予采信”。

---

① 景汉朝主编：《审判监督指导》（总第42辑），人民法院出版社2013年版，第117～124页。

【风险提示】

1. 债务加入的形式应当合法有效，明确具体，第三人债务加入应当与债权人签订相应协议，以约定债务加入的时间、还款的期限、还款方式、还款的金额，债务加入是否附条件，违约责任、争议解决等条款明确各方权利义务，若第三人与债权人签订债务加入的协议约定不明，第三人仅向债权人作出的债务加入承诺的，法院可能适用《中华人民共和国担保法》关于连带责任保证的规定，认定第三人债权加入协议的效力。

2. 第三人附条件的债务加入，所附条件应当具体明确，并应在协议中约定所附条件未成就时，第三人有权不向债权人承担还款责任。因我国法律并未明确规定债务加入的定义、构成要件、效力等，更未对附条件的债务加入没有立法层面的具体规定，对于第三人附条件的债务加入，第三人应当与债权人在签订相应协议时，明确约定若所附条件未成就时，第三人有权不向债权人承担还款责任，以避免在相应协议履行过程中，债权人不履行所附条件或所附条件不成就时仍要求第三人承担还款责任。

3. 若第三人为分公司，其与债权人签订债务加入协议，债权人应审查其总公司是否明确授权同意其签订相应债务加入协议。若分公司未取得总公司明确授权，则其作为第三人与债权人签订的债务加入协议或分公司作为第三人单方作出的债务加入承诺无效。因债务加入的责任高于《中华人民共和国担保法》中关于保证责任的规定，举轻以明重，根据《中华人民共和国担保法》第十条、《最高人民法院关于适用〈中华人民共和国担保法〉若干问题的解释》第十七条的规定，企业法人的分支机构对外加入债务，责任重于保证责任，更应经过法人授权，否则应当认定为无效。

【相关法律法规】

《中华人民共和合同法》(1999 年 3 月 15 日)

第六十条　当事人应当按照约定全面履行自己的义务。

当事人应当遵循诚实信用原则，根据合同的性质、目的和交易习惯履行通知、协助、保密等义务。

第七十九条　债权人可以将合同的权利全部或者部分转让给第三人，但有下列情形之一的除外：

（一）根据合同性质不得转让；

（二）按照当事人约定不得转让；

（三）依照法律规定不得转让。

第八十四条　债务人将合同的义务全部或者部分转移给第三人的，应当经债权人同意。

第一百零七条　当事人一方不履行合同义务或者履行合同义务不符合约定的，应当承担继续履行、采取补救措施或者赔偿损失等违约责任。

《中华人民共和国担保法》（1999年6月30日）

第十条　企业法人的分支机构、职能部门不得为保证人。

企业法人的分支机构有法人书面授权的，可以在授权范围内提供保证。

第十六条　保证的方式有：

（一）一般保证；

（二）连带责任保证。

第十八条　当事人在保证合同中约定保证人与债务人对债务承担连带责任的，为连带责任保证。

连带责任保证的债务人在主合同规定的债务履行期届满没有履行债务的，债权人可以要求债务人履行债务，也可以要求保证人在其保证范围内承担保证责任。

《最高人民法院关于适用〈中华人民共和国担保法〉若干问题的解释》（2000年12月8日）

第十七条第一款　企业法人的分支机构未经法人书面授权提供保证的，保证合同无效。

油气企业拟定的制式合同条款不必然属于格式条款

【裁判规则】

单方提前拟定的制式合同并不必然属于格式合同;多份合同文本相同且多次签署,并不足以证明该合同符合格式条款重复使用的构成要件,合同条款不当然属于格式条款。

【典型案例】

陕西延长石油矿业有限责任公司、杨文义质押合同纠纷再审案[(2018)最高法民再413号]

【案情简介】

再审申请人(一审原告、二审被上诉人):陕西延长石油矿业有限责任公司。

被申请人(一审被告、二审上诉人):杨文义。

一审法院查明:2012年5月30日,陕西延长石油漠源镁业有限责任公司(以下简称漠源公司)与重庆银行西安分行签订《(最高额)授信业务项下流动资金贷款合同》,合同编号:(2012)年(重银陕分授贷)字第B0005号,约定漠源公司向重庆银行西安分行贷款人民币4000万元,贷款期限为12个月,自2012年5月30日起至2013年5月29日止。2012年5月30日,原告与重庆银行西安分行签订《最高额保证合同》,约定为保证重庆银行西安分行与漠源公司签订的上述合同产生的全部债权得到实现,原告向重庆银行西安分行承担连带保证责任担保。鉴于被告杨文义持有漠源公司注册资本出资5600万元

(占实收资本的35%)的股份,其自愿向原告提供股权质押反担保,以保证原告代为清偿漠源公司债务后的追偿权得以实现。

2012年5月30日,被告杨文义与原告签订《股权质押反担保合同》,约定反担保范围:原告代为清偿漠源公司债务后所享有的追偿权,包括本金及由此产生的利息、违约金、损害赔偿金、手续费及其他为签订或履行本合同而发生的费用,以及原告为实现债权所产生的费用(包括但不限于处置费用、税费、诉讼费用、拍卖费、律师费、差旅费等);被告杨文义同意以质押股份及质押股份派生权益作反担保债务的担保,原告同意接受该等质押担保;如果原告依照《保证合同》向重庆银行西安分行承担了保证责任,有权依照《中华人民共和国担保法》及相关的法律、法规以及本合同的规定处置质押股份并有权从处置质押股份所得的价款中优先受偿;如果处置质押股份所得价款不足以偿付反担保债务,差额部分仍应由被告补足。该合同上亦签有被告陈益燕名字及指印。

2012年6月6日,神木县工商行政管理局向被告杨文义送达股权出质设立登记通知书,内容如下:根据申请,我局于2012年6月6日办理股权出质登记手续,质权自登记之日起设立。现将登记事项情况通知如下:质权登记编号:20120108、出质股权所在公司:陕西延长石油漠源镁业有限责任公司、出质股权数额:5600(万元/元股)、出质人:杨文义、质权人:陕西延长石油矿业有限责任公司。2013年5月29日,重庆银行西安分行向原告送达《履行担保义务通知书》,载明:你方于2012年5月30日与我行签订保证合同(编号2012年重银陕分高保字第B0010号),为漠源公司向我行办理授信业务提供连带责任保证担保。因债务人漠源公司厂区塌陷,无法持续经营和按期偿还我行贷款。根据2012年重银陕分高保字第B0010号重庆银行最高额保证合同第四条第二款"如果债务人在主合同项下的任何一正常还款日或提前还款日未按合同约定向甲方进行支付,乙方须履行保证义务"。现因借款人已出现预期违约,不能偿还我行贷款本金。故依据该条款请你方于2013年5月29日履行担保合同中约定的保证义务。否则,我行将行使法律赋予债权人的权利,依法追究你方的担保责任。

2013年5月29日,原告向重庆银行西安分行支付4000万元。后两被告未履行义务,原告遂起诉至本院。审理中,原告称其已向北京市炜衡律师事务所西安分所支付律师代理费22万元,双方签订的委托代理协议约定,本案诉讼代理费(含税)共计人民币26万元,原告应在本协议签署之日起7日内向北京市炜衡律师事务所西安分所支付代理费预付款22万元,案件一审结案后7日内,收到北京市炜衡律师事务所西安分所开具的全额发票后,向北京市炜衡律师事务所西安分所支付剩余代理费4万元。

2012年5月10日,原告陕西延长石油矿业有限责任公司(以下简称延长石油矿业公司)法人代表洪程英、与被告杨文义、杨福喜签署股东会决议1份,内容为:(1)同意公司(漠源公司)向银行申请流动资金贷款4000万元……(2)同意公司向矿业公司提出担保申请,由矿业公司对上述贷款提供担保。(3)自然人股东杨文义同意用所持漠源公司35%的股份对矿业公司向本次贷款提供的担保进行股权质押反担保。

一审法院认为:漠源公司与重庆银行西安分行签订《(最高额)授信业务项下流动资金贷款合同》,向重庆银行西安分行借款4000万元用于经营,后原告矿业公司对该笔借款向重庆银行西安分行承担了担保责任,现原告矿业公司依据《股权质押反担保合同》的有关约定向杨文义、陈益燕追偿,陈益燕否认该合同上签字、指印是其本人所为,经鉴定机构鉴定,倾向认定该合同上陈益燕的签字并非其本人所签,指印亦不具备鉴定条件,本案系杨文义对外提供反担保,并不属于夫妻共同债务范畴,综合以上情况,原告矿业公司要求陈益燕承担反担保责任依据不足,本院不予支持。关于杨文义认为其签订《股权质押反担保合同》时并未注意合同内容、合同中"如果处置质押股份所得价款不足以偿付反担保债务,差额部分仍应由被告补足"条款无效的理由,该条款并不符合合同无效的法定情形。且杨文义签订合同后,如认为并非其真实意愿,可依法行使撤销权,但杨文义并未在法定期间内行使撤销权,故对杨文义该项辩称,本院不予采信。至于2012年5月11日的股东会决议,系为了解决杨文义以其持有的漠源公司35%的股权对原告延长石油矿业公司提供质押反担保而履行的程序性事项,且股东会决议的形成时间在前,《股权质押反担保合同》签订在后,两者并不矛盾。杨文义应当按照约定以其持有的漠源公司35%的股权承担质押反担保责任,对于其股权价值不足以承担反担保责任的部分,杨文义应当按照合同约定补足。关于原告主张的律师费26万元,原告与北京市炜衡律师事务所西安分所签订的委托代理协议约定,诉讼代理费共计26万元,案件一审结案后7日内,收到北京市炜衡律师事务所西安分所开具的全额发票后，原告向北京市炜衡律师事务所西安分所支付剩余代理费 4 万元，据此，原告请求支付其中 4 万元律师代理费的条件不成就。根据《股权质押反担保合同》的约定，原告请求就质押股份实现优先受偿权的范围应以债务人民币 4000 万元、按照银行同期贷款利率计算自 2013 年 5 月 30 日起至本判决确定给付之日的利息及实现债权产生的律师代理费 22 万元为限，如果处置质押股份所得价款不足以偿付反担保债务，差额部分仍应由被告杨文义补足，原告要求被告杨文义承担处置股权所得价款不足以偿还反担保债务的差额部分的请求，本院予以支持。原告要求被告承担拍卖费、处置费等，因该费用尚未实际发生，本案不予处理。

一审法院判决：原告陕西延长石油矿业有限责任公司对被告杨文义在陕西延长石油漠源镁业有限责任公司的股份享有优先受偿权（以债务人民币 4000 万元、自 2013 年 5 月 30 日起至本判决确定给付之日按照银行同期贷款利率计算的利息及实现债权产生的律师代理费 22 万元为限）；被告杨文义对上述优先受偿所得价款不足以偿还的差额部分承担连带责任；驳回原告陕西延长石油矿业有限责任公司其余诉讼请求。

被告杨文义因不服一审判决，向陕西省高级人民法院提起上诉。

二审法院查明：2012 年 5 月 14 日《延长公司党政联席会会议纪要》第三条载明，“会议审议了财务资产部提交的《关于向漠源公司提供借款担保的议案》，会议同意漠源公司向重庆银行西安分行借款 4000 万元（期限不超过一年，利率在基准利率的基础上上浮 5%），用于偿还民生银行西安分行借款，剩余部分补充生产周转资金。延长公司向该公司提供借款担保，该公司须以其除延长公司外的其他股东股权向延长公司提供股权质押反担保，并在工商行政管理部门办理股权质押登记。借款办理前，该公司须在工商行政管理部门办理法人变更登记手续。会议要求，该公司财务总监务必要履行监管职责，确保上述资金按批准用途使用，否则按失职追究责任”。2012 年 5 月 25 日，漠源公司进行变更登记，变更事项为公司法定代表人由徐顺利变更为戴永君。漠源公司的法定代表人和财务总监均系延长公司推荐产生。《股权质押反担保合同》第四条“质权的行使”约定，“1. 甲乙双方共同委托相关评估机构对质押股份进行评估；2. 甲乙双方对质押股份协议折价，或依据法律规定对质押股份拍卖、变卖；3. 甲乙双方对质押股份的处置无法达成一致意见时，甲方通过司法途径主张权利”。延长公司称,起诉前曾多次与杨文义电话沟通主张权利,杨文义拒绝履行义务。延长公司于2013年5月29日履行担保义务,于2014年11月提起本案诉讼。还查明,除本案合同外,2012年7月至2014年6月,延长公司还与刘某1、王来义等人签订了11份《股权质押反担保合同》。上述12份合同均系延长公司拟定提供,关于权利义务的基本内容固定一致,当事人、相关合同签订日期、股权份额、担保的主债务等特殊内容通过填空的方式订入合同。二审法院查明的其他事实与一审相同。

二审争议焦点:(1)杨文义是否应向延长公司承担补充责任;(2)杨文义是否承担延长公司支付的本案22万元律师费。

二审法院认为,杨文义诉称《股权质押反担保合同》系格式合同,延长公司并未就合同中由其承担补充责任的条款与其协商,且加重了其负担,该条款无效。延长公司则认为《股权质押反担保合同》系双方协商一致而签订,合同内容对双方具有约束力。首先,《股权质押反担保合同》是合同使用人延长公司预先拟定并在实践中反复使用的合同。合同签订时,签订人只需就当事人、相关合同签订日期、股权份额、担保的主债务等内容进行填空或替换,合同的主要权利和义务事先已经固定。该合同符合《中华人民共和国合同法》第三十九条规定的预先拟定、反复使用、未与对方协商的格式条款特征,属于该条规定的格式条款。其次,合同名称系“股权质押”反担保合同,根据合同名称,对应内容应系就股权质押事宜进行约定,且该合同共计四页十条三十余小点,皆系就股权质押进行规定,唯第三条“反担保质押标的”项下第三点出现了“差额部分仍应由乙方补足”这一由杨文义用一般财产承担补充责任的条款。该条款不仅与本条要旨“反担保质押标的”不相符合,亦属于《股权质押反担保合同》名称下合同内容应当具有的外延难以涵盖的条款,加重了杨文义的担保责任,有违公平原则。最后,在案证据证明,在签订《股权质押反担保合同》之前,就漠源公司贷款及其衍生的担保和反担保事项进行整体规划时,担保人杨文义与被担保人延长公司只对杨文义用特定财产即股权质押担保进行过沟通,并未就杨文义用其一般财产担保进行过具体磋商;《股权质押反担保合同》对杨文义承担补足责任的条款亦未采用引起对方注意的文字、符号、字体等特别标识,延长公司亦未能举证证明就上述条款与杨文义进行过商谈或是履行了充分的提示说明义务,其在庭审中认为,其并不负担提示说明义务的事实恰能对其未履行提示说明协商义务予以佐证。格式合同的使用人延长公司就其事先拟定的加重对方责任的条款未履行提示说明义务、未与对方进行磋商，违背了诚实信用原则的基本要求。综上，根据《中华人民共和国合同法》第四十条规定，提供格式条款一方加重对方责任的，该条款无效。《股权质押反担保合同》第三条第三点“差额部分仍应由乙方补足”的规定无效。杨文义无须对差额部分承担补足责任。

关于第二个焦点问题，二审法院认为：首先，杨文义无须用个人一般财产对该22万元律师费承担补充连带责任，理由同上。其次，《股权质押反担保合同》约定担保的范围包括为实现权利的律师费，故本案实际发生的律师费用在股权质押担保的债务范围之内。该合同虽约定，在实现权利时双方应首先进行协商，协商不成方进行诉讼。但经查，2013年5月29日，延长公司已经向银行履行了保证义务，其要求杨文义履行反担保义务的条件此时已经成就，杨文义对此应知情。延长公司迟至2014年10月，方起诉杨文义承担反担保责任，给杨文义预留了充足的协商及履行义务的期间。故延长公司起诉要求杨文义承担反担保责任，并为此支付律师费的行为属于正当行使权利的范畴，并未违反合同的约定或法律的规定。延长公司为此支付的律师费22万元，在股权质押担保的债务范围之内，可以在实现质权时优先受偿。

二审判决：一审判决部分事实认定不清，应予改判。杨文义对第一项优先受偿权所得价款不足以偿还的差额部分不承担连带责任。

延长石油矿业公司因不服陕西省高级人民法院的判决，向最高人民法院申请再审。

再审法院查明，案件事实与一审、二审查明的事实一致。另查明：

1.《股权质押反担保合同》共四页十条三十余小点，第一条之前载明“鉴于：1. 漠源公司与重庆银行西安分行签署编号为（2012年）（重银陕分授贷）字第B0005号《（最高额）授信业务项下流动资金贷款合同》，向重庆银行西安分行借款总计4000万元；2. 延长公司作为保证人与重庆银行西安分行签订了编号为（2012年）（重银陕分高保）字第B0005号《最高额保证合同》；3. 杨文义持有漠源公司注册资本出资5600万元（占实收资本的35%）的股份，杨文义自愿向延长公司提供股权质押反担保，以保证延长公司代为清偿漠源公司债务后的追偿权得以实现。故此，双方经协商达成如下合同”。

2. 二审中，杨文义在回答法庭提问“签合同时你有无看内容”时陈述，“没有，因为股东会开完以后，我知道我有义务，因此就签了”。

再审争议焦点：(1)《股权质押反担保合同》是否属于格式合同，其中第三条第三点关于“如果处置质押股份所得价款不足以偿付反担保债务，差额部分仍应由杨文义补足”的约定是否有效；(2)本案对杨文义、陈益燕提出的司法鉴定、延期审理申请是否应予准许。

再审法院认为：

1. 关于《股权质押反担保合同》是否属于格式合同，其中第三条第三点“如果处置质押股份所得价款不足以偿付反担保债务，差额部分仍应由杨文义补足”的约定是否有效的问题。

《中华人民共和国合同法》第三十九条规定，“采用格式条款订立合同的，提供格式条款的一方应当遵循公平原则确定当事人之间的权利和义务，并采取合理的方式提请对方注意免除或者限制其责任的条款，按照对方的要求，对该条款予以说明。格式条款是当事人为了重复使用而预先拟定，并在订立合同时未与对方协商的条款”。本案中，漠源公司于 2012 年 5 月 30 日与重庆银行西安分行签订《（最高额）授信业务项下流动资金贷款合同》，约定漠源公司向重庆银行西安分行贷款 4000 万元。同日，延长公司与重庆银行西安分行签订《最高额保证合同》，约定延长公司对漠源公司的借款向重庆银行西安分行承担连带保证责任。鉴于杨文义持有漠源公司 35% 股份，杨文义自愿向延长公司提供反担保，与延长公司签订《股权质押反担保合同》。由此可见，延长公司与杨文义签订《股权质押反担保合同》的目的是保证延长公司代为清偿漠源公司债务后的追偿权得以实现。如果杨文义不同意《股权质押反担保合同》约定的条款，延长公司未必同意为漠源公司的上述债务提供担保，故该《股权质押反担保合同》系延长公司在漠源公司申请借款需要延长公司提供担保、杨文义同意为延长公司提供反担保的特定背景下专门订立，延长公司预先拟定该合同条款，其目的并非重复使用，且《股权质押反担保合同》在明显位置的“鉴于”部分载明“杨文义自愿向延长公司提供股权质押反担保，以保证延长公司代为清偿漠源公司债务后的追偿权得以实现。故此，双方经协商达成合同”。故上述《股权质押反担保合同》不具备《中华人民共和国合同法》第三十九条所规定的格式条款构成要件，二审法院将《股权质押反担保合同》认定为格式合同,不符合上述规定,本院予以纠正。

多份合同文本相同并不表明该合同属于格式合同,《延长公司党政联席会会议纪要》《漠源公司股东会决议》无《股权质押反担保合同》第三条第三点约定的内容,杨文义在延长公司会议室现场签约且签约时受到延长公司工作人员催促,亦不能证明《股权质押反担保合同》属于格式合同。杨文义以延长公司还与他人签订多份文本相同的《股权质押反担保合同》、签约时其受到催促等为由提出上诉,理由不成立。

杨文义为证明《股权质押反担保合同》系其在股东会会议当场签订以及其未带走合同的事实,向本院申请调取2012年5月10日股东会会议时的全部现场会议记录、相关地点的视频监控资料。由于杨文义申请调取上述证据的目的对该合同是否属于格式合同的待证事实无意义,该部分证据无调查收集的必要,本院依据《最高人民法院关于适用〈中华人民共和国民事诉讼法〉的解释》第九十五条的规定,不予准许。

2. 关于《股权质押反担保合同》第三条第三点约定的“如果处置质押股份所得价款不足以偿付反担保债务,差额部分仍应由杨文义补足”的效力问题。

如前所述,上述《股权质押反担保合同》并非格式合同,杨文义主张延长公司应当尽到对争议条款的提示解释义务,以黑体加粗字、空格划线等方式进行提示,标注“特别约定”等字样,缺乏依据。杨文义以延长公司签约时利用自身优势地位和专业知识主张争议条款当属无效,证据和理由均不充分。杨文义主张《股权质押反担保合同》第三条第三点加重了其责任,排除了其权利,显失公平,且并非其真实意思,但杨文义未依据《中华人民共和国合同法》第五十五条的规定,在法定期限内行使撤销权。杨文义与延长公司签订的《股权质押反担保合同》未违反法律、行政法规的禁止性规定,不存在《中华人民共和国合同法》第五十二条规定的无效情形,该合同合法有效,杨文义应当遵照履行。一审判决认定杨文义对延长公司优先受偿质押股份所得价款不足以偿还的差额部分承担连带责任正确,本院予以确认。

3. 关于本案对杨文义、陈益燕提出的司法鉴定、延期审理申请是否应予准许问题。

《最高人民法院关于适用〈中华人民共和国民事诉讼法〉的解释》第四百零五条第一款规定,“人民法院审理再审案件应当围绕再审请求进行”。本案中,延长公司作为再审申请人,未对原判决中关于延长公司对杨文义持有的漠源公司股份享有优先受偿权的判项申请再审,本案对此不予审查,只对延长公司提出的有关改判杨文义对质押股权优先受偿所得价款不足偿还的差额部分承担连带责任的再审请求进行审理。杨文义、陈益燕以《股权出质设立登记申请书》《办理股权质押代理人证明》上"杨文义"的笔迹系伪造为由,主张股权质押登记无效,申请本院进行笔迹鉴定并延期审理,该申请事项与延长公司的再审请求无关,故不予准许。

再审法院判决:撤销本案二审判决,维持本案一审判决。

【规则解读】

一、格式条款应是可重复使用的条款,重复使用的对象是不特定人群

格式合同又称定式合同、标准合同,在房屋买卖、保险、出版、航空、运输等领域的经济活动中应用较为广泛。由于格式合同主要条款系预先拟定,而合同条款拟定人通常处于相对强势地位,为保护相对方合法权益,《中华人民共和国合同法》对格式合同法律效力有特殊规定。《中华人民共和国合同法》第三十九条规定:"采用格式条款订立合同的,提供格式条款的一方应当遵循公平原则确定当事人之间的权利和义务,并采取合理的方式提请对方注意免除或者限制其责任的条款,按照对方的要求,对该条款予以说明。格式条款是当事人为了重复使用而预先拟定,并在订立合同时未与对方协商的条款。"同时,在《最高人民法院关于适用〈中华人民共和国合同法〉若干问题的解释(二)》第六条及第九条亦对提供格式条款一方应尽合理提示及说明义务进行了约定。

司法实践中,合同内容一旦认定为格式条款,其法律效力的审判逻辑将与一般条款不同,进而可能会对案件诉讼结果产生根本影响,因此,实践中关于格式条款的认定渐成焦点。"预先拟定"较易认定,"重复使用""订立合同时与对方协商"容易产生分歧。本案中"重复使用"的认定规则:重复使用不仅指文本相似、数量较多,还应结合条款是否针对不特定人群、不特定时空,如为了某一特定事件、在特定时间段内、针对特定人使用而拟定的条款,不属于格式条款。

本案中,杨文义自愿向延长公司提供反担保,与延长公司签订了《股权质

押反担保合同》,目的是保证延长公司代为清偿漠源公司债务后的追偿权得以实现。再审法院认为,若杨文义对《股权质押反担保合同》的条款存在异议而不愿签署,则延长公司未必会同意为漠源公司的上述债务提供担保,故该《股权质押反担保合同》系延长公司在漠源公司申请借款需要延长公司提供担保、杨文义同意为延长公司提供反担保的特定背景下专门订立,延长公司预先拟定该合同条款,其目的并非重复使用,且《股权质押反担保合同》在明显位置的"鉴于"部分载明"杨文义自愿向延长公司提供股权质押反担保,以保证延长公司代为清偿漠源公司债务后的追偿权得以实现。故此,双方经协商达成合同",杨文义在二审庭审中亦明确其签订合同时知道自己有义务。故上述《股权质押反担保合同》不具备《中华人民共和国合同法》第三十九条所规定的格式条款构成要件,多份合同文本相同并不表明该合同属于格式合同。

二、格式条款存在法律规定的无效情形时,可能被宣告无效

关于格式条款的法律效力,有人认为只要是对其不利的格式条款就一定无效。综合现行法律法规及司法案例,该观点并不正确,格式条款只有存在法定无效情形时,才可能被认定无效。

(1)格式条款具有《中华人民共和国合同法》第五十二条规定的五种合同无效情形的,该格式条款无效。包括:一方以欺诈、胁迫的手段订立合同,损害国家利益的;恶意串通,损害国家、集体或第三人利益的;以合法形式掩盖非法目的;损害社会公共利益;违反法律、行政法规的强制性规定。

(2)造成对方人身伤害的或者因故意或者重大过失造成对方财产损失的免责条款无效。

(3)提供格式条款一方免除其责任、加重对方责任、排除对方主要权利的,该条款无效。上海中原物业顾问有限公司诉陶德华居间合同纠纷案[(2009)沪二中民二(民)终字第 1508 号]中,法院认为上海中原物业顾问有限公司与陶德华签订的《房地产求购确认书》属于居间合同性质,其中第 2.4 条的约定,属于房屋买卖居间合同中常有的禁止"跳单"格式条款,其本意是为防止买方利用中介公司提供的房源信息却"跳"过中介公司购买房屋从而使中介公司无法得到应得的佣金,该约定并不存在免除一方责任、加重对方责任、排除对方主要权利的情形,故应认定有效。

(4)双方有协商达成合意的合同条款不宜认定为格式条款,进而主张该条款无效。李建明与温州恒富中梁置业有限公司商品房预售合同纠纷案[(2014)温鹿民初字第2513号]中,法院认为,格式条款是当事人为了重复使用而预先拟定,并在订立合同时未与对方协商的条款。涉案《商品房买卖合同》文本系由浙江省建设厅与浙江省工商行政管理局共同监制,并由被告报经工商管理部门备案,故该合同文本来源形式合法,合同内容并非完全确定,且已经双方协商,并非被告单方面制定的格式条款,具体的条款内容是可以进行选择或者协商的。故该份合同并非被告单方面制定的格式条款,亦非免除责任的格式条款,且被告已经做了必要的说明和提示(虽无法定提示义务),因此不应当予以撤销。

(5)合同当事人对格式条款理解出现分歧时,不宜主张格式条款无效,而应按照通常理解予以解释。格式合同也是法律所允许的一种书面合同。格式合同的内容虽由一方当事人事先拟就,但在双方当事人签字后,就成为双方当事人一致的意思表示,合同即告成立。双方当事人若对格式合同条款的理解发生争议,可根据《中华人民共和国合同法》第四十一条①之规定,请求法院作出不利于提供格式条款一方的解释。

最高人民法院公报案例之成路诉无锡轻工大学教学合同纠纷案中,上诉人成路与金门大学签订"就读金门大学工商管理硕士班的有关协议",该协议有"申请人如不遵守规章制度将承担全部学习费用的承诺",后上诉人因私自外出旅游违反规章制度被除名,上诉人主张该条款为格式条款,要求无锡轻工大学退还部分学费。法院认为,"格式合同的条款只在存在法律规定的无效情形时,才能被宣告无效,并非只要是格式合同就一定无效。对该合同的内容,成路在上诉中没有提出不同的理解,也不解释自己为什么在其上签字,却以该合同是格式合同,就认为合同的内容虚假,不是自己的真实意思表示,主张该合同无效,这个理由不能成立"。

最高人民法院公报案例之来云鹏诉北京四通利方信息技术有限公司服务合同纠纷案中,被告北京四通利方信息技术有限公司所属"新浪网"在网站页面上向用户展示的网站服务条款内容,符合预先拟定并可重复使用的特征,应

① 《中华人民共和国合同法》第四十一条 对格式条款的理解发生争议的,应当按照通常理解予以解释。对格式条款有两种以上解释的,应当作出不利于提供格式条款一方的解释。格式条款和非格式条款不一致的,应当采用非格式条款。

属于格式条款的合同。在网络信息服务中,网站与用户都是通过网络联系沟通的。网站采用电子文本的格式条款合同方式,供用户选择并确定双方有关信息服务的权利义务关系,不违反法律的规定。对于当事人双方订立的格式条款,只要合同的约定内容不违反法律的禁止性规定,应视为有效。《新浪网北京站服务条款》作为双方确认的信息服务合同,对双方当事人的权利和义务作了具体的约定,该服务条款虽然属于格式条款,但上诉人在诉讼中不能说明其存在违反法律规定,侵害国家、集体或其他人的合法权益,损害社会公共利益或者免除义务人的法律责任,加重权利人的责任,排除权利人的主要权利等法律禁止的内容,服务条款对双方当事人应具有法律上的约束力。

【风险提示】

本案例中,延长石油作为第三人在行使追偿权的过程中遭遇了重重阻碍。即使双方已经签署了《股权质押反担保合同》,但在要求对方履行合同义务的过程中却引发了诉讼,原因在于双方对所签署的合同是否为格式条款及部分条款是否属于显失公平情形下的可撤销条款产生了争议。为避免类似情况的发生,律师建议公司在合同条款起草及合同签署全过程中应注意以下几点:

1. 聘请专业法务人员或律师进行合同条款的起草,避免出现重大误解或显示公平的情形出现。

首先,法务人员及律师会询问签署合同的目的,再根据上述目的进行条款的起草。其次,除个别合同之特殊需要外,大多数合同起草的原则是双方的权利义务尽量对等,在合同起草的过程当中不断与对方法务人员或律师人员进行对接,熟悉业务流程,确保双方信息对等,为后续良好合作关系打好基础。最后,法务人员及律师会把握最关键的合同条款并反复斟酌就行修改,例如上述案例中的第三条第三点,专业严谨的语言表述能有效避免因合同约定内容不明引起的法律风险。

2. 若所签署合同为模板的,应由法务人员或律师预先审核及修改。

若公司所签署的合同是之前已多次使用的由公司法务或律师起草的合同模板,应在签署前由上述人员进行审核并修改。合同模板具备通用性,对公司来说节约了人力及时间成本,但需要根据实际情况的不同适当增加删减相应不适用的条款,以避免被认定为格式条款。

若公司签署的合同是由合作对方提供的合同模板,则应由法务人员或律师对合同条款做全方位的审核,对存在法律风险的条款进行修改,若对方公司不接受修改的,应添加批注以表明公司的立场并与对方进行协商,不可为合同进度草草签订。

3. 与对方签署模板合同时,应尽提示解释义务。

当双方签署的为公司原有的合同模板时,应将法务人员及律师认定为重要条款或容易引起双方争议条款的内容采用足以引起对方注意的文字、符号、字体等特别标识(如黑体加粗字、空格划线等方式)进行提示,并添加适当批注对条款进行解释,充分尽到提示义务,以尽量避免合同被认定为格式条款的风险。

4. 签署重大合同与对方就重要条款进行协商时,应生成书面会议记录。

上述案例中,再审法院认为《延长公司党政联席会会议纪要》及《漠源公司股东会决议》等文件中未阐明《股权质押反担保合同》第三条第三点约定的内容不可以作为合同为格式条款的证据。反之,若双方在协商该条款后,将商议之内容详细记录于上述文件中,则认定涉案合同中第三条第三点是否为格式条款即一目了然,建议公司在召开或参加合同商议会议的过程中,生成正式的书面会议记录或往来邮件记录,以尽量避免合同被认定为格式条款的风险。

【相关法律法规】

《中华人民共和国合同法》(1999 年 3 月 15 日)

第三十九条第一款　采用格式条款订立合同的,提供格式条款的一方应当遵循公平原则确定当事人之间的权利和义务,并采取合理的方式提请对方注意免除或者限制其责任的条款,按照对方的要求,对该条款予以说明。

第四十一条　对格式条款的理解发生争议的,应当按照通常理解予以解释。对格式条款有两种以上解释的,应当作出不利于提供格式条款一方的解释。格式条款和非格式条款不一致的,应当采用非格式条款。

第五十五条　有下列情形之一的,撤销权消灭:

(一)具有撤销权的当事人自知道或者应当知道撤销事由之日起一年内没有行使撤销权;

（二）具有撤销权的当事人知道撤销事由后明确表示或者以自己的行为放弃撤销权。

《最高人民法院关于适用〈中华人民共和国合同法〉若干问题的解释（二）》（2009年4月24日）

第六条　提供格式条款的一方对格式条款中免除或者限制其责任的内容，在合同订立时采用足以引起对方注意的文字、符号、字体等特别标识，并按照对方的要求对该格式条款予以说明的，人民法院应当认定符合合同法第三十九条所称"采取合理的方式"。

提供格式条款一方对已尽合理提示及说明义务承担举证责任。

第九条　提供格式条款的一方当事人违反合同法第三十九条第一款关于提示和说明义务的规定，导致对方没有注意免除或者限制其责任的条款，对方当事人申请撤销该格式条款的，人民法院应当支持。

《中华人民共和国担保法》（1999年6月30日）

第四条　第三人为债务人向债权人提供担保时，可以要求债务人提供反担保。

反担保适用本法担保的规定。

第三十一条　保证人承担保证责任后，有权向债务人追偿。

第七十八条　以依法可以转让的股票出质的，出质人与质权人应当订立书面合同，并向证券登记机构办理出质登记。质押合同自登记之日起生效。

股票出质后，不得转让，但经出质人与质权人协商同意的可以转让。出质人转让股票所得的价款应当向质权人提前清偿所担保的债权或者向与质权人约定的第三人提存。

以有限责任公司的股份出质的，适用公司法股份转让的有关规定。质押合同自股份出质记载于股东名册之日起生效。

《最高人民法院关于适用〈中华人民共和国担保法〉若干问题的解释》（2000年12月8日）

第二条　反担保人可以是债务人，也可以是债务人之外的其他人。

反担保方式可以是债务人提供的抵押或者质押，也可以是其他人提供的保证、抵押或者质押。

油气销售中虚假交易买卖合同的效力认定

【裁判规则】

油气买卖中,油气企业为增加业绩、融资借贷、套取增值税发票等目的签订无实际货物交易的买卖合同,构成虚假交易;虚假交易通常表现为存在"走单、走票、不走货"事实;虚假交易合同效力认定应区分买卖合同和买卖合同隐藏的真实行为,买卖合同无效后,买卖合同隐藏的真实行为效力根据《中华人民共和国合同法》第五十二条进行认定。

【典型案例】

中设国际贸易有限责任公司与中国航油集团上海石油有限公司买卖合同纠纷案[(2014)民二终字第 00056 号]

【案情简介】

上诉人(原审被告):中国航油集团上海石油有限公司。

被上诉人(原审原告):中设国际贸易有限责任公司。

原审第三人:河北省大港石化有限公司。

北京市高级人民法院一审查明:2008 年 2 月 5 日,中设国际贸易有限责任公司(以下简称中设贸易公司)与案外人山东海润石油有限公司(以下简称海润公司)签订编号为 sdhr - cmec03 - 080205 的《代理进口合同》,约定由海润公司代理中设贸易公司对外签订进口合同;品名:180cst 燃料油(产地:俄罗斯);数量:40,000 公吨(+/ -5%);单价:以外贸合同为准;大船抵港日期:2008 年 2 月 20 日至 3 月 10 日;卸货港:天津港;品质及数量鉴定:以装港检验证书为准;中设贸易公司同意海润公司代理其与 hanwhacorporation 订立的外贸合同 hwcfoy2k9－0129－11 中的所有条款,并承担相应责任。

2008 年 2 月 22 日,中设贸易公司(甲方)与河北省大港石化有限公司(以下简称大港公司)、北京三兴加腾石化集团有限公司(以下简称三兴加腾公司)(乙方)签订编号为 gm07061－hwcfoy2k8－0128－11 的《进口代理协议(委托采购协议)》,约定:(1)合作的内容:fueloil180 燃料油的代理进口。(2)合作的方式:由甲方代理开立远期(90 天)不可撤销远期信用证进行贸易结算。(3)合作的金额:usd22142200(+/－10%)。(4)合作的条件:①乙方缴纳甲方合作金额 15% 的开证保证金。②乙方的解付日期为甲方信用证汇票承兑到期日的前 10 天。③乙方提供甲方认可的股权及货权质押的方式进行经济担保。④乙方按信用证金额支付甲方 1.5% 的代理手续费。⑤甲方的银行费用及报关、商检、通关等一切费用均凭有效凭证由乙方按实支付。(5)合作期限:此单业务结束后。(6)双方的权利义务:①甲方的权利义务:……第二,甲方与外商签订的进口合同(合同号:hwcfoy2k8－0128－11)是本协议的组成部分……

2008 年 2 月 25 日,海润公司致函中设贸易公司,称其代中设贸易公司进口的 41,967.19 吨燃料油,由"北极风"轮装运。同月 27 日,hwcfoy2k8－0129－11 合同项下燃料油 41,967.19 吨,由 arcticbreeze(中文译名"北极风")轮装载,于天津口岸入境。同日,三兴加腾公司致函中设贸易公司,承诺并确认,在其未按照《进口代理协议(委托采购协议)》履行完毕全部合同义务前,2008 年 1 月 28 日确认采购的这船 4 万吨 180 重油及其加工后的产品的所有权属于中设贸易公司。如发生三兴加腾公司未按照《进口代理协议(委托采购协议)》履约的情形,中设贸易公司有权立即处置上述货物。同年 2 月 29 日,三兴加腾公司向天津东方石油有限公司出具《代储油品确认单》,委托天津东方石油有限公司代储"燃料油 m－100"油品 4 万吨。运载该批油品的船名为"北极风"号,预计将于 2008 年 3 月 1 日凌晨 5 时到达天津港锚地。同年 3 月,三兴加腾公司向中设贸易公司出具《收货证明》,称其已收到 gm07061－hwcfoy2k8－0128－11 号进口协议(北极风)项下的全部货物。同年 5 月 23 日,中设贸易公司通过中信银行总行营业部国际业务部支付 hwcfoy2k8－0129－11 合同项下款项人民币 137,413,691.95 元,折 22,752,428.12 美元。

2008 年 9 月 29 日,中设贸易公司与中国航油集团上海石油有限公司(以下简称中航油上海公司)签订编号为 0806nx005 的《框架合同》,约定:中航油上海公司向中设贸易公司购买180号燃料油及380号燃料油;每月3万~6.5万吨,为期12个月;产品质量标准以双方确认的质量单为准;产品单价以中设贸易公司进价为基准,每吨上浮人民币10元。具体价格以每月中设贸易公司向中航油上海公司发出的提货通知单为准;交货时间及地点:由双方在每个月的25日协商确定下个月的交货时间及地点;交货方式:中航油上海公司自提。中设贸易公司应以提货通知单的形式(包括传真)通知中航油上海公司交货地点,以便中航油上海公司办理提货、运输等事宜;风险责任划分:货物的风险与责任在燃料油离库时转移至中航油上海公司;所有权转移:货物的所有权在中设贸易公司收到中航油上海公司支付的全部货款和费用后转移至中航油上海公司;货款结算方式:从提货之日起3个月内付清全款;违约责任:逾期付款,按每日万分之六给予中设贸易公司补偿,此外,违约方依法承担违约责任。

2008年9月19日,大港公司向中设贸易公司出具《提货确认函》,称:中设贸易公司有权向中航油上海公司供应现库存于大港公司的燃料油3万吨。大港公司与中设贸易公司原有债权债务关系不变。在中设贸易公司与中航油上海公司签署合同后,大港公司将保证无条件供油。同月22日,中设贸易公司通知中航油上海公司到燃料油存放地大港公司提取涉案合同项下标的物。同年10月7日,中航油上海公司出具《收货证明》,称已收到涉案合同项下货物。同月9日,中设贸易公司开具《北京增值税专用发票》,价税总额人民币1.65亿元。同日,中航油上海公司出具收到全部上述增值税发票的确认函。

2008年10月9日、10日,中航油上海公司向大港公司开具《上海增值税专用发票》,价税总额人民币16,530万元。

另查明,2009年4月30日,上海陆地石油销售有限公司变更企业名称为上海陆地石油有限公司。2010年1月4日,经国家工商行政管理总局(国)名称变核内字(2010)第5号《企业名称变更核准通知书》核准,上海陆地石油有限公司企业名称变更为中国航油集团上海石油有限公司。

一审法院认为,《框架合同》系中设贸易公司与中航油上海公司为买卖燃料油达成的协议,是双方当事人真实意思表示,不违反法律、行政法规强制性规定,合法有效。

中设贸易公司主张其已履行了供货义务,而中航油上海公司却未付货款,故其对中航油上海公司享有人民币1.65亿元货款债权。中航油上海公司对此予以否认,抗辩称涉案合同系双方"走单、走票、不走货",中设贸易公司并未实际履行交货义务。根据《最高人民法院关于民事诉讼证据的若干规定》第二条"当事人对自己提出的诉讼请求所依据的事实或者反驳对方诉讼请求所依据的事实有责任提供证据加以证明。没有证据或者证据不足以证明当事人的事实主张的,由负有举证责任的当事人承担不利后果"的规定,双方对于各自主张均负有相应的举证责任。

本案中,中设贸易公司提供了旨在证明其代理本案第三人进口燃料油、支付外汇货款、本案第三人收货并约定标的物所有权保留、与中航油上海公司签订《框架合同》、中航油上海公司确认收货等一系列证据,能够形成证据链,证明中设贸易公司拥有涉案标的物物权及已实际向中航油上海公司交付,故中设贸易公司依法享有货款债权。中航油上海公司虽否认中设贸易公司实际交付标的物,但在认可其向中设贸易公司出具的《收货证明》真实性的同时,无法提供充分、有效的证据证明其所称涉案合同系"走单、走票、不走货"的主张,且其亦自认已再行向本案第三人出售涉案标的物并开具增值税发票,赚取差价。故中航油上海公司反驳主张中设贸易公司未实际交货没有相应证据支持,该院不能采信。

中设贸易公司依约履行了供货义务,中航油上海公司亦应依约支付货款。中航油上海公司未依约给付货款已经构成违约,应当按照合同约定承担逾期付款的违约责任。

一审法院判决:中航油上海公司于判决生效之日起10日内向中设贸易公司支付货款人民币165,000,000元及违约金(自2009年1月8日起至上述款项实际清偿之日止,按每日万分之六计算)。如果中航油上海公司未按判决指定的期间履行给付金钱义务的,应当依照《中华人民共和国民事诉讼法》第二百五十三条之规定,加倍支付迟延履行期间的债务利息。案件受理费人民币907,885元,由中航油上海公司负担(于判决生效后7日内交纳)。财产保全费人民币5000元,由中航油上海公司负担(于判决生效后7日内交纳)。

中航油上海公司不服北京市高级人民法院上述民事判决,向最高人民法院提起上诉。

二审法院认定一审法院查明的事实。

二审法院认为:1. 关于中航油上海公司与中设贸易公司签订的《框架合

同》是否有效、中航油上海公司是否应当支付中设贸易公司相关货款并承担逾期付款的违约责任问题。

中航油上海公司与中设贸易公司签订《框架合同》,约定中航油上海公司向中设贸易公司购买燃料油。中航油上海公司对《框架合同》的签订及所载内容并不否认,即其对合同形式上的真实性并无异议。中航油上海公司抗辩称涉案合同系双方"走单、走票、不走货"的虚假合同,不是真正意义上的买卖合同,其签订该合同的目的在于达到增加产值,完成业绩考核,并以此为由否认双方之间建立的买卖合同关系,于法无据。即使如中航油上海公司抗辩所称"走单、走票、不走货"交易的客观事实存在,在双方签订《框架合同》建立了买卖关系、中航油上海公司向中设贸易公司出具了《收货证明》明确表示其已收到涉案合同项下货物、中设贸易公司亦按照中航油上海公司的要求为其开具了《北京市增值税专用发票》的情况下,不能仅仅依据中航油上海公司未实际提取货物即"未走货"为由,否定双方之间业已形成的买卖法律关系。在我国现行法律、行政法规对其所谓"走单、走票、不走货"的交易方式没有明确强制性禁止规定,且双方当事人意思表示真实的情况下,中航油上海公司以此为由主张买卖合同无效,本院不予支持。原审法院认定《框架合同》系双方当事人真实意思表示,不违反法律、行政法规强制性规定,合法有效,并无不当。鉴于中航油上海公司上诉所称一审法院对其提交但未采信的中航油上海公司与大港公司签订的《采购合同》《会议纪要》、谈话录音、大港公司《收货确认函》、中航油上海公司与大港公司的《终止协议》等相关证据,其主要是为证明中航油上海公司与中设贸易公司案涉交易系"走单、走票、不走货"的虚假交易,因此,本院对上述证据不再进行审查。

根据中设贸易公司与中航油上海公司签订的《框架合同》的约定,交货方式是"中航油上海公司自提",中设贸易公司的合同义务是"以提货通知单的形式(包括传真)通知中航油上海公司交货地点,以便中航油上海公司办理提货、运输等事宜"。中设贸易公司在大港公司向其出具《提货确认函》明确表示保证无条件向中航油上海公司供油的前提下,已经依约向中航油上海公司发出了《提货通知单》,中航油上海公司也已向中设贸易公司出具了《收货证明》确认其已收到案涉货物,即使中航油上海公司事实上并未提取相关货物,亦属于其自身权利的处置,不能以此否认中设贸易公司已经向其履行了交付货物的合同义务。原审法院认定中设贸易公司已实际向中航油上海公司交付货物、中设贸易公司依法享有货款债权，于法有据，本院依法予以维持。中航油上海公司应当依法向中设贸易公司支付合同项下的货款并承担逾期付款的违约责任。

2. 关于举证责任分配问题。

原审法院在中设贸易公司提供了《框架合同》《收货证明》《北京市增值税专用发票》等一系列证明买卖关系成立且已实际交付货物的证据，中航油上海公司否认中设贸易公司实际交付标的物后，将货物没有交付的举证责任分配给中航油上海公司，并无不当。中航油上海公司关于原审法院举证责任分配不当的上诉理由，本院亦不予支持。

3. 关于调查取证申请问题。

二审中，中航油上海公司向本院提出调查取证申请书，请求申请事项：一是申请法院调取涉案 3 万吨燃料油在 2008 年 9 月时的存放地，二是申请法院调取大港公司 2008 年 2 月 22 日至 9 月 27 日之间关于燃料油买卖合同的资料及相关出、入库单等详细资料。对此，本院认为，中航油上海公司与中设贸易公司基于《框架协议》确立的买卖关系，其买卖标的物燃料油系种类物而非特定物，中航油上海公司向中设贸易公司购买燃料油，中设贸易公司在大港公司向其出具《提货确认函》明确表示保证无条件向中航油上海公司供油的前提下，已经依约向中航油上海公司发出了《提货通知单》，中航油上海公司完全可以按照上述两个函件向大港公司主张提货，且从其已向中设贸易公司出具《收货证明》，以及其自认的其已将所涉货物转售给大港公司且大港公司亦已向其出具《收货证明》等事实看，中航油上海公司在法律意义上已经实际收到了《框架合同》项下的货物。因此，涉案 3 万吨燃料油在 2008 年 9 月时的存放地，以及大港公司 2008 年 2 月 22 日至 9 月 27 日之间关于燃料油买卖合同的资料及相关出、入库单等详细资料，与中航油上海公司和中设贸易公司履行《框架合同》没有必然联系，本院对此调查取证申请不予支持。

最终，二审判决驳回上诉，维持原判。

【规则解读】

“走单、走票、不走货”虚假贸易方式签订的买卖合同，合同目的并非真实履行货物或服务交易,而是增加业绩、套取发票、资金借款等。此类基于虚假意思表示实施的虚假交易民事行为,属于《中华人民共和国民法总则》第一百四十六条规定的通谋虚伪行为。《中华人民共和国民法总则》生效前,该类行为通常被认为不满足意思表示真实的民事行为要件,合同被认定无效;《中华人民共和国民法总则》生效后,司法立场转变为"伪装行为无效,隐藏行为依法判定其效力"。本案虽然在《中华人民共和国民法总则》实施前作出判决,最高人民法院在本案审理中没有简单因为存在通谋虚伪意思表示直接判定合同无效,而是根据证据链条形成的法律事实显示买卖合同已经实际履行认定买卖合同有效,为独立判定通谋虚伪意思表示和隐藏行为法律效力提供司法指引。

一、通谋虚假意思表示和隐藏行为的法律效力

2017 年颁行实施的《中华人民共和国民法总则》第一百四十六条规定:"行为人与相对人以虚假的意思表示实施的民事法律行为无效。以虚假的意思表示隐藏的民事法律行为的效力,依照有关法律规定处理。"该规定首次在立法层面区分了通谋虚假意思表示与隐藏行为,并提出分别确认行为效力原则,即虚假意思表示合同无效并不必然导致隐藏意思表示合同无效,隐藏民事法律行为的效力应依据相关法律规定独立判断。

在《中华人民共和国民法总则》之前,交易签订买卖、保仓、贴现等合同,此类合同因存在通谋的虚假意思表示,大多被司法机关认定违反了意思表示真实要件而否定民事行为或合同的效力,且这种否定是双重否定,即虚假意思表示和隐藏行为同时无效。如查莉莉与杭州天恒实业有限公司、上海豫玉都钢铁贸易有限公司、常熟科弘材料科技有限公司企业借贷纠纷案[(2010)民提字第 110 号]中,最高人民法院判决认为,"企业间通过虚假贸易形式进行借贷活动的,属于以合法形式掩盖非法目的的行为,因此而签订的协议应认定为无效。协议无效后,合同当事人、保证人应按过错承担赔偿责任"。南宁仟倍成片土地开发有限公司与中国光大银行南宁星湖支行、桂林桂源房地产开发有限公司信用证垫款纠纷上诉案[(2000)经终字第 134 号]中,判决认为,"根据法律规定,当事人的民事法律行为必须意思表示真实。本案中,健源乐公司的行为显然是以合法形式掩盖非法目的,并且已经受到行政处罚。健源乐公司与投行广西分行签订的'开立信用证协议书'和'最高额抵押合同',均应认定无效"。日照港集团有限公司煤炭运销部与山西焦煤集团国际发展股份有限公司企业借贷纠纷案[(2015)民提字第74号]中,最高人民法院认为"本案法律关系的性质应为以买卖形式掩盖的企业间借贷,相应地,本案的案由亦为企业间的借款合同纠纷。原一审、二审法院认定本案的案由为买卖合同纠纷不当,本院予以纠正。因日照港运销部、山西焦煤公司、肇庆公司之间所签订的《煤炭购销合同》均欠缺真实的买卖意思表示,属于当事人共同而为的虚伪意思表示,故均应认定为无效"。

《中华人民共和国民法总则》之后,"通谋虚伪表示取代"取代了"恶意串通""以合法形式掩盖非法目的"的规定,司法审判机关应按照意思与表示故意不一致的裁判逻辑,对虚伪意思表示作出解释认定。如福建省经贸发展有限公司、中国石化销售有限公司福建石油分公司买卖合同纠纷案[(2018)最高法民终786号]中,最高人民法院认为"《中华人民共和国民法通则》第五十五条规定:'民事法律行为应当具备下列条件:(一)行为人具有相应的民事行为能力;(二)意思表示真实;(三)不违反法律或者社会公共利益'。据此,当事人以通谋虚伪意思表示实施的民事法律行为,因欠缺真实意思表示而无效。本案中,当事人之间均无成立买卖合同的真实意思表示,嘉诚公司及其关联公司与中石化公司、中石化公司与经贸公司、经贸公司与嘉诚公司及其关联公司间所订立的《化工产品采购合同》《化工产品销售合同》均系伪装行为,依法应认定为无效民事行为。该案中经贸公司与嘉诚公司之间具有成立借贷合同关系的真实意思表示,其共同实施的隐匿行为的效力应根据法律关于该行为的规定进行认定"。

总体而言,《中华人民共和国民法总则》之后关于虚假交易行为的法律效力认定,有以下可能:

1. 基于通谋虚伪意思表示实施的民事行为,不具有法律效力。民事法律行为合法至少应满足主体合法、程序合法、客体合法、意思表示真实四要件。《中华人民共和国民法通则》第五十五条规定,"民事法律行为应当具备下列条件:(一)行为人具有相应的民事行为能力;(二)意思表示真实;(三)不违反法律或者社会公共利益"。通谋虚伪意思表示实施的民事行为欠缺意思表示真实的合法要件,不应认定有效。

2. 双方被虚假表示掩盖的真实意思表示实施的民事行为,若具备合法要件则可认定有效;如不具备合法要件,符合《中华人民共和国合同法》第五十二条规定之情形，存在一方以欺诈、胁迫的手段订立合同，损害国家利益；恶意串通，损害国家、集体或者第三人利益；以合法形式掩盖非法目的；损害社会公共利益；违反法律、行政法规的强制性规定，隐藏行为形成的合同关系无效。

如中国民生银行股份有限公司南昌分行与江西省地方有色金属材料有限公司、上海红鹭国际贸易有限公司、陶慧君、罗利钢票据追索权纠纷案[（2017）最高法民终41号]中，最高人民法院直接适用《中华人民共和国民法总则》第一百四十六条规定的通谋虚伪表示制度，认定当事人的整个票据交易活动“名为票据转让，实为借贷”，构成通谋虚伪行为，应以实际借贷关系确认双方的权利、义务，而表面合法的票据贴现、票据背书属于虚伪行为，应归于无效。“本案中，民生银行南昌分行与有色金属公司之间通谋虚伪行为隐藏的真实意思表示是借款，因此双方之间形成的真实法律关系应是借款关系。由于双方之间的借款为其真实意思表示，且不违反法律和行政法规的禁止性规定，该借款行为应属有效”。

二、买受人就买卖合同标的没有实际交付承担举证不能的法律后果

实践领域中，出卖人行使权利的基础之一便是已实际交付买卖标的物，并提供相应交货凭证用以证明其主张。“走单、走票、不走货”的抗辩往往系买受人提出，以此拒绝付款。对于“不走货”的主张，出卖人往往持否定的态度。根据民事诉讼举证责任分担原则，当事人对自己提出的诉讼请求或者反驳对方诉讼请求所依据的事实负有举证责任。《最高人民法院关于民事诉讼证据的若干规定》第四条规定，一方当事人对于另一方当事人主张的于己不利的事实既不承认也不否认，经审判人员说明并询问后，其仍然不明确表示肯定或者否定的，视为对该事实的承认。因此，买受人应对其主张的买卖标的没有实际交付的事实负有举证责任。

本案中，关于是否实际交付货物，中设贸易公司提供合同双方签订《框架合同》证明建立了买卖关系、中航油上海公司向中设贸易公司出具了《收货证明》明确表示其已收到涉案合同项下货物、中设贸易公司按照中航油上海公司要求为其开具的《北京市增值税专用发票》，上述证据形成货物实际交付的证据链条。中航油上海公司主张未实际提取货物，不足以否定中设贸易公司已经供货的事实，进而不能否定双方之间业已形成买卖法律关系。因此，中航油上海公司承担举证不能后果，法院判令合同系双方当事人真实意思表示，不违反法律、行政法规强制性规定，合法有效。

【风险提示】

虚假交易牵涉主体较多，各主体之间均存在相应法律关系。一旦产生虚假交易诉讼，容易引发连锁反应。律师建议：

1. 由于虚假交易中买卖合同效力的认定基本围绕双方提供的证据展开，如买方出具的《收货证明》或卖方出具的会议纪要。因此，企业在日常经营过程中注重证据的留存与保全。证据的留存主要可从以下方面入手：(1)会计凭证及财务报告；(2)公司经营资料(采购环节、生产环节、销售环节等)；(3)公司各项制度及规定；(4)会议纪要、记录及签到表；(5)其他经营过程中的重要书面文件。

2. 证据留存还应注意以下几个问题：(1)注意留存原件，复印件、传真件或照片等证据庭审时法官会要求与原件进行核对，无法提供原件的真实性将不予认可；(2)要注意留存证据的完整性及逻辑性，最好可以形成一个完整的可以相互印证的证据链条，能够全方位地反映整个交易的全过程；(3)证据留存的时间尽量延长，如果一定要设定留存时间的话，建议自业务完结时起算不得少于法定的诉讼时效期间。

【相关法律法规】

《中华人民共和国民法总则》(2017 年 3 月 15 日)

第一百四十六条　行为人与相对人以虚假的意思表示实施的民事法律行为无效。

以虚假的意思表示隐藏的民事法律行为的效力，依照有关法律规定处理。

《中华人民共和国合同法》(1999 年 3 月 15 日)

第六十一条　合同生效后，当事人就质量、价款或者报酬、履行地点等内容没有约定或者约定不明确的，可以协议补充；不能达成补充协议的，按照合同有关条款或者交易习惯确定。

第一百零七条　当事人一方不履行合同义务或者履行合同义务不符合约定的，应当承担继续履行、采取补救措施或者赔偿损失等违约责任。

《最高人民法院关于审理民间借贷案件适用法律若干问题的规定》(2015年8月6日)

第十一条　法人之间、其他组织之间以及它们相互之间为生产、经营需要订立的民间借贷合同,除存在合同法第五十二条、本规定第十四条规定的情形外,当事人主张民间借贷合同有效的,人民法院应予支持。

《最高人民法院关于民事诉讼证据的若干规定》(2019年12月25日)

第三条　在诉讼过程中,一方当事人陈述的于己不利的事实,或者对于己不利的事实明确表示承认的,另一方当事人无需举证证明。

在证据交换、询问、调查过程中,或者在起诉状、答辩状、代理词等书面材料中,当事人明确承认于己不利的事实的,适用前款规定。

第四条　一方当事人对于另一方当事人主张的于己不利的事实既不承认也不否认,经审判人员说明并询问后,其仍然不明确表示肯定或者否定的,视为对该事实的承认。

油气企业基于利他合同第三人向债务人主张权利

【裁判规则】

合同当事人明确约定为了油气企业利益而签订合同，该合同属于利他合同，油气企业系利他合同第三人；限于合同相对性原理，油气企业原则上不能以自己名义向利他合同债务人主张履行债务；若债务人明知债权人系油气企业委托、债权人和油气企业间存在代理关系的，油气企业可要求债务人直接向其履行义务，但有确切证据证明该合同只约束当事人双方的除外。

【典型案例】

中国石化销售有限公司湖南长沙石油分公司、长沙捷西实业有限公司建设用地使用权转让合同纠纷案［（2016）最高法民再398号］

【案情简介】

再审申请人（一审原告、二审上诉人）：中国石化销售有限公司湖南长沙石油分公司。

被申请人（一审被告、二审被上诉人）：长沙捷西实业有限公司。

一审第三人：湖南省金府投资有限公司。

一审法院查明：2004年3月5日，中国石化销售有限公司湖南长沙石油分公司（以下简称中石化长沙分公司）（甲方）与第三人湖南省金府投资有限公司（以下简称金府公司）（乙方）签订《加油站代征代建合同书》，合同第一条代征代建的加油站范围约定：长岳加油站、麓谷加油站、新港加油站、开元加油站、窑岭加油站、金康加油站、长旺加油站、长顺加油站和东山加油站，并对各个加油站的拟选址范围进行了约定。第二条代征代建模式约定：甲方委托乙方以甲方的名义征用或购买加油站用地土地使用权，加油站建设工程由乙方以合法方式进行承包，甲方不单独支付地价款、工程款，只按竣工验收后的加油站评估价值及相关约定支付乙方代征代建费用。第三条土地征用、购买约定：(1)乙方以甲方的名义征用、购买加油站用地土地使用权；(2)加油站用地位置、面积经甲方同意后实施；(3)用地合同须经甲方签字盖章方为有效；……第七条约定：(1)如乙方将本合同项下的加油站点转让给第三人或与第三人合作，则每站点乙方支付甲方违约金200万元。(2)乙方同意，乙方完成的本合同项下之外的加油站点同样属于本合同代征代建的加油站范围，同样受本合同的约束。合同还就加油站建设、代征代建费给付方式等进行了约定。

2004年4月15日，长沙石油分公司(甲方)与第三人金府公司(乙方)签订了《捷西加油站土地购买委托合同》，合同第一条委托事务约定：乙方接受甲方委托，完成以下委托事务：(1)按2004年3月5日《加油站代征代建合同书》和本合同项下条件办理土地购买，以甲方的名义签订土地转让合同或出让合同，以甲方的名义取得《用地规划许可证》、土地红线图、《国有土地使用证》；……第二条委托购买的土地的位置、面积约定：委托购买的土地位于雨花大道与火星大道交汇处东北角，临火星大道，土地净面积约3486.41平方米，其四至范围具体如本合同附图所示……土地转让面积最终以《国有土地使用证》为准。第五条第二项委托费用支付约定：本合同项下土地购买委托费用由甲方按以下条件向乙方支付：(1)本合同签订之日起七个工作日内，支付乙方定金伍拾万元；(2)《建设用地规划许可证》《国有土地使用证》办至甲方名下并送达给甲方(原件)、土地评估报告(原件)送达给甲方之日起10个工作日内，一次性付清委托费用。

2004年8月10日，长沙捷西实业有限公司(以下简称捷西公司)(转让方)与金府公司(受让方)签订《土地使用权转让合同》。合同第一条转让事项约定：转让方同意将其名下，位于长沙市高桥乡高桥村火星大道东侧地号为100G069的土地使用权转让给受让方用于中石化长沙分公司捷西加油站建设[国土证编号：雨国用(2002)字第0210号]。土地四至及界址坐标详见土地证和红线图。该宗土地使用面积3486.41平方米，以市国土局核定的红线图使用权证面积为准。第二条土地的交付及土地的使用权的过户约定：(1)转让方保证该宗土地的使用权合法性，如果该宗土地的使用权由于转让方的原因存在权属问题，由转让方承担全部法律、经济责任。(2)在本合同签订之后，并且受让方已经支付第一笔土地款后，转让方应将本宗土地和有关土地用地资料复印件一并交付给受让方。(3)转让方负责将本合同项下土地转让给受让方后，登记在中石化长沙分公司名下的土地须为商业出让地，出让金缴纳完毕，且无其他权利瑕疵，使用年限不少于40年(自该土地国土证颁发之日起算)。第三条土地使用权转让金约定：(1)该宗土地转让金总额为1700万元(包括拆迁补偿、土地出让金、整体规划费、土地"三通一平"等相关费用及规定应由转让方承担的土地增值费、营业税等税费)，由转让方包干使用。(2)土地转让金的支付方式。①受让方同意与转让方签订正式合同前，一次性支付100万元人民币定金给转让方账户。②由于转让方已将本宗土地的使用权证作质押从银行获得贷款，受让方同意在本协议签订后，根据转让方与银行达成的还款协议，由受让方从本宗土地转让金中归还相关贷款，总额不超过1000万元……④双方商定在本宗土地所有用地手续全部过户给中石化长沙分公司、转让后《国有土地使用证》原件及相关手续送达给受让方后，受让方付清剩余的转让金给转让方。具体支付日期由双方另行确定。⑤受让方在办理土地转让手续时所支付的相关费用，原则上需以中石化长沙分公司为付款人。其他款项由转让方提供合法的收款票据。第七条违约责任约定：(1)本合同生效后，转让方如不能为受让方办理土地所有权过户手续，受让方有权终止合同，并要求返还已付款项……同日，双方又签订《〈土地使用权转让合同〉补充协议》，约定：(1)双方于2004年8月10日所签的"土地使用权转让合同"的唯一性是为银行转账所用。(2)《转让合同》中其他条款以原双方约定及其后面双方认可的评估额度为准。上述合同及协议签订前，第三人已于2004年5月27日向被告支付合同定金100万元，合同签订后的第二天，第三人又向被告支付了购地款1000万元，被告出具的收款收据中载明"代中石化付土地款"。2004年11月15日，第三人出具说明称"我司与贵司(即被告捷西公司)于2004年11月11日签订的土地购买合同只作为应付中石化公司湖南分公司用途，不作为履约合同使用"。

2004年12月13日，捷西公司与中石油长沙分公司公司签订《加油站租赁经营合同》，约定由中石油湖南分公司承租位于湖南省长沙市高桥乡高桥村火星大道东侧(雨花大道北侧)旁的长沙市捷西加油站的全部资产及经营权，租赁期限为 15 年。

2004 年 12 月 16 日，金府公司（甲方）与捷西公司（乙方）签订《资金归还协议》和《捷西加油站立项审批合作协议》。《资金归还协议》第一条归还资金的性质及金额约定：根据双方原来达成的合作建设捷西加油站的协议，甲方分别于 2004 年 5 月 27 日和 2004 年 8 月 11 日分别向乙方支付了 100 万元和 1000 万元土地转让金预付款，支付的资金总额为 1100 万元。此资金为中石化湖南长沙分公司支付给甲方的代征加油站土地资金。现乙方不同意将相关土地转让给中石化，经双方协商，乙方同意将上述资金为全额归还给甲方。第二条归还计划约定：(1)在双方签订本协议后 10 天后内，乙方一次性归还甲方 400 万元。另外支付 100 万元项目合作收益。(2)2005 年 1 月 30 日前归还 500 万元。(3)其余款项按乙方与中石油所签合同付款后归还。

2011 年 11 月 26 日，金府公司（甲方）与捷西公司（乙方）签订《捷西加油站项目结算协议书》，协议第一条约定：双方确认同意终止上述土地（乙方名下位于长沙市高桥乡高桥村火星大道东侧地号为 100G069 的土地）转让事项，并本着平等协商的原则，处理好相关事宜：结清双方往来款项，清退工程队，归还乙方土地，移交土地上存有的建筑物及相关资料。第二条……

另查明，2004 年 11 月 29 日，中石化长沙分公司（甲方）与金府公司（乙方）签订《土地购买资金调整协议书》和《捷西加油站土地购买委托合同补充协议》。《土地购买资金调整协议书》第二条第二项约定：甲方按双方于 2004 年 4 月 15 日签订的《捷西加油站土地购买委托合同》已经支付给乙方该站定金 50 万元。甲方现同意将前述五站调整下来的 1500 万元资金作为捷西站的资金。至此，甲方给捷西站的付款总额为 1550 万元，其中定金 100 万元，预付款 1400 万元。《捷西加油站土地购买委托合同补充协议》第三条约定：双方同意合作方式由原合同规定的按土地评估价包干改为协议定价、费用包干，土地净用地面积（出让土地使用权面积）约 5.23 亩。乙方完成土地购买委托事务的费用由乙方以每亩人民币 268 万元实行总额包干，土地出让、转让过程中产生的价款、税费均已包含在该包干费用之内，甲方不再行承担。但是，土地转让依法应由甲方承担的契税仍由甲方承担。土地面积以国土证确定的使用权出让面积为准。第四条约定：……本协议确定的捷西站已付款总额为 1550 万元（包括原付定金 50 万元），其中定金 100 万元。第九条约定：其他事宜继续按 2004

年4月15日《捷西加油站土地购买委托合同》执行。

2008年1月22日，中石化长沙分公司与金府公司签订《协议书》，第三人承诺尽快将捷西加油站用地登记至原告名下。

2009年3月19日，中石化长沙分公司(甲方)与金府公司(乙方)又签订《东山二加油站土地及相关问题协议书》，协议第二条第二项约定：甲方就受让乙方前述枫林路土地使用权应支付给乙方的价款如下约定执行：(1)甲方就捷西加油站已支付给乙方的1550万元，作为乙方应向甲方退还的已届履行期的应付款；……(4)上述抵销实现后，甲方对捷西不再有预付款。第三条关于捷西加油站约定：本协议对甲方已付乙方捷西加油站1550万元的处理并不表明甲方已取消了与乙方就捷西加油站所签订的协议、合同，该处理只是调整原合同中的付款方式，乙方仍应积极履行其就捷西加油站与甲方签订的合同、协议。第三人在2012年向原告发出《工作联系函》，表示其仍在积极履行原告的委托事项。原告因未能取得捷西加油站的土地使用权，遂于2012年8月6日向本院提起诉讼，请求判如所请。

再查明，2004年6月，湖南省发展改革委员会根据原告的申请，作出《关于新建、迁建加油站的批复》(湘发改经贸〔2004〕432号)，将本案诉争的捷西加油站系该公司列入加油站建设计划，建设单位为中石化长沙分公司。因中石化长沙分公司和中石油湖南分公司均对诉争的捷西加油站进行申报发生纠纷，长沙市商务局曾于2006年4月组织中石化长沙分公司、捷西公司、金府公司和中石油湖南分公司进行协调，但四方当事人未能达成一致意见。在长沙市商务局组织协调时，捷西公司提交了《〈土地使用权转让合同〉补充协议》和金府公司于2004年11月15日出具的说明。捷西公司称当时就告知了中石油长沙分公司关于其与金府公司已经签订《资金归还协议》，解除了双方于2004年8月10日签订的《土地使用权转让合同》的情况。但中石油长沙分公司对捷西公司的上述陈述予以否认。2006年6月27日，湖南省商务厅批准中石油长沙分公司所提交的在捷西加油站经营成品油零售的申请，并注明申请表的有效期为1年。2006年8月21日，中石油长沙分公司基于长沙市成品油市场管理工作领导小组办公室作出的《关于缴纳加油站用地出让收入的通知》，向长沙市国土局缴纳了捷西加油站土地出让金200万元。2013年7月26日，中石油长沙分公司向长沙市商务局提交了《关于明确捷西加油站建设经营权归属我司的函》，长沙市商务局作出了“情况属实，按照市政府会议纪要精神，捷西加油站只能由中石化长沙石油分公司重新申报办理”的批示。

一审法院归纳争议焦点为：(1)原告是否有权主张《土地使用权转让合同》中的权利。(2)《资金归还协议》的效力是否及于原告。(3)原告的起诉是否超过诉讼时效期间。

一审法院经审理认为：

1. 关于原告是否有权主张《土地使用权转让合同》中的权利。

原告主张称，第三人基于原告的授权，与被告签订《土地使用权转让合同》，并明确应将土地登记在原告名下，故原告有权主张《土地使用权转让合同》中所约定的权利。然而，第三人与被告签订《土地使用权转让合同》的真实意思表示仅为归还银行贷款，而非转让诉争土地的使用权，理由如下：(1)第三人与被告在签订《土地使用权转让合同》的同时，双方还签订了一份《〈土地使用权转让合同〉补充协议》，明确双方签订的《土地使用权转让合同》的唯一性为银行转账所用。(2)第三人向被告支付了1000万元用于归还诉争土地的银行贷款后，并未按照《土地使用权转让合同》及其与原告所签订的《捷西加油站土地购买委托合同》之约定，办理土地使用权过户等手续。(3)第三人与被告在2004年12月16日签订的关于终止《土地使用权转让合同》的协议为《资金归还协议》，第三人仅要求被告归还1100万元，而并未要求被告按《土地使用权转让合同》承担相应的违约责任；且双方于同日签订的《捷西加油站立项审批合作协议》中所约定的被告的职责就包括负责与中石油湖南分公司签订捷西加油站的租赁协议。因此，《土地使用权转让合同》并不能产生土地转让的法律效果，原告不得依据该《土地使用权转让合同》要求被告将涉案土地过户至其名下。

2.《资金归还协议》的效力是否及于原告。

第三人与被告在签订了用以归还贷款的《土地使用权转让合同》后，又于2004年12月16日签订了《资金归还协议》，并同意被告不将诉争土地转让给原告，该《资金归还协议》系双方的真实意思表示，内容不违反法律、行政法规的强制性规定，合法有效。第三人作为原告的代理人，其与被告签订《资金归还协议》的法律后果应由原告承担，理由如下：(1)根据第三人与原告于2004年4月15日签订的《捷西加油站土地购买委托合同》之约定，第三人应以原告的名义签订土地转让合同或出让合同，但第三人却以其自己的名义与被告签订《土地使用权转让合同》。由此可知，第三人在与被告签订《土地使用权转让合同》时，并未向被告出具其与原告所签订的《捷西加油站土地购买委托合同》。(2)根据《中华人民共和国合同法》第四百一十条"委托人或者受托人可以随时解除委托合同"之规定，第三人可以解除与原告的土地购买委托合同。虽然原告向本院提交了其于2004年4月15日向第三人出具的《授权委托书》，委托第三人就捷西加油站签订土地转让合同及办理相关行政审批手续，并明确未经原告书面同意，第三人不得转让、中止或终止受托事项。但该《授权委托书》并未加盖原告印章，亦未经原告法定代表人签字确认，故该《授权委托书》未实际生效，原告不得以此《授权委托书》对抗被告。(3)在原告未提供充分证据证明被告在与第三人签订《土地使用权转让合同》和《资金归还协议》时，知道或应当知道第三人是受原告的委托，及第三人的具体代理权限的情况下，被告有理由相信第三人有权与其签订《资金归还协议》，被告系善意相对人。根据《中华人民共和国合同法》第四百零三条第三款"委托人行使受托人对第三人的权利的，第三人可以向委托人主张其对受托人的抗辩"之规定，被告有权以《资金归还协议》之约定对抗原告要求其交付诉争土地的主张。(4)根据原告与第三人于2009年3月19日签订的《东山二加油站土地及相关问题协议书》，原告就捷西加油站已支付给第三人的1550万元，已作为第三人应向原告退还的已届履行期的应付款予以抵销，原告对捷西加油站不再有预付款。且第三人在庭审过程中也认可被告已按照《资金归还协议》和《捷西加油站项目结算协议书》之约定，清退了全部款项。故《资金归还协议》的效力及于原告。

一审法院判决：驳回中国石化销售有限公司湖南长沙石油分公司的诉讼请求。

中石化长沙分公不服湖南省长沙市中级人民法院于2015年1月5日作出的(2014)长中民三重初字第00580号民事判决，向湖南省高级人民法院提起上诉。

二审法院审查明的事实与一审法院查明的事实一致。

二审法院归纳本案争议焦点：(1)本案中石化长沙分公司的起诉是否超过诉讼时效。(2)本案中金府公司与捷西公司签订一系列协议等行为后果是否及于中石化长沙分公司，捷西公司是否应当将涉案土地过户至中石化长沙分公司名下。

1. 关于本案中石化长沙分公司的起诉是否超过诉讼时效的问题。原审法院从长沙市商务局调取的相关证据显示，2006 年 4 月长沙市商务局组织中石化长沙分公司、捷西公司、中石油湖南分公司以及金府公司四方协调，主要是处理中石化长沙分公司与中石油湖南分公司对捷西加油站商务审批的纠纷，并未直接涉及涉案土地使用权转让的问题。这些证据不能证明当时捷西公司和金府公司将双方签订《资金归还协议》等解约事实披露给了中石化长沙分公司或者捷西公司已经明确表明不愿将涉案土地使用权转让给中石化长沙分公司，故中石化长沙分公司当时无从知晓其本案中所主张的权利是否受到侵害。且中石化长沙分公司一直是将购买涉案土地使用权一事委托金府公司办理，而 2012 年金府公司向中石化长沙分公司发出《工作联系函》表示其仍在积极履行中石化长沙分公司的委托事项，表明中石化长沙分公司在 2012 年还不知道金府公司与捷西公司解约的事实。因此，本案没有证据证明中石化长沙分公司的起诉超过诉讼时效，原审法院认定其起诉超过诉讼时效不当，应予纠正。

2. 关于本案中金府公司与捷西公司签订一系列协议等行为后果是否及于中石化长沙分公司，捷西公司是否应当将涉案土地过户至中石化长沙分公司名下的问题。2004 年 8 月 10 日捷西公司与金府公司签订的《土地使用权转让合同》第一条“转让事项”中明确约定转让给金府公司的涉案土地使用权系用于中石化长沙分公司的加油站建设，第三条第二款第四项约定涉案土地的所有用地手续在符合条件下全部过户给中石化长沙分公司，第六条第一款第二项约定捷西公司同意在金府公司支付土地款的基础上，使中石化长沙分公司取得涉案土地的使用权。根据上述约定可以看出，金府公司虽然是以自己名义与捷西公司签订涉案土地使用权转让合同，但在合同中已经披露了涉案土地系为中石化长沙分公司建设加油站购买，土地使用权证最终办至中石化长沙分公司名下，且合同签订后捷西公司收取金府公司 1000 万元时开具的收据上载明“代中石化付土地款”，故捷西公司应当知道金府公司系代中石化长沙分公司购买涉案土地。根据《中华人民共和国合同法》第四百零二条的规定，上述《土地使用权转让合同》直接约束捷西公司和中石化长沙分公司。

但金府公司与捷西公司2004年8月10日还签订了一份《〈土地使用权转让合同〉补充协议》，该协议约定双方2004年8月10日签订的“《土地使用权转让合同》的唯一性是为银行转账所用，合同中其他条款以原双方约定及其后面双方认可的评估额度为准”，本案三方当事人在审理过程中对该约定的含义理解亦不一致，但从该协议第二条约定其他条款除了按原合同约定外，还要依照后面双方认可的评估额度为准，与《土地使用权转让合同》已确定转让价款1700万元不一致。该补充协议从表述上看应当系在《土地使用权转让合同》之后签订，从其内容来看，捷西公司和金府公司对上述《土地使用权转让合同》约定的土地转让价款这一合同主要条款是有所保留的，且未最终达成一致。因双方在《土地使用权转让合同》中明确约定未尽事宜通过补充协议方式约定，与主合同有同等效力，故根据《〈土地使用权转让合同〉补充协议》，涉案《土地使用权转让合同》的价格条款并不能作为最终确定双方权利义务的依据。金府公司支付1100万元后，双方未再就购地价款的事宜达成新的协议，金府公司也未再付款，而是于2004年12月16日与捷西公司签订《资金归还协议》，双方协商一致表示捷西公司不再将相关土地使用权转让给中石化长沙分公司，并约定金府公司已付款项1100万元的归还计划。捷西公司此后陆续归还了相应款项。双方又于2011年11月26日再次签订《捷西加油站项目结算协议书》，其中提到就涉案土地使用权的转让双方无法达成一致，决定终止合作，并就资金往来结算和补偿事宜作出了约定。捷西公司和金府公司上述系列民事行为表明双方已协商一致解除了涉案土地使用权转让法律关系。在此过程中，中石化长沙分公司亦未解除对金府公司的委托，金府公司从签订《土地使用权转让合同》到合同解除并与捷西公司结算均是以其自己名义签订合同。从金府公司2004年12月16日与捷西公司签订《资金归还协议》作出了解除合同的意思表示，直至2012年中石化长沙分公司提起本案诉讼，中石化长沙分公司明知《土地使用权转让合同》未能履行、涉案土地使用权未过户至其名下，却一直未向捷西公司主张权利，根据这些事实应当认定捷西公司有理由相信金府公司有权代表中石化长沙分公司解除合同。金府公司既然已与捷西公司签订《资金归还协议》和《捷西加油站项目结算协议书》解除2008年8月10日签订的《土地使用权转让合同》，根据《中华人民共和国合同法》第四百零三条第三款“委托人行使受托人对第三人权利的，第三人可以向委托人主张其对受托人的抗辩”之规定,捷西公司有权以其与金府公司签订的《资金归还协议》和《捷西加油站项目结算协议书》对抗中石化长沙分公司要求其交付土地并进行土地过户的主张。

根据金府公司在本案中的相关陈述,金府公司认可捷西公司已在2012年按照《资金归还协议》和《捷西加油站项目结算协议书》的约定向金府公司清退相关款项,故金府公司与捷西公司已就解除2008年8月10日签订的《土地使用权转让合同》达成一致并对善后事宜进行了处理。虽然金府公司法定代表人李学良称还有其他款项未结清,因金府公司和捷西公司双方已一致同意解除《土地使用权转让合同》,即使还有其他款项未结清,但可按照双方约定另行处理,不影响本案解除合同行为的效力。金府公司法定代表人李学良庭后陈述称解除合同是为了抬高土地价格,但金府公司是本案当事人,且与中石化长沙分公司有法律上的利害关系,不能仅凭其法定代表人李学良庭后的单方陈述作为定案依据,本案无证据证明捷西公司在解除合同过程中有恶意串通的行为。金府公司在终止与捷西公司土地使用权转让法律关系后仍与中石化长沙分公司签订系列关于代征涉案土地的协议或作出承诺的行为与捷西公司无关,对捷西公司不产生法律效力。

中石化长沙分公司虽就捷西加油站的建设和经营办理了相关手续,但这些手续系加油站的商务审批行政法律关系,与本案土地使用权转让法律关系无关。中石化长沙分公司还代捷西公司补缴了涉案土地的土地出让金,但本案无证据证明中石化长沙分公司或者金府公司将这些情况告知了捷西公司或取得捷西公司同意,补缴土地出让金也不是2004年8月10日《土地使用权转让合同》约定的内容,捷西公司并未要求金府公司或中石化长沙分公司代为履行该义务,该事实不影响捷西公司解除本案土地使用权转让法律关系的效力。

据此,本院认为中石化长沙分公司无权再以2008年8月10日金府公司与捷西公司签订的《土地使用权转让合同》向捷西公司主张继续履行合同,原审法院判决驳回中石化长沙分公司的诉讼请求并无不当,中石化长沙分公司的相关上诉请求本院不予支持。

二审法院判决:维持一审判决。

中石化长沙分公司不服湖南省高级人民法院(2015)湘高法民一终字第90号民事判决,向最高人民法院申请再审。

最高人民法院再审查明:2004 年 8 月 10 日捷西公司与金府公司签订的《土地使用权转让合同》第四条手续办理及时间约定:本合同项下的土地使用权转移过户手续由转让方办理,办理时间从受让方支付首笔资金后一个月内完成,受让方全力配合;第八条附则约定:……(2)本合同经双方法人代表签字、盖章后生效。(3)未尽事宜由双方以补充合同形式作为本合同附件,同时具有同等法律效力。

2012 年金府公司给中石化长沙分公司的《工作联系函》称:……我司对履行与贵司的委托代理合同是有诚意的,从签订代征代建合同后我司就积极与捷西公司接触,在还未与其签订土地转让合同前(2004 年 5 月 27 日)就支付了 100 万元定金,正式与捷西公司签订《土地使用权转让合同》的第二天(2004 年 8 月 11 日)即支付了第一笔土地款 1000 万元……我司同意就捷西加油站土地及其相关问题,贵司可采取任何手段向我司或捷西公司或任何其他方主张任何权利,我司能做到的一是实事求是,二是接受国家机关的任何裁决。无论贵司维权的结果如何,我司有义务承担与贵司签订一系列合同的所有后果和责任,并不排除以我司名义就捷西加油站土地转让事项向相关部门或单位主张权利。目前,我司仍在与各方积极沟通,争取早日给贵司一个满意的答复。

2015 年 12 月 14 日捷西公司取得长沙市人民政府颁发的长国用(2015)第 127904 号《国有土地使用权证》,地址为雨花区高桥街道高桥社区,地类(用途)为商业用地,使用权类型为出让地,终止日期为 2055 年 11 月 16 日,使用面积为 2361.34m^2。长沙市财政局向捷西公司发出的《国有土地协议或转让土地价款缴纳通知单》,内容为经市政府批准,你单位于 2015 年 11 月 16 日通过非招拍挂受让(竞得)位于雨花区高桥街道高桥社区出让面积 2361.34m^2 国有土地使用权[国土局签批编号:20151020050]。现对该宗地的缴款金额和缴款期限通知如下:略。

2016 年 6 月 24 日长沙市人民政府办公厅城建城管处《关于万家丽高桥段捷西加油站历史遗留有关问题的会议备忘》(第 47 号),内容为:1. 万家丽路高桥段捷西加油站历史遗留问题事关企业改制,湖南省高级人民法院已对该加油站土地权属纠纷问题作出终审判决,各相关单位要积极支持,加强配合,依法依规妥善处理该问题。2. 关于几个具体问题。(1)关于手续办理问题。①由长沙市规划局、长沙市安监局、长沙市消防支队等单位现场踏勘核实,在符合相关技术规范和管理规定及满足消防安全、危险化学品间距要求、建筑退让要求的前提下，依法依规办理相关规划验收、危险化学品经营许可和消防验收等手续。②捷西公司要委托具备资质的单位对房屋结构安全和使用功能进行检测并出具检测报告，报长沙市质监站认定后，由长沙市住建委按“一事一报”形式，个案解决房屋产权登记手续问题。③在相关报建手续完善后，由长沙市商务局依法依规支持办理捷西加油站成品油经营许可证。(2)关于捷西加油站北侧 10KV 高压杆线迁改问题……(3)关于返还中石化长沙分公司预缴200 万元土地价款问题。由市财政局对预缴情况进行核实后，根据湖南省高级人民法院的判决按程序办理退款手续。

最高人民法院审理认为：中石化长沙分公司向一审法院起诉，请求判令捷西公司继续履行 2004 年 8 月 10 日与金府公司签订的《土地使用权转让合同》，将现在捷西公司名下的(雨国用〔2002〕字第 0210 号)面积为 3486.41m^2 的土地使用权过户到中石化长沙分公司名下(土地界址坐标详见土地证和红线图)并交付给中石化长沙分公司。再审亦是请求判令捷西公司继续履行与金府公司签订的《土地使用权转让合同》，将捷西公司名下的(雨国用〔2002〕字第 0210 号)面积为 3486.41m^2 的土地使用权过户到中石化长沙分公司名下。根据本院再审审理查明的事实，在本案二审判决生效后，2004 年 8 月 10 日捷西公司与金府公司签订的《土地使用权转让合同》中约定的捷西公司名下的(雨国用〔2002〕字第 0210 号)面积为 3486.41m^2 的土地使用权已由长沙市人民政府收回，中石化长沙分公司请求捷西公司继续履行《土地使用权转让合同》约定的捷西公司名下(雨国用〔2002〕字第 0210 号)面积为 3486.41m^2 的工业用地使用权已不复存在。现登记在捷西公司名下(长国用〔2015〕第 127904 号)面积为 2361.34m^2 的商业用地使用权系长沙市人民政府经过重新出让后取得，长沙市人民政府于 2015 年 12 月 14 日向捷西公司颁发了《国有土地使用权证》，捷西公司并据此支付了地价款。鉴于捷西公司现名下享有的土地使用权的面积、土地性质及土地使用年限均与涉案《土地使用权转让合同》所约定的标的不同，且捷西公司在该土地上已建成加油站，该加油站也取得了行政主管机关批准的特许经营的相关证照，故捷西公司与金府公司签订的《土地使用权转让合同》已不能履行。依据《中华人民共和国合同法》第一百一十条的规定，对中石化长沙分公司要求捷西公司继续履行 2004 年 8 月 10 日与金府公司签订的《土地使用权转让合同》，将现在捷西公司名下的（雨国用〔2002〕字第0210号）面积为3486.41m^2 的土地使用权过户到中石化长沙分公司名下（土地界址坐标详见土地证和红线图）并交付给中石化长沙分公司的再审请求，本院不予支持。

从本院再审查明的事实看，金府公司与捷西公司在履行《土地使用权转让合同》的过程中均存在违背诚实信用原则的行为，并直接导致中石化长沙分公司与金府公司签订的《捷西加油站土地购买委托合同》的合同目的无法实现。在《土地使用权转让合同》事实上不能继续履行的情况下，中石化长沙分公司如果认为因涉案《土地使用权转让合同》不能继续履行而造成其损失，可以另行诉讼解决。

最高人民法院再审判决：维持二审判决。

【规则解读】

本案中石化长沙分公司主张权利的《土地使用权转让合同》，由拟购土地使用权人捷西公司和受托购买人金府公司签订，合同披露该宗土地系金府公司为中石化长沙分公司建设加油站购买，土地使用权证最终办至中石化长沙分公司名下。该合同系典型的合同双方当事人为了第三方利益签订的合同，即“为第三方利益合同”“利他契约”“利他合同”。《中华人民共和国合同法》没有专门规定利他合同，司法实践多参照《中华人民共和国合同法》第六十四条债务人向第三人履行的规定处理相关纠纷。但由于第六十四条规定比较原则，司法裁判中多有分歧争议。本案裁判过程中的三级法院都将争议焦点归结到捷西公司和金府公司的《土地使用权转让合同》效力能否及于中石化长沙分公司，中石化作为利他合同第三人能否以自己名义向债务人主张履行义务，本案裁判逻辑就解决利他合同类似问题提供指引。

一、利他合同中的第三人可否独立主张债务人向其履行义务

1. 根据最高人民法院相关司法解释，《中华人民共和国合同法》第六十四条是依债权人指定而履行合同，第三人只有给付受领权而无独立的给付请求权。因此，原则上，合同效力不得及于第三人，第三人不得对债务人提出履行合同请求。

《中华人民共和国合同法》第六十四条规定，“当事人约定由债务人向第三

人履行债务的,债务人未向第三人履行债务或者履行债务不符合约定,应当向债权人承担违约责任"。合同中约定接受债务的第三人,能否就债务人不履行或不完全履行提出独立请求权?我国现行立法根据合同相对性原理,明确规定第三人不能。《最高人民法院关于适用〈中华人民共和国合同法〉若干问题的解释(二)》(法释〔2009〕5号)第十六条规定,"人民法院根据具体案情可以将合同法第六十四条、第六十五条规定的第三人列为无独立请求权的第三人,但不得依职权将其列为该合同诉讼案件的被告或者有独立请求权的第三人",《最高人民法院关于审理买卖合同纠纷案件适用法律问题的解释》(法释〔2012〕8号)第十六条规定,"出卖人依照买受人的指示向第三人交付标的物,出卖人和买受人之间约定的检验标准与买受人和第三人之间约定的检验标准不一致的,人民法院应当根据合同法第六十四条的规定,以出卖人和买受人之间约定的检验标准为标的物的检验标准"。

2. 某些法定情形下,第三人可因法律特别规定获得独立请求权,要求债务人向其履行债务。

尽管我国合同效力规则大多遵循合同相对性原则,但也有部分制度与规则突破了合同相对性原理,如委托代理、代位权、货物运输合同、保险合同。相关规定包括:《中华人民共和国合同法》第四百零二条委托人介入权规定,"受托人以自己的名义,在委托人的授权范围内与第三人订立的合同,第三人在订立合同时知道受托人与委托人之间的代理关系的,该合同直接约束委托人和第三人,但有确切证据证明该合同只约束受托人和第三人的除外",《中华人民共和国合同法》第七十三条第一款债权人代位权规定,"因债务人怠于行使其到期债权,对债权人造成损害的,债权人可以向人民法院请求以自己的名义代位行使债务人的债权,但该债权专属于债务人自身的除外",等等。2019年年初公布的《民法典合同编(草案)》(二次审议稿)第二百五十六条规定,"依法成立的合同,受法律保护。依法成立的合同,仅对当事人具有法律约束力,但是法律另有规定的除外",明确体现了合同相对性原则可以依法突破的立法意见。

本案中,中石化长沙分公司是金府公司和捷西公司《土地使用权转让协议》的第三人。金府公司以自己名义与捷西公司签订涉案土地使用权转让合同,但金府公司在合同中已经披露了涉案土地系为中石化长沙分公司建设加油站购买，土地使用权证最终办至中石化长沙分公司名下，且合同签订后捷西公司收取金府公司1000万元时开具的收据上载明“代中石化付土地款”。合同内容及合同履行行为均显示，债务人捷西公司明确知晓金府公司与中石化长沙分公司的代理关系，以及金府公司系代中石化长沙分公司购买涉案土地，合同受益人为中石化长沙分公司。二审法院根据《中华人民共和国合同法》第四百零二条的规定，上述《土地使用权转让合同》直接约束捷西公司和中石化长沙分公司。中石化长沙分公司基于委托代理关系成立，取得独立诉讼主体地位。

3. 当事人可在合同中约定第三人权利，基于合同自由原则，在约定不违反法律、行政法规强制性规定，约定合法有效的前提下，第三人可有独立请求权。

有学者提出，参照大陆法系其他国家的类似做法，第三人是否享有给付请求权应依当事人约定。虽然《中华人民共和国合同法》没有明文赋予第三人直接请求权，若当事人双方在合同中明确约定第三人为最终受益人，基于合同自由原则，第三人可向债务人主张履行义务；若当事人在合同中没有直接约定或者约定不明，第三人不能主张请求权。①

司法实践中，一些地方判例也显示出司法机关在利他合同第三人诉讼地位的判定中，并不简单套用规则否定第三人维权，而是依据案件证据合理认定第三人诉讼请求的合理性，平衡第三人和债务人利益关系。如江苏申模数字化制造技术有限公司与上海模具技术研究所有限公司合同纠纷案[（2017）苏民申1622号]中，本案原告虽然是利他合同的第三人，但其诉讼主体资格仍获得法院支持。镇江市丹徒区科技局拨付给上海模具技术研究院一笔300万元的科研项目建设经费，协议书约定模具研究所应将收到的300万元款项用于新设企业的项目建设。协议签订后，模具研究所新设申模公司为项目公司，即申模公司为丹徒区科技局和上海模具技术研究院协议主体以外的第三人。由于上海模具技术研究院没有将300万元款项支付给申模公司，申模公司提出诉讼。本院裁判过程中，关于申模公司是否是独立请求人，审理法院认为，争议事项符合《中华人民共和国合同法》第六十四条规定，申模公司系该笔款项第三人。模具研究所、申模公司、丹徒区科技局有约定申模公司为项目单位，

① 崔建远：《为第三人利益合同的规格论——以我国〈合同法〉第64条的规定为中心》，载《政治与法律》2008年第1期。

且丹徒区科技局说明"因申模公司当时还未开设账户，丹徒科技局将科技经费补贴300万元支付给模具研究所代收，所有权归申模公司所有。按照相关政策规定，该款项仅限用于申模公司项目建设使用，所有权归申模公司所有"。

二、申请开办加油站的资质条件

油气产业链条中，加油站是最早面向社会开放的环节。2004年，开放国内成品油零售市场；2006年放开国内成品油批发市场；2018年，《外商投资准入特别管理措施（负面清单）（2018年版）》，取消包括外资连锁加油站超过30家分店需中方控股等22项具体限制；2019年，《外商投资准入特别管理措施（负面清单）（2019年版）》延续该政策，并将石油领域合作全面移除出负面清单。国内加油站市场率先落实了全面放开政策。根据观研天下发布的《2019年中国加油站市场分析报告行业现状调查与发展趋势研究》，截至2018年，我国加油站数量已经超过10万座。其中，中石化、中石油两大集团的加油站分别为3.06万座、2.14万座，分别占比29%、20%；民营加油站约4万座，占比47%；中海油、中化、中外合资等其他加油站合计约4200座，约占4%。

根据《国家经济贸易委员会关于规范加油站特许经营的若干意见》（国经贸贸易〔2002〕631号）、《成品油市场管理办法》等相关规定，申请开办加油站应满足以下条件：

1. 油库、加油站（点）及其配套设施的产权证明文件；国土资源、规划建设、安全监管、公安消防、环境保护、气象、质检等部门核发的油库、加油站（点）及其他设施的批准证书及验收合格文件。

2. 工商部门核发的《企业法人营业执照》或《企业名称预先核准通知书》。

3. 安全监管部门核发的《危险化学品经营许可证》。

4. 外商投资企业还应提交《中华人民共和国外商投资企业批准证书》。

5. 申请成品油批发经营资格的企业，还应当提供具有长期、稳定成品油供应渠道的法律文件及相关材料。

6. 申请从事成品油零售经营资格的企业，还应当提交具有长期、稳定成品油供应渠道的法律文件及相关材料以及省级人民政府商务主管部门核发的加油站（点）规划确认文件。

7. 通过招标、拍卖、挂牌方式取得加油站（点）土地使用权的，还应提供省级人民政府商务主管部门同意申请人投标或竞买的预核准文件及国土资源部门核发的国有土地使用权拍卖(招标、挂牌)《成交确认书》。

8. 向中石油、中石化、中海油申请特许经营等,应提交合法资格证明(规划、国土、消防、环保、税务、计量等)、《成品油零售经营批准证书》、资信证明、产权证明等。

【风险提示】

加油站建设项目具备投资大、建设周期长、范围涉及广以及建设地点不确定因素较多等显著特点,实践中,常有"委托购地"的模式,对于"委托购地",委托人作为土地使用权转让的实际受让人,除了面临土地使用权转让中土地出让金是否合法并足额支付、转让价格是否合理并如实申报、是否隐瞒土地上权利负担的风险,还面临因受托人行为导致的"委托购地"目的不能实现或受托人与第三人恶意串通、违背诚实信用原则等风险。因此,在"委托购地"中,委托应当注意:

1. 及时办理土地使用权变更登记。

我国现行立法对不动产物权变动采取的是登记生效主义,即土地使用权的转移以登记为要件。《中华人民共和国物权法》第一百四十五条规定,"建设用地使用权转让、互换、出资或者赠与的,应当向登记机构申请变更登记";《中华人民共和国城镇国有土地使用权出让和转让暂行条例》第二十五条第一款规定,"土地使用权和地上建筑物、其他附着物所有权转让,应当依照规定办理过户登记"。因此,土地使用权转让双方在签订合同后,应当持土地使用权出让合同、土地使用权证、土地使用权转让合同,向土地所在地的市、县国土部门申请办理变更登记手续。

需要明确的是,未办理变更登记手续的,不影响转让合同的效力。在"委托购地"中,委托人因及时与第三人办理土地使用权变更登记,避免因不及时办理变更登记手续,第三人为了追求不正当利益而将该土地使用权多次转让的,导致无法取得土地使用权。

2. 受托人与第三人恶意串通、违背诚实信用原则时,及时要求赔偿损失。

"委托购地"中,受托人与第三人恶意串通、违背诚实信用原则,使委托人无法取得土地使用权的,委托人应积极获取、保存证据,在诉讼时效内及时提起诉讼,要求受托人与第三人赔偿损失,以此减少自身的损失。

【相关法律法规】

《中华人民共和国合同法》(1999 年 3 月 15 日)

第四百零六条　有偿的委托合同,因受托人的过错给委托人造成损失的,委托人可以要求赔偿损失。无偿的委托合同,因受托人的故意或者重大过失给委托人造成损失的,委托人可以要求赔偿损失。

受托人超越权限给委托人造成损失的,应当赔偿损失。

油气企业履行保理合同时回款账户的确定

【裁判规则】

保理商和债权人在保理合同中约定的账户是保理回款账户，保理回款账户具有唯一性和特定性；债务人应付款至保理商和债权人约定的保理回款账户；向保理回款账户以外的账户付款不能产生清偿债务的法律效果。

【典型案例】

中国银行股份有限公司沧州分行与沧州市南大港管理区富康燃料有限公司、沧州市南大港管理区伟业石油产品有限公司等合同纠纷案[（2016）最高法民再14号]

【案情简介】

再审申请人（一审原告、二审上诉人）：中国银行股份有限公司沧州分行。

被申请人（一审被告、二审被上诉人）：沧州市南大港管理区富康燃料有限公司。

被申请人（一审被告、二审被上诉人）：沧州市南大港管理区伟业石油产品有限公司。

被申请人（一审被告、二审被上诉人）：沧州京润石化有限公司。

被申请人（一审被告、二审被上诉人）：王金山。

被申请人（一审被告、二审被上诉人）：石桂凤。

一审法院查明：2012年8月3日中国银行股份有限公司沧州分行（以下简称中国银行沧州分行）与沧州市南大港管理区富康燃料有限公司（以下简称富康公司）签订授信额度协议[编号：冀-09-2012-078（协议）]，该协议约定由中国银行沧州分行向富康公司提供 2000 万元的授信额度，使用期限自该协议生效之日至 2013 年 7 月 31 日。同日，沧州市南大港管理区伟业石油产品有限公司（以下简称伟业公司）、沧州京润石化有限公司（以下简称京润公司）、王金山、石桂凤为上述授信额度协议分别与中国银行沧州分行签订《最高额保证合同》，保证方式为连带责任保证。2013 年 1 月 5 日富康公司向中国银行沧州分行提出办理国内商业发票贴现业务，向中国银行沧州分行融资 2000 万元。经中国银行沧州分行要求，富康公司提供其作为出卖人与蓝星石油有限公司济南分公司（以下简称蓝星公司）2012 年 11 月 26 日签订的燃料油买卖合同（合同金额为 31,520,000 元）以及相关的增值税发票和发货单据。2013 年 1 月 10 日中国银行沧州分行与富康公司签订《国内商业发票贴现融资申请书》，写明贴现年利率 6.25%，手续费 0.4035533%，按照发票金额计收。2013 年 1 月 10 日中国银行沧州分行与富康公司签订了《国内商业发票贴现协议》（合同号：冀 09－2012－078－2），合同到期日为 2013 年 6 月 3 日。同日，中国银行沧州分行在扣除贴现利息 499,999.99 元及佣金费用 127,200 元后，将 19,372,800.01 元贴现款打入富康公司在中国银行股份有限公司黄骅支行开立的 10××50 账户。中国银行沧州分行提交的蓝星公司 2013 年 1 月 4 日出具的“付款确认证明”，写明“结算期限为货物验收合格之日起 180 天付清货款”“我公司保证按照合同约定付清全部货款且收款行为贵行”。2013 年 1 月 9 日富康公司出具声明，声明“我公司保证让买方将未结清的合同款项汇往贵行。否则，贵行有权从沧州市南大港管理区富康燃料有限公司在中国银行黄骅支行的账户（10××50）中扣款或采取其他必要方法执行，以归还我公司在贵行的贴现款项”。蓝星公司通过 201381001 账号陆续向富康公司在中国银行黄骅支行开立的 10××50 账号汇款，时间和金额分别为 2013 年 1 月 8 日 700 万元、2013 年 2 月 28 日 200 万元、2013 年 3 月 28 日 500 万元、2013 年 4 月 3 日 500 万元、2013 年 4 月 10 日 400 万元、2013 年 4 月 25 日 800 万元，共计 3100 万元。京润公司提供的加盖蓝星公司印章的证明，表明上述支付款项即对应中国银行沧州分行提供的相应增值税发票。上述款项已由富康公司支取使用，此后富康公司因涉嫌刑事案件、其法定代表人王金山被羁押，富康公司未能按约定向中国银行沧州分行偿还贴现款。

中国银行沧州分行与富康公司签订的《国内商业发票贴现协议》第二条约

定:本协议某些重要术语的定义如下:(1)国内商业发票贴现:指卖方将现在或将来的基于卖方与买方(债务人)订立的销售或服务合同项下产生的应收账款转让给保理商,由保理商为其提供融资、应收账款催收、销售分户管理等服务……第五条约定:卖方应自本协议生效之日起应将随后产生的对买方合格应收账款全部转让给保理商。第八条约定:卖方保证对已经转让给保理商的应收账款未经保理商书面同意,不得再进行处分。未经保理商书面同意,卖方不得转让该保理协议。第十七条约定:保理商收到买方付款后,有权优先扣除融资本息及相关保理费用,然后将余额贷记卖方账户。第二十二条规定:如已贴现融资的应收账款至发票到期日后30天仍无法收回,保理商有权立即收回融资本息,并有权从卖方账户主动扣款或采取其他办法主动收款,直至收回融资本息,并按照本协议的规定计收罚息。中国银行沧州分行与富康公司签订的国内商业发票贴现融资申请书第四条第四款约定了罚息的计算:(1)对逾期偿还融资款项的,自逾期之日起,就逾期部分,按本款约定的罚息利率计收利息,直至清偿本息为止。(2)对我司不能按期支付的利息以及罚息,按本款约定的罚息利率按月计收复利。(3)罚息利率:A. 罚息利率采用浮动利率,浮动周期为6个月。自逾期之日起每个浮动周期重新定价一次。重新定价日为逾期之日在重新定价当月的对应日,当月没有对应日的,则当月的最后一日为重新定价日。B. 逾期融资罚息利率为本款C项确定的基础利率水平上加收40%。C. 首个浮动周期内,基础利率为本条第一款约定的融资利率。每满一个浮动周期后,下一个浮动周期的基础利率按重新定价日中国人民银行公布施行的同档次贷款基准利率上浮10%。

一审法院认为:中国银行沧州分行与富康公司签订的授信额度协议及国内商业发票贴现协议系双方真实意思表示,应认定真实有效。中国银行沧州分行与伟业公司、京润公司、王金山、石桂凤签订的最高额保证合同系各方真实意思表示,也应认定有效。上述协议签订之后,中国银行沧州分行履行了贴现义务,在扣除贴现利息499,999.99元及佣金费用127,200元后,将19,372,800.01元贴现款打入富康公司在中国银行股份有限公司黄骅支行开立的10××50账户。富康公司在合同约定的到期日后未能清偿贴现款、未支付利息,已构成违约,其应按合同约定承担违约责任。根据中国银行沧州分行与富康公司订立的国内商业发票贴现协议,富康公司将其应收账款转让给中国银行沧州分行,中国银行沧州分行管理其销售分户账户、催收货款并在货款打入账户后优先扣款,对该应收账款未经中国银行沧州分行书面同意不得再进行处理。商业发票贴现不同于普通的银行贷款,真实有效的应收账款是银行实现其债权的基本保障,根据双方签订的贴现协议,中国银行沧州分行有权主动收回蓝星公司给付富康公司的相关货款。按双方协议及富康公司、蓝星公司的声明承诺,买卖合同的相关方蓝星公司履行了付款义务,将货款打入富康公司在中国银行沧州分行开立的账户,该账户处于中国银行沧州分行管理之下,其有权在协议到期日后直接扣划该款用于偿还欠款。但因中国银行沧州分行怠于行使管理的权利,对贴现协议所涉货款未及时扣划,致富康公司将该款全部取用,双方约定的账户已无余额可供扣划。在此情况下应认定中国银行沧州分行放弃了通过扣划该货款实现其债权的权利。《中华人民共和国物权法》第二百二十八条第一款规定“以应收账款出质的,当事人应当订立书面合同”。第二百二十九条规定“权利质权除适用本节规定外,适用本章第一节动产质权的规定”。第二百一十八条规定“质权人可以放弃质权。债务人以自己的财产出质,质权人放弃该质权的,其他担保人在质权人丧失优先受偿权益的范围内免除担保责任,但其他担保人承诺仍然提供担保的除外”。本案中富康公司与中国银行沧州分行形成应收账款质押的法律关系,在买方付款到账后,中国银行沧州分行通过扣划款实现其债权既是其权利,也是保理合同的基本特征。因中国银行沧州分行放弃通过扣划已付货款实现其债权的权利,致使富康公司再次支配该款,富康公司违反了保理合同的约定、中国银行沧州分行亦构成怠于行使权利,根据上述规定,保证人在中国银行沧州分行放弃权利的范围内应当免除其保证责任。综上,富康公司应偿还中国银行沧州分行欠款19,372,800.01元并支付罚息,罚息按双方约定计算。伟业公司、京润公司、王金山、石桂凤不再承担担保责任。

一审法院判决:(1)富康公司偿还中国银行沧州分行19,372,800.01元。(2)富康公司给付中国银行沧州分行相应的罚息,罚息计算方式:自2013年7月10日至2014年1月9日以19,372,800.01元为基数,按年利率6.25%加收40%计算;自2014年1月10日至本判决生效之日以19,372,800.01元为基数,按中国人民银行同类贷款利率上浮10%后加收40%计算。(3)驳回中国银行沧州分行对伟业公司、京润公司、王金山、石桂凤的诉讼请求。

中国银行沧州分行不服一审判决,向河北省高级人民法院提起上诉。

二审法院查明:略。

二审法院认为:关于中国银行沧州分行与富康公司签订的《国内商业发票贴现协议》的性质。从协议内容来看,该协议应为保理合同,中国银行沧州分行及伟业公司、京润公司在二审庭审中均认可本案应为保理合同纠纷,沧州市中级人民法院对合同性质及本案案由定性有误,河北省高级人民法院予以纠正。

关于富康公司应归还的融资款本金数额。根据已查明的事实,中国银行沧州分行根据协议约定已向富康公司支付融资款2000万元,虽然其支付融资款时直接扣除了499,999.99元贴现利息和12.72万元保理费用,但根据双方所签《国内商业发票贴现融资申请书》第四条、第五条和《国内商业发票贴现协议》第五条、第二十条之规定,中国银行沧州分行提请预收贴现利息及收取保理费用符合双方协议约定,亦不违反法律、法规的强制性规定,富康公司应归还的融资款本金应为2000万元,沧州市中级人民法院扣减贴现利息和保理费用属于适用法律错误。

关于《国内商业发票贴现协议》的履行情况,伟业公司、京润公司、王金山、石桂凤是否应承担连带保证责任。中国银行沧州分行主张其在履约过程中并无过错,不存在沧州市中级人民法院认定的放弃了通过扣划该货款实现债权的情形,伟业公司、京润公司、王金山、石桂凤应依照各自签订的保证合同承担连带保证责任;伟业公司、京润公司则认为保证合同虽真实有效,但属于《国内商业发票贴现协议》的从合同,主合同已经履行完毕,贴现的2000万元已经回到富康公司在中国银行沧州分行的回款账户,保证人无须再承担保证责任。根据一审查明事实,案外人蓝星公司于2013年1月8日至4月25日分六次向富康公司在中国银行黄骅支行开设的10×××50账号汇款共计3100万元,并出具证明称此付款对应中国银行沧州分行提供的增值税发票,即案涉买卖合同项下的货款,富康公司法定代表人王金山对此亦表示认可。中国银行沧州分行虽否认上述付款系案涉买卖合同项下的货款,但其在一审庭审中明确表示10×××50账号系此笔保理业务收款账户,在其未能提供相反证据的情况下,伟业公司、京润公司的主张更具有证据优势,应认定案外人蓝星公司已履行3100万元的付款义务。根据中国银行沧州分行与富康公司签订的《国内商业发票贴现协议》第二条、第十七条之规定,中国银行沧州分行作为保理商,向买方蓝星公司催收应收账款、管理销售分户账户既是其作为应收账款受让方的合同权利,亦是其收取保理费用后的合同义务,同时其收到买方即蓝星公司付款后有权优先扣除融资本息及相关保理费用后将余额贷记卖方账户。中国银行沧州分行怠于行使权力或疏于管理的行为,导致富康公司违反协议约定将已回笼货款再次使用,双方形成新的债权债务关系,富康公司应依法承担返回融资本息的责任。因案外人蓝星公司支付的货款已远超中国银行沧州分行提供的融资本金,伟业公司、京润公司、王金山、石桂凤保证的主合同即《国内商业发票贴现协议》已履行完毕,故沧州中院免除伟业公司、京润公司、王金山、石桂凤的保证责任虽适用法律欠妥当,但结果正确应予维持。

二审法院判决:富康公司偿还中国银行沧州分行融资本金 2000 万元及罚息(罚息自 2013 年 7 月 10 日至 2014 年 1 月 9 日按年利率 6.25% 加收 40% 计算;自 2014 年 1 月 10 日至本判决生效之日按中国人民银行同类贷款利率上浮 10% 后加收 40% 计算)。

【规则解读】

保理又称保付代理,是以债权人转让其应收账款债权为前提,集应收账款催收、管理、坏账担保及融资于一体的综合性金融服务。[①] 保理合同以真实有效的基础合同关系为前提,主要涉及开展保理业务的金融机构及商业保理公司(保理商)、在保理合同中将基础合同中的应收账款转让给保理商的应收账款出让人(债权人)、基础合同项下的付款义务人(债务人)三方的权利与义务。向保理回款账户以外的其他账户付款能不能产生向保理银行清偿债务的法律效果？本案裁判规则为以上问题提供指引。

一、保理回款账户是保理合同中明确约定的账户

《商业银行保理业务管理暂行办法》第十七条规定,“商业银行办理单保理业务时,应当在保理合同中原则上要求卖方开立用于应收账款回笼的保理专户等相关账户。商业银行应当指定专人对保理专户资金进出情况进行监控,确保资金首先用于归还银行融资”。该规定所称的用于应收账款回笼的保理

① 杨临萍:《关于当前商事审判工作中的若干具体问题》(2015 年 12 月 24 日),载杜万华主编:《商事法律文件解读》(总第 134 辑),人民法院出版社 2016 年版,第 25 ~ 27 页。

专户即保理回款账户。虽然《商业银行保理业务管理暂行办法》提出了保理回款账户概念，但保理回款账户并不是银行业务的法定类型，根据《人民币银行结算账户管理办法》《人民币银行结算账户管理办法实施细则》，保理回款账户按照应收账款回款进行管理和使用。

保理回款账户是为保理业务开设的专门账户，由保理合同当事人双方在合同中进行明确约定。为保证专款专用，每笔保理业务应当开立一个保理回款专户，如果多笔保理业务开立一个保理专户的，应当确保每笔保理业务与保理回款专户的相互对应关系；应确保保理回款专户未存入应收账款回款之外的其他资金，未与债权人的其他账户混同，未作为日常结算使用。部分银行还在"动态融资统一登记平台"下设定"保理专户"，将应收账款的债权人和债务人、应收账款数额、履行期限、保理回款专户的账户名称等在"保理专户"进行登记公示。

二、向保理回款账户以外的其他账户付款不能产生清偿债务法律效力

本案例中，保理商中国银行沧州分行与应收账款出让人富康公司签订《国内商业发票贴现协议》，协议约定富康公司以其对蓝星公司的应收账款出质给中国银行沧州分行，在该行设立的10×××36的账户为保理保证金账户。但在实际履行中，蓝星公司将应收账款资金打入10×××50账户，该账户系富康公司开设且将该账户向保理商进行披露。应收账款资金到账后，保理商中国银行沧州分行没有及时扣划该账户款项，富康公司将该笔资金转出。就争议债务是否已经清偿的问题，如保理回款账户必须是合同约定的账户，则其他账户的资金流入不产生清偿效力；如保理商和债权人在保理合同另行约定的其他账户也可视为保理回款账户，则其他账户的资金流入产生清偿效力。因此，保理回款账户是否只能是保理合同约定的账户，成为案件焦点。

根据本案裁判规则，保理回款账户是保理专户，是保理商为债务人提供融资后，双方以债务人名义开立的，或者保理银行开立的、具有银行内部账户性质的，用于接收次债务人支付应收账款的专用账户。因此，保理合同中关于保理回款账户的约定是双方关于资金流出流入账户的明确指定，该指定使资金账户特定化，是保理商监控资金风险、维护自身合法权益的保障。保理合同生效后，保理回款账户原则上非经双方明确协商一致不得变更。因此，保理回款账户只能是保理合同中明确约定的账户，向保理回款账户以外的其他账户付款不能产生向保理银行清偿债务的法律效果。

三、保理合同提前扣减贴现利息及保理费用有效

《中华人民共和国合同法》第二百条规定，借款利息不得在预先本金中扣除，利息预先在本金中扣除的，应当按照实际借款数额返还借款并计算利息。在商业融资交易过程中，提前扣减贴现利息及保理费用情况下，应归还融资款本金数额应认定为扣减前的数额还是扣减后实际到账的数额？

本案一审法院按照扣减后实际到账数额认定归还融资款本金及以此为基数计算罚息的，而二审和再审法院都认为提前预收贴现利息和保理费用不违反双方协议约定及法律、法规强制性规定，申请保理人应归还融资款本金为减扣前的金额。本案裁判规则明确：保理费用是保理商提供融资、管理等服务而收取的服务费用，由此产生贴现利息和保理费用并非借款利息而是融资费用。故在合同有明确约定的情况下，提前扣减该两笔费用不应适用《中华人民共和国合同法》第二百条的规定，认定应归还融资款本金为扣减前的金额。

【风险提示】

抵押贷款等传统融资方式须以融资方拥有一定的固定资产为前提，本案中当事人向银行以商业发票贴现的方式设立保理，以应收账款质押的方式进行融资，为融资提供了新思路。采用保理融资交易中又存在哪些风险需要提前防范？综合本案情况，律师建议：

第一，申请保理人应提供真实的应收账款凭证，并对其还本付息能力全面评估，严格按合同约定方式履行合同义务。商业发票贴现不同于普通的银行贷款，真实有效的应收账款是银行实现其债权的基本保障，申请保理人应将真实有效应收账款的基础合同、交付凭证、发票等内容提交保理商办理保理。申请保理人应对其还本付息能力全面评估，若延迟还本付息或偿还不能将承担罚息、违约金等违约责任。还须严格按照合同约定履行合同义务，如向保理回款账户以外的其他账户付款并不能产生向保理银行清偿债务的法律效果等，避免为其方带来不必要的损失。

第二，保理商在被保理人不能履行保理义务时，应积极行使扣划款等其他合同约定方式实现其债权的权利，避免因怠于行使权力或疏于管理的行为被视为放弃权利，造成损失。申请保理人（债权人）向保理商转让现有的已确定的应收账款债权时,债务人仅对应收账款债权数额、还款期限进行确认的,债务人可以就基础合同项下的应收账款行使抗辩权。债务人对应收账款债权数额、还款期限以及基础合同、交付凭证、发票等内容一并进行确认的,或者保理合同中对应收账款性质、状态等内容的具体表述已作为债权转让通知或者应收账款确认书附件的,根据诚实信用原则,可以作为债务人对基础合同项下的应收账款不持异议的有效证据,但债务人能够提供其他证据足以推翻的除外。

第三,质权人和质押人应注意收账款出质的设立、放弃与限制,避免质权未设立或转让无效情形。《中华人民共和国物权法》对应收账款出质规定了权利质权设立和出质人转让限制,以应收账款出质的,当事人应当订立书面合同,质权须在信贷征信机构办理出质登记时才设立。应收账款出质后,不得转让,但经出质人与质权人协商同意的除外。出质人转让应收账款所得的价款,应当向质权人提前清偿债务或者提存。债务人以自己的财产出质,质权人放弃该质权的,其他担保人在质权人丧失优先受偿权益的范围内免除担保责任,担保人对其保证责任减免的情形积极举证,相关证据予以留存,以保护其合法权益。

【相关法律法规】

《中华人民共和国合同法》(1999 年 3 月 15 日)

第六十条　当事人应当按照约定全面履行自己的义务。

当事人应当遵循诚实信用原则,根据合同的性质、目的和交易习惯履行通知、协助、保密等义务。

第一百零七条　当事人一方不履行合同义务或者履行合同义务不符合约定的,应当承担继续履行、采取补救措施或者赔偿损失等违约责任。

第一百二十四条　本法分则或者其他法律没有明文规定的合同,适用本法总则的规定,并可以参照本法分则或者其他法律最相类似的规定。

第二百零七条　借款人未按照约定的期限返还借款的,应当按照约定或者国家有关规定支付逾期利息。

《中华人民共和国物权法》(2007 年 3 月 16 日)

第二百一十八条　质权人可以放弃质权。债务人以自己的财产出质,质权人放弃该质权的,其他担保人在质权人丧失优先受偿权益的范围内免除担保责任，但其他担保人承诺仍然提供担保的除外。

第二百二十八条　以应收账款出质的，当事人应当订立书面合同。质权自信贷征信机构办理出质登记时设立。

应收账款出质后，不得转让，但经出质人与质权人协商同意的除外。出质人转让应收账款所得的价款，应当向质权人提前清偿债务或者提存。

第二百二十九条　权利质权除适用本节规定外，适用本章第一节动产质权的规定。

油气企业错误申请保全损害赔偿纠纷的损失认定

【裁判规则】

财产保全是一个持续性的行为，对于保全申请人是否有过错的审查，应着眼于整个财产保全期间，对其中的重要时间节点予以关注；被保全人的实际损失，应为被保全财产在构成保全错误时与保全结束时两个时点的价差，以及构成保全错误时的价款对应的资金利息损失。

【典型案例】

金猴国际控股有限公司、星誉化工（漳州）有限公司因申请诉中财产保全损害责任纠纷案[（2018）最高法民终356号]

【案情简介】

上诉人（原审原告）：金猴国际控股有限公司。

上诉人（原审被告）：星誉化工（漳州）有限公司。

上诉人（原审被告）：烟台市融资担保有限责任公司。

一审法院查明：2014年7月22日，星誉化工（漳州）有限公司（以下简称誉公司）就其公司享有山东天宏新能源化工有限公司（以下简称天宏公司）储存于龙口滨港公司仓库中的4.5万吨燃料油的所有权并由天宏公司向其交付上述燃料油、天宏公司向其公司支付违约金并赔偿损失等事项，以天宏公司未被申请人，向中国国际经济贸易仲裁委员会提出仲裁申请。同日，星誉公司向龙口市人民法院提出财产保全申请，申请查封天宏公司储存于龙口滨港公司4.5万吨燃料油，星誉公司向龙口市人民法院提交80,325,000元现金作为担保，烟台市融资担保有限公司（以下简称烟台担保公司）向龙口市人民法院出具了

《财产保全担保书》，为保全行为提供连带责任保证担保，担保金额为18,775万元。2014年7月25日，龙口市人民法院作出(2014)龙仲保字第1号民事裁定书，查封了"海航者"轮入库的燃料油，v104:7522.499吨；v303:7528.269吨；v201:29949.232吨。2014年10月8日，中国国际经济贸易仲裁委员会作出裁决，裁决天宏公司向星誉公司交付44,214.55吨燃料油至漳州古雷港，天宏公司赔偿星誉公司违约金、运费、港口建设费、保险费；驳回星誉公司其他仲裁请求。2014年7月29日，金猴国际控股有限公司(以下简称金猴公司)以查封燃料油归其所有为由，向龙口市人民法院提出异议，请求撤销(2014)龙仲保字第1号民事裁定，解除对上述燃料油的查封，龙口市人民法院裁定驳回了金猴公司、山东高速物流集团有限公司(以下简称高速物流公司)的异议申请。

2014年10月23日，金猴公司以天宏公司为被告、以高速物流公司为第三人诉至山东省高级人民法院请求确认储存于龙口滨港公司的4.5万吨燃料油中的3万吨属于金猴公司所有。该判决认定，天宏公司与金猴公司、高速物流公司，将"海航者"轮燃料油与"双子座太阳"轮燃料油进行等量置换。高速物流公司所有的"双子座太阳"轮燃料油变更为天宏公司所有，天宏公司所有的"海航者"轮燃料油变更为高速物流公司所有，高速物流公司取得"海航者"轮80,645.16吨燃料油所有权。货物置换后，高速物流公司将"海航者"轮燃料油中的65,645.16吨放货给金猴公司，金猴公司取得该65,645.16吨燃料油的所有权。金猴公司根据天宏公司的指示将35,645.16吨燃料油放给星誉公司。目前金猴公司仍有30,000吨燃料油的货权。最终判决：确认现储存于龙口滨港公司的"海航者"轮45,000吨燃料油中的30,000吨燃料油的货物所有权人为金猴公司。上述判决生效后，星誉公司向山东省高级人民法院起诉请求：(1)撤销(2014)鲁商初字第74号民事判决第一项关于"确认现储存于龙口滨港公司的'海航者'轮45,000吨燃油中的30,000吨燃料油的货物所有权为金猴公司"的内容；(2)确认案涉45,000万吨燃料油的所有权归星誉公司；(3)由金猴公司和天宏公司承担全部诉讼费用。山东省高级人民法院以星誉公司提起的第三人撤销之诉不具备起诉条件为由，裁定驳回星誉公司的起诉。星誉公司不服，上诉于最高人民法院。2016年5月22日，最高人民法院裁定驳回上诉，维持原裁定。另外，2014年11月8日，(2014)中国贸仲京裁字第0865号，仲裁裁决生效后，星誉公司向烟台市中级人民法院申请执行，烟台市中级人民法院于2014年11月11日作出执行裁定书,将天宏公司储存于龙口滨港公司的44,214.55吨燃料油交付给星誉公司。在烟台市中级人民法院执行过程中,金猴公司、高速物流公司提出执行异议,被驳回后提起申请执行人执行异议之诉,法院驳回诉讼请求。2015年7月9日,根据星誉公司的申请,烟台市中级人民法院作出(2014)烟执字第604-2号民事裁定,继续查封案涉45,000吨燃料油。2015年9月9日,因博兴县人民法院于2015年8月10日受理了天宏公司的重整申请,烟台市中级人民法院作出(2014)烟执字第604-4号民事裁定,解除对案涉燃料油的查封。2014年7月25日,龙口市人民法院查封当日,燃料油(180)普氏现货报价为597.93美元/吨,银行间外汇市场人民币汇率中间价1美元对人民币6.1597元;2015年9月9日解封当日,燃料油(180)普氏现货报价为242.83美元/吨,银行间外汇市场人民币汇率中间价1美元兑人民币6.3632元。

一审争议焦点:(1)星誉公司是否应当承担损害赔偿责任;(2)金猴公司损失的计算方式及具体数额;(3)烟台担保公司是否应承担连带责任。

一审法院认为:星誉公司于2014年7月14日向龙口滨港公司提交了天宏公司于7月8日出具的放货指令,申请提取83,000吨燃料油,龙口滨港公司拒绝了星誉公司的申请,并于2014年7月16日向其作出《关于"海航者"控货情况说明》。2014年7月17日,星誉公司向龙口滨港公司变更了提货申请,申请提取"海航者"入库83,775.119吨燃料油中的38,775.119吨燃料油,说明其已明知天宏公司对案涉燃料油不享有所有权,但其仍申请仲裁请求确认案涉燃料油归天宏公司所有,并向龙口市人民法院申请保全,其该项仲裁请求未得到支持。案涉燃料油经(2014)鲁商初字第74号民事判决认定并非天宏公司所有后,星誉公司提起第三人撤销之诉,即说明其对案涉燃料油所有权归属经生效判决认定已经知晓,但其未向法院提出解除保全措施。同时,烟台市中级人民法院执行过程中,金猴公司、高速物流公司提出执行异议,烟台市中级人民法院裁定中止对案涉燃料油的执行。星誉公司收到上述执行异议裁定后,继续向烟台市中级人民法院提起申请执行人执行异议之诉,要求确认案涉燃料油归天宏公司所有并继续执行,未获支持。案涉燃料油查封期限即将届满时,星誉公司又向烟台市中级人民法院申请延长查封期限,烟台市中级人民法院继续查封了案涉燃料油。而后解除对案涉燃料油的查封,并非依据星誉公司的申请。由上述事实可知，星誉公司在申请财产保全的过程中并未尽到合理注意义务，其对案涉燃料油申请保全有错误。

由于星誉公司申请保全错误，致使案涉燃料油被查封，其所有权人金猴公司虽多次主张权利，但仍无法处分，导致由于燃料油价格下跌而造成损失。损失的范围应以金猴公司的直接损失为限，即 2014 年 7 月 25 日燃料油（180）普氏现货报价为 597.93 美元/吨，折合人民币 3683.0694 元/吨，2015 年 9 月 9 日燃料油（180）普氏现货报价为 242.83 美元/吨，折合人民币 1545.1759 元/吨，金猴公司案涉燃料油的直接损失为 64,136,805 元[（3683.0694 元/吨 - 1545.1759 元/吨）×30,000 吨]。考虑到查封期间，燃料油（180）普氏现货报价大幅下跌，跌幅接近 60%，金猴公司的损失，一方面是由于星誉公司申请保全错误造成，另一方面是由于国际市场的燃料油价格剧烈波动引起，酌定由星誉公司承担 80% 的赔偿责任。

一审法院判决：星誉公司于判决生效之日起 10 日内支付金猴公司因申请保全错误造成的损失 51,309,444 元；烟台担保公司对上述债务承担连带保证责任；驳回金猴公司的其他诉讼请求。

随后原被告均不服一审判决，提出上诉。金猴公司认为，原审法院对燃料油损失计算基数直接按照国际市场普氏现货价格计算是错误的，没有考虑进口燃料油的税款和进口商的利润等问题，也没有按照国内燃料油市场实际价格计算，导致金猴公司所获赔偿数额出现了大幅的减少。其请求：撤销一审判决第一项、第二项；判决星誉公司赔偿金猴公司燃料油经济损失 92,589,120 元；判决烟台担保公司承担连带清偿责任；受理费均由星誉公司、烟台担保公司负担。星誉公司认为，星誉公司不存在恶意损害被申请人利益的不当目的，申请保全完全具有正当性，保全财产范围条件符合法律规定。在执行法院作出该确权判决能否足以产生排除强制执行的效力的许可执行之诉判决前，星誉公司无解除案涉燃料油查封的义务。金猴公司损失的原因是市场因素造成的油价下降，与保全行为无因果关系，金猴公司从未提出置换或其他担保措施，其应自行承担油价下降损失。原审判决损失计算依据不准确，在事实认定方面存在错误。其请求：撤销一审判决，并改判驳回金猴公司全部诉讼请求；判令金猴公司承担本案全部诉讼费用。烟台担保公司认为，（2014）鲁商初字第 74 号判决确认金猴公司为燃料油所有权人之前，尚没有充足的证据证明案涉燃料油所有权人已由天宏公司转为金猴公司，星誉公司在面临已付全款货物被恶意转移时的风险时，依法申请财产保全，不存在过错，不应承担赔偿责任。(2014)鲁商初字第74号民事判决作出后，星誉公司的保全行为已不在烟台担保公司的担保范围之内，烟台担保公司不应承担保证责任。金猴公司的损失因国际市场燃料油价格波动引起，与星誉公司的案涉保全行为没有因果关系。其请求：撤销一审判决，依法改判驳回金猴公司对烟台担保公司的诉请；一审、二审诉讼费用由金猴公司承担。

二审法院认为：关于星誉公司对案涉财产申请财产保全是否确有错误的问题。星誉公司与天宏公司存在燃料油买卖法律关系，星誉公司于2014年7月8日即向天宏公司预付了全部货款493,850,000元。星誉公司在提货的过程中，因发现货物存在被转移的危险，遂向中国国际经济贸易仲裁委员会申请仲裁，并对案涉燃料油申请了财产保全，应认定其于此时已经尽到合理注意义务。天宏公司与高速物流公司、金猴公司之间存在包含案涉燃料油在内的燃料油置换交易，金猴公司并非就案涉燃料油与天宏公司不存在任何关系，恰恰相反，金猴公司是通过与天宏公司之间的货物置换交易而获得案涉燃料油的所有权。金猴公司与天宏公司在通过货物置换进行货权转移后，并未采取任何公示或者通知的措施，故星誉公司相信案涉燃料油被保全时仍为天宏公司所有，仍具有合理性。虽然星誉公司在申请财产保全时已尽合理注意义务，但在保全查封期间，星誉公司同样负有审慎审查的义务。在生效判决已经确认争议燃料油归金猴公司所有、烟台市中级人民法院已经撤销执行裁定并中止执行的情况下，星誉公司应当已经知道案涉燃料油权属存在争议，并且基于此而应对案涉燃料油的权属有合理判断，其虽然有权依法提起执行异议之诉，但由于生效判决已经作出相应认定，星誉公司亦应对执行异议之诉的处理结果有所预期，至少应当意识到继续查封案涉燃料油的基础可能会有不复存在之风险。星誉公司却仍然不申请解除对案涉燃料油的查封，在主观上对于错误保全案涉燃料油显然存在过错。但由于星誉公司并非上述判决案件的当事人，并不能于裁判作出之时即已知晓裁判内容，应当以烟台市中级人民法院作出执行裁定之日，作为认定星誉公司对财产保全存在过错的时间点。星誉公司应当对2015年1月13日至9月9日期间错误保全承担损害赔偿责任。

关于金猴公司是否因案涉财产被保全而遭受损失及损失金额的问题。错误财产保全赔偿的是被保全人的实际损失，且该损失的发生与申请保全人的行为有直接的因果关系。2015 年 1 月 13 日至 9 月 9 日期间，燃料油的市场价格波动幅度已经相对收窄，无须再考虑一审法院酌定星誉公司承担 80% 责任时所考虑的燃料油价格剧烈波动的因素，即星誉公司应当对因其错误保全行为给金猴公司造成的全部损失承担赔偿责任。以构成保全错误时即 2015 年 1 月 13 日的市场价与保全解除时即 2015 年 9 月 9 日的市场价之间的差额，以及 2015 年 1 月 13 日燃料油市场价对应的资金利息损失，计算金猴公司的实际损失。

二审法院判决：星誉公司于判决生效之日起 10 日内支付金猴公司因申请保全错误造成的损失 3,590,430.45 元，驳回金猴公司的其他诉讼请求。

【规则解读】

在仲裁或者诉讼中，当事人可以申请诉讼财产保全，以保障生效裁判得以执行、胜诉权益的实现。为了防止保全措施被滥用，法律同时规定了申请错误的法律后果，错误申请人应当赔偿被申请人因保全所遭受的损失，财产损失按照损失发生时的市场价格或者其他方式计算。本案情形较为特殊，申请错误财产保全损害赔偿的申请人系案外人，被保全财产是入库燃料油，根据交易习惯，燃料油这种大宗商品漂在海上运输或堆在港口时，可能已经经过多手买卖，还可能存在本案中的货物置换情况，多个交易方参与交易，而且并非每次交易转手都会公示通知，交易相对方较难查知货物权属的情况，此时错误申请保全的责任应当如何认定？燃料油被错误保全的损失如何计算？本案裁判规则为以上问题提供指引。

一、案外人有权申请错误财产保全损害赔偿

《中华人民共和国民事诉讼法》第一百零五条规定："申请有错误的，申请人应当赔偿被申请人因保全所遭受的损失"，据此规定，有权提起保全错误损害赔偿的是被保全人。案外人能否申请损害赔偿？《最高人民法院关于当事人申请财产保全错误造成案外人损失应否承担赔偿责任问题的解释》（法释〔2005〕11 号）[①]认为："《中华人民共和国民法通则》第一百零六条、《中华人民共和国民事

---

① 根据《中华人民共和国民法通则》第一百零六条、《中华人民共和国民事诉讼法》第九十六条等法律规定，当事人申请财产保全错误造成案外人损失的，应当依法承担赔偿责任。——《最高人民法院关于当事人申请财产保全错误造成案外人损失应否承担赔偿责任问题的解释》（2005 年 8 月 15 日，法释〔2005〕11 号）。

诉讼法》第九十六条等法律规定，当事人申请财产保全错误造成案外人损失的，应当依法承担赔偿责任”，“当事人申请诉前保全后在法定期间内起诉或者申请仲裁，被申请人、利害关系人因保全受到损失提起的诉讼，由受理起诉的人民法院或者采取保全措施的人民法院管辖”，《最高人民法院关于适用〈中华人民共和国民事诉讼法〉的解释》（法释〔2015〕5 号）第二十七条第二款规定：“当事人申请诉前保全后在法定期间内起诉或者申请仲裁，被申请人、利害关系人因保全受到损失提起的诉讼，由受理起诉的人民法院或者采取保全措施的人民法院管辖。”

根据上述规定，错误申请保全损害赔偿的当事人范围包括被申请人、利害关系人。若与被保全财产有利害关系的当事人认为申请人错误保全给自己造成损失时，可提起错误保全损害赔偿诉讼救济其权利，维护合法权益。

二、申请错误中主观故意或过失的常见情形

诉讼财产保全程序的制度功能是保障将来生效法律文书确定的权利得以实现，但也应当保障债务人和被执行人的合法权益。若申请保全人滥用保全权利，给被执行人造成财产损失，侵犯了被执行人财产权，应依法承担侵权责任予以赔偿。《中华人民共和国民事诉讼法》第一百零五条规定：“申请有错误的，申请人应当赔偿被申请人因保全所遭受的损失。”

何为“申请错误”？通说认为，申请诉讼保全错误的“错误”适用一般侵权责任过错归责原则。如陈某桂、福建省东泉建筑工程有限公司与宁化县永龙房地产开发有限公司建设工程施工合同纠纷案［最高人民法院（2015）民申字第 1147 号］中，最高人民法院认为，“在申请人败诉的情况下，即认为构成‘申请有错误’，并一概要求申请人承担申请财产保全错误的赔偿责任，不符合《中华人民共和国民事诉讼法》第一百零五条的立法本意。因此，该条法律规定的‘申请有错误’，应当理解为不仅包括人民法院的裁判结果与申请人诉讼请求之间存在差异，申请人的诉讼请求未能全部得到人民法院支持的客观方面，亦应包括申请人主观上存在故意或重大过失等过错的主观方面”。为什么“申请错误”的过失应为重大过失？最高人民法院在宜兴市建工建筑安装有限责任公司与张某因申请诉中财产保全损害责任纠纷案［（2018）最高法民申 2027 号］中，认为“由于当事人的法律知识、对案件事实的举证证明能力、对法律关系的分析判断能力各不相同，通常达不到司法裁判所要求的专业水平，因此当事人对诉争事实和权利义务的判断未必与人民法院的裁判结果一致。对当事人申请保全所应尽到的注意义务不应过于苛责”。

关于主观过错或重大过失的表现形式,实践中观点不一。有观点认为,应当通过申请保全的数额与实际被法院支持数额进行比较,若差距较大则存在保全错误。有观点则认为,“认定财产保全申请是否错误,关键要看申请人是否尽到了合理注意义务”。[①] 本案则重点审查申请人星誉公司是否明知保全财产并非归被申请人所有的主观故意情形。综合现有观点、司法案例,主观过错的判断因素包括:申请人的诉讼请求及所依据的事实和理由着重审查其提起的诉讼是否合理,其申请保全的金额与其掌握的证据是否基本相当、是不是为了保证裁判的执行、保全的对象是否属于权属有争议的标的物、案外人与被申请人之间是否存在关联或者案外人自身是否存在过错等。可能符合“申请错误”中存在主观故意或重大过失的情形:

1. 申请保全的金额高于法院判决的金额,但若申请保全的金额合理不属于主观过错;

2. 申请保全的金额与其掌握的证据不相当;

3. 申请保全后不在规定时间内提起诉讼;

4. 申请保全后申请人败诉,但若因没有预见的新证据或者新的事由出现而导致的败诉不构成主观过错;

5. 申请保全的对象属于权属有争议的标的物,且申请人已经知悉该事实;

6. 执行过程中,案外人对保全对象提出异议的,案外人自身存在过错,可减免申请人过错责任。

三、申请错误从申请人知晓权属争议之日起计算

本案中,法院审查了申请人申请保全时、港口公司发出控货情况说明时、案涉燃料油被保全查封后、金猴公司提出执行异议时、金猴公司对案涉燃料油的确权判决被强制执行时几个时间点,最终认定以烟台市中级人民法院作出执行裁定之日为星誉公司对财产保全存在过错的时间点。理由:在生效判决已经确认争议燃料油归金猴公司所有、烟台市中级人民法院已经撤销执行裁

① 参见江苏中江泓盛房地产开发有限公司诉陈跃石损害责任纠纷案[(2014)盐民终字第2352号]。

定并中止执行的情况下，星誉公司应当已经知道案涉燃料油权属存在争议，并且基于此而应对案涉燃料油的权属有合理判断，其虽然有权依法提起执行异议之诉，但由于生效判决已经作出相应认定，星誉公司亦应对执行异议之诉的处理结果有所预期，至少应当意识到继续查封案涉燃料油的基础可能会有不复存在之风险。星誉公司却仍然不申请解除对案涉燃料油的查封，在主观上对于错误保全案涉燃料油显然存在过错。

本案确定的裁判规则：财产保全涉及被执行人、案外人财产权益，因此申请人不得滥用诉讼权利。申请人应对保全请求尽到合理注意义务。财产保全是一个持续性的行为，申请人的合理注意义务应贯穿诉讼全流程。因此，法院对于保全申请人是否有过错的审查不仅审查申请时是否存在错误，而是着眼于整个财产保全期间，对其中的重要时间节点予以审查。申请人知晓标的物权属情况后拒不申请撤销保全，放任诉讼保全给案外人造成经济损失，应以其知晓标的物权属争议之日为申请保全错误的时间点。

四、燃料油被错误申请财产保全的损失认定

国际燃料油价格随国际环境、供求等市场因素是不断波动的，由于星誉公司申请保全错误，致使案涉燃料油被查封，所有权人金猴公司无法处分，导致由于燃料油价格下跌而造成损失。关于申请错误保全的损失认定问题，《中华人民共和国侵权责任法》第十九条规定："侵害他人财产的，财产损失按照损失发生时的市场价格或者其他方式计算。"何为损失发生时的市场价格或者其他方式？实践中有赖于法官自由裁量和个案认定。

本案中，关于损失范围和责任比例问题，一审法院以错误保全期间的差价认定为损失，由于该损失是星誉公司申请保全错误和国际市场的燃料油价格剧烈波动引起的，酌定由星誉公司承担80%的赔偿责任。最高人民法院否定此计算方法。最高人民法院以被保全燃料油在构成保全错误时与保全结束时两个时点的价差，以及构成保全错误时的价款对应的资金利息损失认定为本案燃料油被错误保全的损失，该期间价格波动较小不予考虑，星誉公司承担全部赔偿责任。基于本案裁判规则：

1. 错误保全期间的燃料油的差价及资金占用的利息损失与错误保全行为有直接因果关系，均应认定为损失，且根据造成损失的原因力大小认定责任分担比例。

2. 关于燃料油价格计算基数。本案中的燃料油(180)普氏现货报价是我国燃料油常用的价格基准,普氏报价(Mean of Platts Singapore,MOPS)即新加坡普氏定价机制,该价格通常是普氏公司按照普氏窗口的纸货和实货报价、成交情况来定下一个独立于其他公司的价格,公布于"PLATT'S ASIA PACIFIC AREA GULF MARKETSCAN",以供市场的参考。本案在当事人未能提供其他权威公认的价格参照的情况下,对燃料油损失计算基数按照普氏现汇价格计算可供借鉴。

【风险提示】

诉讼财产保全是当事人胜诉利益实现的重要保障,是法律赋予当事人的诉讼权利,但同时法律也规定错误申请保全的损害赔偿责任,财产保全双方需要注意什么?采用非现实交付方式的交易中又存在哪些风险需要提前防范?综合本案情况,律师建议:

第一,财产保全申请人在诉讼财产保全中应尽到合理注意义务。当事人提出诉讼的请求要有合理的事实和理由,申请保全的金额应与其掌握的证据基本相当,不应过分超出诉讼请求的金额进行超额保全。选择保全财产时尽量选择不动产、银行账户等权属信息明确的财产,不选择交易、权属情况相对难以查知的动产予以保全。申请诉讼财产保全以及整个保全过程中,对保全查封财产的权属状态密切关注,确保尽到合理注意义务,若发现权属存在争议或案外人对该财产主张所有权利时积极处理,综合情况考虑是否对被保全财产解除保全,防止因错误保全而承担赔偿损失的责任。诉讼前、诉讼中及仲裁中采取财产保全措施的,进入执行程序后,自动转为执行中的查封、扣押、冻结措施,注意被保全财产被采取强制措施的期间,及时续期,防止脱保。

第二,错误申请保全受损害方积极举证,维护合法权益。被错误保全财产的被申请人和利害关系人注意留存证据,对申请人错误保全责任和己方损失积极举证,准确对损失范围和计算依据提出符合交易习惯并具有权威性的依据支持,以全面救济受到损害的权利。

第三,采用非现实交付方式的交易中,交易方应查明交易货物的权属,避免引发不必要的纠纷。类似本案中燃料油这种大宗货物商品交易中,所有权的转移并非单纯通过现实交付方式完成,有时仅凭借《放货指令》等不具有公示性的方式进行。在这种情况下，交易方应注意对己方交易文件的留存以及对交易当事人之间的相关文件审查，尽可能明知交易货物所有权转移情况。签订货物买卖合同时明确约定权属承诺及相应的违约责任条款，减少因此带来的法律风险及损失不能完全举证的问题。

【相关法律法规】

《中华人民共和国侵权责任法》（2009年12月26日）

第六条　行为人因过错侵害他人民事权益，应当承担侵权责任。

根据法律规定推定行为人有过错，行为人不能证明自己没有过错的，应当承担侵权责任。

第十九条　侵害他人财产的，财产损失按照损失发生时的市场价格或者其他方式计算。

《中华人民共和国民事诉讼法》（2017年6月27日修正）

第一百零一条　利害关系人因情况紧急，不立即申请保全将会使其合法权益受到难以弥补的损害的，可以在提起诉讼或者申请仲裁前向被保全财产所在地、被申请人住所地或者对案件有管辖权的人民法院申请采取保全措施。申请人应当提供担保，不提供担保的，裁定驳回申请。

人民法院接受申请后，必须在四十八小时内作出裁定；裁定采取保全措施的，应当立即开始执行。

申请人在人民法院采取保全措施后三十日内不依法提起诉讼或者申请仲裁的，人民法院应当解除保全。

第一百零二条　保全限于请求的范围，或者与本案有关的财物。

第一百零五条　申请有错误的，申请人应当赔偿被申请人因保全所遭受的损失。

《最高人民法院关于人民法院民事执行中查封、扣押、冻结财产的规定》（2008年12月16日修正）

第四条　诉讼前、诉讼中及仲裁中采取财产保全措施的，进入执行程序后，自动转为执行中的查封、扣押、冻结措施，并适用本规定第二十九条关于查封、扣押、冻结期限的规定。

《最高人民法院关于适用〈中华人民共和国民事诉讼法〉的解释》(2015 年 1 月 30 日)

第一百六十八条　保全裁定未经人民法院依法撤销或者解除,进入执行程序后,自动转为执行中的查封、扣押、冻结措施,期限连续计算,执行法院无需重新制作裁定书,但查封、扣押、冻结期限届满的除外。

邮寄方式解除油气合作协议的法律效果

【裁判规则】

以邮寄合同解除通知的方式解除合同,应当符合法定或约定的解除条件;以邮寄方式行使解除权的,合同自通知到达对方时解除;如邮寄单地址不准确、邮寄物品信息不全、签收人员姓名缺失,难以证明通知已经送达向对方,不能产生到达法律效果。

【典型案例】

泰豪科技股份有限公司与北京福来纳科贸有限公司一般委托合同纠纷再审案[(2014)民提字第10号]

【案情简介】

再审申请人(一审原告、二审被上诉人):北京福来纳科贸有限公司。

被申请人(一审被告、二审上诉人):泰豪科技股份有限公司。

一审法院查明:2006年3月20日,北京福来纳科贸有限公司(以下简称福来纳公司)(乙方)与泰豪科技股份有限公司(以下简称泰豪公司)(甲方)签订了一份《备忘录》,双方为了更好地开拓中国石油系统钻机配套发电机组市场,加强合作,加快拓展市场等,达成协议,内容为:(1)为了使甲乙双方更紧密合作并尽快使泰豪产品进入中国石油钻机配套市场,更有利于市场拓展,双方商定,由乙方赵亚中出任泰豪公司执行总裁助理。(2)中国石油系统钻机配套发电机组市场由乙方全权负责拓展,乙方将全力跟进泰豪产品的销售业务。(3)报价与结算:①由乙方负责或启动的项目原则上由乙方负责报价。②乙方根据甲方给乙方的价格为基础对外报价。无论是以甲方还是以乙方的名义与客户签合同，甲、乙方结算以甲方最后确认的价格为准进行结算，结算价格以上部分为乙方收益。③在特殊情况下，需要由甲方向用户直接报价，报价应在乙方认可后再报。该报价所包含的乙方利润，一般情况下不低于总价的10%，特殊情况双方协商确定。为履行《备忘录》约定的合作事宜，经福来纳公司努力运作，泰豪公司生产的发电机组被中石化指定为一级网络供应商。

2012年5月15日，泰豪公司在互联网上发布重要合同公告，称：本公司董事长及全体董事保证本公告内容不存在任何虚假记载、误导性陈述或者重大遗漏，并对其内容的真实性、准确性和完整性承担个别及连带责任。公告的内容如下：近日，泰豪公司与中原特种车辆有限公司签订了柴油发电机组采购合同，该批产品主要用于为出口委内瑞拉12套石油电动机钻机配套的主用柴油发电机组，合同总金额为1.287亿元，按照合同要求，本公司第一批货将在收到20%预付款后于2012年6月30日前交付；第二批货将于7月20日前交付；第三批货将于8月10日前交付。电动石油钻机主用发电机组具有较高的技术要求，此项合同的签订标志着本公司产品批量进入石油领域。

2012年5月30日，泰豪公司在互联网上发布泰豪新闻，称：在继年初泰豪科技成功交付中石化胜利油田1320万元电动石油钻机主用发电机组之后，近期泰豪科技又与中原特种车辆有限公司签订了出口委内瑞拉12套石油电动机钻机配套的主用柴油发电机组1.3亿合同项目。电动石油钻机主用发电机组具有较高的技术要求，此次项目的签订标志着泰豪科技产品批量进入石油领域，同时也标志着公司在石油配套领域已达到国际先进水平。

另外，一审法院还查明，2007年3月23日，泰豪公司与宝鸡石油机械有限责任公司签订了一份工业品买卖合同，合同约定，泰豪公司供给宝鸡石油机械有限责任公司thm1200柴油发电机组4台，总金额为10,494,000元。之后，福来纳公司认为泰豪公司未按《备忘录》的约定给付利润，向该院提起诉讼。该案经江西省高级人民法院终审审理，作出（2009）赣民二终字第17号民事判决，该判决书认定：在《备忘录》签订后，经过福来纳公司努力运作，使泰豪公司成为中国石油和石油化工设备工业协会特邀理事，泰豪公司及其柴油发电机组的资料在中国石油和石油石化设备工业协会主编的"石油、石化优秀供应商暨名牌产品、名牌企业推荐专刊"中刊登，泰豪公司生产的发电机组被中石化指定为一级网络供应商，福来纳公司完成了为泰豪公司的发电机组进行市场开拓的工作，履行了双方约定的委托义务；该判决书最终判决泰豪公司按照合同总价的12%的标准，支付福来纳公司人民币1,259,280元。

一审法院认为：福来纳公司与泰豪公司签订的《备忘录》，已被江西省高级人民法院(2009)赣民二终字第17号民事判决认定，确立了双方当事人之间的委托合同关系；同时：该判决也认定了福来纳公司已履行了双方约定的委托义务；认定了根据《备忘录》的约定，泰豪公司每向中石化系统销售发电机组，均应向福来纳公司支付一定的利润；而支付利润的方式有两种：一种是确定一个结算价，结算价以上部分归福来纳公司所有；另一种是在泰豪公司直接报价的情况下，应向福来纳公司支付不低于总价的10%的利润。

本案争议的主要焦点是双方签订的《备忘录》是否已解除？泰豪公司认为，其已于2011年12月7日、31日向福来纳公司书面通知解除了《备忘录》，双方之间的委托合同关系已终止，因此，福来纳公司无权再依据《备忘录》来主张支付所谓的收益或报酬。福来纳公司则称，其从未收到泰豪公司任何形式的有关解除《备忘录》的文件或通知；泰豪公司行使解除权的期限应为合同成立后至委托事务处理完毕之前，在委托任务完成后，泰豪公司的合同解除权自然消失，福来纳公司已经完成了泰豪公司的委托义务，委托合同的目的已经实现，泰豪公司合同的解除权自然消失。就这一争点问题，该院认为，合同解除权的行使需要解除权人通知对方，该通知是解除权人解除合同的意思表示，也是一种需要相对人受领的意思表示，解除合同的通知到达对方时，才发生合同解除的效力。本案中，泰豪公司称其已于2011年12月7日、31日向福来纳公司书面通知解除了《备忘录》，但其提供的证据并不能证明其解除的通知已到达福来纳公司，且泰豪公司的邮寄地址"北京市门头沟区新桥大街57号401室"也与福来纳公司的注册地址"北京市朝阳区东三环中路39号院13号楼7层13－0803室"不符，因此，泰豪公司辩称《备忘录》已经解除的意见不能成立，不予采信。泰豪公司另称，中原特种车辆有限公司是与中国石油系统毫无关联的企业，福来纳公司无权要求支付所谓的收益，泰豪公司并提供了中原特种车辆有限公司的工商登记信息一份。福来纳也提供了关于中原特种车辆有限公司的工商档案材料，以证明中原特种车辆有限公司成立前为中石化中原油田下属企业，整体改制后，仍然在中石化中原油田管理和支持下经营和发展，是中石化关联企业。该院认为，双方签订的《备忘录》中约定中国石油系统钻机配套发电机组市场由福来纳公司全权负责拓展，本案中泰豪公司在互联网上发布公告，在其公告的内容中，其称已与中原特种车辆有限公司签订采购石油电动机钻机配套的主用柴油发电机组的合同，并称该合同的签订标志着公司产品批量进入石油领域。从泰豪公司所公告的上述内容中，可以认定，其与中原特种车辆有限公司签订的采购合同涉及石油领域，这也正符合了《备忘录》中“中国石油系统钻机配套发电机组市场由福来纳公司全权负责拓展”的约定内容，因此，在泰豪公司与中原特种车辆有限公司签订采购石油电动机钻机配套的主用柴油发电机组的合同之后，福来纳公司要求泰豪公司支付相应的利润，理由充分，予以支持。福来纳公司与泰豪公司各自所提交的关于中原特种车辆有限公司的工商材料，在本案中，均不予采信。

一审法院判决：(1)泰豪科技股份有限公司自判决书生效之日起 10 日内，向北京福来纳科贸有限公司支付中石化胜利油田项目中的应得收益人民币 132 万元(1320 万元 ×10%)；(2)泰豪科技股份有限公司自判决书生效之日起 10 日内，向北京福来纳科贸有限公司支付中原特种车辆有限公司项目中应得收益人民币 1300 万元(1.3 亿元 ×10%)。如果未按本判决指定的期间履行给付金钱义务，应当依照《中华人民共和国民事诉讼法》第二百五十三条之规定，加倍支付迟延履行期间的债务利息。

泰豪公司不服上述民事判决，向江西省高级人民法院提起上诉。

二审法院确认了一审查明的事实，并另查明：中原特种车辆有限公司成立日期为 2004 年 8 月 23 日，公司类型为有限责任公司(自然人投资或控股)。

二审认为：泰豪公司二审中提供了《邮件全程跟踪查询结果》，证明邮政特快专递注明的福来纳公司法定代表人赵亚中的联系电话是有效的，福来纳公司的拒收，导致函件退回未能送达，认为泰豪公司已向福来纳公司书面通知解除双方的委托合同即《备忘录》，产生了委托合同和委托法律关系终止的法律效力，人民法院应当依法确认双方之间的《备忘录》已解除并终止。该院认为，解除权通知应当由解除权人向对方作出，并且要送达对方，合同自通知到达对方时解除。《邮件全程跟踪查询结果》中虽注明未妥投原因为拒收退回，但并未注明具体拒收的人员是谁，且上诉人公证的国内特快专递邮件详情单上内件品名处只填定了“文件”，并未注明具体的文件内容，故对泰豪公司的该项上诉主张，不予支持。

另外,本案中双方签订《备忘录》的内容是合作开拓中国石油钻机配套发电机组市场等,该《备忘录》第二条明确约定中国石油系统钻机配套发电机组市场由福来纳公司全权负责拓展,福来纳公司将全力跟进泰豪产品的销售业务。从该条约定看,可以明确福来纳公司全权负责拓展的仅仅是中国石油系统钻机配套发电机组市场,泰豪公司与中国石油系统相关企业所进行钻机配套发电机组的项目,应按约定向福来纳公司支付应得的利润。双方当事人在一审中提供的中原特种车辆有限公司的工商登记材料及企业法人营业执照证明该公司类型系有限责任公司(自然人投资或控股),该公司的股东均为自然人,现有证据不能证明该公司是中国石油系统的关联企业。一审法院判决泰豪公司向福来纳公司支付中原特种车辆有限公司项目的利润错误,应予以纠正。泰豪公司提出中原特种车辆有限公司不是中国石油系统企业,其不应向福来纳公司支付收益的上诉理由,该院予以支持。

二审判决:(1)维持江西省南昌市中级人民法院(2012)洪民二初字第177号民事判决第一项;(2)撤销江西省南昌市中级人民法院(2012)洪民二初学第177号民事判决第二项。

福来纳公司不服上述民事判决,向最高人民法院申请再审并提出再审请求。

再审法院查明,2002年11月28日,中国石油工程建设协会向福来纳公司颁发《证书》,吸收福来纳公司为该协会的团体会员。泰豪公司于2004年开始与戴姆勒—奔驰公司的柴油机推进系统分部(mtu)进行合作,经过对mtu公司产品技术的消化吸收以及其他各项技术储备之后,至2006年泰豪公司进入该市场的条件成熟。2005年5月,泰豪公司先后出具两份《授权书》,授权福来纳公司作为该公司柴油发电机组在中石油长城钻井公司、中国石油技术开发公司柴油发电机组采购项目中的特约经销商,负责销售和售后服务工作。在双方2006年3月20日的《备忘录》签订后,福来纳公司自行承担了为泰豪公司拓展中国石油钻机配套发电机组市场的相关费用。

2007年1月16日和4月5日,福来纳公司的法定代表人赵亚忠代表泰豪公司分别与南阳二机石油装备集团有限公司签订了两份销售柴油发电机组的《工矿产品购销合同》,后因结算价款的确定问题,福来纳公司和泰豪公司产生争议。福来纳公司于2007年11月27日向江西省南昌市中级人民法院提起诉讼,请求判令泰豪公司向其支付由其代理签订的前述两份《工矿产品购销合同》项下的报酬。江西省南昌市中级人民法院审理该案后于2008年4月7日作出(2007)洪民二初字第122号民事判决,认定:泰豪公司在福来纳公司代表其签订了合同并已经实际履行的情况下,却一直未给出福来纳公司该合同项下发电机组的计算价格,致使该案纠纷产生,应负全部责任,判决泰豪公司向福来纳公司支付人民币1,017,372.3元。因该案形成诉讼,福来纳公司此后未能代理泰豪公司的产品销售业务。

除上述事实外,原二审判决认定的事实属实,再审法院均予以确认。

再审法院认为本案争议焦点:(1)案涉中原特种车辆有限公司的销售业务是否属于《备忘录》约定的中国石油系统钻机配套发电机组市场的销售业务;(2)福来纳公司在未参与案涉销售业务的情况下,是否有权要求泰豪公司支付《备忘录》约定的不低于合同总价10%的报酬。

再审法院认为:泰豪公司与福来纳公司之间于2006年3月20日签订的《备忘录》,是双方当事人的真实意思表示,其内容不违反法律、行政法规的强制性规定,依法应当认定为有效合同,双方当事人均应全面、适当履行合同义务。从备忘录约定的双方权利义务来看,福来纳公司全权负责拓展泰豪公司的产品在中国石油系统钻机配套发电机组市场的销售业务,并自行承担相关的费用,其获取的收益为泰豪公司给定的结算价格与产品实际销售价格的差价部分。该《备忘录》在泰豪公司与福来纳公司之间形成合作法律关系,故本案案由应定为合作合同纠纷,一审、二审判决将本案案由定为委托合同纠纷不当,本院予以纠正。

关于案涉中原特种车辆有限公司的销售业务是否属于《备忘录》中约定的中国石油系统钻机配套发电机组市场的销售业务问题。本院认为,双方当事人的缔约目的是借助福来纳公司既有的营销渠道,使泰豪公司的产品尽快进入中国市场。《备忘录》中所描述的“中国石油系统钻机配套发电机组市场”,并不能得出交易的一方当事人必须为中国石油系统的关联企业这一结论。因中原特种车辆有限公司属于中国境内企业,泰豪公司向其做出的销售应当认定为系在中国石油系统钻机配套发电机组市场的销售业务。故一审判决关于本案中泰豪公司与中原特种车辆有限公司签订的采购合同符合《备忘录》约定内容的认定正确,本院予以确认。泰豪公司关于中原特种车辆有限公司不属于中国石油系统的关联企业、该项业务不属于《备忘录》约定范围的抗辩理由，本院不予支持。二审判决以中原特种车辆有限公司的股东均为自然人，并非中国石油系统的关联企业为由，认定该项业务不属于在中国石油系统钻机配套发电机组市场的销售业务，缺乏事实和合同依据，本院予以纠正。

关于福来纳公司在未参与案涉销售业务的情况下是否有权要求泰豪公司支付《备忘录》约定的不低于合同总价 10% 的报酬问题。再审法院认为，根据《备忘录》第二条和第三条的约定，福来纳公司应当全力跟进泰豪公司产品的销售业务，并在此基础上按照第三条约定的报价与结算方式获取利润。《备忘录》第三条约定，福来纳公司收取报酬的方式分为两种情形：第一种情形是在福来纳公司向客户报价并签订合同的情况下，其收益为其与客户签订的合同价格与泰豪公司向福来纳公司提供的结算价格的差额；第二种情形是在特殊情况下需要由泰豪公司向客户直接报价的情况下，该报价应经福来纳公司认可并应包含福来纳公司不低于总价 10% 的利润，特殊情况双方协商确定。本案中，双方当事人就福来纳公司所主张的报酬是否符合《备忘录》第三条的约定存在争议。福来纳公司主张，其已经完成了《备忘录》约定的开拓市场的义务，只要泰豪公司形成销售，就应当向其支付不低于合同总价 10% 的报酬。泰豪公司主张，福来纳公司获得报酬的前提应当建立在其对产品的销售起到关键性作用的基础上，福来纳公司不能不劳而获，无条件地分享泰豪公司的销售成绩。对此，本院认为，从《备忘录》第三条的文义来看，在泰豪公司向用户直接报价的情况下福来纳公司的应得收入，需要在双方之间沟通和协商的基础上加以确定，且《备忘录》的签订，是建立在双方紧密合作的基础之上，故本案中因双方合作关系破裂而由泰豪公司自行对外销售、福来纳公司完全未参与的情形，并不包括在当事人缔约时的文义范围之内。故一审、二审判决仅依据《备忘录》的文义对福来纳公司请求报酬的权利加以裁判，理由均不充分。福来纳公司在其已经为市场开拓做出了积极努力之后，因泰豪公司的违约行为导致双方合作关系破裂的情况下，可依法主张泰豪公司为其违约行为承担相应的法律责任，其在本案中所主张的就泰豪公司自行销售的业务获取报酬没有合同依据，本院不予支持。二审判决关于泰豪公司不应向福来纳公司支付 1300 万元应得收益的认定，理由虽然不当，但实体处理结果并无不妥，本院予以维持。二审判决关于泰豪公司应向福来纳公司支付中石化胜利油田项目中的应得收益132万元的认定虽然不当,但由于泰豪公司未申请再审,本院在本案中不予理涉。

综上,再审法院认为申请人福来纳公司的申请再审理由,无事实依据和法律依据,本院不予支持。二审判决认定事实基本清楚,实体处理结果并无不妥,本院予以维持。

再审法院最终判决驳回北京福来纳科贸有限公司的再审申请。

【规则解读】

本案事实部分的争议焦点之一是双方签订的《备忘录》是否已解除。一审法院认为,合同解除权的行使需要解除权人通知对方,即需要相对人做出受领的明确意思表示,解除合同的通知到达对方时,才发生合同解除的效力。虽然泰豪公司称其已于2011年12月7日、12月31日向福来纳公司书面通知解除了《备忘录》,但其提供的证据并不能证明其解除的通知已到达福来纳公司,且泰豪公司的邮寄地址"北京市门头沟区新桥大街57号401室"也与福来纳公司的注册地址"北京市朝阳区东三环中路39号院13号楼7层13－0803室"不符,因此,不能视为到达。本案二审阶段,法院认为泰豪公司在二审过程中提供的《邮件全程跟踪查询结果》中虽注明未妥投原因为拒收退回,但并未注明具体拒收的人员是谁,且上诉人公证的国内特快专递邮件详情单上内件品名处只填定了"文件",并未注明具体的文件内容,故没有支持合同已解除的诉讼请求。再审中,最高人民法院对二审认定事实予以确认。本案裁判过程及裁判规则明确,不规范邮寄不能产生到达效力。

一、以邮寄方式解除合同的有效要件

(一)合同实际履行情况已经触发法定或约定解除条款

发件人拟以邮寄合同解除通知书的方式解除合同,应以符合法定或约定情况为前提。(1)双方在合同中明确约定了合同解除条件,条件成就时可以邮寄解除通知书主张合同解除;(2)出现《中华人民共和国合同法》第九十四条规定的情形,因不可抗力致使不能实现合同目的;在履行期限届满之前,当事人一方明确表示或者以自己的行为表明不履行主要债务;当事人一方迟延履行主要债务,经催告后在合理期限内仍未履行;当事人一方迟延履行债务或者有其他违约行为致使不能实现合同目的等,当事人可行使法定解除权,邮寄解除

通知书主张合同解除。

(二)发件人的单方解除权仍在行权期内

合同解除权是形成权,无须对方当事人同意,只需解除权人的单方意思表示即可发生解除合同的法律效果。为防止权利滥用,《中华人民共和国合同法》第九十五条规定,"法律规定或者当事人约定解除权行使期限,期限届满当事人不行使的,该权利消灭。法律没有规定或者当事人没有约定解除权行使期限,经对方催告后在合理期限内不行使的,该权利消灭"。由于解除权是形成权,合同解除权的行权期是除斥期间而非诉讼时效:

1. 有法定或双方约定行权期限的,应在期限届满前行权。《最高人民法院关于审理商品房买卖合同纠纷案件适用法律若干问题的解释》(法释〔2003〕7号)第十五条第一款规定:"根据《合同法》第九十四条的规定,出卖人迟延交付房屋或者买受人迟延支付购房款,经催告后在三个月的合理期限内仍未履行,当事人一方请求解除合同的,应予支持,但当事人另有约定的除外。"

2. 无法定或约定行权期限的,应在对方催告后的合理期限内行权。若对方不催告,则权利不消灭。"合理期限"不可类推撤销权的一年期限,而应根据纠纷客观情况合理认定。吴川市海滨街塘尾居委东隅居民小组与吴川市国土资源局、吴川市华建房地产开发有限公司等合同纠纷申诉、申请案[(2016)最高法民申1580号]中,再审申请人华建房地产开发有限公司主张,《中华人民共和国合同法》第九十五条第二款并未规定解除权行使的具体期限,该解除权属于形成权,应适用与其同属于形成权的撤销权的除斥期间。根据《最高人民法院关于审理民事案件适用诉讼时效制度若干问题的规定》第七条及《中华人民共和国合同法》第五十五条之规定,当事人应在知道撤销事由之日起一年内行使撤销权。最高人民法院审理认为,"原审查明,吴川国土局未能提供证据证明其对东隅居民小组作出催告,东隅居民小组享有的法定解除权并未丧失","吴川国土局、华建公司主张案涉合同解除权的行使期限应类推适用撤销权的行使期限,东隅居民小组的解除权已经消灭,没有事实根据和法律依据,本院不予支持"。

(三)解除通知已到达合同相对人

由于我国尚未对公民之间邮寄信件之送达标准以法律法规的形式予以明确,此处参照《最高人民法院关于以法院专递方式邮寄送达民事诉讼文书的若干规定》第九条之规定，下列情形可以视为有效到达：

1. 受送达人在邮件回执上签名、盖章或者捺印的；

2. 受送达人是无民事行为能力或者限制民事行为能力的自然人，其法定代理人签收的；

3. 受送达人是法人或者其他组织，其法人的法定代表人、该组织的主要负责人或者办公室、收发室、值班室的工作人员签收的；

4. 受送达人的诉讼代理人签收的；

5. 受送达人指定的代收人签收的；

6. 受送达人的同住成年家属签收的。

二、邮件被拒签退回能否产生到达效力

邮政送达方式行使合同解除权的情形中，合同相对人拒签能否视为送达，目前尚未有明确规定。最高人民法院对司法送达的拒签退回有规定，即《最高人民法院关于以法院专递方式邮寄送达民事诉讼文书的若干规定》（法释〔2004〕13 号）第十一条规定，“因受送达人自己提供或者确认的送达地址不准确、拒不提供送达地址、送达地址变更未及时告知人民法院、受送达人本人或者受送达人指定的代收人拒绝签收，导致诉讼文书未能被受送达人实际接收的，文书退回之日视为送达之日。受送达人能够证明自己在诉讼文书送达的过程中没有过错的，不适用前款规定”。

参照最高人民法院上述规定，结合相关案例，民事行为的拒签效力规则包括：

1. 受送达人本人明确拒收导致邮件退回视为到达。因解除权的性质为送达即生效，不需要相对人做出承诺或提出具体意见，只要邮寄单上明示所邮寄的内容且被对方所知悉，即使拒收也不影响通知的送达。

2. 收件地址不准确导致邮件退回，不能产生到达法律效力。邮寄解除通知是否视为送达相对人的标准中，邮寄地址是否精确是至关重要的认定标准之一。在侯建忠、李纪忠合同纠纷案[（2018）最高法民终 543 号]中，最高人民法院认为，上诉人侯建忠提出“大有广场 25 层”系其一期项目的办公地址，根据《协议书》约定李纪忠办公地点在 24 层，据此一审法院可以认定两份律师函送达地址并非李纪忠办公或者个人地址，而是建信公司工商登记地址和侯建忠一期项目的办公地址，解除通知不应视为已送达李纪忠。侯建忠亦无证据证明该解除通知已送达李纪忠本人，故侯建忠关于涉讼《协议书》已因解除通知送达而确认解除的理由不能成立。

3. 公司法定代表人变更后，原法定代表人签收视为公司签收，产生到达法律效力。在芜湖和成矿业发展有限公司与武汉阿美矿产品销售有限公司买卖合同纠纷案[（2016）最高法民终 173 号]中，最高人民法院认为，阿美矿产品公司法定代表人于 2014 年 11 月 12 日由侯金元变更为张海华后，并未将法定代表人变更事实告知和成矿业公司，导致和成矿业公司于 2014 年 11 月 22 日通过全球特快专递向阿美矿产品公司发出《解除合同通知书》的收件人仍为侯金元，因和成矿业公司在法定代表人变更后 10 日内即向阿美矿产品公司住址邮寄《解除合同通知书》，且侯金元已签收该通知，因此应视为《解除合同通知书》已经到达阿美矿产品公司，《解除合同通知书》产生解除效力。上述案例可以看出，即使受送达人与公司实际法定代表人不符的，仍有可能被认定为已到达。

【风险提示】

在民事法律领域中，及时、适当地履行通知、催告等民事主体行使形成权等民事权利有着决定性作用，其直接关系到时效的中断、权利的获得、法律关系的存续等一系列法律问题。相应地，公司作为民事主体，在日常经营过程中，经常面临与他人签署各类备忘录、合同或协议的情形，若上述合同达成法定解除条件或双方约定的解除条件成就时，公司应如何正确地以邮寄的方式行使解除权？为避免不必要的法律风险，律师建议：

1. 确保收件人姓名（名称）及邮寄地址清晰、明确。相对人为自然人的，应确保邮寄单上的姓名、地址与其本人身份证件上的信息保持一致；相对人为法人的，应确保其名称、地址与营业执照上的名称保持一致，需特别注意该法人是否有过更名记录，具体应以发出通知时公司的名称为准。

相对人的地址信息有两个及以上的，建议向各个地址分别进行寄送，以免因为遗漏引起不必要的法律风险。

2. 在国内特快专递邮件详情单上内件品名处完整填写文件名称和份数。

3. 妥善留存邮寄单据并进行备案。通知或催告函邮寄后，应及时跟进邮件签收情况。对已送达的应将单据原件统一进行整理，并留存相应的复印件作为备份；未妥投或被拒收的邮件，应同邮政快递人员确认原因，其中，未妥投的应确认是否为寄送信息不准确;被拒收的应确认是否为本人签名拒收,并对上述退回的文件及单据妥善保存。

4. 涉及重大商业交易的,可申请公证处对邮件寄送过程进行保全证据公证。

需明确一点,邮寄信函公证是公证机构对当事人邮寄信函的行为给予证明,至于收件人是否收到此信函的事实不包含在此公证范围内。此外,该信函公证只是对当事人邮寄(送达)信函行为的一种保全证据方式,该公证书能否被司法机关(或有关部门)采证,公证机构无权予以确定,届时由法院结合具体案情进行分析。

【相关法律法规】

《中华人民共和国合同法》(1999 年 3 月 15 日)

第九十六条　当事人一方依照本法第九十三条第二款、第九十四条的规定主张解除合同的,应当通知对方。合同自通知到达对方时解除。对方有异议的,可以请求人民法院或者仲裁机构确认解除合同的效力。

法律、行政法规规定解除合同应当办理批准、登记等手续的,依照其规定。

第四百零五条　受托人完成委托事务的,委托人应当向其支付报酬。因不可归责于受托人的事由,委托合同解除或者委托事务不能完成的,委托人应当向受托人支付相应的报酬。当事人另有约定的,按照其约定。

《最高人民法院关于以法院专递方式邮寄送达民事诉讼文书的若干规定》(2004 年 9 月 17 日)

第九条　有下列情形之一的,即为送达:

(一)受送达人在邮件回执上签名、盖章或者捺印的;

(二)受送达人是无民事行为能力或者限制民事行为能力的自然人,其法定代理人签收的;

(三)受送达人是法人或者其他组织,其法人的法定代表人、该组织的主要负责人或者办公室、收发室、值班室的工作人员签收的;

(四)受送达人的诉讼代理人签收的;

(五)受送达人指定的代收人签收的;

(六)受送达人的同住成年家属签收的。

以房抵债债权人对油气企业提起执行异议之诉的处理

【裁判规则】

以房抵债债权人在完成房屋变更登记前，对房屋是否享有足以排除强制执行的民事权益，要根据是否存在主观过错、有无实际占有等情形综合判断；第三人在明知其受让房屋的债权性质、标的物已存在其他买卖、抵押情况的前提下，仍与房产证主体签订《以物抵债协议》，可推定第三人不具有善意，不能构成善意取得。

【典型案例】

西安京联电子科技有限公司与中国长城资产管理公司兰州办事处、华油长庆西安实业公司及陕西天乙实业有限公司案外人执行异议之诉案[（2016）最高法民终 730 号]

【案情简介】

上诉人（一审原告）：西安京联电子科技有限公司。

被上诉人（一审被告）：中国长城资产管理公司兰州办事处。

被上诉人（一审被告）：华油长庆西安实业公司。

原审第三人：陕西天乙实业有限公司。

一审法院查明：中国长城资产管理公司兰州办事处（以下简称长城兰州办事处）因与华油长庆西安实业公司（以下简称华油西安公司）、长庆石油勘探局债权转让合同纠纷案向一审法院提出诉前财产保全申请，一审法院于 2015 年 8 月 7 日作出（2015）甘民保字第 3 号民事裁定，冻结华油西安公司、长庆石油勘探局的银行存款人民币 8200 万元或查封、扣押等值的其他财产。执行中，一审法院依法查封了陕西天乙实业有限公司（以下简称天乙公司）位于西安市未央区油库街 15 号的天乙大厦 1 - 2 层房产（地号：4 - 3 - 21）。案外人西安京联电子科技有限公司（以下简称西京联公司）提出书面执行异议，2015 年 11 月 13 日，一审法院作出（2015）甘执异字第 11 号执行裁定书，驳回案外人西京联公司的异议。同年 12 月 9 日，西京联公司向一审法院提起案外人执行异议之诉。

2002 年 10 月 20 日，天乙公司与华油西安公司签订《商品房买卖合同》（合同编号：天乙、2002、023），约定华油西安公司购买天乙公司开发的位于西安北关三合新村天乙大厦一层、二层商品房，建筑面积 4156.23 平方米，每平方米单价 2406 元，合同总金额为人民币 1000 万元整。合同生效后 15 日内一次性付款。出卖人应当在 2002 年 11 月 15 日前，将具备验收合格，并符合合同约定的商品房交付买受人使用。出卖人应当在商品房交付使用后 360 日内，将办理权属登记需由出卖人提供的资料报产权登记机关备案。如因出卖人的责任，买受人不能在规定期限内取得房地产权属证书的，双方同意按下列第一项处理：买受人退房，出卖人在买受人提出退房要求之日起将买受人已付房价款退还给买受人。本合同自双方签订之日起生效。合同履行过程中发生争议，协商解决；协商不成的，提交西安市仲裁委员会仲裁。合同签订后在西安市房产管理局进行了登记，登记号为 214821。2002 年 11 月 1 日，华油西安公司向天乙公司支付人民币 850 万元，同年 11 月 8 日，双方签订房屋交接单。

2004 年 7 月 28 日，华油西安公司因天乙公司交付房屋后一年多时间未协助办理房屋产权过户手续，并在未告知的情况下将已交付的天乙大厦一层、二层房产抵押给银行，根据合同中仲裁条款的约定，向西安市仲裁委员会提出申请，请求：（1）确认华油西安公司所购房产产权为其所有；（2）天乙公司协助华油西安公司办理房产过户手续；（3）天乙公司以华油西安公司的房产对外设定抵押的行为无效。仲裁庭认为，天乙公司虽然认为华油西安公司所举证的商品房买卖合同和房屋交接单上天乙公司的公章是伪造的，但其未在法定期限内提出鉴定申请，故应承担举证不能的责任，确认编号为天乙、2002、023 的《商品房买卖合同》的真实性。由于华油西安公司至申请仲裁之日尚未按约定支付剩余购房款 150 万元，违约在先，鉴于其已支付大部分购房款，故天乙公司应当在华油西安公司支付剩余购房款 150 万元后为其办理房屋过户登记。因华油西安公司与天乙公司间的《商品房买卖合同》尚未履行完毕，故其提出的确认所购房产产权为其所有的请求不予支持。天乙大厦一层、二层上设定的抵押已在西安市房地产交易管理中心登记，抵押是否有效已非仲裁审理的范围，故请求确认天乙公司以房产设定抵押的行为无效之请求不予支持，遂于 2004 年 11 月 19 日作出西仲裁字(2004)第 368 号裁决书裁决：华油西安公司与天乙公司所签订的《商品房买卖合同》合法有效；天乙公司在收到华油西安公司支付剩余购房款后 90 日内为其办理房屋产权的过户手续；驳回华油西安公司的其他仲裁请求。2004 年 12 月 24 日，华油西安公司依据上述仲裁裁决通过西安市商业银行将 1,500,000 元的购房余款支付给天乙公司。至 2008 年 5 月华油西安公司向陕西天意物业管理有限责任公司（以下简称天意公司）缴纳物业费 246,686.69 元。

2003 年 9 月 26 日，天乙公司与中国光大银行西安南大街支行（以下简称光大银行）签订了编号为 78690301011 号的《综合授信协议》和《抵押合同》，由天乙公司向光大银行申请综合授信人民币 1500 万元，具体授信业务为银行承兑汇票，有效使用期限为 2003 年 9 月 26 日至 2004 年 9 月 25 日。天乙公司自愿以其所有的位于西安市北关正街三合新村油库街副 15 号天乙大厦地下一层及地上一层、二层房产的在建工程作为本次授信的抵押担保。同日，双方对上述两份合同在西安市雁塔区公证处进行了公证，(2003)西雁证内字第 4995 号公证书赋予上述合同以法院的强制执行效力。同年 9 月 29 日办理了市房在抵字 200309034 号《在建工程抵押登记备案证明》。光大银行依约为天乙公司开具了号码为 147298、147299、147303、147304 的承兑汇票四张，金额总计 3000 万元，扣除保证金实际债务金额 1500 万元，因天乙公司未按约定履行其付款义务，2004 年 9 月 30 日，光大银行持西安市雁塔区公证处出具的(2004)西雁证执字第 87 号强制执行公证书，对包括银行承兑汇票垫款人民币 1500 万元及罚息人民币 7500 元及实现债权的全部费用，向西安市中级人民法院申请强制执行。执行过程中，西安市中级人民法院查封了涉案房产天乙大厦的地下一层至二层，查封期间，华油西安公司对查封标的一层、二层提出执行异议，并于 2004 年 12 月 20 日，以西安市房屋管理局为被告诉至法院，请求撤销西安市房屋管理局对天乙公司已销售给华油西安公司天乙大厦一层、二层进行抵押登记的行政行为。西安市莲湖区人民法院(2005)莲行初字第37、38、39、40号行政判决书、西安市中级人民法院(2005)西行终字第184、185、186、187号行政判决书以事实不清、证据不足、适用法律错误为由,判决:撤销西安市房屋管理局作出的200403007号、200403008号、200404012号、200309034号在建工程抵押登记具体行政行为。判决生效后,西安市中级人民法院于2007年5月8日作出(2004)西执证字第138-5号、(2004)西执证字第140-5号民中裁定书,对抵押物天乙大厦一层、二层房产解除查封。上述行政判决中,2006年5月30日作出的(2005)西行终字第186号行政判决书对光大银行的抵押权依法撤销,该行以天乙公司原法定代表人靳海潮涉嫌贷款诈骗向西安市公安局莲湖分局报案,西安市公安局莲湖分局于2006年7月13日作出公莲字(2006)235号立案决定书,并于2007年5月30日对涉案房产予以冻结。因天乙公司暂无可供执行的财产,且涉及刑事部分,故光大银行于2007年10月10日向西安市中级人民法院提交了债权凭证申请,2007年12月6日,西安市中级人民法院向其发放了(2004)西中法执证债字第158号债权凭证并终结了该案的执行程序。2008年4月18日,光大银行与中国东方资产管理公司西安办事处签订《债权转让协议》,将其对天乙公司的两笔债权(本金余额14,473,846元及利息12,659,846.3元)转让给中国东方资产管理公司西安办事处。2011年11月22日,中国东方资产管理公司西安办事处与厦门市卓富商贸有限公司签订《单户资产转让协议》,将债务人天乙公司所欠上述债务本金余额及相应利息一并转让给厦门市卓富商贸有限公司。次日,厦门市卓富商贸有限公司与陈巧红签订《债权转让协议》,将天乙公司借款合同项下截至2010年3月20日的债权转让给陈巧红。

2004年2月20日、23日天乙公司与中国建设银行未央路支行(以下简称建设银行)签订了编号为2004-14、15、16、17号的四份《银行承兑协议》,该行给指定的收款人上海安杰尼实业开发有限公司分别支付370万元、700万元、560万元、600万元;2004年4月9日天乙公司与建设银行签订了编号为2004-26号的《银行承兑协议》,该行给指定的收款人兰州工矿机电物资供应站支付970万元。为保证上述《银行承兑协议》的履行,天乙公司以天乙大厦地下一层及第一层、第二层作抵押,于2004年2月19日、20日与建设银行签订三份《抵押合同》,并在西安市国土资源和房屋管理局办理了抵押登记,分别取得了市房在抵字第200403007号、200403008号、200404012号在建工程抵押登记备案证明。上述协议及合同均经西安市未央区公证处公证并办理了执行证书。建设银行据此向西安市中级人民法院申请执行。因无可供执行的财产，法院为其发放了债权凭证。2004年6月28日，建设银行与中国信达资产管理公司西安办事处签订《债权转让协议》，将其对天乙公司的五笔借款合同项下截至2003年12月31日的债权（本金余额16,000,000元）转让给中国信达资产管理公司西安办事处。2004年11月29日，中国信达资产管理公司西安办事处与中国东方资产管理公司西安办事处签订《债权转让协议》，将其对天乙公司的五笔借款合同项下截至2003年12月31日的债权转让给中国东方资产管理公司西安办事处。2011年11月22日，中国东方资产管理公司西安办事处与厦门市卓富商贸有限公司签订《单户资产转让协议》，将债务人天乙公司所欠上述债务本金余额（15,922,624元）及相应利息一并转让给厦门市卓富商贸有限公司。次日，厦门市卓富商贸有限公司与陈巧红签订《债权转让协议》，将天乙公司借款合同项下截至2010年3月20日的债权（本金余额15,922,624元及未偿利息余额8,735,920.89元）转让给陈巧红。

2015年3月9日，陈巧红与西京联公司签订《债权转让协议》，西京联公司以税后550万元受让陈巧红所拥有的其对天乙公司的债权。之后，西京联公司向天乙公司发放债权转让通知，告知其陈巧红拥有的光大银行西安南大街支行合同项下的贷款本金余额及相关的未偿利息余额合计35,898,276.50元、建设银行合同项下的贷款本金余额及相关的未偿利息合计28,711,379.98元依法转让给西京联公司，天乙公司应向西京联公司履行上述合同项下的全部义务。天乙公司在债权确认回执上签字盖章。

2015年6月29日，西京联公司作为甲方，天乙公司作为乙方签订了《以物抵债协议》，协议约定：（1）甲方自愿用自己对乙方享有的全部债权、乙方自愿用自己开发的登记在自己名下（房产证尚未办理完毕）的合法房屋及地下车位相互折抵。（2）以物抵债的债权为甲方通过合法债权转让后享有的、原中国人民建设银行、光大银行发放给乙方的商业贷款。现甲、乙双方确认，该债权截至以物抵债时即本协议订立之时的全部金额为：截至2012年3月20日本息64,609,656.48元，以及此后至本协议订立之时新产生的同期人民银行贷款利息。（3）双方确认，以物抵债的时间为本协议订立之时，本协议订立之后除另有书面约定,所抵房屋及地下车位归甲方所有,双方债权债务全部清结,不存在其他任何纠纷。故在订立本协议的同时,双方即办理交接手续。(4)本协议自双方签字或盖章之日生效。并于同日办理了房屋交接,将天乙大厦地上一层、二层房屋及地下负一层的22个车位当场交付,双方同意将二层房屋722.96平方米的使用权留归乙方使用对外出租。之后,西京联公司在2015年7月分别与西安东鸿化工有限公司、西安明锐化工有限公司、西安伟特化工有限公司、西安畅源化工建材有限公司签订了《房屋租赁合同》,将天乙大厦地上一层、二层房屋对外出租使用。同月,西京联公司分别与西安明锐化工有限公司、西安伟特化工有限公司签订了《房屋使用权转让合同》,将房屋租赁合同变更为房屋使用权转让合同,房屋使用权转让期限为20年。

一审争议焦点:(1)案外人西京联公司对涉案标的天乙大厦一层、二层房产是否享有实体权益,即请求确认归其所有的诉讼请求能否成立。(2)案外人西京联公司对涉案标的天乙大厦一层、二层房产如果享有实体权益,其所享有的实体权益是否足以排除强制执行。

一审法院认为:根据庭审查明的事实,西京联公司从陈巧红处受让其所拥有的光大银行西安南大街支行、建设银行未央路支行合同项下的贷款本金余额及相关的未偿利息余额合计债权64,609,656.48元,天乙公司应向西京联公司履行上述合同项下的全部义务,对此各方当事人均无异议。西京联公司起诉提出,其合法取得转让债权后与天乙公司签订了《以物抵债协议》,天乙公司已将该房屋交付其实际占用,其属于善意取得,涉案天乙大厦一层至二层房产应归其所有。一审法院认为,一方面,就华油西安公司与天乙公司之间的案涉《商品房买卖合同》而言,该合同2002年签订后办理了预售合同备案登记,合同效力已经西安仲裁委员会西仲裁字(2004)第368号仲裁裁决书所确认,华油西安公司支付了合同全部价款,合同义务履行完毕,依据仲裁裁决书,天乙公司应为其办理房屋产权的过户手续。天乙公司未履行上述法定及约定的义务,而将上述房屋以以物抵债的方式交付给西京联公司。预售备案登记的性质属于预告登记,登记的目的就是限制预售人再行处分,应当具有对抗第三人的效力。另一方面,就天乙公司与西京联公司签订的《以物抵债协议》而言,以物抵债的双方当事人不仅要有他种给付代替原定给付的合意,而且要有实际履行才能发生清偿的效果,即债务人的给付行为和债权人的受领并取得所有权的行为同时具备合同方可生效。《最高人民法院关于人民法院执行工作若干问题的规定》第八十七条规定，当事人之间达成的和解协议合法有效并已履行完毕的，人民法院作执行结案处理。该条款确定了只有履行完毕的和解协议，债务才算消灭。本案西京联公司与天乙公司签订《以物抵债协议》，但并未完成物权转移登记，协议并未生效。《最高人民法院关于适用〈中华人民共和国民事诉讼法〉的解释》第四百六十七条规定：一方当事人不履行或者不完全履行在执行中双方自愿达成的和解协议，对方当事人申请执行原生效法律文书的，人民法院应当恢复执行。西京联公司就涉案房产并不能取得所有权，其请求确认所有权并解除保全查封的诉讼请求不能成立。西京联公司就本案诉争房产并不享有实体权益。

一审法院判决：驳回案外人西京联公司的诉讼请求。一审案件受理费191,800元，由西京联公司负担。

西京联公司因不服一审判决，提起上诉。

二审法院查明：略。

二审争议焦点：西京联公司就涉案房屋是否享有足以排除强制执行的民事权益。

二审法院认为：涉案房屋系天乙公司开发建设。2002 年 10 月 20 日，天乙公司与华油西安公司签订《商品房买卖合同》，将其开发的天乙大厦一层、二层以 1000 万元价款出卖给华油西安公司，合同经陕西省西安市房产管理局登记备案。该合同是双方当事人真实意思表示，合法、有效，其效力亦经生效的仲裁裁决书确认。后华油西安公司分二次支付了 1000 万元购房款，天乙公司亦按照《商品房买卖合同》第八条"出卖人应当在 2002 年 11 月 15 日前"交付房屋的约定，于 2002 年 11 月 8 日将房屋交付给华油西安公司，并签署房屋交接单。自交付之日起，华油西安公司即按照合同约定实际占有了涉案房屋，亦对涉案房屋享有权利。天乙公司虽至今未按照合同约定办理房屋过户手续，但其对涉案房屋的权利归属是明知的。天乙公司在收取华油西安公司的购房款并将房屋交付使用后，仍对涉案房屋进行抵押贷款，且在抵押权被生效行政判决撤销的情况下，又于 2015 年 6 月 29 日以涉案房屋所有权人身份与西京联公司签订《以物抵债协议》，将房屋抵偿给西京联公司。天乙公司主观上具有恶意，亦违背诚实信用原则。对于无权处分行为给受让人所致的法律后果，《中华人民共和国物权法》第一百零六条第一款、第二款规定:“无处分权人将不动产或者动产转让给受让人的,所有权人有权追回;除法律另有规定外,符合下列情形的,受让人取得该不动产或者动产的所有权:(一)受让人受让该不动产或者动产时是善意的;(二)以合理的价格转让;(三)转让的不动产或者动产依照法律规定应当登记的已经登记,不需要登记的已经交付给受让人。受让人依照前款规定取得不动产或者动产的所有权的,原所有权人有权向无处分权人请求赔偿损失。”本案中,西京联公司与陈巧红签订的《债权转让协议》第1.3条约定,陈巧红在收到西京联公司全部转让款项的同时,将其合法拥有上述债权的相关依据向西京联公司交割完毕。西京联公司受让债权后,其向天乙公司发出的债权转让通知中记载有原光大银行与天乙公司签订的《银行承兑协议》合同编号、借款起止时间、合同金额、本金余额、未偿还利息余额及就涉案房屋进行抵押担保的事实,上述证据表明,西京联公司对其受让的债权系原光大银行向天乙公司出借的贷款、天乙公司以涉案房屋进行抵押以及抵押权被生效法律文书撤销、华油西安公司均是生效法律文书的诉讼主体的事实是明知的,但仍与天乙公司签订《以物抵债协议》,不具有善意,其以善意相对人身份主张涉案房屋归其所有的上诉请求缺乏事实与法律依据,本院不予支持。

西京联公司不能证明对本案执行标的——天乙公司位于西安市未央区油库街15号的天乙大厦1-2层房产(地号:4-3-21)具有足以排除强制执行的民事权益存在,其请求将涉案房屋归西京联公司所有并对甘肃省高级人民法院(2015)甘民保字第3号民事裁定书确定的执行标的予以解封的上诉理由不能成立,本院不予支持。

二审法院判决:驳回上诉,维持原判。

【规则解读】

本案华油西安公司面临的一房二卖争议具有一定代表性。华油长庆西安公司与天乙公司签订房屋买卖协议后,房屋所有权人天乙公司未能将房屋过户至华油长庆西安公司名下,天乙公司又与西京联公司签署以物抵债协议,将房屋处分给西京联公司。西京联公司作为以房抵债协议的债权人,可否基于协议形成物权期待权,继而排除强制执行,本案裁判规则有一定借鉴价值。

一、以房屋抵债协议可否排除强制执行

以房抵债协议的债权人在完成变更登记前可否想有足以排除强制执行的民事权益,现行法律法规、司法解释尚无明确规定。司法实践中,人民法院大多根据《最高人民法院关于人民法院办理执行异议和复议案件若干问题的规定》(法释〔2015〕10 号)第二十八条[①]进行判断:以房抵债协议真实合法,且签订于人民法院采取查封或者强制执行措施之前,且已经实际占有标的物的,排除强制执行的主张可获得支持。[②] 因此,以房抵债协议债权人仅凭借协议并不能排除强制执行,还需举证证明已经在强制执行措施前事实上取得并行使了标的物的物权。"实际占有"的情形包括:

1. 房屋所有权人被生效文件认可。吉林市昌邑区商业总公司与被申请人王存延、一审第三人吉林市联吉房地产开发有限公司案外人执行异议之诉纠纷案[(2017)最高法民申 3492 号],最高人民法院再审审查认为,昌邑商业总公司申请查封本案争议房屋产权之前,因王存延与吉林市联吉房地产开发有限公司(以下简称联吉公司)存在债权债务关系,联吉公司即已将案涉房产抵账给王存延,王存延合法占有案涉房产。案涉房产虽未登记在联吉公司名下,但昌邑商业总公司在申请再审时也表明:吉林市昌邑公安分局在查封前已经书面(协议)确认该不动产属于被执行人联吉公司。故二审法院参照《最高人民法院关于人民法院办理执行异议和复议案件若干问题的规定》第二十八条规定审理本案,适用法律并无不当。昌邑商业总公司关于王存延不具有提出执行异议的主体资格、本案适用法律错误的再审申请理由不能成立。

2. 房屋所有权人将房屋租赁合同的出租人变更为债权人。闫凡苓与被申请人杜娟、殷宪银案外人执行异议之诉纠纷案[(2017)最高法民申 2480 号],最高人民法院再审审查认为,本案系案外人执行异议之诉,根据《最高人民法

---

① 《最高人民法院关于人民法院办理执行异议和复议案件若干问题的规定》(法释〔2015〕10 号)第二十八条　金钱债权执行中,买受人对登记在被执行人名下的不动产提出异议,符合下列情形且其权利能够排除执行的,人民法院应予支持:(一)在人民法院查封之前已签订合法有效的书面买卖合同;(二)在人民法院查封之前已合法占有该不动产;(三)已支付全部价款,或者已按照合同约定支付部分价款且将剩余价款按照人民法院的要求交付执行;(四)非因买受人自身原因未办理过户登记。

② 杜万华主编:《新编版 · 最高人民法院司法观点集成:民商事卷增补(2018)》,中国民主法制出版社 2018 年版,第 72 页。

院关于适用〈中华人民共和国民事诉讼法〉的解释》第三百一十一条规定，杜娟是否对执行标的享有足以排除强制执行的民事权益是本案审查的核心问题。根据原审法院查明的事实，2011 年 4 月至 2012 年 6 月，杜娟与殷宪银之间形成借款关系。其后，双方于 2012 年 9 月 6 日签订以房抵债协议，由殷宪银以其所有的位于枣庄市薛城区燕山路东侧 384 号的楼房北数第二间（上下共三层）抵偿该借款本金及利息。根据协议约定，协议生效，杜娟对殷宪银的债权转化为房屋转让的对价，双方之间基于借款所形成的债权债务关系已被以房抵债协议中的权利义务关系取代……殷宪银、房屋共有人王业花与杜娟、房屋承租人闫志甫于 2012 年 9 月 16 日签订协议书，将房屋租赁关系的出租人由殷宪银、王业花变更为杜娟，殷宪银亦将其已经预收的租金返还给杜娟。至此，杜娟已实现对房屋的合法占有、使用、收益。虽然房屋所有权尚未变更登记至杜娟名下，但未变更登记是因一审法院 2012 年 10 月 16 日对房屋查封所致，杜娟对此并无过错。原审法院认定杜娟对涉案房屋享有足以排除强制执行的民事权益，判决停止对涉案房屋的强制执行，并无不当。

3. 房屋所有权人向债权人出具《入住通知单》《物业接收通知》。北京富申联合供应链管理有限公司、刘乃生申诉申请案［（2016）最高法民申 2736 号］，最高人民法院认为，"同方公司已经向刘乃生出具《入住通知单》表示交付房屋，并将房屋钥匙交由第三方物业公司管理，物业公司系为业主服务的第三方管理人，其管理钥匙的行为应认定为受业主委托进行管理，被申请人刘乃生作为业主可以随时取回房屋钥匙，因此刘乃生已经对房屋进行了实际控制和管理，而房屋的实际占有，应以实际控制为标准，至于购房人是否实际入住则不是房屋占有的必要条件"。

二、基于善意取得确认房屋所有权排除强制执行

在"一房二卖"纠纷中，善意取得是确认所有权并排除强制执行的一条思路。但善意取得难以为房抵债协议债权人排除强制执行提供支持。根据《中华人民共和国物权法》第一百零六条善意取得制度的规定，以房抵债债权人主张善意取得时，应满足以下条件：

1. 签署协议受让房屋时是善意的。关于善意的认定，司法实务中可认定的情形如：（1）权利人基于非依法律行为的物权变动取得房屋所有权，但未办理宣示登记，房屋登记在他人名下，登记人擅自以自己名义处分房屋；（2）因房屋登记机关登记错误，致使房屋登记簿上记载的原所有权消灭，产生了新的登记权利，登记人擅自以自己名义处分房屋；(3)夫妻共同共有及其他共有房屋仅登记在其中部分共有人名下，登记人未经占份额2/3以上的按份共有人或全体共同共有人同意，擅自以自己名义处分房屋；(4)出卖人转让房屋并办理了所有权转移登记，其后买卖合同被确认无效或者被撤销，不动产尚未办理所有权回复登记，登记人擅自以自己名义处分房屋；(5)抵押物转让；(6)借名登记。

应当认定不动产受让人知道转让人无处分权，不构成善意的情形如：(1)登记簿上存在有效的异议登记；(2)预告登记有效期内，未经预告登记的权利人同意；(3)登记簿上已经记载司法机关或者行政机关依法裁定、决定查封或者以其他形式限制不动产权利的有关事项；(4)受让人知道登记簿上记载的权利主体错误；(5)受让人知道他人已经依法享有不动产物权。真实权利人有证据证明不动产受让人应当知道转让人无处分权的，应当认定受让人具有重大过失。

2. 房屋价格和所抵债务价格相当，即以合理的价格转让。关于合理价格，《最高人民法院关于适用〈中华人民共和国物权法〉若干问题的解释(一)》第十九条规定，“物权法第一百零六条第一款第(二)项所称‘合理的价格’，应当根据转让标的物的性质、数量以及付款方式等具体情况，参考转让时交易地市场价格以及交易习惯等因素综合认定”。审判实务中一般认为低于交易地市场价格70%应视为不合理低价。

3. 依照法律规定应当登记的已经登记，不需要登记的已经交付给受让人。传统民法理论认为，善意取得制度的价值取向是保护交易安全，是对物权追及力的切断。善意取得与公信力有关，不动产的公信力有赖于登记，因登记而取得的权利证书足以证明权利人身份，第三人基于登记不存在不知道产权人的情况，所以，《中华人民共和国民法通则》没有规定不动产善意取得制度，善意取得只适用于动产。但现实生活中，不动产登记往往会出现漏登、错登乃至人为恶意地将非权利人登记为权利人的情况，这样如果不允许第三人通过善意取得制度取得不动产的所有权，就会出现因登记机关或双方当事人的过错而将损失转嫁给第三人的不公平的后果，为维护不动产交易安全，《中华人民共和国物权法》第一百零六条善意取得，将不动产纳入善意取得制度，规定“无处分权人将不动产或者动产转让给受让人的，所有权人有权追回；除法律另有规定外，符合下列情形的，受让人取得该不动产或者动产的所有权：(一)受让人受让该不动产或者动产时是善意的；(二)以合理的价格转让；(三)转让的不动产或者动产依照法律规定应当登记的已经登记，不需要登记的已经交付给受让人。受让人依照前款规定取得不动产或者动产的所有权的，原所有权人有权向无处分权人请求赔偿损失。当事人善意取得其他物权的，参照前两款规定”。

综上所述，以物抵债协议债权人在没有完成房屋变更登记前，并没有“取得”房屋，债权人不能主张排除强制执行，但可以主张房屋所有权人履行协议、办理房屋变更登记，获得房屋所有权。在房屋存在多位买受人的情况下，我国关于房屋所有权的认定规则：(1)数位买受人中优先办理商品房过户登记手续的享有房屋所有权。(2)数位买受人均未办理商品房过户登记手续的，所有权归属于优先办理商品房预告登记的一方。主要依据是《中华人民共和国物权法》第二十条第一款的规定“当事人签订买卖房屋或者其他不动产物权的协议，为保障将来实现物权，按照约定可以向登记机构申请预先登记。预告登记后，未经预告登记的权利人同意，处分该不动产的，不发生物权效力”。因此，优先办理预告登记也可以作为对抗其他买受人的条件。(3)数位买受人均未办理商品房过户登记手续和预告登记手续的，房屋所有权归属于合法优先占有房屋的一方。即在买受人均未办理过户登记手续及预售登记手续的情况下，如果有一方在善意的情况下先行占有房屋或领取了房屋钥匙，也可以作为优先获得房屋所有权的条件，因为占有状态在未领取权证的情形下也具备一定的公示公信效力，但该占有必须是合法及善意的，否则不受法律保护。(4)数位买受人均未办理过户手续、进行预售登记或优先占有房屋，则依照合同签订的先后顺序处理房屋的归属问题，优先履行签订在前的合同，但另一份并未得到履行的合同并不当然无效，从合同效力上看两份合同均是有效的，只不过在履行能力有限的时候优先实现签订在先的合同，另一方实现合同权利的买受人仍然可以向卖房人主张违约责任。

【风险提示】

一、全面了解信息，注意审核出卖人资质、权属证书

如果是从开发商处买房，选择实力信誉好的开发商很重要。买房前购房

者应查看开发企业“五证”是否齐全，即《国有土地使用权证》《建设用地规划许可证》《建设工程规划许可证》《建设工程施工许可证》《商品房预售许可证》。如果是二手房买卖，要仔细审核出卖人所持有的房产证、土地证等房屋权属证书，要求出卖人配合到房管部门、物业了解房屋的真实信息。

二、注意固定和留存相关证据

买受人要注意选用原国家工商行政管理总局和国家住房和城乡建设部的制式《商品房买卖合同》，还要注意证据固定留存。房屋买卖涉及诸多环节，耗时少则数月多则数年，在交易的各个环节，买受人都应当注意保留相关文件及证据，如房款的转账记录、收款收据、微信短信聊天记录等。在出现纠纷时，更要保留沟通证据，防止在诉诸法律后因证据缺失，诉讼请求不能得到法院的支持。

三、尽快办理过户或预告登记手续

买房之后，一定要尽快完成房屋交易过户或者提前完成房屋预告登记。我国房屋所有权的流转以登记为生效要件，如果仅仅按照购房合同支付房款，无法以此作为对抗善意第三人的条件，因此购买房屋后一定要尽快办理房产过户手续或预告登记手续，避免发生不必要的权利冲突。由于无产权房容易滋生一房多卖风险，在选购时应当谨慎考虑，尽可能多地了解房屋权属情况，增强自己的风险防范意识，一旦房屋具备办理过户手续的条件及时到有关部门领取房产证。

四、及时合理运用法律的手段进行维护自身合法权益

房屋买卖合同一经签订，就具备了法律效力。任何一方都要遵守合同约定，不得无故违约。如果卖方想要毁约或是出现一房多卖的情况，买方有权依照合同向法院提出诉讼，要求卖方继续履行合同或是赔偿买方的损失。若出现“一房二卖”的情况，应依《最高人民法院关于审理商品房买卖合同纠纷案件适用法律若干问题的解释》规定，买受人可以请求解除合同、返还已付购房款及利息、赔偿损失，并可以请求出卖人承担不超过已付购房款一倍的赔偿责任。具体维权步骤可以参考：(1)沟通解决。可以首先与卖房者尝试着沟通，运用法律规定维护自己的权益。如谈判不成功后，应果断选择走司法途径。(2)申请财产保全。(3)提起诉讼。买房人应积极收集有关证据，向法院提起诉讼。如果涉及合同诈骗可以向公安机关报警。

【相关法律法规】

《中华人民共和国物权法》(2007 年 3 月 16 日)

第一百零六条　无处分权人将不动产或者动产转让给受让人的,所有权人有权追回;除法律另有规定外,符合下列情形的,受让人取得该不动产或者动产的所有权:

(一)受让人受让该不动产或者动产时是善意的;

(二)以合理的价格转让;

(三)转让的不动产或者动产依照法律规定应当登记的已经登记,不需要登记的已经交付给受让人。

受让人依照前款规定取得不动产或者动产的所有权的,原所有权人有权向无处分权人请求赔偿损失。

当事人善意取得其他物权的,参照前两款规定。

《最高人民法院关于审理商品房买卖合同纠纷案件适用法律若干问题的解释》(2003 年 4 月 28 日)

第八条　具有下列情形之一,导致商品房买卖合同目的不能实现的,无法取得房屋的买受人可以请求解除合同、返还已付购房款及利息、赔偿损失,并可以请求出卖人承担不超过已付购房款一倍的赔偿责任:

(一)商品房买卖合同订立后,出卖人未告知买受人又将该房屋抵押给第三人;

(二)商品房买卖合同订立后,出卖人又将该房屋出卖给第三人。

第九条　出卖人订立商品房买卖合同时,具有下列情形之一,导致合同无效或者被撤销、解除的,买受人可以请求返还已付购房款及利息、赔偿损失,并可以请求出卖人承担不超过已付购房款一倍的赔偿责任:

(一)故意隐瞒没有取得商品房预售许可证明的事实或者提供虚假商品房预售许可证明;

(二)故意隐瞒所售房屋已经抵押的事实;

(三)故意隐瞒所售房屋已经出卖给第三人或者为拆迁补偿安置房屋的事实。

油气企业在协议中约定的管辖法院违反级别管辖规定的后果

【裁判规则】

当事人协议约定的管辖法院违反级别管辖时，若当事人约定的地域管辖明确，在约定法院所属或所辖行政区域内具有相应级别管辖权的人民法院，人民法院应在协议管辖约定的地域范围内确定相应级别的管辖权法院。

【典型案例】

南通长江石油化工有限公司、江苏川东石油化工有限公司买卖合同纠纷二审案[(2019)最高法民辖终285号]

【案情简介】

上诉人(原审被告):南通长江石油化工有限公司。

上诉人(原审被告):江苏川东石油化工有限公司。

上诉人(原审被告):南通天诚石油化工有限公司。

被上诉人(原审原告):国储能源化工(烟台)有限公司。

被上诉人(原审原告):国储悦孚能源(烟台)有限公司。

一审裁定过程未披露。

上诉人诉讼请求:(1)协议管辖违反了《中华人民共和国民事诉讼法》关于级别管辖的规定，应为无效。案涉《购销合同》约定的交易金额、买卖双方实际履行的交易金额、目前仍结欠款项金额均已远远超过了双方合同中约定法院管辖范围，龙口市人民法院对本案无管辖权，进而(2019)鲁民初21号之一民事裁定认定山东省高级人民法院对本案有管辖权，无法律依据。(2)按照原告就被告原则确定本案管辖法院,南通长江石油化工有限公司(以下简称长江石油公司)、江苏川东石油化工有限公司(以下简称川东石油公司)、南通天诚石油化工有限公司(以下简称天诚石油公司)的工商登记住所地均在江苏省南通市,故江苏省南通市中级人民法院对本案享有管辖权。(3)针对本案涉案金额,根据法律规定南通市中级人民法院对本案有管辖权。请求:依法撤销山东省高级人民法院(2019)鲁民初21号之一民事裁定;将本案移送至江苏省南通市中级人民法院处理。

二审争议焦点:协议管辖条款违反级别管辖规定是否绝对无效。

二审法院认为:我国民事诉讼法规定,协议管辖不得违反级别管辖。但因级别管辖是上下级法院之间就审理一审案件范围的分工,其主要立法目的是在贯彻审级制度的基础上实现各级法院职能的合理定位及工作量的平衡,且人民法院级别管辖的划分标准会随着社会发展、各地法院受案状况等因素而不断调整,许多情况下当事人难以准确预期。因此,协议管辖违反级别管辖规定的,为相对无效,人民法院不能仅以协议管辖违反级别管辖为由否认其法律效力,还应结合具体情况分别予以认定。本案中,案涉《购销合同》"争议解决"条款明确约定"凡因执行本合同或与本合同有关的一切争议,任何一方可向龙口市人民法院提起诉讼",双方合意选择龙口市人民法院作为解决争议的管辖法院,具有选择该法院所在地解决争议的意思表示,法律应维护其对双方当事人的约束力。原审法院基于尊重当事人意思自治,将双方在地域上选择管辖的真实意愿结合级别管辖规定,确定由龙口市所在地的高级人民法院即山东省高级人民法院管辖并无不当。长江石油公司、川东石油公司、天诚石油公司的上诉请求不能成立,本院不予支持。

二审法院判决:驳回上诉,维持原裁定。

【规则解读】

《中华人民共和国民事诉讼法》第三十四条规定:"合同或者其他财产权益纠纷的当事人可以书面协议选择被告住所地、合同履行地、合同签订地、原告住所地、标的物所在地等与争议有实际联系的地点的人民法院管辖,但不得违反本法对级别管辖和专属管辖的规定。"如果协议管辖和级别管辖冲突,协议管辖和专属管辖冲突,协议管辖是否有效呢?本案中,当事人书面约定的协议管辖和级别管辖冲突，本案裁判规则为解决上述问题提供指引。

一、协议管辖的约定违反级别管辖标准，不能当然认定协议无效

处理协议管辖约定和级别管辖标准的冲突，原则上可有两种审判逻辑：一是认定协议管辖当然无效，按照级别管辖标准将案件移送有管辖权法院；二是协议管辖部分有效，在协议管辖约定的地域范围内确定相应级别的管辖权法院。

第一种审判逻辑有违背司法公平嫌疑。我国一审案件的级别管辖是以涉案标的额的大小来划分的，各地的划分标准也是根据当地经济发展水平而单独制定，地域间差距很大。这些因素均导致实践中当事人协议约定的管辖法院往往不能符合级别管辖的要求。如果期待所有合同当事人在纠纷发生前协议约定的法院明确、具体、唯一，且法院级别符合管辖的相关法律规定，明显过于苛责。《最高人民法院关于适用〈中华人民共和国民事诉讼法〉的解释》第三十条第一款规定："根据管辖协议，起诉时能够确定管辖法院的，从其约定……"该款规定明确了即使当事人约定管辖法院不够明确，但只要根据管辖协议约定的地域能够确定具体管辖法院的，管辖协议按照有效处理。因此，对于管辖协议违反级别管辖的情况，如果机械适用民事诉讼法的相关规定，违背了当事人的意思自治，也不利于实践中对协议管辖的认定和遵守。

第二种审判逻辑更符合我国司法实践经验。早在 1996 年，最高人民法院在法函〔1996〕160 号通知中便指出，若当事人既约定了地域管辖，又约定了级别管辖，则当事人在地域管辖上作出的明确选择应当有效。① 如曾某诉林某民间借贷纠纷管辖权异议申请再审案件中，最高人民法院认为："当事人约定管辖条款往往包含了地域管辖和级别管辖两个层面的内容，如果其约定只是违反了级别管辖标准，可以认定其约定的级别管辖无效，一般不宜以此否定整个管辖约定，可以在约定地域范围内作相应的级别调整。本案双方约定的是在晋江市人民法院管辖，该约定符合地域管辖规定，只是违反级别管辖规定，可在有效约定地域即晋江市的基础上，作相应级别调整，由晋江市所在地的中级人民法院即泉州市中级人民法院管辖即可。裁定驳回林某的再审申请，此案

① 王保林、张金标：《论国内协议管辖制度的准确适用》，载《法律适用》2010 年第 7 期。

继续由泉州市中级人民法院审理。”[①]

二、协议管辖的约定违反专属管辖的无效

协议管辖的约定和专属管辖冲突时,因为专属管辖具有法定的排他力和排除力,专属管辖构成了协议管辖的限制,凡属专属管辖的案件,当事人不得以协议管辖的方式予以变更,这是世界各国的通例。《中华人民共和国民事诉讼法》第三十三条规定以下三类案件实行专属管辖:(一)因不动产纠纷提起的诉讼,由不动产所在地人民法院管辖;(二)因港口作业中发生纠纷提起的诉讼,由港口所在地人民法院管辖;(三)因继承遗产纠纷提起的诉讼,由被继承人死亡时住所地或者主要遗产所在地人民法院管辖。协议管辖的约定和专属管辖冲突后,可根据《中华人民共和国民事诉讼法》第三十六条之规定,移送有管辖权的人民法院。

三、协议管辖的约定违反专门管辖,不当然无效

我国除设有普通法院之外,还设有一些专门法院,如海事法院、军事法院、铁路运输法院等。专门法院有特定的受案范围,如海事法院受理当事人因海事侵权纠纷、海商合同纠纷及法律规定的其他海事纠纷提起的诉讼;军事法院受理双方当事人都是军队内部单位的经济纠纷案件;铁路运输法院受理铁路货物运输、旅客运输等的合同纠纷案件、对铁路造成损害的侵权纠纷案件。在最高人民法院颁布的《关于适用〈中华人民共和国民事诉讼法〉审判监督程序若干问题的解释》(已废止)中,曾将“违反专属管辖、专门管辖规定及其他严重违法行使管辖权”的情形认定为“管辖错误”,给予了专门管辖和专属管辖同样的排除效力。但2012年修改后的《中华人民共和国民事诉讼法》删除了有关规定,专门管辖除军事法院有明确效力规定外,其他专门管辖处于法律空白地带。

实践中,司法机关对专门管辖的排他力也有争议。如广州合海疏浚工程有限公司与惠州市惠城区保马建筑材料经营部、中交广州航道局有限公司、惠州大亚湾华瀛石油化工有限公司建设施工合同纠纷案[(2014)惠中法立民终字251号]中,就诉争建筑工程的管辖问题,上诉人以本案的陆域形成工程是海洋开发利用的重要形式,属于海洋开发利用纠纷案件,根据《最高

① 厉文华:《约定管辖违反级别管辖规定应如何处理》,载景汉朝主编:《立案工作指导》(总第42辑),人民法院出版社2015年版,第131页。

人民法院关于海事法院受理案件范围的若干规定》(已失效)第三十六条的规定,应由广州海事法院审理;上诉法院经过审查认定,其不属于该规定的情形,认定其属于建设施工合同纠纷,应当依照不动产纠纷案件归不动产所在地法院专属管辖。

在立法机关没有就专门管辖作出明确规定的情况下,经查询最高人民法院相关裁判规则,司法实践倾向于协议管辖应与专门管辖相一致。相关案例如庆丰集团松原嘉丰粮食经贸有限公司与营口港务股份有限公司仓储合同纠纷管辖权异议案[(2010)最高法民四终字第34号]。本案中,最高人民法院认为:协议管辖的约定内容不仅应当遵守级别管辖和专属管辖的规定,一般也不应当违背法律关于专门管辖的规定。因为法律关于专门人民法院与其他地方人民法院之间的分工与权限即各自职责范围的规定,具有必须执行的严肃性;我国民事诉讼法的有关规定未赋予管辖权协议具有调整案件是在专门法院还是在普通法院审理的功能,且案件一审是由专门法院管辖还是由地方普通法院管辖,不仅会因此改变法律规定的特定案件的管辖级别,也会改变特定案件的诉讼途径。这样的结果显然违反民事诉讼法的相关规定精神。故违反法律关于专门管辖规定的管辖权协议条款应认定无效。①

【风险提示】

当事人签订协议约定管辖时要避免出现约定不明确,导致约定管辖无效的情形。律师建议:

第一,约定管辖应符合法律规定。

1. 必须采用书面形式。《最高人民法院关于适用〈中华人民共和国民事诉讼法〉的解释》第三十条规定,约定管辖必须采用书面形式,口头约定无效。

2. 约定管辖只适用于第一审民事案件中因合同或者其他财产权益纠纷的民事诉讼。

3. 必须在被告住所地、合同履行地、合同签订地、原告住所地、标的物所在地等与争议有实际联系的地点的人民法院中选择;若约定上述以外的法院管

---

① 景汉朝主编:《最高人民法院审判监督指导案例解析》,人民法院出版社2015年版,第494页。

辖,则该约定无效。

4. 只能选择一个法院,如当事人选择由两个以上法院管辖时,原则上应当认定管辖协议无效;如果当事人在合同约定"由被告住所地和/或合同履行地法院管辖"类似表述的,也将因约定不明导致约定无效。

5. 约定管辖原则上不得违反《中华人民共和国民事诉讼法》对级别管辖和专属管辖的规定。

第二,规范约定管辖的语言表述。

1. 在约定中明确表述是由人民法院管辖。如在合同约定"发生争议,由被告所在地处理",因该约定未明确是被告所在地法院管辖,还是被告所在地仲裁机构,属于约定不明的情形。对此,合同中约定管辖条款可参考设置为:"发生争议,由被告所在地人民法院管辖。"

2. 将管辖条款设置为:约定在某一与争议有实际联系的地点(限制在被告住所地、合同履行地、合同签订地、原告住所地、标的物所在地)的人民法院管辖,而非由某地的具体某一级法院管辖。例如,可在管辖条款中约定:"发生争议,由原告所在地人民法院管辖",而不应将条款设置为:"发生争议,由陕西省高级人民法院管辖。"

3. 约定由合同签订地或履行地管辖时,应在合同中明确签订地点或履行地点,该地点应具有唯一性和可识别性,否则容易发生争议。

4. 合同中约定既诉讼又仲裁,这种待合同双方选择的条款无效。如有的合同中约定:"发生争议可向合同履行地(签订地)仲裁机关申请仲裁,也可以直接向人民法院起诉""争议由合同履行地仲裁机关仲裁,对仲裁不服,向人民法院起诉"等。根据我国《中华人民共和国仲裁法》及《最高人民法院关于适用〈中华人民共和国仲裁法〉若干问题的解释》的规定,由于这种协议既约定了仲裁又约定了诉讼,违反了仲裁的唯一性和终局性,会被仲裁机构认定为无效约定,不予受理其仲裁申请。因此,建议在签订合同时明确约定双方选择诉讼或仲裁其中之一方式解决争议。

第三,及时提出管辖权异议。

《中华人民共和国民事诉讼法》规定人民法院受理案件后,当事人对管辖权有异议的,应当在提交答辩状的法定期限(收到起诉状副本之日起 15 日)内书面提出,该期限为除斥期限,企业应及时提出异议以防止行权失效。

【相关法律法规】

《中华人民共和国民事诉讼法》(2017 年 6 月 27 日修正)

第三十四条　合同或者其他财产权益纠纷的当事人可以书面协议选择被告住所地、合同履行地、合同签订地、原告住所地、标的物所在地等与争议有实际联系的地点的人民法院管辖,但不得违反本法对级别管辖和专属管辖的规定。

《最高人民法院关于适用〈中华人民共和国民事诉讼法〉的解释》(2015 年 1 月 30 日)

第三十条　根据管辖协议,起诉时能够确定管辖法院的,从其约定;不能确定的,依照民事诉讼法的相关规定确定管辖。

管辖协议约定两个以上与争议有实际联系的地点的人民法院管辖,原告可以向其中一个人民法院起诉。

《最高人民法院关于调整高级人民法院和中级人民法院管辖第一审民商事案件标准的通知》(2015 年 4 月 30 日)

一、当事人住所地均在受理法院所处省级行政辖区的第一审民商事案件

北京、上海、江苏、浙江、广东高级人民法院,管辖诉讼标的额 5 亿元以上一审民商事案件,所辖中级人民法院管辖诉讼标的额 1 亿元以上一审民商事案件。

天津、河北、山西、内蒙古、辽宁、安徽、福建、山东、河南、湖北、湖南、广西、海南、四川、重庆高级人民法院,管辖诉讼标的额 3 亿元以上一审民商事案件,所辖中级人民法院管辖诉讼标的额 3000 万元以上一审民商事案件。

吉林、黑龙江、江西、云南、陕西、新疆高级人民法院和新疆生产建设兵团分院,管辖诉讼标的额 2 亿元以上一审民商事案件,所辖中级人民法院管辖诉讼标的额 1000 万元以上一审民商事案件。

贵州、西藏、甘肃、青海、宁夏高级人民法院,管辖诉讼标的额 1 亿元以上一审民商事案件,所辖中级人民法院管辖诉讼标的额 500 万元以上一审民商事案件。

二、当事人一方住所地不在受理法院所处省级行政辖区的第一审民商事案件

北京、上海、江苏、浙江、广东高级人民法院,管辖诉讼标的额 3 亿元以上

一审民商事案件,所辖中级人民法院管辖诉讼标的额 5000 万元以上一审民商事案件。

天津、河北、山西、内蒙古、辽宁、安徽、福建、山东、河南、湖北、湖南、广西、海南、四川、重庆高级人民法院,管辖诉讼标的额 1 亿元以上一审民商事案件,所辖中级人民法院管辖诉讼标的额 2000 万元以上一审民商事案件。

吉林、黑龙江、江西、云南、陕西、新疆高级人民法院和新疆生产建设兵团分院,管辖诉讼标的额 5000 万元以上一审民商事案件,所辖中级人民法院管辖诉讼标的额 1000 万元以上一审民商事案件。

贵州、西藏、甘肃、青海、宁夏高级人民法院,管辖诉讼标的额 2000 万元以上一审民商事案件,所辖中级人民法院管辖诉讼标的额 500 万元以上一审民商事案件。

下篇

法律风险防控指引

安全环保法律风险

一、制度体系建立不完善的法律风险

1. 风险行为

企业在安全管理过程中，仅仅参照《中华人民共和国安全生产法》作为安全生产管理的依据，未能制定适合本企业性质的安全生产规章制度和操作规定，或者制定了操作规定，但管理人员缺乏有效的监督，或者安全管理工作实操不到位。

2. 法律依据

《中华人民共和国安全生产法》(2014 年 8 月 31 日修正)

第十七条　生产经营单位应当具备本法和有关法律、行政法规和国家标准或者行业标准规定的安全生产条件；不具备安全生产条件的，不得从事生产经营活动。

第十八条　生产经营单位的主要负责人对本单位安全生产工作负有下列职责：

(一)建立、健全本单位安全生产责任制；

(二)组织制定本单位安全生产规章制度和操作规程；

(三)组织制定并实施本单位安全生产教育和培训计划；

(四)保证本单位安全生产投入的有效实施；

(五)督促、检查本单位的安全生产工作，及时消除生产安全事故隐患；

(六)组织制定并实施本单位的生产安全事故应急救援预案；

(七)及时、如实报告生产安全事故。

第二十条　生产经营单位应当具备的安全生产条件所必需的资金投入，由生产经营单位的决策机构、主要负责人或者个人经营的投资人予以保证，并对由于安全生产所必需的资金投入不足导致的后果承担责任。

有关生产经营单位应当按照规定提取和使用安全生产费用，专门用于改善安全生产条件。安全生产费用在成本中据实列支。安全生产费用提取、使用和监督管理的具体办法由国务院财政部门会同国务院安全生产监督管理部门征求国务院有关部门意见后制定。

第二十四条第一款、第二款　生产经营单位的主要负责人和安全生产管理人员必须具备与本单位所从事的生产经营活动相应的安全生产知识和管理能力。

危险物品的生产、经营、储存单位以及矿山、金属冶炼、建筑施工、道路运输单位的主要负责人和安全生产管理人员，应当由主管的负有安全生产监督管理职责的部门对其安全生产知识和管理能力考核合格。考核不得收费。

第二十五条第一款　生产经营单位应当对从业人员进行安全生产教育和培训，保证从业人员具备必要的安全生产知识，熟悉有关的安全生产规章制度和安全操作规程，掌握本岗位的安全操作技能，了解事故应急处理措施，知悉自身在安全生产方面的权利和义务。未经安全生产教育和培训合格的从业人员，不得上岗作业。

第二十六条　生产经营单位采用新工艺、新技术、新材料或者使用新设备，必须了解、掌握其安全技术特性，采取有效的安全防护措施，并对从业人员进行专门的安全生产教育和培训。

3. 法律后果

安全管理质监部门的职责包含参与、制定与修订安全生产监督管理制度和安全技术流程，制度体系不完整预示着安全管理部门未充分履行相应职责。安全事故的发生造成人身伤亡或财产损失，相关人员被依法追责。

4. 法律控制

（1）企业应当根据《中华人民共和国安全生产法》的规定完善企业生产安全全流程中涉及的全部制度，增加具有实操性的细节约定，使制度具有实际指导意义；

（2）严格监督制度的执行情况，明确违反制度的后果，避免不按照制度履行、违反制度内容进行生产作业等情形。

二、未能按照现行法规安装并使用相应生产安全设施

1. 风险行为

企业在生产经营过程中，应严格按照现行法律法规及行业标准安装并使用与生产设施配套的安全设施，以达到相关生产安全标准。

2. 法律依据

《中华人民共和国安全生产法》(2014 年 8 月 31 日修正)

第十七条　生产经营单位应当具备本法和有关法律、行政法规和国家标准或者行业标准规定的安全生产条件；不具备安全生产条件的，不得从事生产经营活动。

第二十八条　生产经营单位新建、改建、扩建工程项目(以下统称建设项目)的安全设施，必须与主体工程同时设计、同时施工、同时投入生产和使用。安全设施投资应当纳入建设项目概算。

第三十二条　生产经营单位应当在有较大危险因素的生产经营场所和有关设施、设备上，设置明显的安全警示标志。

第九十三条　生产经营单位的安全生产管理人员未履行本法规定的安全生产管理职责的，责令限期改正；导致发生生产安全事故的，暂停或者撤销其与安全生产有关的资格；构成犯罪的，依照刑法有关规定追究刑事责任。

3. 法律后果

因未安装与现行法规或行业标准相一致的生产现场安全设施，发生生产安全事故的，有关部门将暂停或者撤销企业与安全生产有关的资格；构成犯罪的，将依照刑法有关规定追究单位及主要责任人的刑事责任。

4. 法律控制

(1)企业应当根据《中华人民共和国安全生产法》的规定及相关行业标准，检查生产作业环境中是否全程安装与现行规范相一致的安全设施，并在该类设施上添加明确的安全警示标识，保障工作人员的生产环境安全设施齐全并符合现行法律的规定。

(2)存在较大危险因素的生产经营场所和有关设施、设备上，应设置明显的安全警示标志及标语，并采取相应防护措施，提升员工安全意识。

三、危险化学品储存监控不当，达不到“三防”要求的安全风险

1. 风险行为

企业在生产经营过程中，未能严格按照法律规定对危险化学品进行包装、储存，未将危险化学品储存在专用仓库内，危险化学品的储存方式、方法或者储存数量不符合国家标准，发生倒罐介质污染、未有效降压等安全事故。

2. 法律依据

《危险化学品安全管理条例》（2013 年 12 月 7 日修订）

第二十一条　生产、储存危险化学品的单位，应当在其作业场所设置通信、报警装置，并保证处于适用状态。

第二十二条第一款　生产、储存危险化学品的企业，应当委托具备国家规定的资质条件的机构，对本企业的安全生产条件每 3 年进行一次安全评价，提出安全评价报告。安全评价报告的内容应当包括对安全生产条件存在的问题进行整改的方案。

第二十四条第一款　危险化学品应当储存在专用仓库、专用场地或者专用储存室（以下统称专用仓库）内，并由专人负责管理；剧毒化学品以及储存数量构成重大危险源的其他危险化学品，应当在专用仓库内单独存放，并实行双人收发、双人保管制度。

第二十五条第一款　储存危险化学品的单位应当建立危险化学品出入库核查、登记制度。

3. 法律后果

依据《危险化学品安全管理条例》的相关规定，危险化学品专用仓库未设专人负责管理，或者对储存的剧毒化学品以及储存数量构成重大危险源的其他危险化学品未实行双人收发、双人保管制度的；储存危险化学品的单位未建立危险化学品出入库核查、登记制度的；危险化学品专用仓库未设置明显标志的，由安全生产监督管理部门责令改正，并可处 5 万元以下的罚款；拒不改正的，处 5 万元以上 10 万元以下的罚款；情节严重的，责令停产停业整顿。

4. 法律控制

（1）企业安全监管部门应在生产作业场所设置危险品事故通信报警装置，并保持上述装置处于正常适用状态；

（2）企业应当委托具备相应资质条件的机构每 3 年进行一次安全评价，并

作出安全评价报告；

（3）企业应当建立化学品出入库检查及登记制度。对于危化品的储存，应当储存在专用仓库、专用场地或者专用储存室内，并由专人负责管理。

四、对重大危险源管理不当引发安全事故的法律风险

1. 风险行为

企业在经营过程中未定期对重大危险源进行有效的检测、评估、监控，导致引发安全事故。

2. 法律依据

《中华人民共和国安全生产法》（2014 年 8 月 31 日修正）

第三十七条第一款　生产经营单位对重大危险源应当登记建档，进行定期检测、评估、监控，并制定应急预案，告知从业人员和相关人员在紧急情况下应当采取的应急措施。

《危险化学品重大危险源监督管理暂行规定》（2015 年 5 月 27 日修正）

第二条第一款　从事危险化学品生产、储存、使用和经营的单位（以下统称危险化学品单位）的危险化学品重大危险源的辨识、评估、登记建档、备案、核销及其监督管理，适用本规定。

第十八条　危险化学品单位应当在重大危险源所在场所设置明显的安全警示标志，写明紧急情况下的应急处置办法。

3. 法律后果

依照现行法律规范，企业对重大危险源未登记建档，或者未进行评估、监控，或者未制定应急预案的，有关部门责令限期改正，可以处 10 万元以下的罚款；逾期未改正的，责令停产停业整顿，并处 10 万元以上 20 万元以下的罚款，对其直接负责的主管人员和其他直接责任人员处 2 万元以上 5 万元以下的罚款；构成犯罪的，依照刑法有关规定追究刑事责任。

4. 法律控制

（1）依照法律规范及相关制度的规定，企业应定期对重大危险源进行有效的检测、评估、监控，实现重大危险源的有效管理，避免安全事故；

（2）企业应定期组织对重大危险源进行专项监督检查，发现事故隐患第一时间进行整改，并对事故处理情况进行备案记录。

五、污染物处理排放无法达到现行法律法规的排放要求

1. 风险行为

企业在生产经营过程中排出的废水、废渣及废料等污染物应当依照相关法律法规进行全面的净化处理以达到排放标准,但仍存在因环保技术落后、环保设施老化、环保处理过程成本高等原因造成的污染物处理未达标直接排放的情形。

2. 法律依据

《中华人民共和国环境保护法》(2014 年 4 月 24 日修正)

第二十五条　企业事业单位和其他生产经营者违反法律法规规定排放污染物,造成或者可能造成严重污染的,县级以上人民政府环境保护主管部门和其他负有环境保护监督管理职责的部门,可以查封、扣押造成污染物排放的设施、设备。

第四十条第三款　企业应当优先使用清洁能源,采用资源利用率高、污染物排放量少的工艺、设备以及废弃物综合利用技术和污染物无害化处理技术,减少污染物的产生。

第四十二条第一款　排放污染物的企业事业单位和其他生产经营者,应当采取措施,防治在生产建设或者其他活动中产生的废气、废水、废渣、医疗废物、粉尘、恶臭气体、放射性物质以及噪声、振动、光辐射、电磁辐射等对环境的污染和危害。

第四十五条　国家依照法律规定实行排污许可管理制度。

实行排污许可管理的企业事业单位和其他生产经营者应当按照排污许可证的要求排放污染物;未取得排污许可证的,不得排放污染物。

《中华人民共和国水污染防治法》(2017 年 6 月 27 日修正)

第十九条第三款　建设项目的水污染防治设施,应当与主体工程同时设计、同时施工、同时投入使用。水污染防治设施应当符合经批准或者备案的环境影响评价文件的要求。

第二十三条第一款　实行排污许可管理的企业事业单位和其他生产经营者应当按照国家有关规定和监测规范,对所排放的水污染物自行监测,并保存原始监测记录。重点排污单位还应当安装水污染物排放自动监测设备,与环境保护主管部门的监控设备联网,并保证监测设备正常运行。具体办法由国务院环境保护主管部门规定。

第四十五条　排放工业废水的企业应当采取有效措施，收集和处理产生的全部废水，防止污染环境。含有毒有害水污染物的工业废水应当分类收集和处理，不得稀释排放。

工业集聚区应当配套建设相应的污水集中处理设施，安装自动监测设备，与环境保护主管部门的监控设备联网，并保证监测设备正常运行。

向污水集中处理设施排放工业废水的，应当按照国家有关规定进行预处理，达到集中处理设施处理工艺要求后方可排放。

3. 法律后果

依据相关法律法规，企业事业单位和其他生产经营者超过污染物排放标准或者超过重点污染物排放总量控制指标排放污染物的，县级以上人民政府环境保护主管部门可以责令其采取限制生产、停产整治等措施；情节严重的，报经有批准权的人民政府批准，可责令停业、关闭。

4. 法律控制

（1）依据相关法律规定，企业进行污水、废渣、废料及其他污染源的处理应以不违反法律规定的最低排放标准为原则，将实现污染物零排放作为目标，绝不擅自排放未达标的污染物；

（2）企业相关部门应加速环保新技术的研发，寻找具备可行性的环保新措施，更换环保设备并派专员进行设备维护及检修。

六、企业生产建设项目未经过环境评价私自动工

1. 风险行为

企业在经营过程中因项目进度紧张、内部工作流程冗长或环境评价严格等原因，存在部分项目未经过公司环境评价私自动工的情形。

2. 法律依据

《中华人民共和国环境保护法》（2014 年 4 月 24 日修订）

第六十一条　建设单位未依法提交建设项目环境影响评价文件或者环境影响评价文件未经批准，擅自开工建设的，由负有环境保护监督管理职责的部门责令停止建设，处以罚款，并可以责令恢复原状。

《中华人民共和国环境影响评价法》（2018 年 12 月 29 日修正）

第三十一条第一款、第二款　建设单位未依法报批建设项目环境影响报告书、报告表，或者未依照本法第二十四条的规定重新报批或者报请重新审核环境影响报告书、报告表，擅自开工建设的，由县级以上生态环境主管部门责令停止建设，根据违法情节和危害后果，处建设项目总投资额百分之一以上百分之五以下的罚款，并可以责令恢复原状；对建设单位直接负责的主管人员和其他直接责任人员，依法给予行政处分。

建设项目环境影响报告书、报告表未经批准或者未经原审批部门重新审核同意，建设单位擅自开工建设的，依照前款的规定处罚、处分。

3. 法律后果

依据相关法律的规定，企业若因项目进度紧张、环境评价严格等原因，未经过公司环境评价即私自动工的，可由负有环境保护监督管理职责的部门责令停止建设，处以罚款，并可以责令恢复原状；或由县级以上生态环境主管部门有权责令停止建设，并根据违法情节和危害后果，处建设项目总投资额1%以上5%以下的罚款，并责令恢复原状。

4. 法律控制

（1）严格按照《中华人民共和国环境保护法》及《中华人民共和国环境影响评价法》的规定在建设项目开工前进行环境影响评价，并提交相应的报告书、报告表等全部材料，经相关部门审核通过并获得批准后方可正式进行开工建设；

（2）在企业环保培训中强调开工前环评的重要性、必要性，避免不进行环评直接进行施工的情形出现。

七、生产装置或环保设备存在缺陷引发环境污染事故，未能及时进行处理

1. 风险行为

企业对安全生产装置或其配套的环保设备未派专人严格进行定期检查及抽查，造成泄漏或引发环境污染。但企业由于缺乏处理经验、事先预防措施不到位导致未能及时环境污染事故进行处理，给企业带来不良声誉影响并造成经济损失。

2. 法律依据

《中华人民共和国水污染防治法》（2017年6月27日修正）

第四十五条第二款　工业集聚区应当配套建设相应的污水集中处理设施，安装自动监测设备，与环境保护主管部门的监控设备联网，并保证监测设备正常运行。

第七十七条第一款　可能发生水污染事故的企业事业单位，应当制定有

关水污染事故的应急方案,做好应急准备,并定期进行演练。

第七十八条第一款　企业事业单位发生事故或者其他突发性事件,造成或者可能造成水污染事故的,应当立即启动本单位的应急方案,采取隔离等应急措施,防止水污染物进入水体,并向事故发生地的县级以上地方人民政府或者环境保护主管部门报告。环境保护主管部门接到报告后,应当及时向本级人民政府报告,并抄送有关部门。

第九十四条第一款　企业事业单位违反本法规定,造成水污染事故的,除依法承担赔偿责任外,由县级以上人民政府环境保护主管部门依照本条第二款的规定处以罚款,责令限期采取治理措施,消除污染;未按照要求采取治理措施或者不具备治理能力的,由环境保护主管部门指定有治理能力的单位代为治理,所需费用由违法者承担;对造成重大或者特大水污染事故的,还可以报经有批准权的人民政府批准,责令关闭;对直接负责的主管人员和其他直接责任人员可以处上一年度从本单位取得的收入百分之五十以下的罚款……

《城镇排水与污水处理条例》(2013 年 10 月 2 日)

第四十条　排水户因发生事故或者其他突发事件,排放的污水可能危及城镇排水与污水处理设施安全运行的,应当立即采取措施消除危害,并及时向城镇排水主管部门和环境保护主管部门等有关部门报告。

城镇排水与污水处理安全事故或者突发事件发生后,设施维护运营单位应当立即启动本单位应急预案,采取防护措施、组织抢修,并及时向城镇排水主管部门和有关部门报告。

《中华人民共和国环境保护法》(2014 年 4 月 24 日修订)

第六十三条　企业事业单位和其他生产经营者有下列行为之一,尚不构成犯罪的,除依照有关法律法规规定予以处罚外,由县级以上人民政府环境保护主管部门或者其他有关部门将案件移送公安机关,对其直接负责的主管人员和其他直接责任人员,处十日以上十五日以下拘留;情节较轻的,处五日以上十日以下拘留:

(一)建设项目未依法进行环境影响评价,被责令停止建设,拒不执行的;

(二)违反法律规定,未取得排污许可证排放污染物,被责令停止排污,拒不执行的;

（三）通过暗管、渗井、渗坑、灌注或者篡改、伪造监测数据，或者不正常运行防治污染设施等逃避监管的方式违法排放污染物的；

（四）生产、使用国家明令禁止生产、使用的农药，被责令改正，拒不改正的。

第六十四条　因污染环境和破坏生态造成损害的，应当依照《中华人民共和国侵权责任法》的有关规定承担侵权责任。

3. 法律后果

企业事业单位违反法律规定造成污染事故的，除依法承担赔偿责任外，企业事业单位违反法律规定造成污染事故的，除依法承担赔偿责任外，可能面临行政处罚，给企业声誉造成影响，污染严重的可能面临刑事处罚。

4. 法律控制

（1）安装并使用符合现行法律规范所设定标准的生产安全装置及其环保设备，在使用过程中，及时对设备进行更新与维护，保障设备正常使用；

（2）定期指派专人对生产安全装置及环保装置进行全方位的严格检查，杜绝因环保装置故障造成的安全及环境问题；

（3）制定突发性环保事故处理办法，完善环保事故预警制度，以便发生事故时第一时间处理并及时上报有关部门，以期事故风险最小化并处于可控范围内。

八、未向员工提供劳动防护用品或员工未按要求穿戴、使用劳动防护用品

1. 风险行为

企业未依照现行法律法规的规定向员工提供合格劳动防护用品，或企业员工存在未按照要求佩戴、使用劳动防护用品的行为。

2. 法律依据

《中华人民共和国职业病防治法》（2018 年 12 月 29 日修正）

第二十二条　用人单位必须采用有效的职业病防护设施，并为劳动者提供个人使用的职业病防护用品。

用人单位为劳动者个人提供的职业病防护用品必须符合防治职业病的要求；不符合要求的，不得使用。

第二十五条第一款、第三款　对可能发生急性职业损伤的有毒、有害工作场所，用人单位应当设置报警装置，配置现场急救用品、冲洗设备、应急撤离通道和必要的泄险区。

对职业病防护设备、应急救援设施和个人使用的职业病防护用品，用人单位应当进行经常性的维护、检修，定期检测其性能和效果，确保其处于正常状态，不得擅自拆除或者停止使用。

《中华人民共和国安全生产法》（2014 年 8 月 31 日修正）

第四十二条　生产经营单位必须为从业人员提供符合国家标准或者行业标准的劳动防护用品，并监督、教育从业人员按照使用规则佩戴、使用。

第四十四条　生产经营单位应当安排用于配备劳动防护用品、进行安全生产培训的经费。

第九十六条　生产经营单位有下列行为之一的，责令限期改正，可以处五万元以下的罚款；逾期未改正的，处五万元以上二十万元以下的罚款，对其直接负责的主管人员和其他直接责任人员处一万元以上二万元以下的罚款；情节严重的，责令停产停业整顿；构成犯罪的，依照刑法有关规定追究刑事责任：……

（四）未为从业人员提供符合国家标准或者行业标准的劳动防护用品的；

……

3. 法律后果

生产经营单位未按照相关法律法规的规定，提供符合国家标准或者行业标准的劳动防护用品的，由行政机关给予行政处罚；情节严重的，面临停产停业；构成犯罪的，依照《中华人民共和国刑法》有关规定追究刑事责任。生产经营单位员工不按照要求佩戴或使用劳动防护用品的，所造成的损失由生产单位承担。

4. 法律控制

（1）严格依照法律规范的相关规定为企业员工提供符合标准的防护用品，并要求其严格按照规定进行穿戴或使用；

（2）提升员工的安全意识，将穿戴防护用品的必要性在安全培训中予以强调，并指派专人对防护用品穿戴情况进行监督检查，不予重视的员工应予以严重警告。

九、未建立完善的职业健康监护体系及档案

1. 风险行为

企业在经营生产过程中，往往忽视员工的职业健康状况，一般都是出现问题后再进行处理，缺乏预防措施且未建立完善的职业健康监护体系及监护档案。

2. 法律依据

《中华人民共和国职业病防治法》(2018 年 12 月 29 日修正)

第五条　用人单位应当建立、健全职业病防治责任制，加强对职业病防治的管理，提高职业病防治水平，对本单位产生的职业病危害承担责任。

第二十条　用人单位应当采取下列职业病防治管理措施：

(一)设置或者指定职业卫生管理机构或者组织，配备专职或者兼职的职业卫生管理人员，负责本单位的职业病防治工作；

(二)制定职业病防治计划和实施方案；

(三)建立、健全职业卫生管理制度和操作规程；

(四)建立、健全职业卫生档案和劳动者健康监护档案；

(五)建立、健全工作场所职业病危害因素监测及评价制度；

(六)建立、健全职业病危害事故应急救援预案。

3. 法律后果

企业对于员工的职业健康状况或职业病情况无法全盘掌握，在爆发职业病时无法采取有效的预警措施及处理手段，不利于及时控制病情。

4. 法律控制

(1)建立、健全职业病防治责任制，加强对职业病防治的管理，提高职业病防治水平；

(2)普及职业健康知识，为员工提供职业健康知识培训并制作宣传手册、海报等，增强员工职业病防治意识。

十、企业未及时向相关部门履行职业病申报义务

1. 风险行为

企业在发现疑似或确诊为职业病病人时，未及时向所在地卫生行政部门和安全生产监督管理部门报告。

2. 法律依据

《中华人民共和国职业病防治法》(2018 年 12 月 29 日修正)

第十六条第一款、第二款　国家建立职业病危害项目申报制度。

用人单位工作场所存在职业病目录所列职业病的危害因素的，应当及时、如实向所在地卫生行政部门申报危害项目，接受监督。

第二十四条　产生职业病危害的用人单位，应当在醒目位置设置公告栏，公布有关职业病防治的规章制度、操作规程、职业病危害事故应急救援措施和工作场所职业病危害因素检测结果。

对产生严重职业病危害的作业岗位，应当在其醒目位置，设置警示标识和中文警示说明。警示说明应当载明产生职业病危害的种类、后果、预防以及应急救治措施等内容。

3. 法律后果

企业未按照规定报告职业病、疑似职业病的，由有关主管部门依据职责分工责令限期改正，给予警告，可以并处1万元以下的罚款；弄虚作假的，并处2万元以上5万元以下的罚款；对直接负责的主管人员和其他直接责任人员，可以依法给予降级或者撤职的处分。

4. 法律控制

(1)企业发现疑似职业病病人时，应及时、如实向所在地卫生行政部门和安全生产监督管理部门报告；

(2)企业应针对上报的信息建立相应档案予以记录，并对统计数据进行分析，将分析结果反馈至安全岗，及时改善安全生产条件。

十一、安全、环保及健康培训未能实现全员覆盖或培训内容不够全面

1. 风险行为

企业在经营管理过程中对员工进行安全、环保或健康培训时，可能仅限于部分员工，未能做到全员覆盖；或存在培训内容仅限于基本生产操作流程及步骤等内容，缺乏更为深入及全面的体系性生产培训的情形。

2. 法律依据

《中华人民共和国安全生产法》(2014年8月31日修正)

第二十二条　生产经营单位的安全生产管理机构以及安全生产管理人员履行下列职责：

……

(二)组织或者参与本单位安全生产教育和培训，如实记录安全生产教育和培训情况；

……

第二十五条第一款　生产经营单位应当对从业人员进行安全生产教育和培训,保证从业人员具备必要的安全生产知识,熟悉有关的安全生产规章制度和安全操作规程,掌握本岗位的安全操作技能,了解事故应急处理措施,知悉自身在安全生产方面的权利和义务。未经安全生产教育和培训合格的从业人员,不得上岗作业。

《中华人民共和国职业病防治法》(2018 年 12 月 29 日修正)

第三十四条第一款、第二款　用人单位的主要负责人和职业卫生管理人员应当接受职业卫生培训,遵守职业病防治法律、法规,依法组织本单位的职业病防治工作。

用人单位应当对劳动者进行上岗前的职业卫生培训和在岗期间的定期职业卫生培训,普及职业卫生知识,督促劳动者遵守职业病防治法律、法规、规章和操作规程,指导劳动者正确使用职业病防护设备和个人使用的职业病防护用品。

3. 法律后果

存在部分员工未接受培训或因培训内容不全面导致的安全意识薄弱,容易引发安全隐患,给生产过程带来不必要的风险;企业生产线员工环保意识不强或行业相关环保知识不够熟知,在生产过程中极易引发环保隐患或诱发环保事故,给公司带来巨大财产损失,情形严重的公司还需承担刑事责任。同时,员工缺乏职业卫生知识或职业病防治知识的,可能会导致员工产生职业病。

4. 法律控制

(1)制定完备的企业员工培训课程备忘录或课程表单,保证培训课程全面无遗漏;企业条件允许的话,可聘请专业讲师针对上述课程开展定时、定期培训;

(2)企业在生产经营过程中应对全体员工进行培训,并将各项培训内容进行全员宣讲,保证安全培训实现全员覆盖;

(3)完善安全培训制度及其相关规则,并对培训内容、培训对象、培训频率等内容进行详细约定;

(4)对重大危险源监控管理人员及作业人员着重进行定期安全教育和技术培训,并建立教育培训档案。

产品责任法律风险

一、生产者的产品质量责任法律风险

1. 风险行为

石油化工产品在工艺设计、生产过程存在危及人身、财产安全的不合理危险的环节,可能造成人身或者财产安全的损失。

2. 法律依据

《中华人民共和国安全生产法》(2014 年 8 月 31 日修正)

第四条　生产经营单位必须遵守本法和其他有关安全生产的法律、法规,加强安全生产管理,建立、健全安全生产责任制和安全生产规章制度,改善安全生产条件,推进安全生产标准化建设,提高安全生产水平,确保安全生产。

第二十六条　生产经营单位采用新工艺、新技术、新材料或者使用新设备,必须了解、掌握其安全技术特性,采取有效的安全防护措施,并对从业人员进行专门的安全生产教育和培训。

《工业产品质量责任条例》(1986 年 4 月 5 日)

第八条　产品的生产企业必须保证产品质量符合国家的有关法规、质量标准以及合同规定的要求。

产品的生产企业必须建立严密、协调、有效的质量保证体系,要明确规定产品的质量责任。

企业必须保证质量检验机构能独立行使监督、检验的职权;严禁对质量检验人员进行打击报复。

第九条　产品出厂,必须符合下列要求:

(一)达到本条例第二条规定的质量要求,有检验机构和检验人员签证的产品检验合格证;

(二)根据不同特点,有产品名称、规格、型号、成分、含量、重量、用法、生产批号、出厂日期、生产厂家、厂址、产品技术标准编号等文字说明，限时使用的产品应注明失效时间。优质产品必须有标志；

（三）实行生产许可证制度的产品，要有许可证编号、批准日期和有效期限；

（四）机器、设备、装置、仪表以及耐用消费品，除符合本条（一）、（二）、（三）项要求外，还应有详细的产品使用说明书。内容包括：产品的技术经济参数、使用寿命、使用范围、保证期限、安装方法、维修方法和保存条件、技术保养检修期以及其它有关产品设计参数的有效数据。

电器产品，应附有线路图和原理图；

（五）包装必须符合国家有关规定和标准。剧毒、危险、易碎、怕压、需防潮、不装倒置的产品，在内外包装上必须有显著的指示标志和储运注意事项。产品包装上必须注明实际重量（净重和毛重）；

（六）使用商标和分级分等的产品，在产品或包装上应有商标和分级分等标记；

（七）符合国家安全、卫生、环境保护和计量等法规的要求。

《中华人民共和国侵权责任法》（2009 年 12 月 26 日）

第四十一条　因产品存在缺陷造成他人损害的，生产者应当承担侵权责任。

第四十五条　因产品缺陷危及他人人身、财产安全的，被侵权人有权请求生产者、销售者承担排除妨碍、消除危险等侵权责任。

第四十七条　明知产品存在缺陷仍然生产、销售，造成他人死亡或者健康严重损害的，被侵权人有权请求相应的惩罚性赔偿。

3. 法律后果

石油化工产品在工艺设计、生产过程存在危及人身、财产安全的不合理危险的环节，造成人身或者财产损失的。行政管理部门将责令生产经营单位或者销售单位停止建设或者停产停业整顿，限期改正；或对其直接负责的主管人员和其他直接责任人员处以罚款；构成犯罪的，依照《中华人民共和国刑法》有关规定追究刑事责任。

4. 法律控制

（1）石油化工产品是一个全面制造实现设计工艺的全过程。设计、制造缺陷会导致产品存在危及人身、财产安全的不合理危险。石油化工产品的生产者仅满足产品设计生产过程中不存在危及人身、财产安全的不合理危险或者具备产品应当具备的使用性能的产品设计是远远不够的,生产者应当严格从产品的设计源头要求进行安全生产。

(2)产品生产的全流程控制是保证产品质量的重要环节。在产品生产过程中,应当满足现代工业企业生产现场管理的六要素即人、机、料、法、环、测。

人是指在生产过程现场的全部人员,对产品质量的认识、技术熟练程度的掌握和身体状况等。企业应当加强质量意识教育,建立健全质量责任制;生产人员应当符合岗位技能要求,经过相关培训考核;操作人员应当严格遵守企业制度和工艺操作流程,对工作和质量认真负责;检验人员应当严格按工艺规程和检验指导书进行检验,做好检验记录,并按规定报送。公司通过工种间的人员调整、培训、工作经验交流等方法,促进员工的自我提高和自我能力改进。

机是指生产中所使用的设备、工具等辅助生产用具及其维护保养状况等。企业应当有完整的设备管理办法,包括设备的购置、流转、维护、保养、检定等均有明确规定;设备管理办法各项规定应当有效实施,建立健全设备台账、设备技能档案、维修检定计划、有相关记录,记录内容完整准确。生产设备、检验设备、工装工具、计量器具等应当符合工艺规程要求,满足工序能力要求,加工条件应当随时间变化及时采取调整和补偿,保证质量要求。

料是指物料,包括半成品、配件、原材料等产品用料及其成分、物理性能和化学性能等。企业应当有明确可行的物料采购、仓储、运输、质检等方面的管理制度,并严格执行;建立进料检验、入库、保管、标识、发放制度,并认真执行,严格控制质量;转入工序的原料或半成品,必须符合企业技术文件的规定;企业所加工出的半成品、成品符合国家、企业质量要求,有严格的产品批次或序列号标识;企业应当严格控制不合格产品,职责分明,对不合格品进行有效隔离、标识、记录和处理;企业应当对生产物料信息进行有效管理、记录,质量问题可追溯。

法,即方法、法则,是指生产过程中需要遵循的规章制度。包括工艺指导书、标准工序指引、生产图纸、生产计划表、产品作业标准、检验标准和各种操作规程等,其作用是能够及时准确地反映产品的生产和产品质量的要求。严格按照规程作业,是保证产品质量和生产进度的重要条件。

环是指环境,一般指生产现场的温度、湿度、噪声干扰、振动、照明、室内净化和现场污染程度等。企业应当建立健全生产现场环境卫生方面的管理制度;生产环境因素如温度、湿度、光线等应当符合生产技术文件要求;生产环境中应当健全相关安全环保设备和措施,职工健康安全符合法律法规要求;生产环境应当保持清洁、整齐、有序,无与生产无关的杂物;材料、半成品、用具等应当定置整齐存放;相关环境记录应当有效填报。

测,是指检验工具、方法。企业应当确定测量任务及所要求的准确度,选择使用、具有所需准确度和精密度能力的测试设备;定期对所有测量和试验设备进行确认、校准和调整。

二、销售者的产品质量风险

1. 风险行为

销售者未按照法律规定建立并执行进货检查验收制度,验明产品合格证明和其他标识;销售者未采取适当的措施,保持销售产品的质量或者销售者不得销售国家明令淘汰并停止销售的产品和失效、变质的产品。

2. 法律依据

《中华人民共和国产品质量法》(2018 年 12 月 29 日修正)

第三十三条　销售者应当建立并执行进货检查验收制度,验明产品合格证明和其他标识。

第三十四条　销售者应当采取措施,保持销售产品的质量。

第三十五条　销售者不得销售国家明令淘汰并停止销售的产品和失效、变质的产品。

《中华人民共和国合同法》(1999 年 3 月 15 日)

第一百五十七条　买受人收到标的物时应当在约定的检验期间内检验。没有约定检验期间的,应当及时检验。

第一百五十八条　当事人约定检验期间的,买受人应当在检验期间内将标的物的数量或者质量不符合约定的情形通知出卖人。买受人怠于通知的,视为标的物的数量或者质量符合约定。

当事人没有约定检验期间的,买受人应当在发现或者应当发现标的物的数量或者质量不符合约定的合理期间内通知出卖人。买受人在合理期间内未通知或者自标的物收到之日起两年内未通知出卖人的,视为标的物的数量或者质量符合约定，但对标的物有质量保证期的，适用质量保证期，不适用该两年的规定。

出卖人知道或者应当知道提供的标的物不符合约定的，买受人不受前两款规定的通知时间的限制。

3. 法律后果

（1）石油化工产品的销售者，在产品购买时应当在约定的检验期间内进行检验收货，没有及时履行检验收货义务，需要承担产品质量不合格的责任。

（2）销售者销售不符合保障人体健康和人身、财产安全的国家标准、行业标准的产品；在产品中掺杂、掺假，以假充真，以次充好，或者以不合格产品冒充合格产品；销售国家明令淘汰并停止销售的产品的，销售失效、变质的产品；伪造产品产地的，伪造或者冒用他人厂名、厂址的，伪造或者冒用认证标志等质量标志：行政机关将责令停止销售，没收违法销售的产品，并处违法销售产品（包括已售出和未售出的产品，下同）货值金额相关的罚款；有违法所得的，并处没收违法所得；情节严重的，吊销营业执照；构成犯罪的，依法追究刑事责任。

4. 法律控制

（1）进货检验质量控制：进货检查验收制度，是指销售者根据国家有关规定以及同生产者或者其他供货者订立的合同约定，对购进的产品质量进行检查，符合法律规定和合同约定的予以验收的制度。进货检查验收包括产品标识检查、产品感观检查和必要的产品内在质量的检验。销售者在对进货进行检验时，首先应当检验产品的合格证明，如果产品没有合格证明，销售者可以拒收。销售者除了对产品外观进行检测外，销售者对产品的特性还可以通过化验、测量、使用等进行对产品的内在质量进行检验。

（2）保持产品质量控制：销售者应当根据销售产品的质量特征和特点采取适当的措施以便保持产品质量，比如防雨、通风、防晒、冷藏、防潮等措施，最终避免因产品质量发生变化给消费者造成人身损害和财产损失，保持销售产品质量也利于保护销售者的利益。

（3）禁止销售的产品质量控制：销售者不得销售可能危及人体健康和人身、财产安全的工业产品。销售者确认销售的产品必须确认合格，必须符合保障人体健康和人身、财产安全的国家标准、行业标准；未制定国家标准、行业标准的，必须符合保障人体健康和人身、财产安全的要求。销售者确认合格的产品需要留存合格产品的相关证明文件。

三、产品标识的法律风险

1. 风险行为

石油化工产品大多具有易燃、易爆、有毒、腐蚀性、怕压、放射性、需防潮，生产者、销售者未按照法律规定进行产品标识、包装、运输的会产生相关的法律风险。

2. 法律依据

《中华人民共和国产品质量法》(2018 年 12 月 29 日修正)

第二十六条　生产者应当对其生产的产品质量负责。

产品质量应当符合下列要求：

（一）不存在危及人身、财产安全的不合理的危险，有保障人体健康和人身、财产安全的国家标准、行业标准的，应当符合该标准；

（二）具备产品应当具备的使用性能，但是，对产品存在使用性能的瑕疵作出说明的除外；

（三）符合在产品或者其包装上注明采用的产品标准，符合以产品说明、实物样品等方式表明的质量状况。

第二十七条　产品或者其包装上的标识必须真实，并符合下列要求：

（一）有产品质量检验合格证明；

（二）有中文标明的产品名称、生产厂厂名和厂址；

（三）根据产品的特点和使用要求，需要标明产品规格、等级、所含主要成份的名称和含量的，用中文相应予以标明；需要事先让消费者知晓的，应当在外包装上标明，或者预先向消费者提供有关资料；

（四）限期使用的产品，应当在显著位置清晰地标明生产日期和安全使用期或者失效日期；

（五）使用不当，容易造成产品本身损坏或者可能危及人身、财产安全的产品，应当有警示标志或者中文警示说明。

裸装的食品和其他根据产品的特点难以附加标识的裸装产品，可以不附加产品标识。

第二十八条　易碎、易燃、易爆、有毒、有腐蚀性、有放射性等危险物品以及储运中不能倒置和其他有特殊要求的产品，其包装质量必须符合相应要求，依照国家有关规定作出警示标志或者中文警示说明，标明储运注意事项。

第三十三条　销售者应当建立并执行进货检查验收制度，验明产品合格证明和其他标识。

第三十六条　销售者销售的产品的标识应当符合本法第二十七条的规定。

第三十七条　销售者不得伪造产地，不得伪造或者冒用他人的厂名、厂址。

第三十八条　销售者不得伪造或者冒用认证标志等质量标志。

3. 法律后果

产品标识不清楚的，行政机关将责令生产商或者销售商责令改正；有包装的产品标识不符合法律规定情节严重的，行政机关将责令停止生产、销售，并按照违法生产、销售产品货值除以罚款；有违法所得的，将没收违法所得。

4. 法律控制

（1）生产商应当在产品上明确注明产品的名称、生产者的名称和地址；

（2）产品质量检验合格证明只能在经检验合格的产品上使用，未经检验的产品以及检验不合格的产品不能使用产品质量检验合格证明；应当标明企业执行的国家标准、行业标准、地方标准或者经备案的企业标准编号；产品标识中使用的计量单位，应当是法定计量单位；实行生产许可证管理的产品，应当标明有效的生产许可证标记和编号；

（3）对于容易造成产品本身损坏或者危及人身、财产安全的产品，生产者应当在产品上注明警示标志；

（4）对于包装有特殊要求的易碎、易燃、易爆、有毒、有腐蚀性、有放射性等危险物品以及储运中不能倒置和其他有特殊要求的产品，其包装质量必须符合相应要求，依照国家有关规定作出警示标志或者中文警示说明，标明储运注意事项。

四、企业产品质量责任保险的法律风险

1. 风险行为

如果发生消费者使用企业产品造成人身损害或者财产损失的，生产者或者销售者均应当承担侵权责任。生产者或者销售者没有购买保险一旦发生产品责任事故,不能有效降低生产者或者销售者经营风险的责任。

2. 法律依据

《中华人民共和国产品质量法》(2018 年 12 月 29 日修正)

第四十九条　生产、销售不符合保障人体健康和人身、财产安全的国家标准、行业标准的产品的,责令停止生产、销售,没收违法生产、销售的产品,并处违法生产、销售产品(包括已售出和未售出的产品,下同)货值金额等值以上三倍以下的罚款;有违法所得的,并处没收违法所得;情节严重的,吊销营业执照;构成犯罪的,依法追究刑事责任。

《中华人民共和国侵权责任法》(2009 年 12 月 26 日)

第四十一条　因产品存在缺陷造成他人损害的,生产者应当承担侵权责任。

第四十二条　因销售者的过错使产品存在缺陷,造成他人损害的,销售者应当承担侵权责任。

销售者不能指明缺陷产品的生产者也不能指明缺陷产品的供货者的,销售者应当承担侵权责任。

第四十三条　因产品存在缺陷造成损害的,被侵权人可以向产品的生产者请求赔偿,也可以向产品的销售者请求赔偿。

产品缺陷由生产者造成的,销售者赔偿后,有权向生产者追偿。

因销售者的过错使产品存在缺陷的,生产者赔偿后,有权向销售者追偿。

《中华人民共和国保险法》(2015 年 4 月 24 日修正)

第二条　本法所称保险,是指投保人根据合同约定,向保险人支付保险费,保险人对于合同约定的可能发生的事故因其发生所造成的财产损失承担赔偿保险金责任,或者当被保险人死亡、伤残、疾病或者达到合同约定的年龄、期限等条件时承担给付保险金责任的商业保险行为。

第五十一条第一款　被保险人应当遵守国家有关消防、安全、生产操作、劳动保护等方面的规定,维护保险标的的安全。

3. 法律后果

生产者或者销售者没有购买保险一旦发生产品责任事故,消费者或者第三人人身损害或者财产损失的,生产者或者销售者均应当承担侵权责任,赔偿损失。情节严重可能还要承担行政责任和刑事责任。

4. 法律控制

（1）作为产品的生产者和销售者应当为产品购买产品责任保险，产品责任保险不仅能够有效降低企业经营风险，还能增强企业产品的竞争力，更有利于产生者提高产品质量。

（2）生产者或者销售者在购买产品责任险以后，如果发生产品责任索赔，被保险人应当注意以下几点：

第一，第一时间向保险人通报有关情况。被保险人或其代表一旦获悉受害人提出的索赔或者就产品责任赔偿向法院提出诉讼，应当立即书面通知保险人，并配合保险人及时查明发生事故的原因，确认事故经过及时否属于保险责任范围。未经保险人的书面同意，被保险人不得作出任何许诺或赔偿。在预知可能引起诉讼时，被保险人应当立即以书面形式通知保险人，并在接到法院传票或其他法律文件后，立即送交保险人，并根据保险人的要求提供作为索赔依据的所有证明文件、资料和单证。

第二，向保险公司递交单证。当缺陷产品致人伤亡或财产损失时，作为被保险人的生产者应当将有关情况及时告知保险人，并按照保险公司的要求向保险公司提供有关单证，具体单证生产商或者销售商在购买保险时应当仔细阅读保险单及所附条款，具体单证应当依据保险合同的约定进行提供。

第三，聘请律师调查。被保险人在必要时，可以聘请律师进行调查，收集相应的证据证明自己的产品不存在缺陷。此外，可以根据具体情况适用法律规定的“不承担责任”条款。如使用者由于不当使用而引起伤害、产品不是用于商业销售、没有在营业中制造或者经销、产品有缺陷是因为遵守政府的有关法律所导致的、生产者将产品投入流通时因科技发展水平所限不能发现产品存在的缺陷等，力争不承担或者部分承担赔偿责任。

第四，与受害者进行沟通协商。但是未经保险人书面同意，作为被保险人的生产者或其代表对索赔方不得做出任何责任承诺或拒绝、出价、约定、付款或赔偿。在必要时，保险人有权以被保险人的名义接办对任何诉讼的抗辩或索赔的处理。如果保险人自行处理诉讼或解决任何索赔案件，被保险人应向保险人提供一切所需资料和协助。

五、企业缺陷产品召回的法律风险

1. 风险行为

生产者或者销售者对已经流通的缺陷产品没有履行召回义务，未及时采取补救措施或者补救措施不力造成损害的。

2. 法律依据

《中华人民共和国侵权责任法》(2009 年 12 月 26 日)

第四十六条　产品投入流通后发现存在缺陷的，生产者、销售者应当及时采取警示、召回等补救措施。未及时采取补救措施或者补救措施不力造成损害的，应当承担侵权责任。

第四十七条　明知产品存在缺陷仍然生产、销售，造成他人死亡或者健康严重损害的，被侵权人有权请求相应的惩罚性赔偿。

《缺陷消费品召回管理办法》(2015 年 10 月 21 日)

第十条　任何单位和个人可以向产品质量监督部门反映消费品可能存在缺陷的信息。省级以下产品质量监督部门应当及时将可能涉及消费品缺陷的信息上报省级质检部门。

省级质检部门在本辖区内负责组织收集、分析、处理消费品缺陷、消费品投诉等信息。省级质检部门分析发现消费品可能存在缺陷而生产者不在本辖区的，应当及时将消费品可能存在缺陷的信息通报生产者所在地省级质检部门。

召回技术机构负责收集、分析、处理与消费品有关的、可能造成严重后果的或者影响范围较大的缺陷信息，向生产者所在地省级质检部门通报消费品可能存在缺陷的信息。

生产者应当配合召回技术机构和省级质检部门对有关缺陷信息、投诉信息进行核实确认和技术分析。

第十一条　生产者应当对其生产的消费品质量安全负责，加强消费品质量安全信息管理，建立健全相关信息档案。

生产者应当建立缺陷信息收集分析处理制度，收集消费品质量安全信息，获知消费品可能存在缺陷的，应当立即组织调查分析，确认消费品存在缺陷的，应当向生产者所在地省级质检部门报告调查分析结果，并立即采取措施，停止生产、销售、进口存在缺陷的消费品，按本办法的规定实施召回。

生产者应当向所在地省级质检部门和质检总局报告消费品在中国境外实施召回的信息。

第十二条　销售者、租赁者、修理者、零部件供应商、受委托生产企业等相关经营者(以下统称经营者)获知消费品可能存在缺陷的,应当立即向生产者通报并同时向所在地省级质检部门报告。

经营者获知消费品存在缺陷的,应当立即停止销售、租赁、使用存在缺陷的消费品,并协助生产者实施召回。

第十九条　生产者实施召回,应当按照质检总局的规定制定召回计划,并按召回计划实施召回。

生产者制定召回计划,应当内容全面,客观准确,并对其内容的真实性、准确性及召回措施的有效性负责。

生产者应当自确认消费品存在缺陷之日起 5 个工作日内或被责令召回之日起 5 个工作日内通过信息系统向所在地省级质检部门备案召回计划。修改已备案的召回计划应当重新备案,并提交说明材料。省级质检部门应当在 5 个工作日将生产者备案的召回计划通过信息系统报送质检总局。

质检总局责令召回以及受质检总局缺陷调查影响实施召回的,生产者通过信息系统向质检总局备案召回计划。

第二十条　生产者应当将备案的召回计划同时通报相关经营者。

生产者应当制作并保存完整的召回记录,保存期不得少于 5 年。

第二十一条　生产者实施召回,应当自召回计划备案之日起 5 个工作日内,通过报刊、网站、广播、电视等便于公众知晓的方式发布信息,告知消费者消费品存在的缺陷、避免损害发生的应急处置方法和生产者消除缺陷的措施等事项。

生产者应当通过热线电话、网络平台等方式接受公众咨询。

生产者所在地省级质检部门应当及时向社会公布生产者已经确认并备案的缺陷消费品信息以及生产者实施召回的相关信息。质检总局责令召回以及受质检总局缺陷调查影响实施召回的,由质检总局负责向社会公布相关信息。

第二十二条　对实施召回的消费品,生产者应当及时采取修正或者补充标识、修理、更换、退货等措施消除缺陷或降低、消除安全风险。生产者应当承担消除缺陷的费用。

第二十三条　生产者应当按照质检总局的规定向所在地省级质检部门提交召回阶段性报告和召回总结报告。

3. 法律后果

如果发生产品投入流通后发现存在缺陷的,生产者、销售者应当及时采取警示、召回等补救措施。生产者或者销售者未及时采取补救措施或者补救措施不力造成损害的,应当对产品产生的侵权结果承担相应的责任。如果生产者或者销售者明知产品存在缺陷仍然生产、销售,造成他人死亡或者健康严重损害的,生产者或者销售者可能需要承担惩罚性赔偿责任。

4. 法律控制

当生产者自己发现或者通过消费者投诉等渠道发现,自己生产的产品已经进入市场或被消费者使用的产品存在可能危及人身、财产安全的危险时,该生产者应当立即停止生产、销售缺陷产品,主动召回缺陷产品,并向所在地的省级以上质检部门报告。具体步骤如下:

(1)生产者为有效实施召回,首先应当成立召回工作组,具体负责、领导和协调整个召回过程。工作组由具有质量管理、技术检查、会计、法律等专业知识和实践经验的人员组成,其主要职责包括确定产品缺陷、设计召回方案、制定计划、领导和协调企业各部门的召回工作,并与政府和消费者团体进行联络和报告。

(2)生产者应当通过报刊、网站、广播、电视等传播媒体将召回信息向销售者、消费者等进行通知和公告的行为。

生产者公布的召回信息应包括:①缺陷产品的名称、结构、样式、序列号、外观照片或简图等;②有关缺陷产品生产、销售方面的信息,如缺陷产品生产者、主要销售者、销售数量、各地区市场销售数量等;③产品的具体缺陷状况以及可能给消费者带来的具体危险;④生产者为防止缺陷产品侵害消费者人身、财产安全而计划采取和已经采取的措施和步骤,以及消费者为了防止损害发生而应当采取的措施等。

(3)生产者应当根据缺陷调查和风险评估的结果采取措施进行控制与消除产品缺陷。

(4)生产者应当对召回的缺陷产品依法进行无害化技术处理,对严重危害人体健康和生命安全的缺陷产品,应当予以销毁。

(5)生产者在实施召回计划过程中,应当按照国家有关规定向质检部门报告召回的进展情况,对计划的实施有变更修改的,应当作出说明。生产者应当在完成召回后30日内向所在地的省级以上质检部门提交召回总结报告。

招标投标法律风险

一、规避招标的法律风险

1. 风险行为

应当依法招标的项目采取比价或竞争性谈判等非招标的方式进行，规避招投标。

2. 法律依据

《中华人民共和国招标投标法》（2017 年 12 月 27 日修正）

第三条　在中华人民共和国境内进行下列工程建设项目包括项目的勘察、设计、施工、监理以及与工程建设有关的重要设备、材料等的采购，必须进行招标：

（一）大型基础设施、公用事业等关系社会公共利益、公众安全的项目；

（二）全部或者部分使用国有资金投资或者国家融资的项目；

（三）使用国际组织或者外国政府贷款、援助资金的项目。

前款所列项目的具体范围和规模标准，由国务院发展计划部门会同国务院有关部门制订，报国务院批准。

法律或者国务院对必须进行招标的其他项目的范围有规定的，依照其规定。

第四条　任何单位和个人不得将依法必须进行招标的项目化整为零或者以其他任何方式规避招标。

《中华人民共和国招标投标法实施条例》（2019 年 3 月 2 日修正）

第二条　招标投标法第三条所称工程建设项目，是指工程以及与工程建设有关的货物、服务。

前款所称工程，是指建设工程，包括建筑物和构筑物的新建、改建、扩建及其相关的装修、拆除、修缮等；所称与工程建设有关的货物，是指构成工程不可分割的组成部分，且为实现工程基本功能所必需的设备、材料等；所称与工程建设有关的服务，是指为完成工程所需的勘察、设计、监理等服务。

3. 法律后果

依据《中华人民共和国招标投标法》的规定必须进行招标的项目而不招标的，或将必须进行招标的项目化整为零或者以其他任何方式规避招标的，责令限期改正，可以处项目合同金额5‰以上10‰以下的罚款；对全部或者部分使用国有资金的项目，可以暂停项目执行或者暂停资金拨付；对单位直接负责的主管人员和其他直接责任人员依法给予处分。

4. 法律控制

（1）对于法律规定应当进行招标的项目，严格按照法律规定的流程组织招投标工作；

（2）对于需要按照国家有关规定需要履行项目审批手续的招标项目，应当先履行审批手续，取得批准方可按照法律规定开展招标工作；

（3）企业应当根据法律、法规的规定，制定开展招投标工作的相关制度，对于招标的范围、招标工作的组织、开展、归档流程等作出明确规定；

（4）定期组织相关人员对法律法规、企业制度的进行学习、考核，确保工作人员熟练掌握前述招投标规定，并按照规定进行实践操作；同时，定期对实践中发生的问题进行讨论、汇总，从而及时解决相关问题，完善制度规定。

二、限制或者排斥相关投标人的法律风险

1. 风险行为

对于《中华人民共和国招标投标法》第三条规定的必须进行招标的项目，招标人为了保护本地区、本系统相关法人、其他组织之利益，或因其他原因，在招标文件、公告中，无合法事由，限制或者排斥本地区、本系统以外的法人或者其他组织参加投标。

2. 法律依据

《中华人民共和国招标投标法》（2017年12月27日修正）

第六条　依法必须进行招标的项目，其招标投标活动不受地区或者部门的限制。任何单位和个人不得违法限制或者排斥本地区、本系统以外的法人或者其他组织参加投标，不得以任何方式非法干涉招标投标活动。

《中华人民共和国招标投标法实施条例》(2019 年 3 月 2 日修正)

第二十四条　招标人对招标项目划分标段的,应当遵守招标投标法的有关规定,不得利用划分标段限制或者排斥潜在投标人。依法必须进行招标的项目的招标人不得利用划分标段规避招标。

3. 法律后果

对于招标人以不合理的条件限制或者排斥潜在投标人的,对潜在投标人实行歧视待遇的,强制要求投标人组成联合体共同投标的,或者限制投标人之间竞争的,行政机关可要求其责令改正,并可予以罚款。

4. 法律控制

(1)企业应当根据法律、法规的规定,制定开展招投标工作的相关制度,对于招标的范围、招标工作的组织、开展、归档流程等作出明确规定,并严格督促相关人员根据法律法规、企业制度的规定进行实践操作;

(2)若无相关投标企业失信或有证据证明其却无能力履行项目的情况,在公开招标的项目中,不得以任何事由限制或者排斥相关投标人。

三、落实招标保密管理工作不到位的风险

1. 风险行为

企业在进行招标投标工作过程中,因人员、制度等多方面原因,未对招标投标相关信息进行保密处理,保密管理工作落实不到位,导致相关信息被泄露,从而发生招标工作违法、无效的情形。

2. 法律依据

《中华人民共和国招标投标法》(2017 年 12 月 27 日修正)

第二十二条　招标人不得向他人透露已获取招标文件的潜在投标人的名称、数量以及可能影响公平竞争的有关招标投标的其他情况。

招标人设有标底的,标底必须保密。

3. 法律后果

依据《中华人民共和国招标投标法》的规定,对于依法必须进行招标的项目的招标人向他人透露已获取招标文件的潜在投标人的名称、数量或者可能影响公平竞争的有关招标投标的其他情况的,或者泄露标底的,行政机关可给予警告,可以并处 1 万元以上 10 万元以下的罚款;对单位直接负责的主管人员和其他直接责任人员依法给予处分;构成犯罪的,依法追究刑事责任。前款所列行为影响中标结果的，中标无效。

4. 法律控制

（1）加强相关领导人员对招标保密的管理责任意识；定期组织招标保密培训学习，明确招标泄密后果，强化招标工作参与人员的保密意识；

（2）设立专人对招标过程进行监督检查，发现问题及时纠正；并对招标工作行程案卷记录，及时归档；

（3）出现问题时，积极协同纪检部门做好招标保密防范和事后责任追究工作。

四、招标违反法定程序的法律风险

1. 风险行为

项目招标企业、相关负责人或工作人员对招标投标法的相关规定理解不深刻或是为某种特定目的，违反招标投标相关法律法规规定程序，对于未履行应当履行的审批手续，或是违背公开公平原则，发生围标、串标等违法行为。

2. 法律依据

《中华人民共和国招标投标法》（2017 年 12 月 27 日修正）

第五条　招标投标活动应当遵循公开、公平、公正和诚实信用的原则。

第九条　招标项目按照国家有关规定需要履行项目审批手续的，应当先履行审批手续，取得批准。

招标人应当有进行招标项目的相应资金或者资金来源已经落实，并应当在招标文件中如实载明。

《中华人民共和国招标投标法实施条例》（2019 年 3 月 2 日修正）

第七条　按照国家有关规定需要履行项目审批、核准手续的依法必须进行招标的项目，其招标范围、招标方式、招标组织形式应当报项目审批、核准部门审批、核准。项目审批、核准部门应当及时将审批、核准确定的招标范围、招标方式、招标组织形式通报有关行政监督部门。

第二十三条　招标人编制的资格预审文件、招标文件的内容违反法律、行政法规的强制性规定，违反公开、公平、公正和诚实信用原则，影响资格预审结果或者潜在投标人投标的，依法必须进行招标的项目的招标人应当在修改资格预审文件或者招标文件后重新招标。

3. 法律后果

(1)依法必须进行公开招标的项目违反招标投标法规定未公开招标的,中标无效的,应当依照中标条件从其余投标人中重新确定中标人或者依照本法重新进行招标。

(2)对招标投标活动依法负有行政监督职责的国家机关工作人员徇私舞弊、滥用职权或者玩忽职守,构成犯罪的,依法追究刑事责任;不构成犯罪的,依法给予行政处分。

4. 法律控制

(1)企业应当根据法律、法规的规定,制定开展招标投标工作的相关制度,对于招标的范围、招标工作的组织、开展、归档流程等作出明确规定,并严格督促相关人员根据法律法规、企业制度的规定进行实践操作;

(2)重要公告、文件等交由法律及其他相关专业人士审核后方可发布;同时,加强招标工作的全流程监督力度,对于招标工作中涉及的重要文件做好保密措施并及时进行归档。

五、违法收取、挪用、退还投标保证金、履约保证金的法律风险

1. 风险行为

未按照法律法规规定的方式、比例、时间,收取、退还投标保证金、履约保证金,或挪用投标保证金。

2. 法律依据

《中华人民共和国招标投标法实施条例》(2019 年 3 月 2 日修正)

第二十六条　招标人在招标文件中要求投标人提交投标保证金的,投标保证金不得超过招标项目估算价的 2%。投标保证金有效期应当与投标有效期一致。

依法必须进行招标的项目的境内投标单位,以现金或者支票形式提交的投标保证金应当从其基本账户转出。

招标人不得挪用投标保证金。

第五十七条　招标人和中标人应当依照招标投标法和本条例的规定签订书面合同,合同的标的、价款、质量、履行期限等主要条款应当与招标文件和中标人的投标文件的内容一致。招标人和中标人不得再行订立背离合同实质性内容的其他协议。

招标人最迟应当在书面合同签订后 5 日内向中标人和未中标的投标人退还投标保证金及银行同期存款利息。

第五十八条　招标文件要求中标人提交履约保证金的，中标人应当按照招标文件的要求提交。履约保证金不得超过中标合同金额的 10%。

3. 法律后果

招标人超过法律规定的比例收取投标保证金、履约保证金或者不按照规定退还投标保证金及银行同期存款利息的，由有关行政监督部门责令改正，可以处 5 万元以下的罚款；给他人造成损失的，依法承担赔偿责任。

4. 法律控制

（1）严格按照法律法规规定，收取、退还投标保证金、履约保证金；

（2）完善企业相关制度，在法律法规框架内，对收取、退还投标保证金及履约保证金的流程进行规范，并在招标相关文件中进行明确说明。

六、标底制定、泄露风险

1. 风险行为

因标底制定人员业务能力、计量方式、前期设计工作不细致或技术资料不完善等原因，无法精确制定标底或制定标底与实际可行性相差较大；相关人员故意或过失将标底在开标前予以泄露。

2. 法律依据

《中华人民共和国招标投标法》（2017 年 12 月 27 日修正）

第四十条　评标委员会应当按照招标文件确定的评标标准和方法，对投标文件进行评审和比较；设有标底的，应当参考标底。评标委员会完成评标后，应当向招标人提出书面评标报告，并推荐合格的中标候选人。

招标人根据评标委员会提出的书面评标报告和推荐的中标候选人确定中标人。招标人也可以授权评标委员会直接确定中标人。

国务院对特定招标项目的评标有特别规定的，从其规定。

《中华人民共和国招标投标法实施条例》（2019 年 3 月 2 日修正）

第二十七条　招标人可以自行决定是否编制标底。一个招标项目只能有一个标底。标底必须保密。

接受委托编制标底的中介机构不得参加受托编制标底项目的投标，也不得为该项目的投标人编制投标文件或者提供咨询。

招标人设有最高投标限价的,应当在招标文件中明确最高投标限价或者最高投标限价的计算方法。招标人不得规定最低投标限价。

第五十条　招标项目设有标底的,招标人应当在开标时公布。标底只能作为评标的参考,不得以投标报价是否接近标底作为中标条件,也不得以投标报价超过标底上下浮动范围作为否决投标的条件。

3. 法律后果

(1)标底制定的过低,可能导致项目无法达到合格的质量;标底制定的过高,可能导致企业利益受到一定程度的损害;

(2)依法必须进行招标的项目的招标人向他人透露已获取招标文件的潜在投标人的名称、数量或者可能影响公平竞争的有关招标投标的其他情况的,或者泄露标底的,由行政机关给予警告,可以并处一万元以上十万元以下的罚款;对单位直接负责的主管人员和其他直接责任人员依法给予处分;构成犯罪的,依法追究刑事责任。前款所列行为影响中标结果的,中标无效。

4. 法律控制

(1)提高标底制定人员综合业务知识及认知。如需制定标底,应当结合项目具体情况,综合各方因素科学制定,必要时可聘请专业人士进行计量。

(2)加强相关工作人员的招标保密责任意识;定期组织招标保密培训学习,明确招标泄密后果,最大限度预防泄密事件发生。

七、评标委员会组建、评标过程违法的法律风险

1. 风险行为

评标是项目招投标活动中至关重要的一环,有些评标委员会的组成严重不符合法律规定,出现评标委员会私下向某些投标人泄露应保密的信息、评标技术方法组织不完善或违反法规的情况,从而导致废标或被投诉。

2. 法律依据

《中华人民共和国招标投标法》(2017 年 12 月 27 日修正)

第三十七条　评标由招标人依法组建的评标委员会负责。

依法必须进行招标的项目,其评标委员会由招标人的代表和有关技术、经济等方面的专家组成,成员人数为五人以上单数,其中技术、经济等方面的专家不得少于成员总数的三分之二。

前款专家应当从事相关领域工作满八年并具有高级职称或者具有同等专

业水平，由招标人从国务院有关部门或者省、自治区、直辖市人民政府有关部门提供的专家名册或者招标代理机构的专家库内的相关专业的专家名单中确定；一般招标项目可以采取随机抽取方式，特殊招标项目可以由招标人直接确定。

与投标人有利害关系的人不得进入相关项目的评标委员会；已经进入的应当更换。

评标委员会成员的名单在中标结果确定前应当保密。

第四十四条　评标委员会成员应当客观、公正地履行职务，遵守职业道德，对所提出的评审意见承担个人责任。

评标委员会成员不得私下接触投标人，不得收受投标人的财物或者其他好处。

评标委员会成员和参与评标的有关工作人员不得透露对投标文件的评审和比较、中标候选人的推荐情况以及与评标有关的其他情况。

3. 法律后果

评标委员会成员收受投标人的财物或者其他好处的，评标委员会成员或者参加评标的有关工作人员向他人透露对投标文件的评审和比较、中标候选人的推荐以及与评标有关的其他情况的，由行政机关给予警告，没收收受的财物，可以并处3000元以上50,000元以下的罚款，对有所列违法行为的评标委员会成员取消担任评标委员会成员的资格，不得再参加任何依法必须进行招标的项目的评标；构成犯罪的，依法追究刑事责任。招标人在评标委员会依法推荐的中标候选人以外确定中标人的，依法必须进行招标的项目在所有投标被评标委员会否决后自行确定中标人的，中标无效。责令改正，可以处中标项目金额千分之五以上千分之十以下的罚款；对单位直接负责的主管人员和其他直接责任人员依法给予处分。

4. 法律控制

（1）企业应当制定科学合理的评标办法，对于评标方法及标准、评标委员会的组成、评标程序等内容作出明确规定，以保证企业既能采买质优价廉的产品，又能避免低价中标可能引起的产品质量纠纷；

（2）对开标、评标过程进行记录，形成记录文件并经参与各方签字确认；有条件的应当进行视频录像，并将所形成的相关记录付卷存档。

八、资格预审文件、招标文件编制、发售的法律风险

1. 风险行为

资格预审文件、招标文件的内容或发售时间、方式违反法律、行政法规的强制性规定,违反公开、公平、公正和诚实信用原则。

2. 法律依据

《中华人民共和国招标投标法》(2017 年 12 月 27 日修正)

第十九条　招标人应当根据招标项目的特点和需要编制招标文件。招标文件应当包括招标项目的技术要求、对投标人资格审查的标准、投标报价要求和评标标准等所有实质性要求和条件以及拟签订合同的主要条款。

国家对招标项目的技术、标准有规定的,招标人应当按照其规定在招标文件中提出相应要求。

招标项目需要划分标段、确定工期的,招标人应当合理划分标段、确定工期,并在招标文件中载明。

第二十条　招标文件不得要求或者标明特定的生产供应者以及含有倾向或者排斥潜在投标人的其他内容。

第二十三条　招标人对已发出的招标文件进行必要的澄清或者修改的,应当在招标文件要求提交投标文件截止时间至少十五日前,以书面形式通知所有招标文件收受人。该澄清或者修改的内容为招标文件的组成部分。

《中华人民共和国招标投标法实施条例》(2019 年 3 月 2 日修正)

第十五条　公开招标的项目,应当依照招标投标法和本条例的规定发布招标公告、编制招标文件。

招标人采用资格预审办法对潜在投标人进行资格审查的,应当发布资格预审公告、编制资格预审文件。

依法必须进行招标的项目的资格预审公告和招标公告,应当在国务院发展改革部门依法指定的媒介发布。在不同媒介发布的同一招标项目的资格预审公告或者招标公告的内容应当一致。指定媒介发布依法必须进行招标的项目的境内资格预审公告、招标公告,不得收取费用。

编制依法必须进行招标的项目的资格预审文件和招标文件,应当使用国务院发展改革部门会同有关行政监督部门制定的标准文本。

第十六条　招标人应当按照资格预审公告、招标公告或者投标邀请书规定的时间、地点发售资格预审文件或者招标文件。资格预审文件或者招标文件的发售期不得少于5日。

招标人发售资格预审文件、招标文件收取的费用应当限于补偿印刷、邮寄的成本支出,不得以营利为目的。

3. 法律后果

招标人编制的资格预审文件、招标文件的内容违反法律、行政法规的强制性规定,违反公开、公平、公正和诚实信用原则,影响资格预审结果或者潜在投标人投标的,依法必须进行招标的项目的招标人应当在修改资格预审文件或者招标文件后重新招标。

4. 法律控制

(1)严格按照相关法律法规规定的内容及方式编制、发售资格预审文件、招标文件;

(2)聘请专业人员对资格预审文件及招标文件的内容、发售时间及方式进行审核把控;

(3)建立健全企业招投标制度,并严格督促落实。

九、招标人不与中标人签订合同、恶意拖延签订合同或违法签订合同的法律风险

1. 风险行为

中标通知书发出后,招标人因多方原因,不予中标人签订书面合同即进行项目作业;或无特殊事由,故意拖延合同签订时间;或与中标人签订合同内容违法等。

2. 法律依据

《中华人民共和国招标投标法》(2017年12月27日修正)

第四十六条　招标人和中标人应当自中标通知书发出之日起三十日内,按照招标文件和中标人的投标文件订立书面合同。招标人和中标人不得再行订立背离合同实质性内容的其他协议。

招标文件要求中标人提交履约保证金的,中标人应当提交。

《中华人民共和国招标投标法实施条例》(2019年3月2日修正)

第五十七条第一款　招标人和中标人应当依照招标投标法和本条例的规定签订书面合同,合同的标的、价款、质量、履行期限等主要条款应当与招标文件和中标人的投标文件的内容一致。招标人和中标人不得再行订立背离合同实质性内容的其他协议。

3. 法律后果

招标人与中标人不按照招标文件和中标人的投标文件订立合同的,或者招标人、中标人订立背离合同实质性内容的协议的,责令改正;可以处中标项目金额千分之五以上千分之十以下的罚款。招标人和中标人不按照招标文件和中标人的投标文件订立合同,合同的主要条款与招标文件、中标人的投标文件的内容不一致,或者招标人、中标人订立背离合同实质性内容的协议的,由有关行政监督部门责令改正,可以处中标项目金额千分之五以上千分之十以下的罚款。

4. 法律控制

(1)招标人应当严格按照法律法规规定,以及招标文件、投标文件确定的相关内容,与中标人签订书面合同,主要条款应与招投标文件一致,不得向中标人提出附加条件;不得背离合同实质性内容另行与中标人签订其他协议。

(2)招标人应当自中标通知书发出之日起 30 日内与中标人签订书面合同,若中标人不与招标人签订合同或故意拖延,应当留存邀请中标人签订合同的书面证据。

十、招标人未及时进行异议答复的法律风险

1. 风险行为

招标人对于潜在投标人、投标人及其他利害关系人对于招标文件、开标过程、评标结果等有异议的,未进行或未及时进行异议答复,仍然继续进行招投标程序的。

2. 法律依据

《中华人民共和国招标投标法实施条例》(2019 年 3 月 2 日修正)

第二十二条　潜在投标人或者其他利害关系人对资格预审文件有异议的,应当在提交资格预审申请文件截止时间 2 日前提出;对招标文件有异议的,应当在投标截止时间 10 日前提出。招标人应当自收到异议之日起 3 日内作出答复;作出答复前,应当暂停招标投标活动。

第四十四条　招标人应当按照招标文件规定的时间、地点开标。

投标人少于 3 个的,不得开标;招标人应当重新招标。

投标人对开标有异议的，应当在开标现场提出，招标人应当当场作出答复，并制作记录。

第五十四条　依法必须进行招标的项目，招标人应当自收到评标报告之日起 3 日内公示中标候选人，公示期不得少于 3 日。

投标人或者其他利害关系人对依法必须进行招标的项目的评标结果有异议的，应当在中标候选人公示期间提出。招标人应当自收到异议之日起 3 日内作出答复；作出答复前，应当暂停招标投标活动。

3. 法律后果

投标人或者其他利害关系人捏造事实、伪造材料或者以非法手段取得证明材料进行投诉，给他人造成损失的，依法承担赔偿责任。依法必须进行招标的项目的招标投标活动违反《中华人民共和国招标投标法》的规定，可能导致招标、投标、中标无效。

4. 法律控制

（1）依照法律法规规定，在招标公告等文件中明确公示相关人员提出异议的时间、方式及程序，确保招标人能够收到相关异议；

（2）完善企业招标投标管理制度，确保对于相关异议能够进行及时、正确的回复，确保招标投标程序的顺利进行；

（3）对于超出限定时间、方式提出的异议，仍应进行审核，发现确有问题的，及时予以更正。

十一、企业采购未签订书面合同的法律风险

1. 风险行为

对于不需要经过招标投标的企业采购，企业仅遵从习惯或口头约定，未与供应商签订书面合同以明确约定双方权利义务。

2. 法律依据

《中华人民共和国合同法》（1999 年 3 月 15 日）

第八条第一款　依法成立的合同，对当事人具有法律约束力。当事人应当按照约定履行自己的义务，不得擅自变更或者解除合同。

3. 法律后果

如企业不与供应商签订书面采购合同，则无法保障双方的权利义务，如产品质量、货物数量等存在争议时，如发生诉讼，企业可能承担举证不能的法律后果。

4. 法律控制

(1)企业与供应商间发生采购业务往来的,应及时以书面形式明确双方权利义务、违约责任等;

(2)对于小额、批量、重复性采购,可以在签订框架协议的前提下,每次采购时签订供货单、对账单等;

(3)在合同履行过程中,及时固定证据,以便在发生纠纷时为维护企业合法权益提供事实依据。

十二、物资采购验收过程中存在的法律风险

1. 风险行为

企业在采购收货过程中未制定明确的验收流程;货物如不符合采购要求,仅口头拒收,无书面拒收单据,如双方发生争议,企业将无法举证。

2. 法律依据

《中华人民共和国合同法》(1999 年 3 月 15 日)

第一百三十五条　出卖人应当履行向买受人交付标的物或者交付提取标的物的单证,并转移标的物所有权的义务。

第一百四十八条　因标的物质量不符合质量要求,致使不能实现合同目的的,买受人可以拒绝接受标的物或者解除合同。买受人拒绝接受标的物或者解除合同的,标的物毁损、灭失的风险由出卖人承担。

3. 法律后果

企业因缺失收货证明,如果因收货时间和收货状况买卖双方产生争议;或因缺失拒收的单据,导致收货延期责任划分不清,整改意见不明确等发生争议,企业无相关证明资料,可能因此承担举证不能的法律后果。

4. 法律控制

(1)企业应当明确货物验收流程,制定收货制式文本,在材料采购活动中采用己方统一文本;

(2)如使用卖方收货签收表,对于货物缺失或瑕疵部分明确标识;

(3)对于不符合买卖合同约定的货物,拒收并注明拒收理由以及整改要求,有供货方签字确认,形成书面材料予以留存。

十三、物资采购维修过程中的法律风险

1. 风险行为

采购的物资出现损坏及故障时，没有及时留存产生损害的相关证据，没有划分责任，没有书面的确责资料。

2. 法律依据

《中华人民共和国产品质量法》（2018 年 12 月 29 日修正）

第二十六条第一款　生产者应当对其生产的产品质量负责。

第三十四条　销售者应当采取措施，保持销售产品的质量。

第四十三条　因产品存在缺陷造成人身、他人财产损害的，受害人可以向产品的生产者要求赔偿，也可以向产品的销售者要求赔偿。属于产品的生产者的责任，产品的销售者赔偿的，产品的销售者有权向产品的生产者追偿。属于产品的销售者的责任，产品的生产者赔偿的，产品的生产者有权向产品的销售者追偿。

《中华人民共和国合同法》（1999 年 3 月 15 日）

第一百一十一条　质量不符合约定的，应当按照当事人的约定承担违约责任。对违约责任没有约定或者约定不明确，依照本法第六十一条的规定仍不能确定的，受损害方根据标的的性质以及损失的大小，可以合理选择要求对方承担修理、更换、重作、退货、减少价款或者报酬等违约责任。

第一百五十五条　出卖人交付的标的物不符合质量要求的，买受人可以依照本法第一百一十一条的规定要求承担违约责任。

3. 法律后果

物资因自身存在的质量问题、实际使用部门不当使用、第三方故意或间接损坏等损害原因不同，承担责任的主体则不同。若没有确凿的书面材料，出卖方、使用部门、第三方责任主体不明，企业后期可能因缺乏书面证据而追偿困难。

4. 法律控制

（1）企业应当明确物资维修流程，从物资损坏上报、核查、通知出卖方、明确损坏原因及责任主体、维修、费用结算等形成完整的操作规范；

（2）损害发生时，企业应当组织供应商、实际使用部门及维修部门共同对物资损害进行调查，明确责任主体，并形成书面确认记录；

（3）必要时，可聘请专业鉴定机构对损害进行鉴定，并要求相关责任人签字确认。

工程管理法律风险

一、项目建设过程中相关获批手续未完成已开始施工建设的法律风险

1. 风险行为

因为工期进度等原因，部分审批手续尚未获批，已开始施工建设。

2. 法律依据

《中华人民共和国建筑法》(2019 年 4 月 23 日修正)

第七条第一款　建筑工程开工前，建设单位应当按照国家有关规定向工程所在地县级以上人民政府建设行政主管部门申请领取施工许可证；但是，国务院建设行政主管部门确定的限额以下的小型工程除外。

第八条　申请领取施工许可证，应当具备下列条件：

(一)已经办理该建筑工程用地批准手续；

(二)依法应当办理建设工程规划许可证的，已经取得建设工程规划许可证；

(三)需要拆迁的，其拆迁进度符合施工要求；

(四)已经确定建筑施工企业；

(五)有满足施工需要的资金安排、施工图纸及技术资料；

(六)有保证工程质量和安全的具体措施。

建设行政主管部门应当自收到申请之日起七日内，对符合条件的申请颁发施工许可证。

第六十四条　违反本法规定，未取得施工许可证或者开工报告未经批准擅自施工的，责令改正，对不符合开工条件的责令停止施工，可以处以罚款。

3. 法律后果

工程开工前未取得相关审批手续的，或将受到政府相关部门的责令停止建设、限期恢复原状、罚款等行政处罚。

4. 法律控制

(1)严格按照法律依据,在开工前取得相关行政审批手续;

(2)如在取得行政审批手续过程中存在问题,需及时上报,由公司领导层协调处理,并及时调整工程进度。

二、项目未经过环境评价私自动工的法律风险

1. 风险行为

因项目进度紧张、环境评价严格等原因,存在部分下属单位未经过公司环境评价私自动工的情形。

2. 法律依据

《中华人民共和国环境保护法》(2014 年 4 月 24 日修正)

第六十一条　建设单位未依法提交建设项目环境影响评价文件或者环境影响评价文件未经批准,擅自开工建设的,由负有环境保护监督管理职责的部门责令停止建设,处以罚款,并可以责令恢复原状。

《中华人民共和国环境影响评价法》(2018 年 12 月 29 日修正)

第三十一条第一款、第二款　建设单位未依法报批建设项目环境影响报告书、报告表,或者未依照本法第二十四条的规定重新报批或者报请重新审核环境影响报告书、报告表,擅自开工建设的,由县级以上生态环境主管部门责令停止建设,根据违法情节和危害后果,处建设项目总投资额百分之一以上百分之五以下的罚款,并可以责令恢复原状;对建设单位直接负责的主管人员和其他直接责任人员,依法给予行政处分。

建设项目环境影响报告书、报告表未经批准或者未经原审批部门重新审核同意,建设单位擅自开工建设的,依照前款的规定处罚、处分。

3. 法律后果

依据相关法律的规定,公司若因项目进度紧张、环境评价严格等原因,未经过环境评价即私自动工的,县级以上生态环境主管部门有权责令停止建设,并根据违法情节和危害后果,处建设项目总投资额百分之一以上百分之五以下的罚款,并责令恢复原状。

4. 法律控制

(1)严格按照《中华人民共和国环境保护法》及《中华人民共和国环境影响评价法》的规定在建设项目开工前进行环境影响评价,并提交相应的报告书、报告表等全部材料，经相关部门审核通过并获得批准后方可正式进行开工建设；

（2）公司监管部门加强对下属单位环评行为的监督及检查，在培训中强调开工前环评的重要性、必要性，避免不进行环评直接进行施工的情形出现。

三、因设计变更未及时签证的法律风险

1. 风险行为

因设计变更或特定情况引起工程量变化、影响工期的，未能及时签证或索赔的。

2. 法律依据

《建设工程勘察设计管理条例》(2017 年 10 月 7 日修正)

第二十八条　建设单位、施工单位、监理单位不得修改建设工程勘察、设计文件；确需修改建设工程勘察、设计文件的，应当由原建设工程勘察、设计单位修改。经原建设工程勘察、设计单位书面同意，建设单位也可以委托其他具有相应资质的建设工程勘察、设计单位修改。修改单位对修改的勘察、设计文件承担相应责任。

施工单位、监理单位发现建设工程勘察、设计文件不符合工程建设强制性标准、合同约定的质量要求的，应当报告建设单位，建设单位有权要求建设工程勘察、设计单位对建设工程勘察、设计文件进行补充、修改。

建设工程勘察、设计文件内容需要作重大修改的，建设单位应当报经原审批机关批准后，方可修改。

3. 法律后果

因设计变更引起工程量变化，如未及时签证，将导致在工程结算时，与施工方就增加的工程量或材料费产生纠纷；因设计变更影响工期，未及时签证，或将因工期逾期与施工单位产生纠纷。

4. 法律控制

（1）严格执行工程签证管理流程，按照工程签证业务流程和审批权限规范办理；

（2）因设计变更引起的签证，应先申请、再审批、后实施，及时办理，签证的内容应当明确、具体、表述严密，涉及价款或工期的，既要有价款请求，还要有工期请求。

四、施工单位拖欠农民工资，导致项目进度受损的法律风险

1. 风险行为

施工单位恶意拖欠农民工资，造成所投资项目停工，影响公司项目工程进度。

2. 法律依据

《中华人民共和国建筑法》（2019 年 4 月 23 日修正）

第十五条　建筑工程的发包单位与承包单位应当依法订立书面合同，明确双方的权利和义务。

发包单位和承包单位应当全面履行合同约定的义务。不按照合同约定履行义务的，依法承担违约责任。

《建设领域农民工工资支付管理暂行办法》（2004 年 9 月 6 日）

十、业主或工程总承包企业未按合同约定与建设工程承包企业结清工程款，致使建设工程承包企业拖欠农民工工资的，由业主或工程总承包企业先行垫付农民工被拖欠的工资，先行垫付的工资数额以未结清的工程款为限。

十一、企业因被拖欠工程款导致拖欠农民工工资的，企业追回的被拖欠工程款，应优先用于支付拖欠的农民工工资。

十二、工程总承包企业不得将工程违反规定发包、分包给不具备用工主体资格的组织或个人，否则应承担清偿拖欠工资连带责任。

3. 法律后果

施工单位、实际施工人恶意拖欠农民工工资，造成农民工停工、上访、堵门等恶劣影响，给公司造成不良影响，产生较大经济损失，严重时可能产生诉讼。

4. 法律控制

（1）对于施工单位选择的劳务分包单位应当进行严格监督，选择有资质、履约能力强、信誉好的劳务分包单位，保证工程施工质量及进度；

（2）应严格监督农民工工资发放，约定履约保证金或质量保证金，对工程款支付进行控制，严禁超付资金，监管分包方资金流向；

（3）要求总包单位实行全面负责，对农民工工资支付情况进行监管，制定农民工工资保证金制度和农民工工资支付公示制度。

五、项目经理等项目现场工作人员超越工作权限的法律风险

1. 风险行为

项目经理超越权限擅自或未尽审查义务签署相关文件、资料，给公司造成

损失。

2. 法律依据

《中华人民共和国民法总则》(2017 年 3 月 15 日)

第一百七十二条　行为人没有代理权、超越代理权或者代理权终止后，仍然实施代理行为，相对人有理由相信行为人有代理权的，代理行为有效。

《中华人民共和国合同法》(1999 年 3 月 15 日)

第四十八条　行为人没有代理权、超越代理权或者代理权终止后以被代理人名义订立的合同，未经被代理人追认，对被代理人不发生效力，由行为人承担责任。

相对人可以催告被代理人在一个月内予以追认。被代理人未作表示的，视为拒绝追认。合同被追认之前，善意相对人有撤销的权利。撤销应当以通知的方式作出。

3. 法律后果

项目经理等项目现场工作人员超越权限擅自签署工程资料，易形成表见代理，涉及工程价款的，公司需要承担相应责任，给公司造成经济损失。

4. 法律控制

(1)加强对项目工作人员的管理，明确相关人员授权，对外签约需严格履行上报审批制度；

(2)加强合同签约管理，严格控制项目印章的使用，在刻项目部印章时，可以在章上注明该项目部章只用于内部联系，不用于对外签订合同，以杜绝该类问题出现；

(3)向合同相对方明确告知项目部章的用途及相关人员的权限。

六、未对材料设备进行质量检查、保全证据的法律风险

1. 风险行为

采购工程项目设备材料时，设备到场厂家因代理商设备款不到位不同意开箱验收，致使无法检查设备质量；设备厂商供应设备质量不合格，直接拒收材料设备，甚至连样品都未保留就解除合同。

2. 法律依据

《最高人民法院关于民事诉讼证据的若干规定》(2019 年 12 月 25 日修正)

第一条　原告向人民法院起诉或者被告提出反诉，应当提供符合起诉条件的相应的证据。

第二条　人民法院应当向当事人说明举证的要求及法律后果,促使当事人在合理期限内积极、全面、正确、诚实地完成举证。

当事人因客观原因不能自行收集的证据,可申请人民法院调查收集。

第三条　在诉讼过程中,一方当事人陈述的于己不利的事实,或者对于己不利的事实明确表示承认的,另一方当事人无需举证证明。

在证据交换、询问、调查过程中,或者在起诉状、答辩状、代理词等书面材料中,当事人明确承认于己不利的事实的,适用前款规定。

第四条　一方当事人对于另一方当事人主张的于己不利的事实既不承认也不否认,经审判人员说明并询问后,其仍然不明确表示肯定或者否定的,视为对该事实的承认。

第七条　一方当事人对于另一方当事人主张的于己不利的事实有所限制或者附加条件予以承认的,由人民法院综合案件情况决定是否构成自认。

3. 法律后果

未对材料设备进行质量检查、保全证据,因此发生争议并引发诉讼后,公司因不能举证证明材料设备质量不合格,只能承担违约解除合同的不利法律后果。

4. 法律控制

(1)公司与供应商签订采购合同时,需明确设备到场时即进行开箱验货,如因供应商未向厂家按时支付设备款影响验收的,供应商需向贵公司承担违约责任。

(2)贵公司在合同履行过程中需要依约检测进场材料设备的,应与供应商共同封存样品,对经检测质量不合格的材料设备应该做好现场记录,并要求现场所在人员签字。

(3)如需要解除合同的,宜先协商解除并签订书面协议,如不能协商解除的,应做好证据留存后,可依据合同约定行使单方解除权。

七、未按约定提供相关材料、设备、资金等的法律风险

1. 风险行为

公司因为自身原因或对方原因、其他客观因素,未按照约定的时间和要求提供原材料、设备、场地、资金、技术资料等。

2. 法律依据

《最高人民法院关于民事诉讼证据的若干规定》(2019 年 12 月 25 日修正)

第一条　原告向人民法院起诉或者被告提出反诉,应当提供符合起诉条件的相应的证据。

第二条　人民法院应当向当事人说明举证的要求及法律后果,促使当事人在合理期限内积极、全面、正确、诚实地完成举证。

当事人因客观原因不能自行收集的证据,可申请人民法院调查收集。

第三条　在诉讼过程中,一方当事人陈述的于己不利的事实,或者对于己不利的事实明确表示承认的,另一方当事人无需举证证明。

在证据交换、询问、调查过程中,或者在起诉状、答辩状、代理词等书面材料中,当事人明确承认于己不利的事实的,适用前款规定。

第四条　一方当事人对于另一方当事人主张的于己不利的事实既不承认也不否认,经审判人员说明并询问后,其仍然不明确表示肯定或者否定的,视为对该事实的承认。

《中华人民共和国合同法》(1999 年 3 月 15 日)

第一百零七条　当事人一方不履行合同义务或者履行合同义务不符合约定的,应当承担继续履行、采取补救措施或者赔偿损失等违约责任。

第一百一十八条　当事人一方因不可抗力不能履行合同的,应当及时通知对方,以减轻可能给对方造成的损失,并应当在合理期限内提供证明。

3. 法律后果

公司因为自身原因,未按照约定的时间和要求提供原材料、设备、场地、资金、技术资料等,构成合同违约,对方或将依据合同向公司主张违约责任;若因为对方原因或其他客观因素,公司未固定相关证据,在对方向公司主张违约责任时无法出示说明,或将因为举证不能而承担不利后果。

4. 法律控制

(1)履行合同过程中,按照合同约定和项目进展履行提供原材料、设备、场地、资金、技术资料等相关义务;

(2)如因为对方不配合等原因造成公司无法履行约定义务的,需通过发函、签订书面补充协议等方式书面确认对方存在过错,而豁免公司的违约行为;

（3）如因客观因素、不可抗力、情势变更等原因造成公司无法履行约定义务的，需通过发函、签订书面补充协议等方式，将不归责于公司的原因予以固定，变更提供原材料、设备、场地、资金、技术资料的时间。

八、现场签证管理不规范的法律风险

1. 风险行为

（1）工程现场签证管理不规范，未明确规定工程签证的范围、人员、签证权限、程序等；

（2）施工方认为对自己有利的就提出签证，对自己不利的就不签证，造成工程签证不完整；

（3）工程签证过多过滥，工程签证缺少原始资料，有的隐蔽工程仅有工程量记录，没有原始的测量、计算、定价原始资料；

（4）工程签证要素不全，工程签证应由建设单位、施工企业、监理共同签证，有的还要项目管理单位签字认可，但有的施工企业只找某一方签字；

（5）工程签证不清晰仅签"据实结算"。

2. 法律依据

《最高人民法院关于民事诉讼证据的若干规定》（2019 年 12 月 25 日修正）

第一条　原告向人民法院起诉或者被告提出反诉，应当提供符合起诉条件的相应的证据。

第二条　人民法院应当向当事人说明举证的要求及法律后果，促使当事人在合理期限内积极、全面、正确、诚实地完成举证。

当事人因客观原因不能自行收集的证据，可申请人民法院调查收集。

3. 法律后果

工程现场签证管理不规范，未明确规定工程签证的范围、人员、签证权限、程序、数量、单价等，在工程结算时易与承包方产生纠纷，或将造成加大工程成本、影响项目进度、加大工程审计风险。

4. 法律控制

（1）加强对驻派现场管理人员的培训，增强签证意识，加强签证管理；

（2）规范驻派人员的现场管理行为，避免其出现不合理干预施工、不履行或迟延履行合同义务的行为，作为引发承包方提出工程签证及索赔的直接诱因；

(3)严格执行工程签证管理流程,按照工程签证业务流程和审批权限规范办理;

(4)规范审核确认工程签证,要求签证单条理清晰、内容完整、记录准确、说明详尽,文字表述无歧义,图示尺寸标示准确、无涂改;

(5)妥善保管工程签证原始资料。

九、未约定特定材料的特殊质量标准的法律风险

1. 风险行为

在一些特别材料存在高于国家标准的特殊质量标准时,未根据特定工程设计图纸及技术规范的要求约定材料质量的特别标准,导致材料质量符合国家标准,但使用该材料的工程质量却不合格。

2. 法律依据

《最高人民法院关于民事诉讼证据的若干规定》(2019 年 12 月 25 日修正)

第一条　原告向人民法院起诉或者被告提出反诉,应当提供符合起诉条件的相应的证据。

第三条　在诉讼过程中,一方当事人陈述的于己不利的事实,或者对于己不利的事实明确表示承认的,另一方当事人无需举证证明。

在证据交换、询问、调查过程中,或者在起诉状、答辩状、代理词等书面材料中,当事人明确承认于己不利的事实的,适用前款规定。

第四条　一方当事人对于另一方当事人主张的于己不利的事实既不承认也不否认,经审判人员说明并询问后,其仍然不明确表示肯定或者否定的,视为对该事实的承认。

3. 法律后果

未根据特定工程设计图纸及技术规范的要求约定材料质量的特别标准,导致材料质量符合国家标准,但使用该材料的工程质量却不合格,企业无法依约向材料供应商索赔。

4. 法律控制

(1)与供应商签订买卖合同时,应写明材料用于的工程,以及工程对材料的特别标准,必要时附上相应图纸;

(2)如未能在签约时约定材料质量的特别标准的,需收集、整理供应商对所提供材料能符合建设单位工程要求的承诺等证明材料,证明质量符合工程要求，在因材料问题产生纠纷后，据此向供应商索赔。

十、施工方管理不规范致使工程质量不合格的法律风险

1. 风险行为

施工方未建立健全质量管理体系，各工序与工序、工种与工种之间没有严格的交接措施，前道工序留下的隐患，后道工序施工者未及时处理或蓄意隐瞒，致使工程质量不合格。

2. 法律依据

《中华人民共和国建筑法》（2019 年 4 月 23 日修正）

第五十八条　建筑施工企业对工程的施工质量负责。

建筑施工企业必须按照工程设计图纸和施工技术标准施工，不得偷工减料。工程设计的修改由原设计单位负责，建筑施工企业不得擅自修改工程设计。

《建设工程质量管理条例》（2019 年 4 月 23 日修正）

第二十六条　施工单位对建设工程的施工质量负责。

施工单位应当建立质量责任制，确定工程项目的项目经理、技术负责人和施工管理负责人。

建设工程实行总承包的，总承包单位应当对全部建设工程质量负责；建设工程勘察、设计、施工、设备采购的一项或者多项实行总承包的，总承包单位应当对其承包的建设工程或者采购的设备的质量负责。

第二十八条　施工单位必须按照工程设计图纸和施工技术标准施工，不得擅自修改工程设计，不得偷工减料。

施工单位在施工过程中发现设计文件和图纸有差错的，应当及时提出意见和建议。

第二十九条　施工单位必须按照工程设计要求、施工技术标准和合同约定，对建筑材料、建筑构配件、设备和商品混凝土进行检验，检验应当有书面记录和专人签字；未经检验或者检验不合格的，不得使用。

第三十条　施工单位必须建立、健全施工质量的检验制度，严格工序管理，作好隐蔽工程的质量检查和记录。隐蔽工程在隐蔽前，施工单位应当通知建设单位和建设工程质量监督机构。

3. 法律后果

施工方管理不规范致使工程质量不合格，或将造成工程返工、修缮等情形，如整改后仍未达到质量标准，或将就工程质量问题引起纠纷，将影响公司项目进程。

4. 法律控制

（1）要求施工单位严格按照法律法规及公司关于工程施工的相关要求；

（2）强化公司管理人员的现场质量检查工作，在检查过程中发现施工方工作人员存在违反法律法规、制度、合同约定的行为时，以发函或工作联系单的书面形式要求其限期整改，并固定证据；

（3）加强合同履约过程的动态监督，建立施工合同履约管理台账，加强对合同履行情况的日常检查，对于签证问题、风险及纠纷，第一时间整理相关书面资料，报相关部门协调处理。

十一、未及时进行中间验收、隐蔽工程验收的法律风险

1. 风险行为

施工方通知项目中间验收、隐蔽工程验收时，未及时参加、组织验收。

2. 法律依据

《建设工程质量管理条例》（2019 年 4 月 23 日修正）

第三十条　施工单位必须建立、健全施工质量的检验制度，严格工序管理，作好隐蔽工程的质量检查和记录。隐蔽工程在隐蔽前，施工单位应当通知建设单位和建设工程质量监督机构。

3. 法律后果

施工方通知项目中间验收、隐蔽工程验收时，未及时参加、组织验收，或将致使工期逾期，公司承担违约责任；在公司与施工方产生质量纠纷后，因举证不能而产生不利后果；影响工程项目进程。

4. 法律控制

（1）严格按照合同约定的时限要求，在施工方通知项目中间验收、隐蔽工程验收时，及时参加或组织验收；

（2）如因施工方原因致使无法开展项目中间验收、隐蔽工程验收工作的，需通过发函、工作联系单等方式书面确认对方存在过错，与对方另行商议验收事件；

（3）如因客观因素、不可抗力、情势变更等原因造成公司无法开展项目中间验收、隐蔽工程验收工作的，需通过发函、签订书面补充协议等方式，将不归责于公司的原因予以固定，变更验收的时间；

(4)规范驻派人员的现场管理行为,避免出现不合理行为,作为引发施工方索赔的直接诱因。

十二、不及时审核竣工验收报告的法律风险

1. 风险行为

施工方提供竣工验收报告及竣工验收资料后,未在规定时间内进行审核、提出整改意见。

2. 法律依据

《最高人民法院关于审理建设工程施工合同纠纷案件适用法律问题的解释》(2004年10月25日)

第二十条　当事人约定,发包人收到竣工结算文件后,在约定期限内不予答复,视为认可竣工结算文件的,按照约定处理。承包人请求按照竣工结算文件结算工程价款的,应予支持。

3. 法律后果

施工方提供竣工验收报告及竣工验收资料后,未在规定时间内进行审核、提出整改意见,或将致使工期逾期,公司承担违约责任;或造成因未及时组织验收视为工程质量验收合格,从而对公司造成损失。

4. 法律控制

(1)严格按照合同约定的时限要求,在施工方提供竣工验收报告及竣工验收资料后,在规定时间内进行审核、提出整改意见;

(2)如因施工方提供竣工资料不完整,无法验收时,需及时向施工方予以说明,书面要求其限期整改;

(3)规范驻派人员的现场管理行为,避免出现不合理行为,作为引发施工方索赔的直接诱因。

十三、因资金不到位为拖延付款而不组织竣工验收的法律风险

1. 风险行为

因资金不到位,为拖延付款,在施工方提交竣工报告和竣工资料后不组织竣工验收。

2. 法律依据

《建设工程质量管理条例》(2019年4月23日修正)

第十六条　建设单位收到建设工程竣工报告后,应当组织设计、施工、工程监理等有关单位进行竣工验收。

建设工程竣工验收应当具备下列条件：

（一）完成建设工程设计和合同约定的各项内容；

（二）有完整的技术档案和施工管理资料；

（三）有工程使用的主要建筑材料、建筑构配件和设备的进场试验报告；

（四）有勘察、设计、施工、工程监理等单位分别签署的质量合格文件；

（五）有施工单位签署的工程保修书。

建设工程经验收合格的，方可交付使用。

第十七条　建设单位应当严格按照国家有关档案管理的规定，及时收集、整理建设项目各环节的文件资料，建立、健全建设项目档案，并在建设工程竣工验收后，及时向建设行政主管部门或者其他有关部门移交建设项目档案。

第三十二条　施工单位对施工中出现质量问题的建设工程或者竣工验收不合格的建设工程，应当负责返修。

3. 法律后果

公司因为资金不到位，无法支付剩余工程款，在施工方提交竣工报告后不组织竣工验收，或将致使工期逾期，公司承担违约责任；或造成因未及时组织验收视为工程质量验收合格，从而对公司造成损失。

4. 法律控制

（1）根据工程进程，要求下属各单位按时上报资金计划，并向集团公司上报，确保资金到位；

（2）严格按照合同约定的时限要求，在施工方提供竣工验收报告及竣工验收资料后，组织竣工验收；

（3）如因施工方提供竣工资料不完整，无法验收时，需及时向施工方予以说明，书面要求其限期整改；

（4）规范驻派人员的现场管理行为，避免出现不合理行为，作为引发施工方索赔的直接诱因。

十四、“黑白合同”的法律风险

1. 风险行为

经过招标投标备案的合同，后期就合同价款等主要条款进行变更或签订补充协议。

2. 法律依据

《最高人民法院关于审理建设工程施工合同纠纷案件适用法律问题的解释》(2004 年 10 月 25 日)

第二十一条　当事人就同一建设工程另行订立的建设工程施工合同与经过备案的中标合同实质性内容不一致的,应当以备案的中标合同作为结算工程价款的根据。

3. 法律后果

经过招标投标备案的合同价款低于双方另行签订的协议或补充协议的合同价款,双方另行签订的协议或补充协议合同无效,导致以较低的备案合同结算的风险,甚至可能遭到建设主管部门的行政处罚。

4. 法律控制

(1)避免在经过招标投标备案的合同之外另行签订协议或补充协议变更合同价款。

(2)经过招标投标备案的合同,后期却因设计变更等原因需要调整合同主体条款的,需按照法律规定报相关政府部门审批。

十五、合同价款风险范围约定不明的法律风险

1. 风险行为

因对合同履行期间人工、材料、机械价格波动或政策法规发生变化,是否调整合同价款及如何调整合同价款约定不明。

2. 法律依据

《中华人民共和国合同法》(1999 年 3 月 15 日)

第六十条　当事人应当按照约定全面履行自己的义务。

当事人应当遵循诚实信用原则,根据合同的性质、目的和交易习惯履行通知、协助、保密等义务。

第六十一条　合同生效后,当事人就质量、价款或者报酬、履行地点等内容没有约定或者约定不明确的,可以协议补充;不能达成补充协议的,按照合同有关条款或者交易习惯确定。

3. 法律后果

因对合同履行期间人工、材料、机械价格波动或政策法规发生变化,是否调整合同价款及如何调整合同价款约定不明,却因价格波动或政策法规变化需要调整价款时,容易产生争议,且公司缺乏依据予以支持其主张。

4. 法律控制

(1)若采用固定价格合同价款确定方式,需要对合同履行期间,人工、材料、机械价格波动或政策法规的变化是否调整合同价款作出约定;

(2)如约定调整,则需要就调整的范围和方法进一步作出具体约定;

(3)若采用固定综合单价确定的,需要对综合单价范围之外的价格调整作出明确约定。

十六、项目把控不严格,存在非法转包、违法分包、挂靠情形的法律风险

1. 风险行为

项目施工过程中存在非法转包、违法分包、挂靠等行为,致使工程质量不合格。

2. 法律依据

《中华人民共和国建筑法》(2019 年 4 月 23 日修正)

第二十八条　禁止承包单位将其承包的全部建筑工程转包给他人,禁止承包单位将其承包的全部建筑工程肢解以后以分包的名义分别转包给他人。

第二十九条　建筑工程总承包单位可以将承包工程中的部分工程发包给具有相应资质条件的分包单位;但是,除总承包合同中约定的分包外,必须经建设单位认可。施工总承包的,建筑工程主体结构的施工必须由总承包单位自行完成。

建筑工程总承包单位按照总承包合同的约定对建设单位负责;分包单位按照分包合同的约定对总承包单位负责。总承包单位和分包单位就分包工程对建设单位承担连带责任。

禁止总承包单位将工程分包给不具备相应资质条件的单位。禁止分包单位将其承包的工程再分包。

《最高人民法院关于审理建设工程施工合同纠纷案件适用法律问题的解释》(2004 年 10 月 25 日)

第八条　承包人具有下列情形之一,发包人请求解除建设工程施工合同的,应予支持:

(一)明确表示或者以行为表明不履行合同主要义务的;

(二)合同约定的期限内没有完工,且在发包人催告的合理期限内仍未完工的；

（三）已经完成的建设工程质量不合格，并拒绝修复的；

（四）将承包的建设工程非法转包、违法分包的。

3. 法律后果

承包人将工程非法转包、违法分包，或无施工资质的挂靠有资质的承包工程，可能造成工期延误、工程质量不合格等诸多问题。

4. 法律控制

（1）严把招标关，在项目招投标时，严格审查投标人建设资质、业绩，并要求提供项目经理、项目主要技术人员、管理人员与施工单位的《劳动合同》、社保缴费证明；

（2）在《建设工程施工合同》中严格约定非法转包、违法分包、挂靠等可以解除合同，支付违约金、赔偿损失等条款；

（3）合同履行过程中定期对施工方提交的资料、项目施工情况进行检查，发现存在上述违法行为，应及时要求承包方予以纠正，保存书面证据材料。

资产管理法律风险

一、企业资产与股东资产混同的法律风险

1. 风险行为

企业资产与股东资产权属不明晰；企业随意使用股东资产、股东随意使用企业资产；企业的资产记载于股东名下，由股东占有、使用等。

2. 法律依据

《中华人民共和国公司法》（2018 年 10 月 26 日修正）

第二十条　公司股东应当遵守法律、行政法规和公司章程，依法行使股东权利，不得滥用股东权利损害公司或者其他股东的利益；不得滥用公司法人独立地位和股东有限责任损害公司债权人的利益。

公司股东滥用股东权利给公司或者其他股东造成损失的，应当依法承担赔偿责任。

公司股东滥用公司法人独立地位和股东有限责任，逃避债务，严重损害公司债权人利益的，应当对公司债务承担连带责任。

《最高人民法院关于依法制裁规避执行行为的若干意见》（2011 年 5 月 27 日）

20. 依法变更追加被执行主体或者告知申请执行人另行起诉。有充分证据证明被执行人通过离婚析产、不依法清算、改制重组、关联交易、财产混同等方式恶意转移财产规避执行的，执行法院可以通过依法变更追加被执行人或者告知申请执行人通过诉讼程序追回被转移的财产。

3. 法律后果

企业与股东资产混同，可能导致企业独立人格被否认，突破企业独立承担民事责任的法律原则，由股东超出出资范围、以自身财产对企业的民事责任承担连带责任。

4. 法律控制

(1)保证公司财产独立。公司应独立进行财务管理;防止资金混同;区分股东的收益与公司的收益;区分股东的个人债务和公司的债务;区分各自的营业场所、主要设备及办公设施。

(2)保证公司组织机构独立。公司应该通过公司章程或其他组织文件完善公司的治理机构设置;明确股东会、董事会、总经理经营管理上的职权分工;应明确监事、总经理的选任和免职程序。

(3)保证公司经营独立。公司应保证在民事活动中有独立意志;单独进行交易时,避免交易行为中发生不同环节由不同的关联企业共同完成的情况。

二、资产权属变化未履行法定程序的法律风险

1. 风险行为

企业资产权属取得、变更、处分,未按照法律规定履行登记等法定程序。

2. 法律依据

《中华人民共和国物权法》(2007 年 3 月 16 日)

第六条 不动产物权的设立、变更、转让和消灭,应当依照法律规定登记。动产物权的设立和转让,应当依照法律规定交付。

第九条 不动产物权的设立、变更、转让和消灭,经依法登记,发生效力;未经登记,不发生效力,但法律另有规定的除外。

依法属于国家所有的自然资源,所有权可以不登记。

第十条 不动产登记,由不动产所在地的登记机构办理。

国家对不动产实行统一登记制度。统一登记的范围、登记机构和登记办法,由法律、行政法规规定。

第十四条 不动产物权的设立、变更、转让和消灭,依照法律规定应当登记的,自记载于不动产登记簿时发生效力。

第二十四条 船舶、航空器和机动车等物权的设立、变更、转让和消灭,未经登记,不得对抗善意第三人。

第一百三十九条 设立建设用地使用权的,应当向登记机构申请建设用地使用权登记。建设用地使用权自登记时设立。登记机构应当向建设用地使用权人发放建设用地使用权证书。

第一百四十五条 建设用地使用权转让、互换、出资或者赠与的,应当向登记机构申请变更登记。

第一百八十七条　以本法第一百八十条第一款第一项至第三项规定的财产或者第五项规定的正在建造的建筑物抵押的，应当办理抵押登记。抵押权自登记时设立。

第一百八十八条　以本法第一百八十条第一款第四项、第六项规定的财产或者第五项规定的正在建造的船舶、航空器抵押的，抵押权自抵押合同生效时设立；未经登记，不得对抗善意第三人。

3. 法律后果

未按照法律规定履行登记等法定程序，可能发生资产权属变化无效或不能对抗善意第三人等法律后果。

4. 法律控制

（1）企业涉及资产权属变动的，应严格按照法律规定履行相应程序；

（2）企业应增强法律意识，在重大经营事件前进行专业法律论证。

三、未建立物资设备管理档案或档案不完整的法律风险

1. 风险行为

企业缺少物资设备管理台账或未建立管理档案，对物资设备的请购、采购、验收、使用、报废等的全流程管理档案，或档案信息不完整。

2. 法律依据

《中华人民共和国安全生产法》（2014 年 8 月 31 日修正）

第三十三条　安全设备的设计、制造、安装、使用、检测、维修、改造和报废，应当符合国家标准或者行业标准。

生产经营单位必须对安全设备进行经常性维护、保养，并定期检测，保证正常运转。维护、保养、检测应当作好记录，并由有关人员签字。

《中华人民共和国民事诉讼法》（2017 年 6 月 27 日修正）

第六十四条第一款　当事人对自己提出的主张，有责任提供证据。

第六十五条　当事人对自己提出的主张应当及时提供证据。

人民法院根据当事人的主张和案件审理情况，确定当事人应当提供的证据及其期限。当事人在该期限内提供证据确有困难的，可以向人民法院申请延长期限，人民法院根据当事人的申请适当延长。当事人逾期提供证据的，人民法院应当责令其说明理由；拒不说明理由或者理由不成立的，人民法院根据不同情形可以不予采纳该证据，或者采纳该证据但予以训诫、罚款。

《最高人民法院关于民事诉讼证据的若干规定》（2019 年 12 月 25 日修正）

第一条　原告向人民法院起诉或者被告提出反诉，应当提供符合起诉条件的相应的证据。

第二条　人民法院应当向当事人说明举证的要求及法律后果，促使当事人在合理期限内积极、全面、正确、诚实地完成举证。

当事人因客观原因不能自行收集的证据，可申请人民法院调查收集。

3. 法律后果

未建立缺少物资设备管理台账或未建立管理档案，不能实现动态管理，不能及时掌握企业资产最新状况，可能导致决策失误。此外，在企业发生法律纠纷或涉诉情况下，无相关档案资料，存在举证不能而需承担不利后果的法律风险。

4. 法律控制

（1）对物资设备逐件建立请购、采购、验收、使用、报废等的全流程管理档案，做好请购报批、采购单据、验收合格确认单、使用记录、报废评估等相关材料的留存记录；

（2）定期进行物资档案信息更新，并进行物资现状汇总，上报企业相关组织机构，为企业提供决策依据；

（3）向员工做好物资设备管理全流程留痕的宣传培训，使全体员工树立物资设备全流程留痕的理念。

四、未及时录入固定资产信息的法律风险

1. 风险行为

未及时录入固定资产信息导致固定资产取得、处置和转移等环节本部门没有相应书面记录资料，或资料不完整。

2. 法律依据

《最高人民法院关于民事诉讼证据的若干规定》（2019 年 12 月 25 日修正）

第一条　原告向人民法院起诉或者被告提出反诉，应当提供符合起诉条件的相应的证据。

第十一条　当事人向人民法院提供证据，应当提供原件或者原物。如需自己保存证据原件、原物或者提供原件、原物确有困难的，可以提供经人民法院核对无异的复制件或者复制品。

《中华人民共和国民事诉讼法》(2017年6月27日修正)

第六十五条第一款　当事人对自己提出的主张应当及时提供证据。

《最高人民法院关于适用〈中华人民共和国民事诉讼法〉的解释》(2015年1月30日)

第九十条第一款　当事人对自己提出的诉讼请求所依据的事实或者反驳对方诉讼请求所依据的事实,应当提供证据加以证明,但法律另有规定的除外。

3. 法律后果

(1)未及时录入固定资产信息,固定资产在取得或使用过程中没有相应的财务书面记录,发生纠纷时本部门无法明确责任划分;

(2)固定资产转移时未及时更新财务系统数据没有书面记录,账面记录与实际发生不一致,可能致使公司资产遭受损失。

4. 法律控制

(1)加强部门的管理、监督责任意识;

(2)根据岗位具体管理职能要求,制定详细、明确的固定资产卡片管理、检查制度、流程和要求;

(3)对经营购买、处置的固定资产应及时录入固定资产信息。

五、企业国有资产管理未履行法律登记的法律风险

1. 风险行为

企业未按照法律规定对国有资产向国有资产管理部门办理国有资产产权登记。

2. 法律依据

《企业国有资产产权登记管理办法》(1996年1月25日)

第二条　本办法所称企业国有资产产权登记(以下简称产权登记),是指国有资产管理部门代表政府对占有国有资产的各类企业的资产、负债、所有者权益等产权状况进行登记,依法确认产权归属关系的行为。

第三条　国有企业、国有独资公司、持有国家股权的单位以及以其他形式占有国有资产的企业(以下统称企业),应当依照本办法的规定办理产权登记。

第六条　产权登记分为占有产权登记、变动产权登记和注销产权登记。

第十三条　国有资产管理部门应当建立健全产权登记档案制度，并定期分析和报告国有资产产权状况。

第十四条　企业违反本办法规定，有下列行为之一的，由国有资产管理部门责令改正、通报批评，可以处以10万元以下的罚款，并提请政府有关部门对企业领导人员和直接责任人员按照规定给予纪律处分：

（一）在规定期限内不办理产权登记的；

（二）隐瞒真实情况、未如实办理产权登记的；

（三）不按照规定办理产权年度检查登记的；

（四）伪造、涂改、出卖或者出借国有资产产权登记表的。

《企业国有资产监督管理暂行条例》（2019年3月2日修正）

第二十九条第一款　国有资产监督管理机构依照国家有关规定，负责企业国有资产的产权界定、产权登记、资产评估监管、清产核资、资产统计、综合评价等基础管理工作。

3. 法律后果

企业未按规定向国有资产管理部门办理国有资产产权登记，可能受到国有资产管理部门的行政处罚；企业负责人可能受到纪律处分，严重的造成国有资产流失的，可能构成刑事犯罪。

4. 法律控制

（1）对企业资产产权情况进行梳理；

（2）对涉及国有资产产权的，企业资产管理部门应在法律专业人员的协助配合下，制定产权登记相关规定，保证全部资产产权登记到位。

六、物资设备规范和管理性文件信息更新不及时的法律风险

1. 风险行为

对于设备的规范和管理文件信息更新不及时，在国家下发新标准后相应的更新程序滞后，新标准得不到及时适用。

2. 法律依据

《中华人民共和国安全生产法》（2014年8月31日修正）

第三十五条　国家对严重危及生产安全的工艺、设备实行淘汰制度，具体目录由国务院安全生产监督管理部门会同国务院有关部门制定并公布。法律、行政法规对目录的制定另有规定的，适用其规定。

省、自治区、直辖市人民政府可以根据本地区实际情况制定并公布具体目录,对前款规定以外的危及生产安全的工艺、设备予以淘汰。

生产经营单位不得使用应当淘汰的危及生产安全的工艺、设备。

第九十六条　生产经营单位有下列行为之一的,责令限期改正,可以处五万元以下的罚款;逾期未改正的,处五万元以上二十万元以下的罚款,对其直接负责的主管人员和其他直接责任人员处一万元以上二万元以下的罚款;情节严重的,责令停产停业整顿;构成犯罪的,依照刑法有关规定追究刑事责任:

……

(六)使用应当淘汰的危及生产安全的工艺、设备的。

3. 法律后果

老旧标准的适用,易使公司出现落后同行业一般水准的情况,进而影响公司生产力的提升;同时,对于强制性新标准的适用不及时,可能面临来自相关监管部门行政处罚的法律风险。

4. 法律控制

(1)积极参与同行业协会组织的各类培训、学习和交流活动,及时了解行业新动态,掌握行业新标准;

(2)对于已经普遍适用而公司未进行及时整改的行业新标,及时向相关部门进行汇报、申请及推广,并注意留存相关书面资料;

(3)对于公司已经通过适用的新标准,监督下属各单位的推广适用工作,并定期检查,留存有关记录。

七、特种设备未进行注册、使用登记的法律风险

1. 风险行为

石油行业涉及大量特种设备,企业存在特种设备投入使用前未办理使用登记、未取得使用登记证书而直接投入使用的风险行为。

2. 法律依据

《中华人民共和国特种设备安全法》(2013 年 6 月 29 日)

第三十三条　特种设备使用单位应当在特种设备投入使用前或者投入使用后三十日内,向负责特种设备安全监督管理的部门办理使用登记,取得使用登记证书。登记标志应当置于该特种设备的显著位置。

第八十三条　违反本法规定,特种设备使用单位有下列行为之一的,责令限期改正；逾期未改正的，责令停止使用有关特种设备，处一万元以上十万元以下罚款：

（一）使用特种设备未按照规定办理使用登记的；

（二）未建立特种设备安全技术档案或者安全技术档案不符合规定要求，或者未依法设置使用登记标志、定期检验标志的；

（三）未对其使用的特种设备进行经常性维护保养和定期自行检查，或者未对其使用的特种设备的安全附件、安全保护装置进行定期校验、检修，并作出记录的；

（四）未按照安全技术规范的要求及时申报并接受检验的；

（五）未按照安全技术规范的要求进行锅炉水（介）质处理的；

（六）未制定特种设备事故应急专项预案的。

3. 法律后果

特种设备使用前未办理使用登记，未取得使用登记证书而直接投入使用，将面临来自特种设备监管部门行政处罚的法律风险。

4. 法律控制

（1）全面审查下属各单位特种设备使用登记证书持有情况，做好未取得使用登记证书的特种设备的统计情况；

（2）针对未取得登记证书的特种设备，主动和特种设备监管部门沟通落实补办事宜，避免后期检查过程中的行政查处风险；

（3）对于此后购置的特种设备，在投入使用前，严格按照法律规定向有关行政监管部门进行使用登记，本部门本岗位做好对下属各单位的监管工作，并做好日常记录，坚决杜绝违规使用特种设备的情况。

八、会计账簿设置不符合法律规定的法律风险

1. 风险行为

企业未严格按照法律规定设置会计账簿、私设会计账簿；未按照规定填制、取得原始凭证或者填制、取得的原始凭证不符合法律法规关于账簿管理规定的情形。

2. 法律依据

《中华人民共和国会计法》（2017 年 11 月 4 日修正）

第十三条　会计凭证、会计帐簿、财务会计报告和其他会计资料，必须符合国家统一的会计制度的规定。

使用电子计算机进行会计核算的，其软件及其生成的会计凭证、会计帐簿、财务会计报告和其他会计资料，也必须符合国家统一的会计制度的规定。

任何单位和个人不得伪造、变造会计凭证、会计帐簿及其他会计资料，不得提供虚假的财务会计报告。

第四十二条　违反本法规定，有下列行为之一的，由县级以上人民政府财政部门责令限期改正，可以对单位并处三千元以上五万元以下的罚款；对其直接负责的主管人员和其他直接责任人员，可以处二千元以上二万元以下的罚款；属于国家工作人员的，还应当由其所在单位或者有关单位依法给予行政处分：

（一）不依法设置会计帐簿的；

（二）私设会计帐簿的；

（三）未按照规定填制、取得原始凭证或者填制、取得的原始凭证不符合规定的；

（四）以未经审核的会计凭证为依据登记会计帐簿或者登记会计帐簿不符合规定的；

（五）随意变更会计处理方法的；

（六）向不同的会计资料使用者提供的财务会计报告编制依据不一致的；

（七）未按照规定使用会计记录文字或者记帐本位币的；

（八）未按照规定保管会计资料，致使会计资料毁损、灭失的；

（九）未按照规定建立并实施单位内部会计监督制度或者拒绝依法实施的监督或者不如实提供有关会计资料及有关情况的；

（十）任用会计人员不符合本法规定的。

有前款所列行为之一，构成犯罪的，依法追究刑事责任。

会计人员有第一款所列行为之一，情节严重的，五年内不得从事会计工作。

有关法律对第一款所列行为的处罚另有规定的，依照有关法律的规定办理。

3. 法律后果

公司未按照相关法律规定进行账簿管理的或将存在面临行政处罚、情节严重的将可能依法追究刑事责任。

4. 法律控制

应当根据《中华人民共和国会计法》《会计基础工作规范》等法律法规的要求进行检查、整改，健全内部各项会计管理制度，建立良好的会计工作秩序，使记账、算账、报账等工作符合国家统一会计制度的要求，逐步实现会计基础工作的规范化、制度化、科学化。

九、财务报告披露程序不当的法律风险

1. 风险行为

财务报告披露程序不当，可能因虚假记载、误导性陈述、重大遗漏和未按规定及时披露导致损失。

2. 法律依据

《中华人民共和国会计法》(2017 年 11 月 4 日修正)

第二十六条　公司、公司进行会计核算不得有下列行为：

(一)随意改变资产、负债、所有者权益的确认标准或者计量方法，虚列、多列、不列或者少列资产、负债、所有者权益；

(二)虚列或者隐瞒收入，推迟或者提前确认收入；

(三)随意改变费用、成本的确认标准或者计量方法，虚列、多列、不列或者少列费用、成本；

(四)随意调整利润的计算、分配方法，编造虚假利润或者隐瞒利润；

(五)违反国家统一的会计制度规定的其他行为。

3. 法律后果

未能按照相关法律规定、公司规章制度要求进行财务报告披露的，致使财务报告信息不准确，或将存在面临行政处罚、情节严重的可能被依法追究刑事责任。

4. 法律控制

应当严格按照国家统一的会计准则制度和公司规章制度中关于会计报表格式、内容的要求与登记完整、核对无误的会计账簿记录和其他有关资料编制会计报表，不得漏报或者任意进行取舍。

十、物资仓储账实不符的法律风险

1. 风险行为

仓储账目与库存实物不相符的风险。

2. 法律依据

《中华人民共和国税收征收管理法》(2015 年 4 月 24 日修正)

第六十三条第一款　纳税人伪造、变造、隐匿、擅自销毁账簿、记账凭证，或者在账簿上多列支出或者不列、少列收入，或者经税务机关通知申报而拒不申报或者进行虚假的纳税申报，不缴或者少缴应纳税款的，是偷税。对纳税人偷税的，由税务机关追缴其不缴或者少缴的税款、滞纳金，并处不缴或者少缴的税款百分之五十以上五倍以下的罚款；构成犯罪的，依法追究刑事责任。

《中华人民共和国刑法》(2017 年 11 月 4 日修正)

第二百零一条　纳税人采取欺骗、隐瞒手段进行虚假纳税申报或者不申报，逃避缴纳税款数额较大并且占应纳税额百分之十以上的，处三年以下有期徒刑或者拘役，并处罚金；数额巨大并且占应纳税额百分之三十以上的，处三年以上七年以下有期徒刑，并处罚金。

扣缴义务人采取前款所列手段，不缴或者少缴已扣、已收税款，数额较大的，依照前款的规定处罚。

对多次实施前两款行为，未经处理的，按照累计数额计算。

有第一款行为，经税务机关依法下达追缴通知后，补缴应纳税款，缴纳滞纳金，已受行政处罚的，不予追究刑事责任；但是，五年内因逃避缴纳税款受过刑事处罚或者被税务机关给予二次以上行政处罚的除外。

3. 法律后果

账实相符是仓储物资储备限额管理、积压物资调剂利用管理等仓储管理的前提，账实不符可能导致其他各项仓储管理措施不当、不符合实际。此外，仓储账实不符或存在税务法律风险，可能面临税务部门的行政处罚。

4. 法律控制

(1)仓储部门应内部划分责任明确职责，各司其职。梳理仓库进出和移动货物的流程，查漏补缺。做好物料标示与摆放，保存好出入库明细的卡账，以便核查。定期进行物料核对，发生问题根据职责划分追究责任。

(2)相关部门应当留存好物料进出的原始凭据，并做好开票工作。

(3)会计部门应当严格按照国家统一的会计准则制度和公司规章制度编制会计报表，处理好财务税收问题。

(4)已经发生漏税现象的，及时向税务行政部门申报补缴。

十一、物资仓储防火、防盗等安全法律风险

1. 风险行为

不当仓储行为，可能存在火灾、失窃等安全风险。

2. 法律依据

《中华人民共和国安全生产法》(2014年8月31日修正)

第五条　生产经营单位的主要负责人对本单位的安全生产工作全面负责。

第十七条　生产经营单位应当具备本法和有关法律、行政法规和国家标准或者行业标准规定的安全生产条件；不具备安全生产条件的，不得从事生产经营活动。

《中华人民共和国消防法》(2019年4月23日修正)

第十六条　机关、团体、企业、事业等单位应当履行下列消防安全职责：

(一)落实消防安全责任制，制定本单位的消防安全制度、消防安全操作规程，制定灭火和应急疏散预案；

(二)按照国家标准、行业标准配置消防设施、器材，设置消防安全标志，并定期组织检验、维修，确保完好有效；

(三)对建筑消防设施每年至少进行一次全面检测，确保完好有效，检测记录应当完整准确，存档备查；

(四)保障疏散通道、安全出口、消防车通道畅通，保证防火防烟分区、防火间距符合消防技术标准；

(五)组织防火检查，及时消除火灾隐患；

(六)组织进行有针对性的消防演练；

(七)法律、法规规定的其他消防安全职责。

单位的主要负责人是本单位的消防安全责任人。

3. 法律后果

不当仓储存放、出入库等行为，可能产生火灾、失窃等安全风险，给公司造成经济损失，严重的可能造成安全生产事故。

4. 法律控制

(1)消防方面：做好仓储禁火禁烟管理和措施；对易燃物资进行特殊仓储存放，并做好防火隔离；仓库做好灭火设施配备；仓库设施建设配备火警报警

装置,并定期检查,保持报警装置的敏感度;禁止通道内存放物资,保持仓库内通道通畅;依法接受当地消防部门消防检查;

(2)防盗方面:对贵重、特殊物资制定特别管理规范,严密仓储,做好防盗措施;严格出入库行为管理,严格人员出入库检查;严格物资出入库登记,并定期盘点,做到账实相符,掌握仓储新近确实信息。

知识产权法律风险

一、对企业知识产权保护不利、主张权利不及时的法律风险

1. 风险行为

对于侵犯企业知识产权的行为追究不及时或没有相应能力进行追究。

2. 法律依据

《中华人民共和国专利法》(2008 年 12 月 27 日修正)

第六十条　未经专利权人许可,实施其专利,即侵犯其专利权,引起纠纷的,由当事人协商解决;不愿协商或者协商不成的,专利权人或者利害关系人可以向人民法院起诉,也可以请求管理专利工作的部门处理。管理专利工作的部门处理时,认定侵权行为成立的,可以责令侵权人立即停止侵权行为,当事人不服的,可以自收到处理通知之日起十五日内依照《中华人民共和国行政诉讼法》向人民法院起诉;侵权人期满不起诉又不停止侵权行为的,管理专利工作的部门可以申请人民法院强制执行。进行处理的管理专利工作的部门应当事人的请求,可以就侵犯专利权的赔偿数额进行调解;调解不成的,当事人可以依照《中华人民共和国民事诉讼法》向人民法院起诉。

《中华人民共和国著作权法》(2010 年 2 月 26 日修正)

第五十五条　著作权纠纷可以调解,也可以根据当事人达成的书面仲裁协议或者著作权合同中的仲裁条款,向仲裁机构申请仲裁。

当事人没有书面仲裁协议,也没有在著作权合同中订立仲裁条款的,可以直接向人民法院起诉。

《中华人民共和国商标法》(2019 年 4 月 23 日修正)

第六十条第一款、第三款　有本法第五十七条所列侵犯注册商标专用权行为之一,引起纠纷的,由当事人协商解决;不愿协商或者协商不成的,商标注册人或者利害关系人可以向人民法院起诉,也可以请求工商行政管理部门

处理。

对侵犯商标专用权的赔偿数额的争议，当事人可以请求进行处理的工商行政管理部门调解，也可以依照《中华人民共和国民事诉讼法》向人民法院起诉。经工商行政管理部门调解，当事人未达成协议或者调解书生效后不履行的，当事人可以依照《中华人民共和国民事诉讼法》向人民法院起诉。

3. 法律后果

知识产权保护不力可能造成企业被侵权，从而产生严重的经济损失。

4. 法律控制

(1)对已授权专利，严格采取保护措施，包括：在专利产品或该产品的包装上标明专利标记、专利号、专利权人；转让专利技术时，应订立书面合同并办理登记手续，妥善收集和保管专利证书和有关标明专利的证据，按时缴纳专利年费等；

(2)安排专人进行信息搜集，及时发现他人提出的可能损害本企业利益的专利申请，及时向专利局提出意见，对已授予专利权的，要请求专利局撤销该专利权或请求专利复审委员会宣告该专利无效；

(3)密切关注国内、国外同行业中是否有擅自使用本企业专利技术的情况，一旦发现，立即采取措施，制止对方的侵权行为。

二、对新技术未能及时采取知识产权保护措施的法律风险

1. 风险行为

在参与公司组织开发、推广、应用节能减排新技术、新工艺、新设备、新材料过程中，对新开发和改进的新技术、新工艺等未采取知识产权保护措施。或者企业相关操作人员、技术人员缺乏知识产权法律意识，创新一项新技术未能及时采取知识产权保护措施，最终让其他厂家或者个人申请了该新技术的专利；待其他厂家或者个人获得该技术专利权后，我方在未征得权利人许可继续使用该项技术，则构成侵权。

2. 法律依据

《中华人民共和国专利法》(2008 年 12 月 27 日修正)

第三条　国务院专利行政部门负责管理全国的专利工作；统一受理和审查专利申请，依法授予专利权。

省、自治区、直辖市人民政府管理专利工作的部门负责本行政区域内的专利管理工作。

第十二条　任何单位或者个人实施他人专利的,应当与专利权人订立实施许可合同,向专利权人支付专利使用费。被许可人无权允许合同规定以外的任何单位或者个人实施该专利。

第十三条　发明专利申请公布后,申请人可以要求实施其发明的单位或者个人支付适当的费用。

3. 法律后果

(1)可能导致本单位相关知识产权被侵害,具体可能表现:相关知识产权被他人抢先申报、知识产权被恶意公开或技术被盗用等其他侵权行为,从而给企业造成经济损失;

(2)新技术未能及时申请专利,导致其他企业或者个人抢先申请并获得专利权,本企业再继续使用该技术,已构成侵权,易引发纠纷,给本企业造成经济损失。

4. 法律控制

(1)运用合同条款对知识产权的申报、保护进行约定;

(2)出现相关专利及实用新型时,及时进行知识产权申报,以维护己方知识产权;

(3)在本企业员工创新一项新技术的第一时间,咨询专业律师,检索此项技术是否可以申请专利,再继续补充相关材料,及时向国务院专利行政部门申请专利权。

三、科技成果未及时采取知识产权保护措施的法律风险

1. 风险行为

企业未能及时对已经取得的专利进行申报、注册,或是对已经取得专利权的专利未及时缴纳相关费用,导致专利权丧失。

2. 法律依据

《中华人民共和国专利法》(2008 年 12 月 27 日修正)

第九条　同样的发明创造只能授予一项专利权。但是,同一申请人同日对同样的发明创造既申请实用新型专利又申请发明专利,先获得的实用新型专利权尚未终止,且申请人声明放弃该实用新型专利权的,可以授予发明专利权。

两个以上的申请人分别就同样的发明创造申请专利的，专利权授予最先申请的人。

第十二条　任何单位或者个人实施他人专利的，应当与专利权人订立实施许可合同，向专利权人支付专利使用费。被许可人无权允许合同规定以外的任何单位或者个人实施该专利。

第四十三条　专利权人应当自被授予专利权的当年开始缴纳年费。

第四十四条　有下列情形之一的，专利权在期限届满前终止：

（一）没有按照规定缴纳年费的；

（二）专利权人以书面声明放弃其专利权的。

专利权在期限届满前终止的，由国务院专利行政部门登记和公告。

3. 法律后果

未能及时申报专利导致第三方单位抢先获得相关专利等，给企业造成经济损失。未及时缴纳专利年费，很难恢复专利权，且恢复需要缴纳滞纳金。

4. 法律控制

（1）对已授权专利，严格采取保护措施，包括：在专利产品或该产品的包装上标明专利标记、专利号、专利权人；转让专利技术时，应订立书面合同并办理登记手续，妥善收集和保管专利证书和有关标明专利的证据，按时缴纳专利年费等；

（2）安排专人进行信息搜集，及时发现他人提出的可能损害本企业利益的专利申请，及时向专利局提出意见，对已授予专利权的，要请求专利局撤销该专利权或请求专利复审委员会宣告该专利无效；

（3）密切关注国内、国外同行业中是否有擅自使用本企业专利技术的情况，一旦发现，立即采取措施，制止对方的侵权行为。

四、涉密文件储存不当的法律风险

1. 风险行为

企业涉密文件未进行特殊加密处理，未进行保密化存储。

2. 法律依据

《中华人民共和国刑法》（2017 年 11 月 4 日修正）

第二百一十九条第一款、第二款、第三款　有下列侵犯商业秘密行为之一，给商业秘密的权利人造成重大损失的，处三年以下有期徒刑或者拘役，并

处或者单处罚金;造成特别严重后果的,处三年以上七年以下有期徒刑,并处罚金:

(一)以盗窃、利诱、胁迫或者其他不正当手段获取权利人的商业秘密的;

(二)披露、使用或者允许他人使用以前项手段获取的权利人的商业秘密的;

(三)违反约定或者违反权利人有关保守商业秘密的要求,披露、使用或者允许他人使用其所掌握的商业秘密的。

明知或者应知前款所列行为,获取、使用或者披露他人的商业秘密的,以侵犯商业秘密论。

本条所称商业秘密,是指不为公众所知悉,能为权利人带来经济利益,具有实用性并经权利人采取保密措施的技术信息和经营信息。

《最高人民检察院、公安部关于公安机关管辖的刑事案件立案追诉标准的规定(二)》(2010年5月7日)

第七十三条　[侵犯商业秘密案(刑法第二百一十九条)]侵犯商业秘密,涉嫌下列情形之一的,应予立案追诉:

(一)给商业秘密权利人造成损失数额在五十万元以上的;

(二)因侵犯商业秘密违法所得数额在五十万元以上的;

(三)致使商业秘密权利人破产的;

(四)其他给商业秘密权利人造成重大损失的情形。

《最高人民法院、最高人民检察院关于办理侵犯知识产权刑事案件具体应用法律若干问题的解释》(2004年12月8日)

第七条　实施刑法第二百一十九条规定的行为之一,给商业秘密的权利人造成损失数额在五十万元以上的,属于“给商业秘密的权利人造成重大损失”,应当以侵犯商业秘密罪判处三年以下有期徒刑或者拘役,并处或者单处罚金。

给商业秘密的权利人造成损失数额在二百五十万元以上的,属于刑法第二百一十九条规定的“造成特别严重后果”,应当以侵犯商业秘密罪判处三年以上七年以下有期徒刑,并处罚金。

《中华人民共和国劳动合同法》(2012年12月28日修正)

第二十三条　用人单位与劳动者可以在劳动合同中约定保守用人单位的

商业秘密和与知识产权相关的保密事项。

对负有保密义务的劳动者，用人单位可以在劳动合同或者保密协议中与劳动者约定竞业限制条款，并约定在解除或者终止劳动合同后，在竞业限制期限内按月给予劳动者经济补偿。劳动者违反竞业限制约定的，应当按照约定向用人单位支付违约金。

3. 法律后果

企业机密文件内容外泄，可能给单位造成不良影响，还可能导致国家秘密、商业秘密被披露，给国家和企业造成重大损失。泄密人员根据其行为性质承担相应的民事责任甚至刑事责任。

4. 法律控制

（1）根据本企业的相关工作规定，细化制定本企业关于保密工作的管理办法；

（2）遵守保密办法，采取保密措施，加强对机密文件的管理，及时总结自查保密情况；

（3）组织企业人员学习保密的相关法律法规和工作制度，重视保密工作，熟悉保密措施，明确泄露秘密的责任。

五、生产视频监控资料泄露风险

1. 风险行为

未经批准故意泄露生产视频监控资料或未尽到妥善保管义务，过失泄露生产视频监控资料。

2. 法律依据

《中华人民共和国劳动合同法》（2012 年 12 月 28 日修正）

第二十三条第一款　用人单位与劳动者可以在劳动合同中约定保守用人单位的商业秘密和与知识产权相关的保密事项。

《中华人民共和国合同法》（1999 年 3 月 15 日）

第四十三条　当事人在订立合同过程中知悉的商业秘密，无论合同是否成立，不得泄露或者不正当地使用。泄露或者不正当地使用该商业秘密给对方造成损失的，应当承担损害赔偿责任。

《中华人民共和国刑法》（2017 年 11 月 4 日修正）

第二百一十九条　有下列侵犯商业秘密行为之一，给商业秘密的权利人造成重大损失的，处三年以下有期徒刑或者拘役，并处或者单处罚金；造成特别严重后果的，处三年以上七年以下有期徒刑，并处罚金：

（一）以盗窃、利诱、胁迫或者其他不正当手段获取权利人的商业秘密的；

（二）披露、使用或者允许他人使用以前项手段获取的权利人的商业秘密的；

（三）违反约定或者违反权利人有关保守商业秘密的要求，披露、使用或者允许他人使用其所掌握的商业秘密的。

明知或者应知前款所列行为，获取、使用或者披露他人的商业秘密的，以侵犯商业秘密论。

本条所称商业秘密，是指不为公众所知悉，能为权利人带来经济利益，具有实用性并经权利人采取保密措施的技术信息和经营信息。

本条所称权利人，是指商业秘密的所有人和经商业秘密所有人许可的商业秘密使用人。

3. 法律后果

故意或过失泄露生产视频监控资料，不仅会给企业造成严重损失，还会因为涉嫌泄露商业秘密，承担相应的民事及刑事责任。

4. 法律控制

建立完善的生产视频监控资料保管制度，设立专人对该资料予以保管，任何人查阅该类资料均应通过严格的审批手续，且严格限制对该类资料予以复制、翻拍等，建立使用台账，最大程度避免资料泄露。

六、企业网络安全风险意识不足，缺少网络安全风险应对机制的法律风险

1. 风险行为

对于企业的信息管理，缺乏网络风险防范意识，没有网络安全风险的应对机制，导致企业核心机密泄露。

2. 法律依据

《中华人民共和国网络安全法》（2016 年 11 月 7 日）

第四十二条　网络运营者不得泄露、篡改、毁损其收集的个人信息；未经被收集者同意，不得向他人提供个人信息。但是，经过处理无法识别特定个人且不能复原的除外。

网络运营者应当采取技术措施和其他必要措施，确保其收集的个人信息安全，防止信息泄露、毁损、丢失。在发生或者可能发生个人信息泄露、毁损、丢失的情况时，应当立即采取补救措施，按照规定及时告知用户并向有关主管部门报告。

第四十四条　任何个人和组织不得窃取或者以其他非法方式获取个人信息，不得非法出售或者非法向他人提供个人信息。

3. 法律后果

网络安全意识不清、未能制定网络安全防范机制，易引发网络安全事故，造成重要数据、信息丢失，导致公司核心机密泄露，或造成网络病毒入侵等企业，从而给公司重大经济损失。

4. 法律控制

（1）需要充分重视网络安全的重要性，增加网络安全投资，包括安全人员的专业培训、安全设备部署、监控系统部署等方面；

（2）企业的网络安全其核心是保护企业数据的安全，可以从以下方面着手和考虑：通过部署边界安全防护、邮件安全防护、上网安全防护、web 应用安全防护、终端安全等手段，保护企业网络不受入侵，从而有效地、主动地保护企业数据；通过部署数据防泄露解决方案，确认数据在离开企业时是否合法；通过数据备份解决方案，可以保证企业数据的完整性，避免因各种原因导致数据丢失；通过以上策略可以从攻击的各个环节有效地防护与保护企业数据安全；

（3）注意规范公司的安全管理流程，同时注重对员工的网络安全知识培训，确保从多方面着手构建完善的网络安全保障体系。

七、外包维修服务未恰当履行或监控不当的法律风险

1. 风险行为

企业办公系统维修服务外包时，未签订保密协议，外包单位未恰当履行维修义务，而企业无专人就外包人员维修时是否侵犯、窃取公司文件、信息等进行监控。

2. 法律依据

《中华人民共和国合同法》（1999 年 3 月 15 日）

第六十条　当事人应当按照约定全面履行自己的义务。

当事人应当遵循诚实信用原则，根据合同的性质、目的和交易习惯履行通知、协助、保密等义务。

第一百零七条　当事人一方不履行合同义务或者履行合同义务不符合约定的，应当承担继续履行、采取补救措施或者赔偿损失等违约责任。

《中华人民共和国刑法》(2017 年 11 月 4 日修正)

第二百一十九条　有下列侵犯商业秘密行为之一，给商业秘密的权利人造成重大损失的，处三年以下有期徒刑或者拘役，并处或者单处罚金；造成特别严重后果的，处三年以上七年以下有期徒刑，并处罚金：

(一)以盗窃、利诱、胁迫或者其他不正当手段获取权利人的商业秘密的；

(二)披露、使用或者允许他人使用以前项手段获取的权利人的商业秘密的；

(三)违反约定或者违反权利人有关保守商业秘密的要求，披露、使用或者允许他人使用其所掌握的商业秘密的。

明知或者应知前款所列行为，获取、使用或者披露他人的商业秘密的，以侵犯商业秘密论。

本条所称商业秘密，是指不为公众所知悉，能为权利人带来经济利益，具有实用性并经权利人采取保密措施的技术信息和经营信息。

本条所称权利人，是指商业秘密的所有人和经商业秘密所有人许可的商业秘密使用人。

3. 法律后果

办公系统维修服务外包时，外包单位未恰当履行维修义务，维修目的不能完全实现，单位无法正常使用，影响工作效率，造成损失；未对维修人员侵犯、窃取公司文件、信息履行监控义务，导致办公系统信息有泄密风险。

4. 法律控制

(1)选定有资质的大型办公系统维修公司提供服务，签订服务合同时将合同目的、服务质量标准、违约金及损害赔偿标准等权利义务条款约定清楚；

(2)就维修过程中的保密事项专门签订保密协议，要求维修公司就办公系统维修过程中的文件、信息履行保密义务；

(3)系统维修涉及重要信息、文件时，技术部门予以配合，避免造成损失。

八、涉密岗位劳动合同未设置保密条款的法律风险

1. 风险行为

企业在安全管理过程中，对于生产资料管理等可能接触到核心文件的特殊岗位以及文件收发、文件打印等可能接触到核心文件的特殊岗位，在劳动合同及岗位制度中均未设置保密条款。

2. 法律依据

《中华人民共和国劳动合同法》(2012 年 12 月 28 日修正)

第二十三条　用人单位与劳动者可以在劳动合同中约定保守用人单位的商业秘密和与知识产权相关的保密事项。

对负有保密义务的劳动者，用人单位可以在劳动合同或者保密协议中与劳动者约定竞业限制条款，并约定在解除或者终止劳动合同后，在竞业限制期限内按月给予劳动者经济补偿。劳动者违反竞业限制约定的，应当按照约定向用人单位支付违约金。

《中华人民共和国刑法》(2017 年 11 月 4 日修正)

第二百一十九条　有下列侵犯商业秘密行为之一，给商业秘密的权利人造成重大损失的，处三年以下有期徒刑或者拘役，并处或者单处罚金；造成特别严重后果的，处三年以上七年以下有期徒刑，并处罚金：

(一)以盗窃、利诱、胁迫或者其他不正当手段获取权利人的商业秘密的；

(二)披露、使用或者允许他人使用以前项手段获取的权利人的商业秘密的；

(三)违反约定或者违反权利人有关保守商业秘密的要求，披露、使用或者允许他人使用其所掌握的商业秘密的。

明知或者应知前款所列行为，获取、使用或者披露他人的商业秘密的，以侵犯商业秘密论。

本条所称商业秘密，是指不为公众所知悉，能为权利人带来经济利益，具有实用性并经权利人采取保密措施的技术信息和经营信息。

本条所称权利人，是指商业秘密的所有人和经商业秘密所有人许可的商业秘密使用人。

3. 法律后果

未设置保密条款可能导致职工在职期间故意或过失泄露企业商业秘密，或职工在掌握企业商业秘密后跳槽至与单位有竞业关系的其他企业，对企业产生不利影响。严重时可构成侵犯商业秘密罪，根据《中华人民共和国刑法》第二百一十九条的规定，可能处三年以下有期徒刑或者拘役，并处或者单处罚金;造成特别严重后果的,处三年以上七年以下有期徒刑,并处罚金。

4.法律控制

对于本身涉及核心业务的岗位,或类似于文件收发、文件打印等可能知晓核心业务的岗位,应当在劳动合同及岗位职责中设立保密条款,以限制职工对外泄露企业商业秘密或发生竞业,维护企业合法权益。

九、竞业条款中未约定竞业限制补偿金的法律风险

1.风险行为

员工离职时与企业签署的离职承诺书中存在竞业限制条款,但未约定竞业限制的期限及竞业限制期内的补偿金。

2.法律依据

《中华人民共和国劳动合同法》(2012年12月28日修正)

第二十三条　用人单位与劳动者可以在劳动合同中约定保守用人单位的商业秘密和与知识产权相关的保密事项。

对负有保密义务的劳动者,用人单位可以在劳动合同或者保密协议中与劳动者约定竞业限制条款,并约定在解除或者终止劳动合同后,在竞业限制期限内按月给予劳动者经济补偿。劳动者违反竞业限制约定的,应当按照约定向用人单位支付违约金。

《最高人民法院关于审理劳动争议案件适用法律若干问题的解释(四)》(2013年1月18日)

第六条第一款　当事人在劳动合同或者保密协议中约定了竞业限制,但未约定解除或者终止劳动合同后给予劳动者经济补偿,劳动者履行了竞业限制义务,要求用人单位按照劳动者在劳动合同解除或者终止前十二个月平均工资的30%按月支付经济补偿的,人民法院应予支持。

3.法律后果

员工违反约定的,用人单位无法要求员工支付违约金;员工遵守约定的,可要求用人单位按照劳动者在劳动合同解除或者终止前十二个月平均工资的30%按月支付经济补偿。

4.法律控制

(1)针对特殊岗位,负有保密义务的员工,应签订竞业限制协议,在竞业限制中明确竞业限制的范围、期限、费用及违约金;

(2)如不能签订竞业限制协议的,在劳动合同中应明确竞业限制条款;

(3)应在竞业限制期间按月向劳动者支付竞业限制期间的费用。

十、第三方恶意使用本企业商标或其他不正当方式侵害商标利益的法律风险

1. 风险行为

第三方恶意使用本企业商标对外销售产品,或以不正当方式侵害本企业商标相关利益,未能及时采取法律手段、行政手段等措施维护自身合法权益。

2. 法律依据

《中华人民共和国商标法》(2019 年 4 月 23 日修正)

第五十七条　有下列行为之一的,均属侵犯注册商标专用权:

(一)未经商标注册人的许可,在同一种商品上使用与其注册商标相同的商标的;

(二)未经商标注册人的许可,在同一种商品上使用与其注册商标近似的商标,或者在类似商品上使用与其注册商标相同或者近似的商标,容易导致混淆的;

(三)销售侵犯注册商标专用权的商品的;

(四)伪造、擅自制造他人注册商标标识或者销售伪造、擅自制造的注册商标标识的;

(五)未经商标注册人同意,更换其注册商标并将该更换商标的商品又投入市场的;

(六)故意为侵犯他人商标专用权行为提供便利条件,帮助他人实施侵犯商标专用权行为的;

(七)给他人的注册商标专用权造成其他损害的。

第五十八条　将他人注册商标、未注册的驰名商标作为企业名称中的字号使用,误导公众,构成不正当竞争行为的,依照《中华人民共和国反不正当竞争法》处理。

第五十九条　注册商标中含有的本商品的通用名称、图形、型号,或者直接表示商品的质量、主要原料、功能、用途、重量、数量及其他特点,或者含有的地名,注册商标专用权人无权禁止他人正当使用。

三维标志注册商标中含有的商品自身的性质产生的形状、为获得技术效果而需有的商品形状或者使商品具有实质性价值的形状，注册商标专用权人无权禁止他人正当使用。

商标注册人申请商标注册前，他人已经在同一种商品或者类似商品上先于商标注册人使用与注册商标相同或者近似并有一定影响的商标的，注册商标专用权人无权禁止该使用人在原使用范围内继续使用该商标，但可以要求其附加适当区别标识。

第六十条　有本法第五十七条所列侵犯注册商标专用权行为之一，引起纠纷的，由当事人协商解决；不愿协商或者协商不成的，商标注册人或者利害关系人可以向人民法院起诉，也可以请求工商行政管理部门处理。

工商行政管理部门处理时，认定侵权行为成立的，责令立即停止侵权行为，没收、销毁侵权商品和主要用于制造侵权商品、伪造注册商标标识的工具，违法经营额五万元以上的，可以处违法经营额五倍以下的罚款，没有违法经营额或者违法经营额不足五万元的，可以处二十五万元以下的罚款。对五年内实施两次以上商标侵权行为或者有其他严重情节的，应当从重处罚。销售不知道是侵犯注册商标专用权的商品，能证明该商品是自己合法取得并说明提供者的，由工商行政管理部门责令停止销售。

对侵犯商标专用权的赔偿数额的争议，当事人可以请求进行处理的工商行政管理部门调解，也可以依照《中华人民共和国民事诉讼法》向人民法院起诉。经工商行政管理部门调解，当事人未达成协议或者调解书生效后不履行的，当事人可以依照《中华人民共和国民事诉讼法》向人民法院起诉。

第六十一条　对侵犯注册商标专用权的行为，工商行政管理部门有权依法查处；涉嫌犯罪的，应当及时移送司法机关依法处理。

3. 法律后果

企业未能及时发现第三方恶意使用本企业商标对外销售产品，或以不正当方式侵害本企业商标相关利益，可能会导致企业商标被恶意抢注、模仿、注册域名、直接使用的未注册商标与他人已经注册的商标构成近似等商标专用权被侵权的后果，造成企业形象、利益受到严重损失。

4. 法律控制

（1）对于企业未注册但具有一定知名度的商标应当及时注册；

（2）对于第三方恶意使用等各种侵害企业利益的行为及时维权，避免损失进一步扩大；

（3）对于已有的商标近似、关联商标进行注册，防止他人模仿或者注册构成近似的商标，侵害企业的商标专用权。

人力资源管理法律风险

一、录用条件不明确的法律风险

1. 风险行为

单位招聘员工时，对录用条件未提前告知，未设定明确的录用条件。

2. 法律依据

《中华人民共和国劳动合同法》(2012 年 12 月 28 日修正)

第三十九条　劳动者有下列情形之一的，用人单位可以解除劳动合同：

(一)在试用期间被证明不符合录用条件的；

(二)严重违反用人单位的规章制度的；

(三)严重失职，营私舞弊，给用人单位造成重大损害的；

(四)劳动者同时与其他用人单位建立劳动关系，对完成本单位的工作任务造成严重影响，或者经用人单位提出，拒不改正的；

(五)因本法第二十六条第一款第一项规定的情形致使劳动合同无效的；

(六)被依法追究刑事责任的。

3. 法律后果

在试用期时，如员工确实不符合企业录用条件，或不能胜任工作时，企业很难以“不符合录用条件”为由单方解除劳动合同。

4. 法律控制

应在招聘制度中明确录用条件，可在制度中规定招聘广告中运用可量化的、明确的、可操作的录用条件，也可以单独制定书面的录用条件或在劳动合同中对录用条件做出具体约定。

二、招聘资料中应聘者提交的复印件未要求本人签字的法律风险

1. 风险行为

招聘过程中，对招聘资料中应聘者提交的复印件未要求其本人签字。

2. 法律依据

《中华人民共和国劳动合同法》(2012 年 12 月 28 日修正)

第八条　用人单位招用劳动者时,应当如实告知劳动者工作内容、工作条件、工作地点、职业危害、安全生产状况、劳动报酬,以及劳动者要求了解的其他情况;用人单位有权了解劳动者与劳动合同直接相关的基本情况,劳动者应当如实说明。

3. 法律后果

如因员工提供的相关资料复印件不真实,用人单位又无法提供充分有力的证据,用人单位可能承担非法解除劳动合同的法律风险。

4. 法律控制

严格审查劳动者身份信息并保留证据,对劳动者出示的证件原件和复印件核对无误后,由劳动者在复印件上手写批注"此复印件与原件一致,由某某提供"并签署姓名和日期。劳动者入职时没有确认的,入职后及时要求劳动者对证件复印件予以确认。

三、试用期超过法定期限的法律风险

1. 风险行为

单位招录员工时存在试用期超过法定期限的情形,甚至存在约定一年试用期的情况。

2. 法律依据

《中华人民共和国劳动合同法》(2012 年 12 月 28 日修正)

第十九条第一款　劳动合同期限三个月以上不满一年的,试用期不得超过一个月;劳动合同期限一年以上不满三年的,试用期不得超过二个月;三年以上固定期限和无固定期限的劳动合同,试用期不得超过六个月。

第八十三条　用人单位违反本法规定与劳动者约定试用期的,由劳动行政部门责令改正;违法约定的试用期已经履行的,由用人单位以劳动者试用期满月工资为标准,按已经履行的超过法定试用期的期间向劳动者支付赔偿金。

3. 法律后果

(1)行政风险:劳动行政部门责令改正;

(2)赔偿责任:违法约定试用期已经履行的,由用人单位以劳动者试用期满月工资为标准,按已经履行的超过法定试用期的期间向劳动者支付赔偿金。

4. 法律控制

严格按照《中华人民共和国劳动法》及《中华人民共和国劳动合同法》的规定约定试用期。

四、员工调岗未取得员工书面同意的法律风险

1. 风险行为

针对不能胜任工作的员工,直接调整工作岗位,未作出调岗通知书,且员工未签署相关同意意见。

2. 法律依据

《中华人民共和国劳动合同法》(2012 年 12 月 28 日修正)

第三十五条第一款　用人单位与劳动者协商一致,可以变更劳动合同约定的内容。变更劳动合同,应当采用书面形式。

3. 法律后果

变更行为无效,易引发劳动争议,且可能会承担经济补偿金或赔偿金。

4. 法律控制

(1)用人单位对劳动者的调职调岗行为属于对劳动合同内容的变更,依照法律规定,必须采用书面形式,要求劳动者进行确认;

(2)用人单位在与劳动者签订劳动合同时,约定工作地点时可以采取灵活一些的约定,如可以约定两个或两个以上的工作地点也可以约定"乙方因甲方工作需要临时在以上工作地点之外工作的,乙方同意服从工作安排";

(3)若要调整员工的工作地点到劳动合同约定以外的地点,则需与员工协商,协商的过程要有书面记录,由员工签字;

(4)用人单位要对相关证据妥善保存,以避免日后产生举证不能的风险。

五、未经员工书面同意调岗且降薪的法律风险

1. 风险行为

调整员工岗位时,对不服从分配的员工采取降低薪酬的行为。

2. 法律依据

《中华人民共和国劳动合同法》(2012 年 12 月 28 日修正)

第三十五条第一款　用人单位与劳动者协商一致,可以变更劳动合同约定的内容。变更劳动合同,应当采用书面形式。

3. 法律后果

变更行为无效，易引发劳动争议，且可能会承担经济补偿金或赔偿金。

4. 法律控制

用人单位对劳动者的调岗降薪行为属于对劳动合同内容的变更，依照法律规定，必须采用书面形式，要求劳动者进行确认。

六、劳动合同约定的违约金不符合法律规定

1. 风险行为

单位在劳动合同中与员工约定最短服务期，提前离职需承担违约金。

2. 法律依据

《中华人民共和国劳动合同法》(2012 年 12 月 28 日修正)

第二十二条　用人单位为劳动者提供专项培训费用，对其进行专业技术培训的，可以与该劳动者订立协议，约定服务期。

劳动者违反服务期约定的，应当按照约定向用人单位支付违约金。违约金的数额不得超过用人单位提供的培训费用。用人单位要求劳动者支付的违约金不得超过服务期尚未履行部分所应分摊的培训费用。

用人单位与劳动者约定服务期的，不影响按照正常的工资调整机制提高劳动者在服务期期间的劳动报酬。

第二十五条　除本法第二十二条和第二十三条规定的情形外，用人单位不得与劳动者约定由劳动者承担违约金。

3. 法律后果

违约条款设定无效，给劳动者造成损害的，应当承担赔偿责任。

4. 法律控制

除员工违反服务期限约定和竞业限制约定的两种情况外，用人单位不得约定违约金。

七、劳务派遣员工用工不符合临时性的法律风险

1. 风险行为

劳务派遣员工的工作岗位存续时间超过六个月。

2. 法律依据

《劳务派遣暂行规定》(2014 年 1 月 24 日)

第三条第一款、第二款　用工单位只能在临时性的工作岗位上使用被派遣劳动者。

前款规定的临时性工作岗位是指存续时间不超过6个月的岗位。

3. 法律后果

劳务派遣行为无效将导致被劳动仲裁机构或法院认定单位与劳务派遣员工存在事实劳动关系的可能，从而导致单位支付经济补偿金。

4. 法律控制

使用劳务派遣工时，应将使用日期限定在6个月内，若已超过6个月的，应当及时解除用工或重新接受派遣。

八、将劳务派遣员工安排至主营业务岗位的法律风险

1. 风险行为

单位将被派遣员工安排至操作及主营岗位上。

2. 法律依据

《中华人民共和国劳动合同法》(2012年12月28日修正)

第六十六条第一款、第二款　劳动合同用工是我国的企业基本用工形式。劳务派遣用工是补充形式，只能在临时性、辅助性或者替代性的工作岗位上实施。

前款规定的临时性工作岗位是指存续时间不超过六个月的岗位；辅助性工作岗位是指为主营业务岗位提供服务的非主营业务岗位；替代性工作岗位是指用工单位的劳动者因脱产学习、休假等原因无法工作的一定期间内，可以由其他劳动者替代工作的岗位。

3. 法律后果

劳务派遣行为无效将导致被劳动仲裁机构或法院认定单位与劳务派遣员工存在事实劳动关系的可能，从而导致单位支付经济补偿金。

4. 法律控制

劳务派遣工作岗位具有替代性、辅助性的特征，使用劳务派遣工时，应当将工作岗位限定在辅助性、替代性的岗位上。

九、劳务派遣员工工资与本单位员工工资差异较大，不符合同岗同酬的法律风险

1. 风险行为

劳务派遣员工与本单位员工工资差异较大。

2. 法律依据

《中华人民共和国劳动合同法》(2012 年 12 月 28 日修正)

第六十三条　被派遣劳动者享有与用工单位的劳动者同工同酬的权利。用工单位应当按照同工同酬原则,对被派遣劳动者与本单位同类岗位的劳动者实行相同的劳动报酬分配办法。用工单位无同类岗位劳动者的,参照用工单位所在地相同或者相近岗位劳动者的劳动报酬确定。

劳务派遣单位与被派遣劳动者订立的劳动合同和与用工单位订立的劳务派遣协议,载明或者约定的向被派遣劳动者支付的劳动报酬应当符合前款规定。

3. 法律后果

或将面临被劳动者提起仲裁或诉讼的法律风险。

4. 法律控制

用工单位应当按照同工同酬原则,对被派遣劳动者与本单位同类岗位的劳动者实行相同的劳动报酬分配办法。

十、员工长期旷工未及时解除劳动合同的法律风险

1. 风险行为

日常存在部分员工长期旷工且失联,劳动关系未及时解除的情形。

2. 法律依据

《中华人民共和国劳动合同法》(2012 年 12 月 28 日修正)

第三十九条　劳动者有下列情形之一的,用人单位可以解除劳动合同:

……

(二)严重违反用人单位的规章制度的;

……

3. 法律后果

用人单位未与旷工员工解除劳动合同,劳动关系持续存在,存在员工要求单位继续缴纳社保及补发工资的法律风险。

4. 法律控制

应严格按照制度要求,及时向旷工员工发出解除通知,并在签订劳动合同的同时约定送达地址。

十一、员工未对员工手册、录用条件、公司制度签字签收的法律风险

1. 风险行为

存在公司未组织入职员工对员工手册、录用条件、公司制度签字签收的情形。

2. 法律依据

《中华人民共和国劳动合同法》(2012 年 12 月 28 日修正)

第四十条 有下列情形之一的,用人单位提前三十日以书面形式通知劳动者本人或者额外支付劳动者一个月工资后,可以解除劳动合同:

……

(二)劳动者不能胜任工作,经过培训或者调整工作岗位,仍不能胜任工作的;

……

3. 法律后果

用人单位缺乏证明员工不胜任工作的证据,从而无法以"劳动者不能胜任工作,经过培训或者调整工作岗位,仍不能胜任工作"为由解除劳动合同,用人单位无法以"严重违反用人单位的规章制度"为由解除劳动合同。

4. 法律控制

应要求员工对已经实施的规章制度进行签收,并保留相关证据;录用过程中没有让员工确认的,可及时将单位规章制度制作成手册,再让劳动者签字确认。

十二、劳务派遣比例占总用工比例过高存在的法律风险

1. 风险行为

劳务派遣员工占总用工比例超过 10%。

2. 法律依据

《劳务派遣暂行规定》(2014 年 1 月 24 日)

第四条 用工单位应当严格控制劳务派遣用工数量,使用的被派遣劳动者数量不得超过其用工总量的 10%。

前款所称用工总量是指用工单位订立劳动合同人数与使用的被派遣劳动者人数之和。

计算劳务派遣用工比例的用工单位是指依照劳动合同法和劳动合同法实施条例可以与劳动者订立劳动合同的用人单位。

3. 法律后果

劳动行政部门责令限期改正；逾期不改正的，以每人五千元以上一万元以下的标准处以罚款。用工单位给被派遣劳动者造成损害的，劳务派遣单位与用工单位承担连带赔偿责任。

4. 法律控制

应严格按照法律规定控制劳务派遣用工数量。

十三、未全面审查员工是否承担了原单位的竞业限制义务存在的法律风险

1. 风险行为

招录员工时未审查员工与原单位是否存在竞业限制的约定及是否履行了竞业限制的法律义务。

2. 法律依据

《中华人民共和国劳动合同法》(2012 年 12 月 28 日修正)

第九十条　劳动者违反本法规定解除劳动合同，或者违反劳动合同中约定的保密义务或者竞业限制，给用人单位造成损失的，应当承担赔偿责任。

第九十一条　用人单位招用与其他用人单位尚未解除或者终止劳动合同的劳动者，给其他用人单位造成损失的，应当承担连带赔偿责任。

3. 法律后果

如员工违反与原单位的竞业限制协议的约定，公司可能面临承担连带赔偿责任的后果。

4. 法律控制

(1)要求员工书面承诺其未承担对前单位的竞业限制义务，用人单位保留好相关证据；

(2)打电话向员工的前单位进行核实；

(3)在规章制度或员工手册中，将“故意隐瞒与原单位的保密或竞业限制义务”明确规定成欺诈行为。

十四、劳动合同中缺乏送达条款的法律风险

1. 风险行为

劳动合同中缺乏送达地址、送达方式等条款的约定。

2. 法律依据

《中华人民共和国合同法》(1999 年 3 月 15 日)

第十六条　要约的生效 要约到达受要约人时生效。

采用数据电文形式订立合同,收件人指定特定系统接收数据电文的,该数据电文进入该特定系统的时间,视为到达时间;未指定特定系统的,该数据电文进入收件人的任何系统的首次时间,视为到达时间。

《中华人民共和国民法典》(2020 年 5 月 28 日)

第一百三十七条　以对话方式作出的意思表示,相对人知道其内容时生效。

以非对话方式作出的意思表示,到达相对人时生效。以非对话方式作出的采用数据电文形式的意思表示,相对人指定特定系统接收数据电文的,该数据电文进入该特定系统时生效;未指定特定系统的,相对人知道或者应当知道该数据电文进入其系统时生效。当事人对采用数据电文形式的意思表示的生效时间另有约定的,按照其约定。

3. 法律后果

用人单位在管理及解除劳动者时带来不便,甚至无法解除劳动合同。

4. 法律控制

用人单位可以在合同中作出以下约定:"乙方确认:本合同首页的地址为相关文件、文书的送达地址,在甲方有关文书无法直接送达给乙方的情况下(包括但不限于乙方下落不明或拒收),甲方以 EMS 或挂号信邮寄至该地址的,视为已送达。地址发生变化,乙方应当书面告知甲方,否则对上述地址的送达视为已经送达。"

十五、工资考评制度的法律风险

1. 风险行为

工资考评制度未经员工签字,通过内部办公会后直接下发。

2. 法律依据

《中华人民共和国工会法》(2009 年 8 月 27 日修正)

第六条第一款、第三款　维护职工合法权益是工会的基本职责。工会在维护全国人民总体利益的同时,代表和维护职工的合法权益。

工会依照法律规定通过职工代表大会或者其他形式,组织职工参与本单位的民主决策、民主管理和民主监督。

3. 法律后果

(1)未经民主程序和公示程序的工资考评制度,不能作为影响劳动者福利、报酬的依据;

(2)工会对违反本法规定侵犯其合法权益的,有权提请人民政府或者有关部门予以处理,或者向人民法院提起诉讼。

4. 法律控制

涉及员工重大利益的规章制度,应当由职代会或工会表决通过后,才能下发适用。

十六、未及时转出档案的法律风险

1. 风险行为

员工离职后,未及时转出档案,档案一直由档案管理部保管,存在保管的法律风险。

2. 法律依据

《中华人民共和国劳动合同法》(2012 年 12 月 28 日修正)

第五十条　用人单位应当在解除或者终止劳动合同时出具解除或者终止劳动合同的证明,并在十五日内为劳动者办理档案和社会保险关系转移手续。

3. 法律后果

未及时转出档案,档案一直由档案管理部保管,存在保管的法律风险。

4. 法律控制

(1)员工离职后应及时要求员工转出档案;

(2)离职后未就业的应及时转入人事部门所属的人才流动服务机构保管。

十七、社保未及时缴纳的法律风险

1. 风险行为

部分员工入职前由其他单位缴纳社保,在入职公司后,未及时转入社保,导致社保未及时缴纳的情形存在。

2. 法律依据

《中华人民共和国社会保险法》(2018 年 12 月 29 日修正)

第五十八条第一款　用人单位应当自用工之日起三十日内为其职工向社会保险经办机构申请办理社会保险登记。未办理社会保险登记的,由社会保险经办机构核定其应当缴纳的社会保险费。

第八十六条　用人单位未按时足额缴纳社会保险费的，由社会保险费征收机构责令限期缴纳或者补足，并自欠缴之日起，按日加收万分之五的滞纳金；逾期仍不缴纳的，由有关行政部门处欠缴数额一倍以上三倍以下的罚款。

3. 法律后果

（1）民事责任：存在补缴的法律风险，员工以此为由解除劳动合同有权要求公司承担经济赔偿金；

（2）行政责任：由社会保险行政部门责令限期改正；逾期不改正的，对用人单位处应缴社会保险费数额一倍以上三倍以下的罚款，对其直接负责的主管人员和其他直接责任人员处五百元以上三千元以下的罚款。

4. 法律控制

（1）及时向当地社保经办机构申请社会保险登记；

（2）督促员工及时办事社保转入手续，超过 30 日未能办理准入手续的，应当及时要求员工出具说明。

合同管理法律风险

一、公司法律事务管理意识不强

1. 风险行为

(1)没有建立专门的法务部门,甚至没有专门的法务人员。在公司签订合同的过程中,多是由公司的业务人员直接与客户签订合同,对于合同的细致条款并没有仔细审查,因为多数销售人员或者业务员根本不具备独立审查合同条款的水平和能力,一些细节条款可能就会成为公司遭受损失的主要原因。

(2)没有健全的法务管理体系,合同审查人员未经专业系统法律培训、法律专业知识更新较慢。

2. 法律依据

《关于推行法律顾问制度和公职律师、公司律师制度的意见》(2016 年 6 月 16 日)

(十七)工商、金融、文化等行业的国有独资或者控股企业(以下简称国有企业)内部专门从事企业法律事务的工作人员和企业外聘的律师,可以担任法律顾问。

在国有企业已担任法律顾问但未取得法律职业资格或者律师资格的人员,可以继续履行法律顾问职责。国家统一法律职业资格制度实施后,国有企业拟担任法律顾问的工作人员或者外聘的其他人员,应当具有法律职业资格或者律师资格,但外聘其他国有企业现任法律顾问的除外。少数偏远地方国有企业难以聘任到具有法律职业资格或者律师资格的法律顾问的,可以沿用现行聘任法律顾问的做法。

法律顾问的辅助人员可不具有法律职业资格或者律师资格。

国有企业外聘法律顾问参照本意见第八条、第九条、第十条、第十一条规定办理。

（十八）国有企业可以根据企业规模和业务需要设立法律事务机构或者配备、聘请一定数量的法律顾问。

国有大中型企业可以设立总法律顾问，发挥总法律顾问对经营管理活动的法律审核把关作用，推进企业依法经营、合规管理。

（十九）国有企业法律顾问履行下列职责：

1. 参与企业章程、董事会运行规则的制定；

2. 对企业重要经营决策、规章制度、合同进行法律审核；

3. 为企业改制重组、并购上市、产权转让、破产重整、和解及清算等重大事项提出法律意见；

4. 组织开展合规管理、风险管理、知识产权管理、外聘律师管理、法治宣传教育培训、法律咨询；

5. 组织处理诉讼、仲裁案件；

6. 所在企业规定的其他职责。

3. 法律后果

未经专业法律知识培训的合同审查人员无法预见合同要件缺失带来的法律后果，有可能因此造成合同履行过程中的风险。

4. 法律控制

（1）有条件的公司要设立专门的法务部门，这样有助于实现公司业务的专门化分工，提高公司法务的管理水平和运行效率；没有条件的公司也要根据公司规模以及业务的需要，聘用专门的法务人员，使得合同审查与风险防范工作由专门的法务人员来处理。

（2）定期组织法务员工培训，有针对性的按期聘请专业人员进行法律培训，不断更新法律知识，提高合同质量，防范法律风险。

（3）公司定期组织员工学习专业的法务知识，为员工们讲解合同审查的必要理论知识；还可以邀请优秀的法务专家到公司为法务部门员工授课，以法务工作的实际案例为基础进行讲解，丰富员工的法务工作经验。

二、公司在开展新拓展业务时无规范合同文本的风险

1. 风险行为

在签订合同时，除了公司已有的合同范本，新业务无相关规范合同文本，只套用类似业务的合同模板，相关权利义务约定不清，未能有效防范法律风险。

2. 法律依据

《中华人民共和国合同法》(1999 年 3 月 15 日)

第十条　当事人订立合同,有书面形式、口头形式和其他形式。

法律、行政法规规定采用书面形式的,应当采用书面形式。当事人约定采用书面形式的,应当采用书面形式。

第十一条　书面形式是指合同书、信件和数据电文(包括电报、电传、传真、电子数据交换和电子邮件)等可以有形地表现所载内容的形式。

第十二条　合同的内容由当事人约定,一般包括以下条款:

(一)当事人的名称或者姓名和住所;

(二)标的;

(三)数量;

(四)质量;

(五)价款或者报酬;

(六)履行期限、地点和方式;

(七)违约责任;

(八)解决争议的方法。

当事人可以参照各类合同的示范文本订立合同。

3. 法律后果

因其他合同模板与签订合同不匹配将会导致合同中相关条款与业务实际情况不匹配,无法起到对双方当事人的约束作用,此时若使用对方当事人提供的合同模板,则有可能对相对方的权利义务进行一定的限制,对合同的履行造成重大风险。

4. 法律控制

(1)公司相关业务部门应当上报合同模板的需求至法务部;

(2)建立部门联合会签制度,公司法律合规部门会同其他业务部门召开合同评审会议,各部门依照管理职责紧密衔接、相互制约、独立决策,共同参与到合同审批流程中;

(3)公司应制定符合本企业的标准合同文本并要求对方接受自己的格式文本,应充分考虑公司所进行的同类交易行为可能面临的法律问题和风险,以及出现该问题或风险时维护公司合法利益。

三、合同相对方主体不适格的法律风险

1. 风险行为

(1)若企业在签订合同时未对签约主体进行严格审查,可能会出现签约主体不具有签约资格的法律风险;

(2)订立合同前没有对另一方的背景资料进行尽职调查或可行性分析,在签订合同前,不注意了解合作方的资格、技术条件是否具备,是否有履约能力等,由于相关信息收集不够,最终导致合同目的不能实现;

(3)对方盗用其他公司签订合同或以虚假的公司签订合同;

(4)公司内部不具备缔约资格的职能部门订立合同、法律禁止某些主体订立特定合同,合同一律无效。

2. 法律依据

《中华人民共和国合同法》(1999 年 3 月 15 日)

第九条第一款 订立合同的能力:当事人订立合同,应当具有相应的民事权利能力和民事行为能力;当事人依法可以委托代理人订立合同。

3. 法律后果

合同相对方可能实际上不具有履行合同的能力,合同履行过程中易产生违约行为,或合同相对方缺乏资质,从而导致合同可能存在解除、被撤销或无效的情形。

4. 法律控制

合同主管部门应当对合同相对方进行书面审查及实地考察,遇有重大合同,在必要时聘请专业律师和会计师对合同相对方进行尽职调查,确保合同相对方具有相应资质,征信及资产状况良好,具有履约能力,保证合同能够正常履行。另外,企业应考虑签约主体的资格:

(1)签约对方为个人时,审查对方是否为完全民事行为能力人,即要求精神正常且年满 18 周岁,或者 16 周岁至 18 周岁但以自己的收入为主要生活来源,在此情况下可以要求其提供身份证、详细的家庭地址、联系方式及个人其他情况,方便在必要时对其进行实地考察和确认。

(2)签约对方为企业时,应对企业营业执照进行审查,应查看企业名称,看该名称与拟签合同主体的名称是否一致;查看企业注册资本,是否与拟签合同标的额相称,如差别较大,则可能风险也较大;再审查企业经营范围,拟签合同

业务是否在经营范围内，特殊商业活动是否具有特定资格，是否通过了工商部门年度检验。同时可对企业征信进行审查，可通过国家企业信用信息公示系统查询企业基本情况。

(3)如签约对方是企业的分支机构，如分厂、分公司等，则应审查其是否具有对外开展业务资格(是否有授权)，是否有非企业法人营业执照。除审查分支机构的履约能力外，还应审查公司的履约能力，因为在分支机构无力承担责任的情况下，公司还应承担补充责任。

四、合同履行过程中主体变更的法律风险

1. 风险行为

在合同履行过程中合同相对方的主体发生变更造成的法律风险。

2. 法律依据

《中华人民共和国合同法》(1999 年 3 月 15 日)

第八条第一款　依法成立的合同，对当事人具有法律约束力。当事人应当按照约定履行自己的义务，不得擅自变更或者解除合同。

第七十六条　合同生效后，当事人不得因姓名、名称的变更或者法定代表人、负责人、承办人的变动而不履行合同义务。

3. 法律后果

合同的相对方主体发生变更，会影响合同履行过程中对合同内容的履行，同时也会对合同后期结算产生影响，一旦合同履行过程中出现纠纷，无法通过现有的合同条款对变更后的合同相对方进行约束。

4. 法律控制

(1)应当判断在合同履行过程中的变更是属于合同主体的实质性变更还是合同主体的更名或者承继：

如果属于合同主体的实质性变更应当与原合同主体签订解除协议，与新的合同主体签订新的合同。

如果属于合同主体的名称变更或者承继，由新名称的合同主体继续履行，但是需要新名称主体向公司出具工商变更过程中的相关文件。

如果在合同履行过程中是合同中的联系人发生变更，合同双方应当就新的联系人进行书面的确认，或者在合同中就相关联系人的变更进行约定，防止合同相对方突然更换联系人，导致相关文件无法签收。

(2)合同申办部门负责收集和提交合同相对人资信材料,包括合同履行应当具备的资质证件、营业执照、质量证件或法律文书、专利证书等文件。

五、合同履行中对方违约的法律风险

1. 风险行为

在合同履行的过程中,针对对方的违约行为未及时留存有效证据或未及时采取法律途径解决纠纷产生的风险。

2. 法律依据

《最高人民法院关于民事诉讼证据的若干规定》(2019 年 12 月 25 日修正)

第一条　原告向人民法院起诉或者被告提出反诉,应当提供符合起诉条件的相应的证据。

第十条　下列事实,当事人无须举证证明:

(一)自然规律以及定理、定律;

(二)众所周知的事实;

(三)根据法律规定推定的事实;

(四)根据已知的事实和日常生活经验法则推定出的另一事实;

(五)已为仲裁机构的生效裁决所确认的事实;

(六)已为人民法院发生法律效力的裁判所确认的基本事实;

(七)已为有效公证文书所证明的事实。

前款第二项至第五项事实,当事人有相反证据足以反驳的除外;第六项、第七项事实,当事人有相反证据足以推翻的除外。

第十一条　当事人向人民法院提供证据,应当提供原件或者原物。如需自己保存证据原件、原物或者提供原件、原物确有困难的,可以提供经人民法院核对无异的复制件或者复制品。

3. 法律后果

因缺乏合同签署后的法律监督,疏忽对合同履行过程中的风险把控,缺乏书面证据将可能产生举证不能的法律后果,导致企业利益受损或诉讼失败的风险。

4. 法律控制

(1)对于合同相对方违约的行为,及时采取相应的措施,如采取录音、录像、往来信函、工作联系单等方式将对方的违约行为予以固定,便于公司能够及时有效主张权利，避免造成损失或扩大损失。

（2）重视证据固定、收集与保存。合同履行中如发现相对方违约，应及时采取相关措施（如发送《催款通知书》《督促履行合同义务通知书》《律师函》等）；如发生争议纠纷，应及时向管理层报告，采取书面方式与对方沟通联系（书面函件应按规定程序报公司审批），固定、收集、保存好相关证据，以防控风险。

（3）实行交易全过程负责制，从交易对象的考察、评定，到交易商谈、合同的签订、履行，实行全过程责任人制，有效监督整个合同的履行情况。

（4）重点审查合同违约责任。审查时应注意，如果合同是由对方起草的，应细致审查合同中是否存在不平等的违约责任条款以及加重己方责任的违约责任条款，对于发现的要及时协商修改。

（5）公司内部各部门联动，建立合同履行的证据预警、时效预警、质量预警、偿债预警机制。

六、合同在签字、盖章过程中存在的风险

1. 风险行为

（1）由于合同审查不严格，导致合同上所盖公章或合同专用章名称与合同主体的名称不一致；

（2）所签合同中签字不清楚或不正确，或者签字人没有签字权限。

2. 法律依据

《中华人民共和国合同法》（1999 年 3 月 15 日）

第四十七条　限制民事行为能力人订立的合同，经法定代理人追认后，该合同有效，但纯获利益的合同或者与其年龄、智力、精神健康状况相适应而订立的合同，不必经法定代理人追认。

相对人可以催告法定代理人在一个月内予以追认。法定代理人未作表示的，视为拒绝追认。合同被追认之前，善意相对人有撤销的权利。撤销应当以通知的方式作出。

第四十八条　行为人没有代理权、超越代理权或者代理权终止后以被代理人名义订立的合同，未经被代理人追认，对被代理人不发生效力，由行为人承担责任。

相对人可以催告被代理人在一个月内予以追认。被代理人未作表示的，视为拒绝追认。合同被追认之前,善意相对人有撤销的权利。撤销应当以通知的方式作出。

第四十九条　行为人没有代理权、超越代理权或者代理权终止后以被代理人名义订立合同,相对人有理由相信行为人有代理权的,该代理行为有效。

第五十条　法人或者其他组织的法定代表人、负责人超越权限订立的合同,除相对人知道或者应当知道其超越权限的以外,该代表行为有效。

第五十一条　无处分权的人处分他人财产,经权利人追认或者无处分权的人订立合同后取得处分权的,该合同有效。

3. 法律后果

合同主体无法确认,合同相对方违约时,对诉讼主体的确认造成一定障碍。

4. 法律控制

(1)相对方盖章后,合同负责人员应当认真审查,确保合同所盖公章或合同专用章的名称与名称一致,合同签字清晰可辨、签字人权限充分。如果合同文本为多页纸,则应加盖骑缝章。

(2)安排专人管理公司印章,对于需要盖章的合同进行严格的审查,工作人员如需使用印章需要通过内部审批程序,并对公司印章的用印做好严格的登记。

(3)在合同文本上签字的人应当为公司法定代表人或者授权代表人。

七、仅注重合同的静态管理,对合同履行的情况未进行动态监督的法律风险

1. 风险行为

对合同的履行情况缺乏有效监督。在履行合同的过程中,由于公司的资金、经营状况、履行能力等都会不断地发生变化,在签订合同后的交货、验收以及结算等环节,都可能出现履行不能的情况。

2. 法律依据

《中华人民共和国合同法》(1999 年 3 月 15 日)

第六十条　当事人应当按照约定全面履行自己的义务。

当事人应当遵循诚实信用原则,根据合同的性质、目的和交易习惯履行通知、协助、保密等义务。

第六十一条　合同生效后，当事人就质量、价款或者报酬、履行地点等内容没有约定或者约定不明确的，可以协议补充；不能达成补充协议的，按照合同有关条款或者交易习惯确定。

第六十六条　当事人互负债务，没有先后履行顺序的，应当同时履行。一方在对方履行之前有权拒绝其履行要求。一方在对方履行债务不符合约定时，有权拒绝其相应的履行要求。

第六十七条　当事人互负债务，有先后履行顺序，先履行一方未履行的，后履行一方有权拒绝其履行要求。先履行一方履行债务不符合约定的，后履行一方有权拒绝其相应的履行要求。

第六十八条第一款　应当先履行债务的当事人，有确切证据证明对方有下列情形之一的，可以中止履行：

（一）经营状况严重恶化；

（二）转移财产、抽逃资金，以逃避债务；

（三）丧失商业信誉；

（四）有丧失或者可能丧失履行债务能力的其他情形。

3. 法律后果

对合同目的实现产生风险；不能及时有效处理各种违约行为，导致企业在合同履行过程中出现违约、涉诉等风险。

4. 法律控制

（1）合同承办部门应严格按照公司合同管理办法将合同履行信息及时上传公司的法律合规系统；

（2）合同主管部门应当定期对合同履行情况进行检查，就合同是否已经履行、履行情况、付款情况等方面进行监督，发现问题应及时采取有效措施。

八、合同文本存在重大缺陷且未发现的法律风险

1. 风险行为

（1）对合同内容重视不够，没有统一的合同范本，在合同文本的选择上多比较被动，在合同签订过程中，习惯使用对方提供的合同文本，在合同关键条款上处于弱势一方，一旦出现合同纠纷，很容易陷入被动的局面；

（2）虽有合同文本，对合同文本形式缺陷（例如，结构不完整、当事人信息不正确、法律用语不准确、金额大小写不一致等）以及实质要件（例如，合同主体资格、履约能力、缺少《中华人民共和国合同法》要求的基本条款等）审查有疏漏，未全部发现。

2. 法律依据

《中华人民共和国合同法》(1999 年 3 月 15 日)

第十二条　合同的内容由当事人约定，一般包括以下条款：

（一）当事人的名称或者姓名和住所；

（二）标的；

（三）数量；

（四）质量；

（五）价款或者报酬；

（六）履行期限、地点和方式；

（七）违约责任；

（八）解决争议的方法。

当事人可以参照各类合同的示范文本订立合同。

3. 法律后果

合同审查的目的就是尽量做到“绝事于未萌，防患于未然”，使企业的经营行为赢得可观的利益，如果合同文本审查时未发现文本缺陷，有的内容甚至存在重大误解，容易导致将来发生履行困难，责任难以界定的尴尬局面，给后期合同履行造成风险，甚至损害公司利益。

4. 法律控制

（1）合同订立时尽量采用公司统一的规范文本，合同文本应当做到文字表达严谨，杜绝使用含混不清、模棱两可的语句。应尽可能选用政府或相关部门推荐合同文本。

（2）审查合同时，弄清合同的背景和目的，查阅相关法律法规及指导性范本。审查合同主要从结构完整（是否具备全部基础性条款）、权责明晰（各方的权利义务是否约定周全）、违约可依（出现各种纠纷时是否均有明确依据）、细节审查（重要的细节关键点）、表意准确（是否会产生歧义）等方面进行。

九、书函未及时发出或发出行为不规范的法律风险

1. 风险行为

在合同履行过程中，特别是履行时间及地点变更，合同暂时履行不能等。

因沟通不及时、拖拉或其他原因,未能及时地发出法律书函和对方进行沟通、协商。

2. 法律依据

《中华人民共和国合同法》(1999 年 3 月 15 日)

第七十七条　当事人协商一致,可以变更合同。

法律、行政法规规定变更合同应当办理批准、登记等手续的,依照其规定。

第七十八条　当事人对合同变更的内容约定不明确的,推定为未变更。

第九十六条第一款　当事人一方依照本法第九十三条第二款、第九十四条的规定主张解除合同的,应当通知对方。合同自通知到达对方时解除。对方有异议的,可以请求人民法院或者仲裁机构确认解除合同的效力。

3. 法律后果

公司在合同履行过程中,履行内容发生变更未及时向相对方发送书函,易产生合同纠纷,如因此涉诉,则可能因为怠于履行义务而导致企业败诉。

4. 法律控制

(1)合同在执行过程中如果发现不足或出现合同履行障碍,必须要及时地发出法律书函和对方进行沟通、协商,这是合同管理的需要,是督促顺利履约的一种有效手段,也是企业自我保护避开风险的一种措施;

(2)在合同执行过程中发生一些变更事宜如对原签订合同的修改、补充,负责督促履约的管理人员,应及时关注及跟进,避免错过了变更的有利时机。

十、企业发函欠缺对方回执的法律风险

1. 风险行为

企业发函时,往往不留存或不要求对方出具回执。

2. 法律依据

《最高人民法院关于民事诉讼证据的若干规定》(2019 年 12 月 25 日修正)

第一条　原告向人民法院起诉或者被告提出反诉,应当提供符合起诉条件的相应的证据。

第十四条　电子数据包括下列信息、电子文件:

(一)网页、博客、微博客等网络平台发布的信息;

(二)手机短信、电子邮件、即时通信、通讯群组等网络应用服务的通信信息；

（三）用户注册信息、身份认证信息、电子交易记录、通信记录、登录日志等信息；

（四）文档、图片、音频、视频、数字证书、计算机程序等电子文件；

（五）其他以数字化形式存储、处理、传输的能够证明案件事实的信息。

第十五条　当事人以视听资料作为证据的，应当提供存储该视听资料的原始载体。

当事人以电子数据作为证据的，应当提供原件。电子数据的制作者制作的与原件一致的副本，或者直接来源于电子数据的打印件或其他可以显示、识别的输出介质，视为电子数据的原件。

3. 法律后果

在因具体事务而对外涉及诉讼时，未留存或不要求对方出具回执可能因证据缺失而导致企业败诉，如发函催款未留存相关单据，可能会因缺乏中断诉讼时效的证据而导致企业发生经济损失。

4. 法律控制

证据事实是确定各方责任，追究过错方责任的依据。“以事实为依据”是指能以有效证据证明的法律事实，而非客观事实，并不是所有书面证据都具有法律效力。不具备法律效力的书面证据资料起不到应有的证明作用，有时候甚至会起到反向证明作用。对于重大事宜，企业应坚持书面函件往来，而且要确保必须是原件且有公章或有效人员的亲笔签名。

十一、签订事后合同的法律风险

1. 风险行为

合同签订生效之前双方已经开始实际履行合同，而在合同履行过程中或在合同履行完毕后补充签署合同的现象。一般补签合同有两种情况：一种情况为“补签”，即事后签订合同，把合同期限往前移，签订日期为补签合同的时间；另一种情况为“倒签”，即事后补签合同，把合同期限往前移，将签订日期写成履行合同内容之初的时间。

2. 法律依据

《中华人民共和国合同法》（1999 年 3 月 15 日）

第三十七条　采用合同书形式订立合同，在签字或者盖章之前，当事人一方已经履行主要义务,对方接受的,该合同成立。

第六十条　当事人应当按照约定全面履行自己的义务。

当事人应当遵循诚实信用原则,根据合同的性质、目的和交易习惯履行通知、协助、保密等义务。

第六十一条　合同生效后,当事人就质量、价款或者报酬、履行地点等内容没有约定或者约定不明确的,可以协议补充;不能达成补充协议的,按照合同有关条款或者交易习惯确定。

第六十二条　当事人就有关合同内容约定不明确,依照本法第六十一条的规定仍不能确定的,适用下列规定:

(一)质量要求不明确的,按照国家标准、行业标准履行;没有国家标准、行业标准的,按照通常标准或者符合合同目的的特定标准履行;

(二)价款或者报酬不明确的,按照订立合同时履行地的市场价格履行;依法应当执行政府定价或者政府指导价的,按照规定履行;

(三)履行地点不明确,给付货币的,在接受货币一方所在地履行;交付不动产的,在不动产所在地履行;其他标的,在履行义务一方所在地履行;

(四)履行期限不明确的,债务人可以随时履行,债权人也可以随时要求履行,但应当给对方必要的准备时间;

(五)履行方式不明确的,按照有利于实现合同目的的方式履行;

(六)履行费用的负担不明确的,由履行义务一方负担。

3. 法律后果

(1)实际履行的合同,因为没有签订书面合同,双方的权利义务不明确、法律责任界定不清,一旦发生纠纷或争议而又无据可查,存在较大的法律风险;

(2)补签合同使合同的生效时间迟于合同履行,但其他内容与正常签订合同一致,这使合同的履行期限及有效期等产生了逻辑上的冲突与混乱,同时也可能使合同的交货、付款的时间及条件出现前后矛盾的情况等,这些问题都给合同管理的质量和效率以及合同的履行带来了不良影响。

4. 法律控制

(1)当事人达成合意后,应及时签订书面合同,明确权责,避免事后合同的出现。

(2)重视管理人员法律风险意识的培养和提高,通过管理流程控制、全面培训、法治宣传来积极引导和培育各级员工的法律意识、管理意识,增强主办部门负责人、合同管理人员和承办人员的法律意识和合同意识。

(3)对不同的合同补签采取不同的处理态度,并采取相应的保障措施。如在说明理由的前提下可以考虑接受,但应尽量考虑通过签署框架协议等方式予以解决。

诉讼法律风险

一、送达法律风险

1. 风险行为

(1)公司门卫室、收发室或综合管理办公室收到法院文书的快递,未能及时向主管部门上报;

(2)公司的门卫室、收发室或综合管理办公室接到法院的领传票、口头通知开庭时间等电话通知,不及时记录,未能及时向主管部门上报;

(3)公司与第三方签订的合同中,对于送达地址没有约定或约定不明确。

2. 法律依据

《最高人民法院关于以法院专递方式邮寄送达民事诉讼文书的若干规定》(2004 年 9 月 17 日)

第二条　以法院专递方式邮寄送达民事诉讼文书的,其送达与人民法院送达具有同等法律效力。

第九条　有下列情形之一的,即为送达:

(一)受送达人在邮件回执上签名、盖章或者捺印的;

(二)受送达人是无民事行为能力或者限制民事行为能力的自然人,其法定代理人签收的;

(三)受送达人是法人或者其他组织,其法人的法定代表人、该组织的主要负责人或者办公室、收发室、值班室的工作人员签收的;

(四)受送达人的诉讼代理人签收的;

(五)受送达人指定的代收人签收的;

(六)受送达人的同住成年家属签收的。

《中华人民共和国民事诉讼法》(2017 年 6 月 27 日修正)

第一百四十三条　原告经传票传唤,无正当理由拒不到庭的,或者未经法庭许可中途退庭的,可以按撤诉处理;被告反诉的,可以缺席判决。

第一百四十四条　被告经传票传唤,无正当理由拒不到庭的,或者未经法庭许可中途退庭的,可以缺席判决。

《最高人民法院关于进一步推进案件繁简分流优化司法资源配置的若干意见》(2016 年 9 月 12 日)

3. 完善送达程序与送达方式。当事人在纠纷发生之前约定送达地址的,人民法院可以将该地址作为送达诉讼文书的确认地址。当事人起诉或者答辩时应当依照规定填写送达地址确认书。积极运用电子方式送达;当事人同意电子送达的,应当提供并确认传真号、电子信箱、微信号等电子送达地址。充分利用中国审判流程信息公开网,建立全国法院统一的电子送达平台。完善国家邮政机构以法院专递方式进行送达。

3. 法律后果

(1)根据《中华人民共和国民事诉讼法》的规定,原告经传票传唤,无正当理由拒不到庭的,或者未经法庭许可中途退庭的,可以按撤诉处理;被告经传票传唤,无正当理由拒不到庭的,或者未经法庭许可中途退庭的,可以缺席判决。因此,如果法院寄送的法律文书是法院传票、开庭通知等,有可能因为公司的门卫室、收发室或综合管理办公室的不及时送达,导致公司不知晓相关开庭等诉讼事宜,错过庭审,从而导致法院按撤诉处理或缺席审判,公司无法及时维护自身的合法权利。

(2)公司对外签订的合同中,没有送达条款或送达条款约定不明确,致使发生诉讼纠纷时,无法核实合同相对方的送达地址,或将导致案件需公告送达,延长诉讼时间。

4. 法律控制

(1)公司收发室、值班室编制收件登记簿;

(2)严格按照公司内部的管理制度在登记簿上登记快递的收发情况;

(3)公司收发室、值班室将政府、法院等机关文件递交法务部、综合管理办公室,并要求在签收栏签字;

(4)公司法务部、综合管理办公室应根据实际情况决定是否答复及答复的内容,并建立专门档案保存相关文件;

(5)公司法务部、综合管理办公室在对外签订合同中,需将送达条款作为合同必备条款,在合同中明确相对方的地址、电话、邮箱等。

二、证据法律风险

1. 风险行为

(1)公司各部门不注意书面资料的保管与整理,随意处置有合同相对方盖章或签字认可的资料文件,造成证据丢失;

(2)不记录书面证据或者少记录书面证据。与合同相对方或第三人开会或沟通过程中,未形成参会人员签字盖章的书面会议记录或文字记录;

(3)因自身原因无正当理由拒绝提供书面证据。

2. 法律依据

《中华人民共和国民事诉讼法》(2017 年 6 月 27 日修正)

第六十四条　当事人对自己提出的主张,有责任提供证据。

当事人及其诉讼代理人因客观原因不能自行收集的证据,或者人民法院认为审理案件需要的证据,人民法院应当调查收集。

人民法院应当按照法定程序,全面地、客观地审查核实证据。

《最高人民法院关于适用〈中华人民共和国民事诉讼法〉的解释》(2015 年 1 月 30 日)

第九十条　当事人对自己提出的诉讼请求所依据的事实或者反驳对方诉讼请求所依据的事实,应当提供证据加以证明,但法律另有规定的除外。

在作出判决前,当事人未能提供证据或者证据不足以证明其事实主张的,由负有举证证明责任的当事人承担不利的后果。

《最高人民法院关于民事诉讼证据的若干规定》(2019 年 12 月 25 日修正)

第一条　原告向人民法院起诉或者被告提出反诉,应当提供符合起诉条件的相应的证据。

第十四条　电子数据包括下列信息、电子文件:

(一)网页、博客、微博客等网络平台发布的信息;

(二)手机短信、电子邮件、即时通信、通讯群组等网络应用服务的通信信息;

(三)用户注册信息、身份认证信息、电子交易记录、通信记录、登录日志等信息;

(四)文档、图片、音频、视频、数字证书、计算机程序等电子文件;

（五）其他以数字化形式存储、处理、传输的能够证明案件事实的信息。

第十五条　当事人以视听资料作为证据的，应当提供存储该视听资料的原始载体。

当事人以电子数据作为证据的，应当提供原件。电子数据的制作者制作的与原件一致的副本，或者直接来源于电子数据的打印件或其他可以显示、识别的输出介质，视为电子数据的原件。

3. 法律后果

人民法院在进行审判工作中均是“以事实为依据，以法律为准绳”。法院是以当事人提供的符合法律规定的涉案证据为衡量要素，判断原告、被告的诉请和答辩。因此，在企业涉及诉讼案件时，为更好地认定事实，法律规定“谁主张，谁举证”，即要求主张一方对自己提出的诉讼请求所依据的事实或者反驳对方诉讼请求所依据的事实，应当提供证据加以证明。但是，如因公司未能及时留存相应文书，或者负有举证责任的当事人无正当理由不予举证，或所提供证据不足以证明自身主张，不能形成相对完整的证据链条，都将可能直接导致自身处于不利位置，主张的诉请不能被支持，从而承担法律后果。

4. 法律控制

（1）日常工作中，公司的员工在与第三方对接过程中注意保存书面的文件资料，尤其是双方或者多方签字盖章的资料；

（2）一旦发现相关书面材料丢失，需要第一时间向上级进行汇报，及时采取补救措施；

（3）定期对于重要文件资料进行检查、整理。

三、诉讼时效的法律风险

1. 风险行为

（1）公司对诉讼时效不甚了解，等公司向法院提起诉讼后才知已过诉讼时效；

（2）违反法律规定，在合同中约定延长或者缩短诉讼时效期间、预先放弃诉讼时效利益；

（3）在可援引诉讼时效的案件中，未提出诉讼时效抗辩，人民法院不应对诉讼时效问题进行释明及主动适用诉讼时效的规定进行裁判。

2. 法律依据

《最高人民法院关于审理民事案件适用诉讼时效制度若干问题的规定》(2008年8月21日)

第二条　当事人违反法律规定,约定延长或者缩短诉讼时效期间、预先放弃诉讼时效利益的,人民法院不予认可。

第三条　当事人未提出诉讼时效抗辩,人民法院不应对诉讼时效问题进行释明及主动适用诉讼时效的规定进行裁判。

第四条　当事人在一审期间未提出诉讼时效抗辩,在二审期间提出的,人民法院不予支持,但其基于新的证据能够证明对方当事人的请求权已过诉讼时效期间的情形除外。

当事人未按照前款规定提出诉讼时效抗辩,以诉讼时效期间届满为由申请再审或者提出再审抗辩的,人民法院不予支持。

3. 法律后果

诉讼后方知已过时效或不了解一些具体法律法规的时效而耽误起诉,了解诉讼时效的规定但没有注意保留证明有关诉讼时效的相关证据的,导致案件败诉。

4. 法律控制

(1)公司的各个部门遇到可能发生诉讼的事项,应第一时间呈报法务部门;

(2)法务部门会同律师商讨诉讼方案;

(3)在日常工作中,公司内部及对外的工作往来建议使用电子邮件,保存工作记录并定期整理;

(4)定期举办法律培训,着重加强合同法、民法等基础法律常识的学习。

四、诉讼保全中的法律风险

1. 风险行为

(1)向人民法院申请诉前财产保全后没有在法律规定的期限内向人民法院提起诉讼,或者在保全后申请撤回起诉;

(2)原财产保全的查封到期后,未能够第一时间向人民法院申请继续查封;

(3)申请财产保全时发现被申请人的财产,特别是房产已经被其他公司或者自然人申请查封,认为没有必要继续申请查封。

2. 法律依据

《中华人民共和国民事诉讼法》(2017 年 6 月 27 日修正)

第一百条　人民法院对于可能因当事人一方的行为或者其他原因,使判决难以执行或者造成当事人其他损害的案件,根据对方当事人的申请,可以裁定对其财产进行保全、责令其作出一定行为或者禁止其作出一定行为;当事人没有提出申请的,人民法院在必要时也可以裁定采取保全措施。

人民法院采取保全措施,可以责令申请人提供担保,申请人不提供担保的,裁定驳回申请。

人民法院接受申请后,对情况紧急的,必须在四十八小时内作出裁定;裁定采取保全措施的,应当立即开始执行。

第一百零一条　利害关系人因情况紧急,不立即申请保全将会使其合法权益受到难以弥补的损害的,可以在提起诉讼或者申请仲裁前向被保全财产所在地、被申请人住所地或者对案件有管辖权的人民法院申请采取保全措施。申请人应当提供担保,不提供担保的,裁定驳回申请。

人民法院接受申请后,必须在四十八小时内作出裁定;裁定采取保全措施的,应当立即开始执行。

申请人在人民法院采取保全措施后三十日内不依法提起诉讼或者申请仲裁的,人民法院应当解除保全。

《最高人民法院关于人民法院办理财产保全案件若干问题的规定》(2016 年 11 月 7 日)

第十七条　利害关系人申请诉前财产保全,在人民法院采取保全措施后三十日内依法提起诉讼或者申请仲裁的,诉前财产保全措施自动转为诉讼或仲裁中的保全措施;进入执行程序后,保全措施自动转为执行中的查封、扣押、冻结措施。

依前款规定,自动转为诉讼、仲裁中的保全措施或者执行中的查封、扣押、冻结措施的,期限连续计算,人民法院无需重新制作裁定书。

第十八条　申请保全人申请续行财产保全的,应当在保全期限届满七日前向人民法院提出;逾期申请或者不申请的,自行承担不能续行保全的法律后果。

人民法院进行财产保全时，应当书面告知申请保全人明确的保全期限届满日以及前款有关申请续行保全的事项。

3. 法律后果

公司若不进行保全，或在申请保全后又不予诉讼、撤诉的，被保全企业可能就此转移其名下财产，致使人民法院强制执行时发现无财产可供执行，公司由此遭受相应的损失。

4. 法律控制

(1)公司如果决定不予起诉或者撤诉，必须与债务人达成双方签字盖章的还款计划并要求其提供担保和保证；

(2)公司在向人民法院申请财产保全后，要求主办法官出具相应的裁定书并通知法务部门按照裁定书上载明的时间，在要求期限内向人民法院进行续保申请；

(3)虽然债务人的财产已经被其他主体申请保全，但仍建议进行轮候查封。

五、执行中的法律风险

1. 风险行为

(1)不执行法院已经生效的裁判文书；

(2)消极履行法院已经生效的裁判文书。

2. 法律依据

《中华人民共和国民事诉讼法》(2017 年 6 月 27 日修正)

第二百四十一条　被执行人未按执行通知履行法律文书确定的义务，应当报告当前以及收到执行通知之日前一年的财产情况。被执行人拒绝报告或者虚假报告的，人民法院可以根据情节轻重对被执行人或者其法定代理人、有关单位的主要负责人或者直接责任人员予以罚款、拘留。

第二百四十二条　被执行人未按执行通知履行法律文书确定的义务，人民法院有权向有关单位查询被执行人的存款、债券、股票、基金份额等财产情况。人民法院有权根据不同情形扣押、冻结、划拨、变价被执行人的财产。人民法院查询、扣押、冻结、划拨、变价的财产不得超出被执行人应当履行义务的范围。

人民法院决定扣押、冻结、划拨、变价财产，应当作出裁定，并发出协助执行通知书，有关单位必须办理。

第二百四十三条　被执行人未按执行通知履行法律文书确定的义务，人民法院有权扣留、提取被执行人应当履行义务部分的收入。但应当保留被执行人及其所扶养家属的生活必需费用。

人民法院扣留、提取收入时，应当作出裁定，并发出协助执行通知书，被执行人所在单位、银行、信用合作社和其他有储蓄业务的单位必须办理。

《中华人民共和国刑法》(2017 年 11 月 4 日修正)

第三百一十三条　对人民法院的判决、裁定有能力执行而拒不执行，情节严重的，处三年以下有期徒刑、拘役或者罚金；情节特别严重的，处三年以上七年以下有期徒刑，并处罚金。

单位犯前款罪的，对单位判处罚金，并对其直接负责的主管人员和其他直接责任人员，依照前款的规定处罚。

《全国人民代表大会常务委员会关于〈中华人民共和国刑法〉第三百一十三条的解释》(2002 年 8 月 29 日)

下列情形属于刑法第三百一十三条规定的“有能力执行而拒不执行，情节严重”的情形：

(一)被执行人隐藏、转移、故意毁损财产或者无偿转让财产、以明显不合理的低价转让财产，致使判决、裁定无法执行的；

(二)担保人或者被执行人隐藏、转移、故意毁损或者转让已向人民法院提供担保的财产，致使判决、裁定无法执行的；

(三)协助执行义务人接到人民法院协助执行通知书后，拒不协助执行，致使判决、裁定无法执行的；

(四)被执行人、担保人、协助执行义务人与国家机关工作人员通谋，利用国家机关工作人员的职权妨害执行，致使判决、裁定无法执行的；

(五)其他有能力执行而拒不执行，情节严重的情形。

3. 法律后果

如果不配合法院执行生效文书，公司有可能被人民法院强制执行后还要受到相应的处罚，情节严重的有可能构成刑事犯罪。

4. 法律控制

(1)收到法院的法律文书，第一时间向主管领导汇报；

(2)主管部门积极联系法院了解情况,咨询专业律师,采取措合理措施(配合执行或提出执行异议);

(3)主管部门安排专人对接法院,处理相关执行事宜。

六、行政许可中的法律风险

1. 风险行为

(1)公司在获得行政许可后私自进行转让;

(2)公司在行政机关的许可范围之外进行超范围经营;

(3)公司在没有取得行政许可的情况下,擅自从事应当依法取得行政许可的活动。

2. 法律依据

《中华人民共和国行政许可法》(2019 年 4 月 23 日修正)

第九条　依法取得的行政许可,除法律、法规规定依照法定条件和程序可以转让的外,不得转让。

第四十九条　被许可人要求变更行政许可事项的,应当向作出行政许可决定的行政机关提出申请;符合法定条件、标准的,行政机关应当依法办理变更手续。

第五十条　被许可人需要延续依法取得的行政许可的有效期的,应当在该行政许可有效期届满三十日前向作出行政许可决定的行政机关提出申请。但是,法律、法规、规章另有规定的,依照其规定。

行政机关应当根据被许可人的申请,在该行政许可有效期届满前作出是否准予延续的决定;逾期未作决定的,视为准予延续。

第八十条　被许可人有下列行为之一的,行政机关应当依法给予行政处罚;构成犯罪的,依法追究刑事责任:

(一)涂改、倒卖、出租、出借行政许可证件,或者以其他形式非法转让行政许可的;

(二)超越行政许可范围进行活动的;

(三)向负责监督检查的行政机关隐瞒有关情况、提供虚假材料或者拒绝提供反映其活动情况的真实材料的;

(四)法律、法规、规章规定的其他违法行为。

第八十一条　公民、法人或者其他组织未经行政许可,擅自从事依法应当取得行政许可的活动的，行政机关应当依法采取措施予以制止，并依法给予行政处罚；构成犯罪的，依法追究刑事责任。

3. 法律后果

公司违反法律规定擅自转让行政许可、超越行政许可范围进行活动或者擅自从事依法应当取得行政许可的活动的，或将受到相应的行政处罚，情节严重构成犯罪的，依法追究刑事责任。

4. 法律控制

（1）按照法律规定的申请程序进行行政许可的申请，并在行政许可范围内从事经营活动；

（2）除法律、法规规定依照法定条件和程序可以转让的外，不得将行政许可进行转让；

（3）从事经营活动前，需明确该行为是否需要取得行政部门的行政许可，如需行政许可的，依法向相关行政部门申请，不得擅自经营。

七、行政处罚中的法律风险

1. 风险行为

（1）公司在收到行政处罚后，置之不理，没有及时向行政机关进行陈述、申辩；

（2）存在违法行为后没有主动消除违法后果；

（3）公司拒不缴纳或逾期缴纳行政处罚的罚款。

2. 法律依据

《中华人民共和国行政处罚法》（2017 年 9 月 1 日修正）

第六条　公民、法人或者其他组织对行政机关所给予的行政处罚，享有陈述权、申辩权；对行政处罚不服的，有权依法申请行政复议或者提起行政诉讼。

公民、法人或者其他组织因行政机关违法给予行政处罚受到损害的，有权依法提出赔偿要求。

第二十七条　当事人有下列情形之一的，应当依法从轻或者减轻行政处罚：

（一）主动消除或者减轻违法行为危害后果的；

（二）受他人胁迫有违法行为的；

（三）配合行政机关查处违法行为有立功表现的；

（四）其他依法从轻或者减轻行政处罚的。

违法行为轻微并及时纠正，没有造成危害后果的，不予行政处罚。

第三十二条　当事人有权进行陈述和申辩。行政机关必须充分听取当事人的意见，对当事人提出的事实、理由和证据，应当进行复核；当事人提出的事实、理由或者证据成立的，行政机关应当采纳。

行政机关不得因当事人申辩而加重处罚。

第五十一条　当事人逾期不履行行政处罚决定的，作出行政处罚决定的行政机关可以采取下列措施：

（一）到期不缴纳罚款的，每日按罚款数额的百分之三加处罚款；

（二）根据法律规定，将查封、扣押的财物拍卖或者将冻结的存款划拨抵缴罚款；

（三）申请人民法院强制执行。

3. 法律后果

公司收到行政机关行政处罚拒绝缴纳或延期缴纳罚款的，将面临公司财产被查封、扣押或强制执行，并加处相应的罚款。

4. 法律控制

（1）公司受到行政机关的行政处罚后，应当及时与相关行政机关就处罚事项进行沟通，如果对处罚事项不服的，需进行陈述和申辩，并提出相关的事实、证据和理由；

（2）公司确有违法行为的应当主动消除或减轻违法行为的后果，主动配合行政机关的调查。

八、国家赔偿中的法律风险

1. 风险行为

（1）对行政机关侵害公司财产的行为或违法查封财产的行为，未能及时提起行政赔偿；

（2）对税务机关错误行政处罚的行为，未能及时申请行政赔偿。

2. 法律依据

《中华人民共和国国家赔偿法》（2012 年 10 月 26 日修正）

第四条　行政机关及其工作人员在行使行政职权时有下列侵犯财产权情形之一的，受害人有取得赔偿的权利：

（一）违法实施罚款、吊销许可证和执照、责令停产停业、没收财物等行政处罚的；

（二）违法对财产采取查封、扣押、冻结等行政强制措施的；

（三）违法征收、征用财产的；

（四）造成财产损害的其他违法行为。

第十四条　赔偿义务机关在规定期限内未作出是否赔偿的决定，赔偿请求人可以自期限届满之日起三个月内，向人民法院提起诉讼。

赔偿请求人对赔偿的方式、项目、数额有异议的，或者赔偿义务机关作出不予赔偿决定的，赔偿请求人可以自赔偿义务机关作出赔偿或者不予赔偿决定之日起三个月内，向人民法院提起诉讼。

第三十六条　侵犯公民、法人和其他组织的财产权造成损害的，按照下列规定处理：

（一）处罚款、罚金、追缴、没收财产或者违法征收、征用财产的，返还财产；

（二）查封、扣押、冻结财产的，解除对财产的查封、扣押、冻结，造成财产损坏或者灭失的，依照本条第三项、第四项的规定赔偿；

（三）应当返还的财产损坏的，能够恢复原状的恢复原状，不能恢复原状的，按照损害程度给付相应的赔偿金；

（四）应当返还的财产灭失的，给付相应的赔偿金；

（五）财产已经拍卖或者变卖的，给付拍卖或者变卖所得的价款；变卖的价款明显低于财产价值的，应当支付相应的赔偿金；

（六）吊销许可证和执照、责令停产停业的，赔偿停产停业期间必要的经常性费用开支；

（七）返还执行的罚款或者罚金、追缴或者没收的金钱，解除冻结的存款或者汇款的，应当支付银行同期存款利息；

（八）对财产权造成其他损害的，按照直接损失给予赔偿。

《中华人民共和国税收征收管理法》（2015 年 4 月 24 日修正）

第八条　纳税人、扣缴义务人有权向税务机关了解国家税收法律、行政法规的规定以及与纳税程序有关的情况。

纳税人、扣缴义务人有权要求税务机关为纳税人、扣缴义务人的情况保密。税务机关应当依法为纳税人、扣缴义务人的情况保密。

纳税人依法享有申请减税、免税、退税的权利。

纳税人、扣缴义务人对税务机关所作出的决定，享有陈述权、申辩权；依法享有申请行政复议、提起行政诉讼、请求国家赔偿等权利。

纳税人、扣缴义务人有权控告和检举税务机关、税务人员的违法违纪行为。

第三十九条　纳税人在限期内已缴纳税款，税务机关未立即解除税收保全措施，使纳税人的合法利益遭受损失的，税务机关应当承担赔偿责任。

3. 法律后果

公司在被行政机关错误地进行了行政处罚或违法查封公司财产后，不知道可以提起行政赔偿，由此给公司造成不必要的财产损失。

4. 法律控制

(1)公司需留存行政机关在行政执法过程中，滥用职权进行违法行为的证据材料；

(2)公司的合法权益在遭受损失后，应当及时向赔偿义务机关提出行政赔偿，也可以在申请行政复议或者提起行政诉讼时一并提出。

九、行政诉讼中的法律风险

1. 风险行为

(1)公司未在法律规定的时效范围内向人民法院提起行政诉讼；

(2)公司提起行政诉讼所列被告有误。

2. 法律依据

《中华人民共和国行政诉讼法》(2017 年 6 月 27 日修正)

第二十六条　公民、法人或者其他组织直接向人民法院提起诉讼的，作出行政行为的行政机关是被告。

经复议的案件，复议机关决定维持原行政行为的，作出原行政行为的行政机关和复议机关是共同被告；复议机关改变原行政行为的，复议机关是被告。

复议机关在法定期限内未作出复议决定，公民、法人或者其他组织起诉原行政行为的，作出原行政行为的行政机关是被告；起诉复议机关不作为的，复议机关是被告。

两个以上行政机关作出同一行政行为的，共同作出行政行为的行政机关是共同被告。

行政机关委托的组织所作的行政行为，委托的行政机关是被告。

行政机关被撤销或者职权变更的，继续行使其职权的行政机关是被告。

第四十五条　公民、法人或者其他组织不服复议决定的，可以在收到复议决定书之日起十五日内向人民法院提起诉讼。复议机关逾期不作决定的，申请人可以在复议期满之日起十五日内向人民法院提起诉讼。法律另有规定的除外。

第四十六条　公民、法人或者其他组织直接向人民法院提起诉讼的，应当自知道或者应当知道作出行政行为之日起六个月内提出。法律另有规定的除外。

因不动产提起诉讼的案件自行政行为作出之日起超过二十年，其他案件自行政行为作出之日起超过五年提起诉讼的，人民法院不予受理。

第四十七条　公民、法人或者其他组织申请行政机关履行保护其人身权、财产权等合法权益的法定职责，行政机关在接到申请之日起两个月内不履行的，公民、法人或者其他组织可以向人民法院提起诉讼。法律、法规对行政机关履行职责的期限另有规定的，从其规定。

公民、法人或者其他组织在紧急情况下请求行政机关履行保护其人身权、财产权等合法权益的法定职责，行政机关不履行的，提起诉讼不受前款规定期限的限制。

第四十八条　公民、法人或者其他组织因不可抗力或者其他不属于其自身的原因耽误起诉期限的，被耽误的时间不计算在起诉期限内。

公民、法人或者其他组织因前款规定以外的其他特殊情况耽误起诉期限的，在障碍消除后十日内，可以申请延长期限，是否准许由人民法院决定。

第四十九条　提起诉讼应当符合下列条件：

（一）原告是符合本法第二十五条规定的公民、法人或者其他组织；

（二）有明确的被告；

（三）有具体的诉讼请求和事实根据；

（四）属于人民法院受案范围和受诉人民法院管辖。

《最高人民法院关于适用〈中华人民共和国行政诉讼法〉的解释》（2018年2月6日）

第一百零九条　第二审人民法院经审理认为原审人民法院不予立案或者

驳回起诉的裁定确有错误且当事人的起诉符合起诉条件的，应当裁定撤销原审人民法院的裁定，指令原审人民法院依法立案或者继续审理。

第二审人民法院裁定发回原审人民法院重新审理的行政案件，原审人民法院应当另行组成合议庭进行审理。

原审判决遗漏了必须参加诉讼的当事人或者诉讼请求的，第二审人民法院应当裁定撤销原审判决，发回重审。

原审判决遗漏行政赔偿请求，第二审人民法院经审查认为依法不应当予以赔偿的，应当判决驳回行政赔偿请求。

原审判决遗漏行政赔偿请求，第二审人民法院经审理认为依法应当予以赔偿的，在确认被诉行政行为违法的同时，可以就行政赔偿问题进行调解；调解不成的，应当就行政赔偿部分发回重审。

当事人在第二审期间提出行政赔偿请求的，第二审人民法院可以进行调解；调解不成的，应当告知当事人另行起诉。

3. 法律后果

（1）超过法律规定的诉讼时效的，公司将丧失向人民法院提起行政诉讼的权利，公司的合法权益将不能得到法院的保护；

（2）公司提起行政诉讼所列被告有误，人民法院将不予受理立案申请。

4. 法律控制

（1）公司的法务部、综合管理办公室需严格控制行政诉讼的起诉期限，临近法律规定的起诉日期时，第一时间向上级主管部门汇报，保障公司能够在法律规定的起诉期限内向人民法院提起行政诉讼，最大限度地保证公司合法权益。

（2）公司在提起行政诉讼前，需先行咨询律师或前往人民法院立案庭，明确行政诉讼的被告后，再拟定《起诉状》。防止人民法院因被告主体不适格不予受理公司的立案申请，延误公司主张自身合法权益的时间。

（3）公司在确定向人民法院提起行政诉讼后，需及时联系律师拟定《起诉状》，防止因遗漏诉讼请求或诉讼策略设计不合理，给公司财产、经营造成损失。

经济犯罪风险

一、贪污法律风险

1. 风险行为

国有企业中从事公务的人员或国有企业委派到非国有公司、企业以及其他单位从事公务的人员利用职务上的便利，将本单位财物非法占为己有，数额较大的。

2. 法律依据

《中华人民共和国刑法》（2017 年 11 月 4 日修正）

第二百七十一条　公司、企业或者其他单位的人员，利用职务上的便利，将本单位财物非法占为己有，数额较大的，处五年以下有期徒刑或者拘役；数额巨大的，处五年以上有期徒刑，可以并处没收财产。

国有公司、企业或者其他国有单位中从事公务的人员和国有公司、企业或者其他国有单位委派到非国有公司、企业以及其他单位从事公务的人员有前款行为的，依照本法第三百八十二条、第三百八十三条的规定定罪处罚。

第三百八十二条　国家工作人员利用职务上的便利，侵吞、窃取、骗取或者以其他手段非法占有公共财物的，是贪污罪。

受国家机关、国有公司、企业、事业单位、人民团体委托管理、经营国有财产的人员，利用职务上的便利，侵吞、窃取、骗取或者以其他手段非法占有国有财物的，以贪污论。

与前两款所列人员勾结，伙同贪污的，以共犯论处。

《最高人民检察院关于人民检察院直接受理立案侦查案件立案标准的规定（试行）》（1999 年 9 月 16 日）

一、贪污贿赂犯罪案件

涉嫌下列情形之一的，应予立案：

1. 个人贪污数额在5千元以上的；

2. 个人贪污数额不满5千元，但具有贪污救灾、抢险、防汛、防疫、优抚、扶贫、移民、救济款物及募捐款物、赃款赃物、罚没款物、暂扣款物，以及贪污手段恶劣、毁灭证据、转移赃物等情节的。

《最高人民法院、最高人民检察院关于办理贪污贿赂刑事案件适用法律若干问题的解释》(2016年4月18日)

第一条　贪污或者受贿数额在三万元以上不满二十万元的，应当认定为刑法第三百八十三条第一款规定的“数额较大”，依法判处三年以下有期徒刑或者拘役，并处罚金。

贪污数额在一万元以上不满三万元，具有下列情形之一的，应当认定为刑法第三百八十三条第一款规定的“其他较重情节”，依法判处三年以下有期徒刑或者拘役，并处罚金：

(一)贪污救灾、抢险、防汛、优抚、扶贫、移民、救济、防疫、社会捐助等特定款物的；

(二)曾因贪污、受贿、挪用公款受过党纪、行政处分的；

(三)曾因故意犯罪受过刑事追究的；

(四)赃款赃物用于非法活动的；

(五)拒不交待赃款赃物去向或者拒不配合追缴工作，致使无法追缴的；

(六)造成恶劣影响或者其他严重后果的。

受贿数额在一万元以上不满三万元，具有前款第二项至第六项规定的情形之一，或者具有下列情形之一的，应当认定为刑法第三百八十三条第一款规定的“其他较重情节”，依法判处三年以下有期徒刑或者拘役，并处罚金：

(一)多次索贿的；

(二)为他人谋取不正当利益，致使公共财产、国家和人民利益遭受损失的；

(三)为他人谋取职务提拔、调整的。

第二条　贪污或者受贿数额在二十万元以上不满三百万元的，应当认定为刑法第三百八十三条第一款规定的“数额巨大”，依法判处三年以上十年以下有期徒刑，并处罚金或者没收财产。

贪污数额在十万元以上不满二十万元，具有本解释第一条第二款规定的情形之一的，应当认定为刑法第三百八十三条第一款规定的“其他严重情节”，依法判处三年以上十年以下有期徒刑，并处罚金或者没收财产。

受贿数额在十万元以上不满二十万元，具有本解释第一条第三款规定的情形之一的，应当认定为刑法第三百八十三条第一款规定的“其他严重情节”，依法判处三年以上十年以下有期徒刑，并处罚金或者没收财产。

第三条　贪污或者受贿数额在三百万元以上的，应当认定为刑法第三百八十三条第一款规定的“数额特别巨大”，依法判处十年以上有期徒刑、无期徒刑或者死刑，并处罚金或者没收财产。

贪污数额在一百五十万元以上不满三百万元，具有本解释第一条第二款规定的情形之一的，应当认定为刑法第三百八十三条第一款规定的“其他特别严重情节”，依法判处十年以上有期徒刑、无期徒刑或者死刑，并处罚金或者没收财产。

受贿数额在一百五十万元以上不满三百万元，具有本解释第一条第三款规定的情形之一的，应当认定为刑法第三百八十三条第一款规定的“其他特别严重情节”，依法判处十年以上有期徒刑、无期徒刑或者死刑，并处罚金或者没收财产。

第四条　贪污、受贿数额特别巨大，犯罪情节特别严重、社会影响特别恶劣、给国家和人民利益造成特别重大损失的，可以判处死刑。

符合前款规定的情形，但具有自首，立功，如实供述自己罪行、真诚悔罪、积极退赃，或者避免、减少损害结果的发生等情节，不是必须立即执行的，可以判处死刑缓期二年执行。

符合第一款规定情形的，根据犯罪情节等情况可以判处死刑缓期二年执行，同时裁判决定在其死刑缓期执行二年期满依法减为无期徒刑后，终身监禁，不得减刑、假释。

3. 法律后果

单位员工擅自将本单位财物非法占为已有，金额较大，依照贪污罪的规定定罪处罚。

4. 法律控制

（1）完善企业内部控制机制及员工职责权限；

（2）建立健全岗位间制衡制度；

(3)定期举办法律培训,增强员工法制观念。

二、职务侵占的法律风险

1. 风险行为

单位员工利用职务上的便利,将本单位财物非法占为己有,数额较大的。

2. 法律依据

《中华人民共和国刑法》(2017 年 11 月 4 日修正)

第二百七十一条　公司、企业或者其他单位的人员,利用职务上的便利,将本单位财物非法占为己有,数额较大的,处五年以下有期徒刑或者拘役;数额巨大的,处五年以上有期徒刑,可以并处没收财产。

《最高人民检察院、公安部关于公安机关管辖的刑事案件立案追诉标准的规定(二)》(2010 年 5 月 7 日)

第八十四条　[职务侵占案(刑法第二百七十一条第一款)]公司、企业或者其他单位的人员,利用职务上的便利,将本单位财物非法占为己有,数额在五千元至一万元以上的,应予立案追诉。

《最高人民法院、最高人民检察院关于办理贪污贿赂刑事案件适用法律若干问题的解释》(2016 年 4 月 18 日)

第十一条第一款　刑法第一百六十三条规定的非国家工作人员受贿罪、第二百七十一条规定的职务侵占罪中的"数额较大""数额巨大"的数额起点,按照本解释关于受贿罪、贪污罪相对应的数额标准规定的二倍、五倍执行。

3. 法律后果

单位员工擅自将本单位的财物据为己有,将导致单位的财物损失;金额较大的,将造成国有资产流失,员工面临相应的刑事责任。

4. 法律控制

(1)完善企业内部控制机制及员工职责权限;

(2)建立健全岗位间制衡制度;

(3)定期举办法律培训,增强员工法制观念。

三、挪用资金(挪用公款)的法律风险

1. 风险行为

单位员工利用职务上的便利,挪用本单位资金归个人使用或借贷给他人,数额较大、超过三个月未还,或者虽未超过三个月,但数额较大、进行营利活动的，或者进行非法活动的，依照挪用资金罪定罪处罚。国有企业中从事公务的人员或国有企业委派到非国有公司、企业以及其他单位从事公务的人员有上述行为的风险。

2. 法律依据

《中华人民共和国刑法》(2017 年 11 月 4 日修正)

第二百七十二条　公司、企业或者其他单位的工作人员，利用职务上的便利，挪用本单位资金归个人使用或者借贷给他人，数额较大、超过三个月未还的，或者虽未超过三个月，但数额较大、进行营利活动的，或者进行非法活动的，处三年以下有期徒刑或者拘役；挪用本单位资金数额巨大的，或者数额较大不退还的，处三年以上十年以下有期徒刑。

国有公司、企业或者其他国有单位中从事公务的人员和国有公司、企业或者其他国有单位委派到非国有公司、企业以及其他单位从事公务的人员有前款行为的，依照本法第三百八十四条的规定定罪处罚。

《最高人民检察院、公安部关于公安机关管辖的刑事案件立案追诉标准的规定(二)》(2010 年 5 月 7 日)

第八十五条　[挪用资金案(刑法第二百七十二条第一款)]公司、企业或者其他单位的工作人员，利用职务上的便利，挪用本单位资金归个人使用或者借贷给他人，涉嫌下列情形之一的，应予立案追诉：

(一)挪用本单位资金数额在一万元至三万元以上，超过三个月未还的；

(二)挪用本单位资金数额在一万元至三万元以上，进行营利活动的；

(三)挪用本单位资金数额在五千元至二万元以上，进行非法活动的。

具有下列情形之一的，属于本条规定的“归个人使用”：

(一)将本单位资金供本人、亲友或者其他自然人使用的；

(二)以个人名义将本单位资金供其他单位使用的；

(三)个人决定以单位名义将本单位资金供其他单位使用，谋取个人利益的。

《最高人民检察院关于人民检察院直接受理立案侦查案件立案标准的规定(试行)》(1999 年 9 月 16 日)

一、贪污贿赂犯罪案件

(二)挪用公款案

涉嫌下列情形之一的,应予立案:

1. 挪用公款归个人使用,数额在5千元至1万元以上,进行非法活动的;

2. 挪用公款数额在1万元至3万元以上,归个人进行营利活动的;

3. 挪用公款归个人使用,数额在1万元至3万元以上,超过3个月未还的。

《最高人民法院、最高人民检察院关于办理贪污贿赂刑事案件适用法律若干问题的解释》(2016年4月18日)

第五条　挪用公款归个人使用,进行非法活动,数额在三万元以上的,应当依照刑法第三百八十四条的规定以挪用公款罪追究刑事责任;数额在三百万元以上的,应当认定为刑法第三百八十四条第一款规定的"数额巨大"。具有下列情形之一的,应当认定为刑法第三百八十四条第一款规定的"情节严重":

(一)挪用公款数额在一百万元以上的;

(二)挪用救灾、抢险、防汛、优抚、扶贫、移民、救济特定款物,数额在五十万元以上不满一百万元的;

(三)挪用公款不退还,数额在五十万元以上不满一百万元的;

(四)其他严重的情节。

第六条　挪用公款归个人使用,进行营利活动或者超过三个月未还,数额在五万元以上的,应当认定为刑法第三百八十四条第一款规定的"数额较大";数额在五百万元以上的,应当认定为刑法第三百八十四条第一款规定的"数额巨大"。具有下列情形之一的,应当认定为刑法第三百八十四条第一款规定的"情节严重":

(一)挪用公款数额在二百万元以上的;

(二)挪用救灾、抢险、防汛、优抚、扶贫、移民、救济特定款物,数额在一百万元以上不满二百万元的;

(三)挪用公款不退还,数额在一百万元以上不满二百万元的;

(四)其他严重的情节。

第十一条第二款　刑法第二百七十二条规定的挪用资金罪中的"数额较大""数额巨大"以及"进行非法活动"情形的数额起点,按照本解释关于挪用公款罪"数额较大""情节严重"以及"进行非法活动"的数额标准规定的二倍执行。

3. 法律后果

员工擅自挪用企业财产使用超过三个月未还或虽未超过三个月，但数额较大、进行营利活动、非法活动的，将导致单位财物损失；金额较大，造成国有资产流失，依照挪用公款罪的规定定罪处罚。

4. 法律控制

(1)完善企业内部控制机制及员工职责权限；

(2)建立健全岗位间制衡制度；

(3)定期举办法律培训，增强员工法制观念。

四、非国家工作人员受贿罪的法律风险

1. 风险行为

企业工作人员利用职务上的便利，索取他人财物或者非法收受他人财物（现金、礼卡、烟酒，或者免费提供旅游、房屋装修等），为他人谋取利益，数额较大的。

2. 法律依据

《中华人民共和国刑法》(2017 年 11 月 4 日修正)

第一百六十三条　公司、企业或者其他单位的工作人员利用职务上的便利，索取他人财物或者非法收受他人财物，为他人谋取利益，数额较大的，处五年以下有期徒刑或者拘役；数额巨大的，处五年以上有期徒刑，可以并处没收财产。

公司、企业或者其他单位的工作人员在经济往来中，利用职务上的便利，违反国家规定，收受各种名义的回扣、手续费，归个人所有的，依照前款的规定处罚。

国有公司、企业或者其他国有单位中从事公务的人员和国有公司、企业或者其他国有单位委派到非国有公司、企业以及其他单位从事公务的人员有前两款行为的，依照本法第三百八十五条、第三百八十六条的规定定罪处罚。

《最高人民检察院、公安部关于公安机关管辖的刑事案件立案追诉标准的规定(二)》(2010 年 5 月 7 日)

第十条　[非国家工作人员受贿案(刑法第一百六十三条)]公司、企业或者其他单位的工作人员利用职务上的便利，索取他人财物或者非法收受他人财物，为他人谋取利益，或者在经济往来中，利用职务上的便利，违反国家规定，收受各种名义的回扣、手续费，归个人所有，数额在五千元以上的，应予立案追诉。

《最高人民法院、最高人民检察院关于办理贪污贿赂刑事案件适用法律若干问题的解释》(2016 年 4 月 18 日)

第十一条第一款　刑法第一百六十三条规定的非国家工作人员受贿罪中的“数额较大”“数额巨大”的数额起点，按照本解释关于受贿罪、贪污罪相对应的数额标准规定的二倍、五倍执行。

3. 法律后果

公司工作人员利用职务上的便利，索取他人财物或者非法收受他人财物，为他人谋取利益，或者违反国家规定，接收现金、礼卡、烟酒、或者免费提供旅游、房屋装修等贿赂的，达到法律规定的量刑标准，员工面临相应的刑事责任。

4. 法律控制

(1)完善企业内部合规管理机制及员工职责权限；

(2)定期举办法律培训，增强员工法制观念。

五、行贿罪的法律风险

1. 风险行为

经济交往过程中为谋取不正当利益，给予国家工作人员以财物的，构成行贿罪。

2. 法律依据

《中华人民共和国刑法》(2017 年 11 月 4 日修正)

第三百八十九条　为谋取不正当利益，给予国家工作人员以财物的，是行贿罪。

在经济往来中，违反国家规定，给予国家工作人员以财物。数额较大的，或者违反国家规定，给予国家工作人员以各种名义的回扣、手续费的，以行贿论处。

因被勒索给予国家工作人员以财物，没有获得不正当利益的，不是行贿。

《最高人民法院、最高人民检察院关于办理行贿刑事案件具体应用法律若干问题的解释》(2012 年 12 月 26 日)

第一条　为谋取不正当利益，向国家工作人员行贿，数额在一万元以上的，应当依照刑法第三百九十条的规定追究刑事责任。

第二条　因行贿谋取不正当利益，具有下列情形之一的，应当认定为刑法

第三百九十条第一款规定的“情节严重”：

（一）行贿数额在二十万元以上不满一百万元的；

（二）行贿数额在十万元以上不满二十万元，并具有下列情形之一的：

1. 向三人以上行贿的；

2. 将违法所得用于行贿的；

3. 为实施违法犯罪活动，向负有食品、药品、安全生产、环境保护等监督管理职责的国家工作人员行贿，严重危害民生、侵犯公众生命财产安全的；

4. 向行政执法机关、司法机关的国家工作人员行贿，影响行政执法和司法公正的；

（三）其他情节严重的情形。

第五条　多次行贿未经处理的，按照累计行贿数额处罚。

第六条　行贿人谋取不正当利益的行为构成犯罪的，应当与行贿犯罪实行数罪并罚。

第七条　因行贿人在被追诉前主动交待行贿行为而破获相关受贿案件的，对行贿人不适用刑法第六十八条关于立功的规定，依照刑法第三百九十条第二款的规定，可以减轻或者免除处罚。

单位行贿的，在被追诉前，单位集体决定或者单位负责人决定主动交待单位行贿行为的，依照刑法第三百九十条第二款的规定，对单位及相关责任人员可以减轻处罚或者免除处罚；受委托直接办理单位行贿事项的直接责任人员在被追诉前主动交待自己知道的单位行贿行为的，对该直接责任人员可以依照刑法第三百九十条第二款的规定减轻处罚或者免除处罚。

3. 法律后果

员工为谋取不当利益，给国家工作人员行贿的，将构成行贿罪，面临刑事处罚，给企业声誉造成不良影响。

4. 法律控制

（1）完善企业内部控制机制及员工职责权限；

（2）定期举办法律培训，增强员工法制观念。

六、国有企业人员失职、滥用职权罪的法律风险

1. 风险行为

在工作中故意不正当、随意行使职权，作出违背法律规范、规章制度的处理或决定，或者超越本人职责权限行使职权。即越权行为或不正当行使职权的行为。比如，在经济交往活动中由于种种原因上当受骗后，不主动、及时向司法机关报案；违反规定动用企业资金炒股票、期货等。

2. 法律依据

《中华人民共和国刑法》(2017 年 11 月 4 日修正)

第一百六十八条　国有公司、企业的工作人员，由于严重不负责任或者滥用职权，造成国有公司、企业破产或者严重损失，致使国家利益遭受重大损失的，处三年以下有期徒刑或者拘役；致使国家利益遭受特别重大损失的，处三年以上七年以下有期徒刑。

《最高人民检察院、公安部关于公安机关管辖的刑事案件立案追诉标准的规定(二)》(2010 年 5 月 7 日)

第十五条　[国有公司、企业、事业单位人员失职案(刑法第一百六十八条)]国有公司、企业、事业单位的工作人员，严重不负责任，涉嫌下列情形之一的，应予立案追诉：

(一)造成国家直接经济损失数额在五十万元以上的；

(二)造成有关单位破产，停业、停产一年以上，或者被吊销许可证和营业执照、责令关闭、撤销、解散的；

(三)其他致使国家利益遭受重大损失的情形。

第十六条　[国有公司、企业、事业单位人员滥用职权案(刑法第一百六十八条)]国有公司、企业、事业单位的工作人员，滥用职权，涉嫌下列情形之一的，应予立案追诉：

(一)造成国家直接经济损失数额在三十万元以上的；

(二)造成有关单位破产，停业、停产六个月以上，或者被吊销许可证和营业执照、责令关闭、撤销、解散的；

(三)其他致使国家利益遭受重大损失的情形。

3. 法律后果

员工在工作中严重不负责任滥用职权，或超越职权给企业造成经济损失的将造成国有资产流失，员工面临相应的刑事责任。

4. 法律控制

(1)完善企业内部控制机制及员工职责权限；

(2)建立健全岗位间制衡制度；

(3)定期举办法律培训，增强员工法制观念。

七、为亲友非法牟利的法律风险

1. 风险行为

国有公司、企业的工作人员，利用职务便利将本单位的盈利业务交由自己的亲友进行经营的或以明显高于市场的价格向自己的亲友经营管理的单位采购商品或者以明显低于市场的价格向自己的亲友经营管理的单位销售商品的，以及向自己的亲友经营管理的单位采购不合格商品的。

2. 法律依据

《中华人民共和国刑法》(2017 年 11 月 4 日修正)

第一百六十六条　国有公司、企业、事业单位的工作人员，利用职务便利，有下列情形之一，使国家利益遭受重大损失的，处三年以下有期徒刑或者拘役，并处或者单处罚金；致使国家利益遭受特别重大损失的，处三年以上七年以下有期徒刑，并处罚金：

(一)将本单位的盈利业务交由自己的亲友进行经营的；

(二)以明显高于市场的价格向自己的亲友经营管理的单位采购商品或者以明显低于市场的价格向自己的亲友经营管理的单位销售商品的；

(三)向自己的亲友经营管理的单位采购不合格商品的。

《最高人民检察院、公安部关于公安机关管辖的刑事案件立案追诉标准的规定(二)》(2010 年 5 月 7 日)

第十三条　[为亲友非法牟利案(刑法第一百六十六条)]国有公司、企业、事业单位的工作人员，利用职务便利，为亲友非法牟利，涉嫌下列情形之一的，应予立案追诉：

(一)造成国家直接经济损失数额在十万元以上的；

(二)使其亲友非法获利数额在二十万元以上的；

(三)造成有关单位破产，停业、停产六个月以上，或者被吊销许可证和营业执照、责令关闭、撤销、解散的；

(四)其他致使国家利益遭受重大损失的情形。

3. 法律后果

单位员工利用职务便利为亲友非法牟利的，将导致单位损失；金额较大的，造成国有资产流失的，依照为亲友非法牟利罪定罪处罚。

4. 法律控制

（1）完善企业内部控制机制及员工职责权限；

（2）建立健全岗位间制衡制度；

（3）定期举办法律培训，增强员工法制观念。

八、签订、履行合同被骗的法律风险

1. 风险行为

（1）国有公司、企业、事业单位的工作人员在签订、履行经济合同的过程中严重不负责任，未向主管单位或有关单位了解，盲目同无资金或无货源的另一方进行购销活动；

（2）不了解对方情况，擅自将本公司资金借出受骗；

（3）违反法律法规规定，未经咨询，不调查客户信誉情况，盲目与第三方成交或擅自作经济担保，结果被诈骗造成重大经济损失。

2. 法律依据

《中华人民共和国刑法》（2017 年 11 月 4 日修正）

第一百六十七条　国有公司、企业、事业单位直接负责的主管人员，在签订、履行合同过程中，因严重不负责任被诈骗，致使国家利益遭受重大损失的，处三年以下有期徒刑或者拘役；致使国家利益遭受特别重大损失的，处三年以上七年以下有期徒刑。

《最高人民检察院、公安部关于公安机关管辖的刑事案件立案追诉标准的规定（二）》（2010 年 5 月 7 日）

第十四条第一款、第二款　［签订、履行合同失职被骗案（刑法第一百六十七条）］国有公司、企业、事业单位直接负责的主管人员，在签订、履行合同过程中，因严重不负责任被诈骗，涉嫌下列情形之一的，应予立案追诉：

（一）造成国家直接经济损失数额在五十万元以上的；

（二）造成有关单位破产，停业、停产六个月以上，或者被吊销许可证和营业执照、责令关闭、撤销、解散的；

（三）其他致使国家利益遭受重大损失的情形。

金融机构、从事对外贸易经营活动的公司、企业的工作人员严重不负责任，造成一百万美元以上外汇被骗购或者逃汇一千万美元以上的，应予立案追诉。

3. 法律后果

未能有效审查合同相对方,使合同履行不能,导致国家、公司利益遭受重大损失。

4. 法律控制

严格把控重大合同的签订,进行合同签订前的有效审查,形成良好的监督机制,将此类风险防范在合同签订之前。

图书在版编目(CIP)数据

油气行业纠纷裁判规则解读与法律风险防控指引 / 陕西稼轩律师事务所能源中心，蒋瑞雪，杨丽娜主编. -- 北京 ：法律出版社，2020

ISBN 978 - 7 - 5197 - 4816 - 6

Ⅰ. ①油… Ⅱ. ①陕… ②蒋… ③杨… Ⅲ. ①石油工业－经济纠纷－审判－法律解释－中国 Ⅳ. ①D922.675

中国版本图书馆 CIP 数据核字(2020)第 157691 号

油气行业纠纷裁判规则解读
与法律风险防控指引
YOUQI HANGYE JIUFEN CAIPAN GUIZE
JIEDU YU FALÜ FENGXIAN
FANGKONG ZHIYIN

陕西稼轩律师事务所能源中心
蒋瑞雪　杨丽娜　主编

责任编辑 李　群　翁潇潇
装帧设计 鲍龙卉

编辑统筹 法规出版分社
出版 法律出版社
总发行 中国法律图书有限公司
经销 新华书店
印刷 中煤(北京)印务有限公司
责任印制 张建伟
开本 710 毫米 × 1000 毫米　1/16
印张 27
字数 393 千
版本 2020 年 10 月第 1 版
印次 2020 年 10 月第 1 次印刷

法律出版社/北京市丰台区莲花池西里 7 号(100073)
网址/www.lawpress.com.cn
投稿邮箱/info@lawpress.com.cn
举报维权邮箱/jbwq@lawpress.com.cn
销售热线/400 - 660 - 8393
咨询电话/010 - 63939796

中国法律图书有限公司/北京市丰台区莲花池西里 7 号(100073)
全国各地中法图分、子公司销售电话：
统一销售客服/400 - 660 - 8393/6393
第一法律书店/010 - 83938432/8433　西安分公司/029 - 85330678　重庆分公司/023 - 67453036
上海分公司/021 - 62071639/1636　深圳分公司/0755 - 83072995

书号：ISBN 978 - 7 - 5197 - 4816 - 6　**定价**：78.00 元
(如有缺页或倒装，中国法律图书有限公司负责退换)